高等学校工业工程类教指委规划教材

服务管理导论

罗利 耿娜 程元军 王冬 ◎ 编著

SERVICE MANAGEMENT
INTRODUCTION

清华大学出版社
北京

版权所有，侵权必究。举报：010-62782989，beiqinquan@tup.tsinghua.edu.cn。

图书在版编目(CIP)数据

服务管理导论/罗利等编著.—北京：清华大学出版社，2023.12
高等学校工业工程类教指委规划教材
ISBN 978-7-302-64880-2

Ⅰ.①服… Ⅱ.①罗… Ⅲ.①服务经济－经济管理－高等学校－教材 Ⅳ.①F719

中国国家版本馆 CIP 数据核字(2023)第 214693 号

责任编辑：冯　昕　赵从棉
封面设计：李召霞
责任校对：薄军霞
责任印制：宋　林

出版发行：清华大学出版社
　　　　网　　址：https://www.tup.com.cn，https://www.wqxuetang.com
　　　　地　　址：北京清华大学学研大厦 A 座　　邮　编：100084
　　　　社 总 机：010-83470000　　邮　购：010-62786544
　　　　投稿与读者服务：010-62776969，c-service@tup.tsinghua.edu.cn
　　　　质量反馈：010-62772015，zhiliang@tup.tsinghua.edu.cn
印 装 者：大厂回族自治县彩虹印刷有限公司
经　　销：全国新华书店
开　　本：185mm×260mm　　印　张：18.5　　字　数：444 千字
版　　次：2023 年 12 月第 1 版　　　　　　　　印　次：2023 年 12 月第 1 次印刷
定　　价：59.80 元

产品编号：093500-01

编 委 会

顾　问	汪应洛　杨善林　郑　力　齐二石
主　任	江志斌（上海交通大学）
副主任	高　亮（华中科技大学）　王凯波（清华大学）

委　员

何　桢　天津大学

周德群　南京航空航天大学

鲁建厦　浙江工业大学

王金凤　郑州大学

易树平　重庆大学

马义中　南京理工大学

沈厚才　南京大学

罗　利　四川大学

周永务　华南理工大学

郭　伏　东北大学

耿　娜　上海交通大学

丛书序

工业工程起源于20世纪初的美国,是在泰勒的科学管理的基础上发展起来的一门工程与管理交叉学科。它综合运用自然科学与社会科学的专门知识,旨在对包括人、物料、设备、能源及信息等要素的集成系统,进行设计、优化、评价与控制,从而提高系统效率、质量、成本、安全性和效益。工业工程的核心目标是解决系统提质增效、高质量运行和发展的问题。一百多年来,工业工程在欧美及亚太等发达国家和地区经济与社会发展中,特别是在制造业发展中,发挥了不可或缺的关键作用。自从20世纪80年代末引入中国后,工业工程对我国国民经济建设,尤其是中国制造业的迅速崛起起到了重要的推动作用。与此同时,我国的工业工程学科专业建设和人才培养也取得了显著进步。目前,全国已经有250多所高校设置了工业工程相关专业。根据2013年教育部颁布的本科教学目录,工业工程已经成为独立的专业类别,包含工业工程、质量工程和标准化工程3个专业。此外,物流工程、物流管理等专业也与工业工程密切相关。

党的二十大报告明确提出:"建设现代化产业体系。坚持把发展经济的着力点放在实体经济上,推进新型工业化,加快建设制造强国、质量强国、航天强国、交通强国、网络强国、数字中国。"面对当前的形势,实施创新驱动,大力发展实体经济,支撑制造强国建设,全方位实施质量中国建设,加快构建国内国际双循环新的发展格局,促进我国经济与社会发展,尤其是先进制造业与现代服务业高质量发展,急需培养一大批掌握现代工业工程理论方法、具有从事工业工程相关工作能力、具有创新精神和创新能力的工业工程相关专业人才。在新的历史时期,尤其是在物联网、大数据、云计算及人工智能等新信息技术赋能下,工业工程领域也面临着重大发展机遇,亟待更新知识体系,推动理论方法的创新。

为了及时响应新时期工业工程人才培养的需求,教育部高等学校工业工程类专业教学指导委员会及优质课程与教材工作组先后于2020年和2021年连续发布了《工业工程类优质课程建设方案征集通知》。在经过充分讨论和征求意见后,提出一套系统化的建设课程大纲、优质教材与优质课程建设及优质课程共享一体化方案。其基本原则是以能力培养为核心,课程应突出对学生能力的培养,同时还应凸显工业工程专业不可替代的特色和新时期的新特征。该方案的根本宗旨是提升教学质量和水平,并依托各高校资源和支持,以教指委委员为支点,调动和共享各校优质资源,协同工作。在此基础上,教育部高等学校工业工程类专业教学指导委员会还组建了"高等学校工业工程类教指委规划教材"编委会,共同完成了系列教材的组织与编写工作。本系列教材的建设原则是根据时代发展的新需求,建设全新的教材,而不是已有教材的局部调整和更新。

本系列教材的征集面向全国所有高校,经过编委会专家严谨评审,并依据择优原则选取教学经验丰富、研究成果丰硕的教师团队编写教材。在成稿后,又经过资深专家严格审稿把关,确保入选教材内容新颖、质量上乘、水平卓越。第一批入选的9种教材包括:《基础统计:原理与实践》《生产计划与控制》《人因工程:原理、方法和设计》《物流与供应链管理》

《管理学导论》《生产与服务大数据分析》《智能运营决策与分析》《服务管理导论》《机器学习：工业大数据分析》。

  本系列教材基本涵盖了工业工程专业的主要知识领域，同时反映了现代工业工程专业的主要方法和新时期发展趋势，不仅适用于全国普通高等学校工业工程专业、管理科学与工程专业等专业的本科生，对研究生、高职生以及从事工业工程工作的人员也有较好的参考价值。

  由于工业工程发展十分迅速，受时间限制，本系列教材不妥之处亦在所难免。欢迎广大读者批评指正，以便在下一轮建设中继续修改与完善。

编委会

2023 年 9 月

前　言

服务业是国民经济的重要组成部分,其发展水平是衡量现代社会经济发达程度的重要标志。经济新常态下,我国产业结构正由工业主导向服务业主导转型升级。根据国家统计局发布的《2021年国民经济和社会发展统计公报》,2021年我国服务业增加值占GDP的比重达53.3%,服务业在经济发展中的主导地位进一步凸显。随着大数据、人工智能、区块链等技术的发展,加快现代服务业数智化发展,提高服务业在国民经济中的比重,尽快使服务业成为主导产业,是推进经济结构调整、加快转变经济发展方式的必经之路,也是推动经济高质量发展的重大任务。

与实体产品不同,服务是由一系列或多或少具有无形特征的活动所构成的过程,服务的无形性、异质性、易逝性等特征导致了实体产品的管理原则与管理方法不再适用,产生了所谓的"管理陷阱"。20世纪70年代以瑞典的诺曼(Norman)和芬兰的格鲁诺斯(Gronroos)为代表的北欧学者率先进行服务营销研究,为服务管理理论体系的形成起到了重要的开创作用。20世纪80年代,服务管理的研究开始摆脱制造业的理论框架,不同学科分支,如营销管理、人力资源管理、运营管理等相互渗透和融合,大量研究从服务特征入手,展开一系列的专题探讨,服务质量、服务设计、服务接触等成为主要研究主题。1987年美国决策科学分会(Decision Science Institute)将服务运作管理列为一个学术分支,服务运作管理作为研究各种服务业企业管理的专门分支开始被承认。20世纪90年代,服务管理理论的范畴被逐渐拓宽,不同学科之间的结合更加密切,研究主题越来越丰富,涉及服务管理问题的方方面面,如服务生产能力和需求管理、服务利润链、顾客关系等,服务管理理论进入"顾客导向"发展阶段。21世纪以来,随着知识经济、信息技术和行为科学的迅速发展,服务环境与服务传递方式均发生深刻变化,服务信息化、服务外包、服务供应链管理、共享服务等成为服务管理的重要内容,服务利益相关者系统管理、网络服务创新、服务过程管理与服务战略管理并重、以顾客为中心等新的管理理念成为服务管理发展的趋势。

本书围绕服务管理概述(第1章)、服务设计(第2～3章)、服务企业运营管理(第4～8章)、典型服务行业面临的问题及服务管理未来的发展趋势(第9～10章)进行内容设计,共有10章。第1章服务管理概述,介绍服务与服务业的发展情况、服务的特征与分类、服务管理理论的形成与发展及服务战略等内容,作为开篇之章,主要是对服务与服务业进行整体描述,厘清服务管理理论与各相关学科之间的基本关系。第2章服务开发与设计,介绍新服务开发、服务流程设计及服务接触等内容,从如何设计新服务的角度重点展开,介绍新服务开发的基本概念、类型和流程,引入服务蓝图来描述和设计服务实施流程。第3章服务设施布局与选址,介绍服务设施的选址、布局与设计等内容,给出服务设施布局的定义和影响因素等基本概念,提出服务设施布局与选址的基本原则与方法。第4章服务能力规划与排队模型,介绍服务能力规划的内涵、排队论方法及基于排队理论的服务能力规划等内容,主要以排队论为理论基础,形成服务能力规划决策框架。第5章服务供需管理,介绍服务供需管理的挑战与策略、服务需求管理、服务供给管理及收益管理等内容，从供需矛盾这一基本点出发，讨论供需管理策略改变带来的收益变化。第 6 章服务人员排班计划与调度，介绍排班基本概念、日排班计划、周期性休息计划及典型排班场景等内容，阐述经典的服务人员排班问题及其建模分析方法。第 7 章顾客预约与调度管理，介绍顾客预约及实时调度管理等内容，给出预约调度与实时调度两类不同问题的决策模型与优化方法。第 8 章服务质量管理，包括服务质量概述、服务质量管理模型、服务质量测量方法及服务质量管理策略等内容，聚焦服务质量管理理论，提出服务质量管理的概念框架，介绍服务质量的概况并引入服务质量管理模型和评价方法，给出服务质量管理策略。第 9 章典型服务行业的服务管理，以航空、酒店、医疗健康与物流四个典型的服务业为代表，介绍不同服务行业的发展历程，探讨不同服务行业特征的共性与特性，分析不同服务行业面临的管理问题。第 10 章新技术发展对服务管理的影响，介绍新技术在服务业中的应用、新技术对服务模式的影响、新技术对服务运作管理的影响等内容，明确新技术在服务管理中的应用范围，探索新技术对服务模式、服务运作管理的影响。每一章均以开篇案例引出话题，以案例分析进行结尾，所选案例以国内代表性企业实践为主，适量引用国外经典案例，以便于加深读者对相关内容的理解。为了帮助读者更好地理解和掌握课程内容，我们录制了微课，对各章重点、难点内容进行详细讲解，读者可扫描书中二维码观看视频进行学习。

  本书是集体智慧的结晶，参考众多国内外书籍资料，汇集诸多教师多年一线教学经验，听取各方专家的宝贵建议，收集广大学子的真实诉求，力求做到普适中体现国情，基础上突出重点，理论中结合实践。本书作者罗利教授、耿娜教授、程元军老师、王冬老师多年来从事服务管理与教学工作，具有丰富的教学经验与研究基础。本书由四川大学罗利教授、上海交通大学耿娜教授负责总体策划与撰写，四川大学程元军、王清毅、吴鹏昆及上海交通大学王冬、王修贤等教师参与编写，四川大学毕研林、王海天、冯坤、罗艺婷、徐晨曦、向博文、付颖、赵汝鸿及上海交通大学邱菲尔、王晓晨、严彤彤、陈一锴等同学参与资料收集与初稿整理等工作。

  本书是教育部工业工程类专业教学指导委员会指定的优质课程"服务管理导论"的教材，在此，特别感谢教育部工业工程类专业教学指导委员会的全体专家对该书的指导！另外，本书在编写过程中，参考了众多国内外书籍和资料，在此对所参考书籍与资料的作者表示诚挚的感谢！此外，非常感谢清华大学出版社的编辑同志，他们不厌其烦的耐心与一丝不苟的工作态度是本书得以顺利出版的重要保证！同时，受时间与水平的限制，书中不当之处敬请诸位同行专家与广大读者批评指正！

编 者

2023 年 5 月

目 录

第1章 服务管理概述 1

1.1 服务与服务业发展 2
 1.1.1 服务与服务包的定义 2
 1.1.2 服务业与社会经济的发展 5
 1.1.3 我国服务业的发展 10
 1.1.4 现代服务业发展趋势 13

1.2 服务的特征与分类 15
 1.2.1 服务的特征 15
 1.2.2 服务的分类 17
 1.2.3 快速平稳流程理论 20

1.3 服务管理理论的形成与发展 23
 1.3.1 服务管理理论的发展阶段 23
 1.3.2 服务管理的研究对象与方法 25
 1.3.3 服务管理相关学科之间的关系 28
 1.3.4 服务科学 28

1.4 服务战略 30
 1.4.1 服务竞争环境 30
 1.4.2 服务竞争战略 31

1.5 本章小结 34
本章习题 34
参考文献 35

第2章 服务开发与设计 38

2.1 新服务开发 39
 2.1.1 新服务的概念和类型 39
 2.1.2 新服务开发的过程 40
 2.1.3 服务创新的四维度模型 44

2.2 服务流程设计 47
 2.2.1 服务蓝图 47
 2.2.2 服务流程设计的分类 51
 2.2.3 服务流程设计的方法 53

2.3 服务接触 56

　　　　2.3.1　服务接触的三元组合 ·· 56
　　　　2.3.2　服务交锋 ·· 58
　　　　2.3.3　服务利润链 ··· 62
　2.4　本章小结 ·· 64
　本章习题 ·· 64
　参考文献 ·· 66

第3章　服务设施布局与选址 ·· 67
　3.1　服务设施布局 ·· 68
　　　　3.1.1　服务设施布局的原则 ·· 68
　　　　3.1.2　服务设施布局的方法 ·· 69
　　　　3.1.3　不同类型服务组织的设施布局 ·· 71
　3.2　服务设施选址 ·· 74
　　　　3.2.1　服务设施选址的影响因素 ··· 74
　　　　3.2.2　服务设施选址的方法 ·· 75
　3.3　服务设施设计概述 ·· 86
　　　　3.3.1　服务场景 ·· 86
　　　　3.3.2　服务设施设计的影响因素 ··· 88
　3.4　本章小结 ·· 89
　本章习题 ·· 89
　参考文献 ·· 91

第4章　服务能力规划与排队模型 ··· 92
　4.1　服务能力规划的内涵 ··· 93
　　　　4.1.1　服务能力及服务能力规划 ··· 93
　　　　4.1.2　服务能力规划的常用方法 ··· 94
　4.2　排队论方法 ··· 97
　　　　4.2.1　排队系统的概念 ··· 97
　　　　4.2.2　排队系统的基本特征 ·· 99
　　　　4.2.3　排队模型基础 ·· 105
　　　　4.2.4　经典的排队模型 ··· 108
　4.3　基于排队理论的服务能力规划 ··· 116
　　　　4.3.1　服务评价与决策内容 ·· 116
　　　　4.3.2　能力规划准则 ·· 118
　4.4　本章小结 ·· 121
　本章习题 ·· 122
　参考文献 ·· 126

第 5 章　服务供需管理 127

5.1　服务供需管理的挑战与策略 128
5.1.1　服务供需管理面临的挑战 128
5.1.2　服务供求平衡情况及策略 128
5.2　服务需求管理 130
5.2.1　识别服务需求 130
5.2.2　服务需求预测 131
5.2.3　服务需求管理策略 132
5.3　服务供给管理 133
5.3.1　服务能力及其要素 133
5.3.2　服务供给管理策略 134
5.4　收益管理 136
5.4.1　收益管理的发展历程 137
5.4.2　收益管理的适用性 138
5.4.3　收益管理的主要策略 139
5.4.4　收益管理的应用 142
5.5　本章小结 144
本章习题 145
参考文献 148

第 6 章　服务人员排班计划与调度 149

6.1　服务人员排班的基本概念 150
6.1.1　服务人员排班的目标 150
6.1.2　服务人员的主要类型 152
6.1.3　服务人员的排班决策与主要考虑要素 153
6.2　日排班计划 154
6.2.1　日排班计划概述 154
6.2.2　班次模式 155
6.2.3　日排班计划方法 156
6.3　周期性休息计划 157
6.3.1　周期性休息计划概述 157
6.3.2　周期性休息计划的排班方法 159
6.4　周期性多班次排班计划 161
6.5　典型排班场景介绍 163
6.5.1　呼叫中心排班 163
6.5.2　医护人员排班 164
6.5.3　机组排班 165
6.6　本章小结 166

本章习题 ··· 166
参考文献 ··· 173

第 7 章 顾客预约与调度管理 ··· 174

7.1 顾客预约管理 ··· 175
7.1.1 预约管理目标 ·· 175
7.1.2 预约管理决策 ·· 177
7.1.3 预约管理的影响因素 ·· 181
7.1.4 预约决策模型与优化方法 ·· 183
7.2 实时调度管理 ··· 185
7.2.1 实时调度场景 ·· 185
7.2.2 实时调度优化方法 ··· 186
7.3 本章小结 ··· 193
本章习题 ··· 193
参考文献 ··· 198

第 8 章 服务质量管理 ·· 200

8.1 服务质量概述 ··· 201
8.1.1 服务质量的研究概况 ·· 202
8.1.2 服务质量的定义 ··· 202
8.1.3 服务质量的构成要素 ·· 203
8.1.4 服务质量特性 ·· 205
8.2 服务质量管理模型 ··· 206
8.2.1 可感知服务质量模型 ·· 206
8.2.2 服务质量差距模型 ··· 206
8.3 服务质量测量方法 ··· 210
8.3.1 服务质量测量方法概述 ··· 210
8.3.2 SERVQUAL 与 SERVPERF 测量方法 ·· 210
8.4 服务质量管理策略 ··· 214
8.5 本章小结 ··· 215
本章习题 ··· 215
参考文献 ··· 218

第 9 章 典型服务行业的服务管理 ·· 219

9.1 航空业的服务管理 ··· 219
9.1.1 我国航空业的发展 ··· 219
9.1.2 航空业服务的特征 ··· 222
9.1.3 航空业的服务管理问题 ··· 225
9.2 酒店业的服务管理 ··· 232

  9.2.1 酒店业的发展 ·· 232
  9.2.2 酒店业服务的特征 ······································ 234
  9.2.3 酒店业的服务管理问题 ···································· 236
 9.3 医疗健康服务业的服务管理 ······································ 239
  9.3.1 医疗健康服务业的发展 ···································· 239
  9.3.2 医疗健康服务业服务的特征 ································· 243
  9.3.3 医疗健康服务业的服务管理问题 ······························ 244
 9.4 物流业的服务管理 ·· 248
  9.4.1 物流业的发展 ··· 248
  9.4.2 物流业服务的特征 ······································ 251
  9.4.3 物流业的服务管理问题 ···································· 252
 参考文献 ·· 255

第10章 新技术发展对服务管理的影响 ·································· 257
 10.1 新技术发展概述 ··· 258
 10.2 新技术在服务业中的应用 ······································· 262
  10.2.1 云计算与大数据 ······································· 263
  10.2.2 物联网与5G ··· 264
  10.2.3 区块链 ·· 265
  10.2.4 人工智能 ··· 266
 10.3 新技术对服务模式的影响 ······································· 268
  10.3.1 智能服务模式 ·· 268
  10.3.2 共享服务模式 ·· 269
  10.3.3 服务型制造模式 ······································· 272
 10.4 新技术对服务运作管理的影响 ···································· 274
  10.4.1 网约车服务运作管理 ···································· 274
  10.4.2 电子口碑服务运作管理 ··································· 276
 10.5 本章小结 ·· 277
 本章习题 ··· 277
 参考文献 ··· 279

第1章 服务管理概述

视频 1-1

> **学习目标**
>
> ❀ **掌握** 服务与服务包的定义；服务的特征与分类。
> ❀ **熟悉** 我国服务业的发展；现代服务业的发展趋势；服务管理理论的形成与发展。
> ❀ **了解** 服务战略；服务业与社会经济的发展。

导入案例

春雨医生"以患者为中心"的智慧医疗服务

医疗服务行业是一个与居民生命和健康息息相关的产业。随着互联网、大数据、人工智能、5G 等新一代技术发展，智慧医疗服务正在逐渐改变人们的思维方式和生活方式，并开始向"以患者为中心"的诊疗模式转变，以新兴信息技术为手段，对治疗的各个环节进行管理和控制。智慧医疗借助于科学手段开拓人类智能的新技术。现在，医生不仅可以使用人工智能和影像技术进行辅助诊断，还可以科学地管理和使用医院的咨询室，从而缓解医疗资源紧张状况，便捷优化了用户体验。

作为互联网医疗的拓荒者，春雨医生率先将移动医疗的概念引入中国，并践行"以患者为中心"的医疗理念。春雨医生创立于 2011 年 7 月，自成立以来就在互联网上做了很多实践工作，利用互联网极大地提升用户在解决很多健康问题上面的体验。截至目前，春雨医生已服务超 1.4 亿注册用户、66 万注册医生和 3 亿多条健康档案数据，每天有 36 万个健康问题在春雨医生平台上得到解答。用户可以利用春雨医生平台通过图文、语音、电话等多种方式进行健康咨询，并由二甲、三甲公立医院主治医师以上资格的医生在 3min 内进行专业解答。春雨医生在问诊体系的基础上建立了基于互联网的分级诊疗体系，对医疗资源进行合理配置。在现有分级诊疗服务体系上，春雨医生以"以人为本、群众自愿、统筹城乡、创新机制"为总体原则，另辟蹊径，将原来以资源为中心的角度变成以用户为中心的角度，从用户出发，分级满足用户需求。如今，中国人口老龄化状况和健康消费升级改变了医疗健康服务行业，并且在推进建设分级诊疗制度、鼓励社会办医、将医疗资源下沉到基层的国内深化医疗改革大背景下，春雨医生从"看病难、看病贵、促健康"入手，利用"互联网＋医疗健康"的方式，应用移动互联网的产品、技术、服务和运营体系，依托线上医疗资源平台与互联网医院运营能力，打造线上＋线下相结合的医疗健康新业务模式。

2022年10月16日中国共产党第二十次全国代表大会报告中指出"推进健康中国建设,把保障人民健康放在优先发展的战略位置,建立生育支持政策体系,实施积极应对人口老龄化国家战略,促进中医药传承创新发展,健全公共卫生体系,加强重大疫情防控救治体系和应急能力建设,有效遏制重大传染性疾病传播"等重要内容,这都为数字医疗的发展指明了前进的方向。例如,春雨医生等互联网医疗平台未来将着眼于做强智能数字医疗,将链群优势充分融入与患者的交互中,强调一切从患者需求出发,以用户最佳体验为目标,在救治、服务患者期间,时刻站在患者的角度思考问题,打造医疗服务新模式。以数字化、智能化、硬件化的形式沉淀、积累和创新迭代,覆盖更多新场景,真正让医疗走进生活、走进家庭,早日实现二十大报告中指出的"幼有所育""病有所医""老有所养",更智慧、便利和普惠地服务民生健康。

资料来源:PConline 太平洋科技. 春雨医生的互联网+智慧医疗路径:以患者为中心![EB/OL]. (2018-12-25) [2023-08-31]. https://www.sohu.com/a/284331576_223764.

案例思考:春雨医生从用户的角度考虑,以患者为中心提供服务,强调用户体验、服务质量、服务流程等,为用户提供全生命周期医疗健康服务。你如何理解智慧医疗服务?这种新服务模式的内涵及特征是什么?现代服务理念和新兴服务模式为用户带来了怎样的服务体验?

本章概要

服务在经济和社会发展中扮演着越来越重要的角色。学习服务管理,首先要明确什么是服务,服务业发展的概况是怎样的,服务有哪些特征与分类,服务管理理论的形成与发展经历了哪几个阶段,服务战略有哪些等。本章将对服务管理的概况进行阐述。

视频 1-2

1.1 服务与服务业发展

服务可以被理解成为消费者做事,从而满足消费者的需求。但是,事实上,服务难以被赋予准确的定义。在学术界中,我们可以发现许多服务的定义,不同的学者对服务作了不同定义。不管服务被如何定义,服务业都被认为是为消费者服务,使得生活上得到便利的行业的统称。服务业是拉动经济增长、促进就业的主力军,同时也是实现国民经济健康运行的重要"稳定器"。

1.1.1 服务与服务包的定义

服务一直伴随着人民的日常生活。例如,家政服务可以为消费者节省做家务的时间;餐饮服务可以让大家品尝美食,放松心情;医疗服务可以对患者进行检查、诊断、治疗、康复和预防保健等,保证社会人群的健康。当餐饮、家政和医疗等基本需求得到满足后,人们将关注点转移到提高生活质量上,也因此催生了现在更加注重细节化的服务。例如,海底捞对于独自用餐的顾客准备陪伴娃娃、酒店为过生日的顾客准备长寿面与唱生日歌等。随着技术的发展,还出现了数据库服务、软件服务等新兴服务,特别是由于疫情还催生了一系列智慧物业、无接触服务、在线办公等新兴服务。这些习以为常的服务无处不在,它不像商品那样存在客观实体,可以被触摸、闻到或者看到,它一般是以一种无形的方式存在于生活中。

生活中对服务的定义多是从人的需求出发,而学术界则是结合生活中服务的定义,用更加专业的术语对服务的含义进行系统的概括与归纳。20 世纪 60 年代,美国市场营销协会(American Marketing Association,AMA)将服务定义为:消费者从有偿的活动或从购买的相关商品中得到的利益和满足感。美国著名营销学家菲利普·科特勒(Philip Kotler)认为,服务是一方向另一方提供的基本上属于无形的任何行为或绩效,并且不导致任何所有权的产生。被国际学术和实务界誉为"服务营销理论之父"的格鲁诺斯(Christian Gronroos,2000)提出:服务是由一系列或多或少具有无形特征的活动所构成的一种过程,这种过程是在顾客与员工、有形资源的互动关系中进行的,这些有形资源作为问题解决方案而提供给顾客。我们可以根据"服务"的英文单词 Service 对服务的内涵进行解读:

S＝Smile to everyone,微笑对待顾客
E＝Excellence in everything,精通业务工作
R＝Reaching out to every customer with hospitality,态度亲切友善
V＝Viewing every customer on special,重视每位顾客
I＝Inviting your customer to return,邀请顾客再次光临
C＝Creating a warm atmosphere,营造温馨的服务环境
E＝Eye contact that shows we care,关心每位顾客

不同的学者从不同的角度对服务作出了定义。美国得克萨斯大学奥斯汀分校教授詹姆斯·A. 菲茨西蒙斯(James A. Fitzsimmons,2020)将服务定义为:一种顾客作为共同生产者的、随时间消逝的、无形的经历。美国莱德大学管理科学系教授辛格兹·哈克塞弗(Cengiz Haksever,2003)认为"服务就是提供时间、空间、形式或是心理效用的经济活动"。服务的构成要素包括顾客、服务人员、服务传递系统和实体设施。由此,服务的定义可以被概括为:服务是一种行动、行为,或者表现,是一种无形的产物,是一些机构专门为生产和分配产品提供便利条件,并依靠提供的各种无形资产来增加价值。但是服务也不是百分之百无形的,如共享充电宝所提供的服务也包含有形的因素。服务也可被定义为生产时间、空间、形式以及心理效用的经济活动。

如上所述,许多服务的定义都包含两个共同的要点,就是强调服务的无形性以及生产和消费的同时进行。无形性意味着服务交易并不存在实物商品交易中的所有权转移,服务是一个过程或者一种行为。同时性是指在服务的实现过程中,服务提供者和顾客同时存在;两者在服务的实现过程中都扮演积极的角色。生产和消费交互进行,服务产生于消费者和生产者的互动之中。

当顾客的需求逐渐细化时,他们会更需要个性化服务,更注重服务的体验,服务就不再仅仅是一个生产时间、空间、形式以及心理效用的经济活动,从而陆续出现了"套餐式服务""精细化服务"。这使得在进行某种经济活动时,会考虑到供方与需方共同的利益。早在 1998 年,詹姆斯·A. 菲茨西蒙斯就提出了服务包的概念。由于服务的无形性,服务管理者很难描述他们的产品,但是在服务全过程中顾客的存在引起了对服务体验的关注。比如,餐厅的用餐氛围、服务员的服务态度等会影响用餐者对餐厅的选择。因此,他将服务包定义为在某些环境中提供信息的一组商品和服务。服务包的核心是服务体验,包含了五个特性:配套设施、辅助商品、信息、显性服务以及隐性服务,如图 1-1 所示。

(1) 配套设施:在提供服务之前必须到位的实物资源,如餐厅、羽毛球场、医院等。

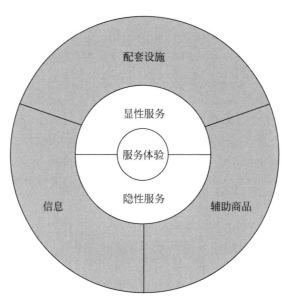

图 1-1 服务包的特性

资料来源：桑杰夫·波多洛伊,詹姆斯·A.菲茨西蒙斯,莫娜·J.菲茨西蒙斯.服务管理——运作、战略与信息技术[M].张金成,范秀成,杨坤,译.北京：机械工业出版社,2020.

（2）辅助商品：买方购买或者消费的材料或顾客提供的物品，如食物、羽毛球拍、医疗用品、需要修理的物品等。

（3）信息：可以从顾客或服务提供者处获得的数据，用以支持高效和定制的服务，如电子病历、访问过的顾客偏好、打车用户的 GPS 网站位置等。

（4）显性服务：这种服务的优点是感官可以轻易地感受到，它是由服务的本质或内在特征组成的，如伤口修复时没有疼痛、修理后物品能够正常使用等。

（5）隐性服务：顾客可能只能隐约感受到的心理好处，或者服务的非固有特征，如学校的学位证书、贷款办公室的隐私等。

所有这些要素都是由顾客体验的，并形成对服务的感知的基础。重要的是，服务管理者要为顾客提供与预期所需服务包一致的整体体验。因此，服务包的各个功能也存在相应的评估标准，如下所示：

（1）配套设施评估标准包括位置、室内装饰、配套设备、设施布局等。例如，对酒店的配套设施进行评估时，会考虑到它所处的位置，家具的质量，是否有足够房间等。

（2）辅助商品评估标准包括一致性、数量、选择等。例如，一家餐厅一份餐食的分量、大杯或者小杯的饮料、菜单菜品的数量都会成为评估一家餐厅的标准。

（3）信息评估标准包括准确性、及时性、有用性等。例如，对工厂的信息进行评估会考虑到最新的市场需求、严重的风险警报以及库存的状态。

（4）显性服务评估标准包括服务人员培训、全面性、一致性、可用性等。例如，医师委员会是否获得认证，综合医院与诊所之间的比较，医师专业标准评审组织以及航空公司的准点记录等。

（5）隐性服务评估标准包括服务态度、氛围、等待、状态、幸福感、隐私和安全、方便等。例如，激情满满的服务员，餐厅里的装饰，是否被搁置，餐厅里的包厢座位，明亮的停车场，是否可以使用预约等都会成为评估标准。

随着高性能芯片、基础软件、移动设备、物联网、高速互联网、VR、云计算、大数据平台、5G 等技术快速发展,层出不穷的新兴服务模式正在悄然改变我们的生活,技术的发展和消费内涵的改变使得传统服务逐渐变得智慧化,传统服务和服务包的内涵也因此更新。随着消费者需求逐渐细化,消费趋势逐渐向品质化、体验化和个性化方向发展,越来越多的细分需求被挖掘,新的服务应运而生。消费除了承载基本的交易功能外,在自我表露、社交属性等方面功能也日益增强。为满足不同消费者的细分需求,与生活服务中新体验、新消费相关的新业态如雨后春笋般催生出来,如共享服务、数字化服务等。这些新兴服务依托信息技术和现代管理理念发展起来,一方面是信息化及其他科学技术的发展而直接催生的新兴服务,另一方面是通过信息技术而从传统的服务改造和衍生出来的新兴服务。

共享服务就是依托于信息技术和现代管理理念发展起来的新型服务模式。美国学者布莱恩·伯杰伦(Bryan Bergeron,2004)曾将共享服务定义为:一种将部分现有的经营职能(business function)集中到一个新的半自主的业务单元的合作战略,这个业务单元就像在公开市场展开竞争的企业一样,设有专门的管理机构,目的是提高效率、创造价值、节约成本以及提高对母公司内部客户的服务质量。也就是说共享服务其实就是同一类具有无形特征的供方活动由多个不同顾客共同接触所构成的一个过程,这种服务实际上是一种内部外购活动,可能导致服务完全被由第三方供货者提供的外购服务所代替。

随着经济高质量发展,城市居民生活水平不断提高,传统家政服务与互联网等信息技术相结合作为一种新服务应运而生。传统家政服务主要是指以私人家庭为服务对象,以家庭保洁、烹饪、家电清洗、婴幼儿看护为主要服务内容的服务活动。由于互联网技术、大数据、云计算等信息技术的高速发展,如今的家政服务正在实现与互联网的深度结合,提升家政服务业的服务质量和服务水平,从过去传统家政服务的电话联系模式转变为在平台上根据用户需求精准推送家政服务,为用户和商户提供实时交互平台,使得家政服务能够提供更加个性化、人性化的服务。这种新服务就是因为信息化及其他科学技术的发展而催生的新兴服务,是由传统的服务改造和衍生出来的新兴服务。

随着数字经济的发展,服务管理者为顾客提供的与其服务包一致的整体体验也在更新换代,出现了各种"无接触式服务"。这种服务在买与卖的交互过程中没有直接面对面接触的过程。这和 ISO 9000 系列标准的服务定义("服务是指为了满足顾客的需要,供方和顾客之间的接触活动以及供方内部活动所产生的结果")不太吻合,即顾客和服务提供者没有直接接触,同样也完成了一次活动。虽然数字经济时代为服务的定义赋予了新的含义,但是服务的无形性与同时性依旧存在。

1.1.2 服务业与社会经济的发展

服务业的发展和社会分工、社会经济增长密切相关。服务业的形成和发展是社会分工的结果,也是社会需求的产物。美国社会学家丹尼尔·贝尔(Daniel Bell)把人类历史划分为三个阶段:前工业社会、工业社会和后工业社会,不同社会阶段的特性影响了服务业与社会经济的发展。前工业社会、工业社会、后工业社会三个阶段特性见表 1-1。

表 1-1 前工业社会、工业社会、后工业社会三个阶段特性

特 性	社 会		
	前工业社会	工业社会	后工业社会
博弈	和自然抗争	和人造的环境抗争	人和人之间的博弈
主导活动	农业和采矿业	物质产品生产	服务
人力的使用	原始的体力劳动	机器驱动的生产	艺术的个人创造力
社会单元	延伸的家庭劳动	个人	集体
生活水准指标	维持生存	大量商品	在健康、教育、娱乐方面的生活质量
结构	传统权威	官僚等级	全球化
技术	简单手工工具	机器生产	信息

资料来源：桑杰夫·波多洛伊,詹姆斯·A.菲茨西蒙斯,莫娜·J.菲茨西蒙斯.服务管理——运作、战略与信息技术[M].张金成,范秀成,杨坤,译.北京：机械工业出版社,2020.

1. 服务业和社会经济发展的一般历程

1) 前工业社会服务业和社会经济发展历程

前工业社会的时间是在蒸汽机出现之前的人类社会。这个社会以传统主义为轴心,意图是与自然界竞争,土地是资源,地主和军人拥有统治权。在前工业社会中,世界上许多人的生活状况就是为了维持生存,生活就像是与自然作抗争的游戏。劳动者全凭传统习惯和体力在农业、采矿业和渔业等行业辛勤劳作,生活条件受许多因素限制,如天气、土壤质量和水源等。生活节奏由自然来决定,工作节奏也随季节而变动,产量低且技术含量低。在这种以农业和手工业自然经济为主的前工业社会,由于人口的自然增长和土地占有不均衡,大量农村剩余劳动力流向城市,城市的扩张使得商品流通的速度和规模迅速扩大,逐渐兴起的小商品经济改变了封建社会的经济形态、产业结构、劳动方式。同时,日渐繁荣的城市经济生活改变了城市居民的消费规模和消费偏好,交通运输业、饮食业、旅馆业等服务业相应发展并且逐渐商业化,邮电行业也相应产生。医疗卫生业、洗染业等生活服务业和部分生产服务业也明显扩张发展,服务业初具规模,成为社会经济的一个组成部分。但是,由于经济发展水平较低,社会生产和人们的生活对服务的需求不高,这个时期还是以传统服务业为主。修理业、旅馆业、餐饮业、理发业等几个传统服务行业在服务业总体结构中占据了主导地位,其他服务业还是很薄弱,仅为零星经济活动,或者尚未出现。在这个阶段,社会生活围绕着大家庭,低下的生产力和众多的人口严重导致了就业不足,劳动力未被充分利用。许多人在服务业中寻找机会,但仅限于个人和家庭的范围。服务业在国民经济构成中的地位十分低下,仅仅是人们日常生活不可或缺的消费品供应部门,远比工农业落后、松散。

2) 工业社会服务业和社会经济发展历程

工业社会的时间是在蒸汽机出现之后到电子信息技术广泛应用之前。工业社会前期是以农牧业产品为原材料的轻工业为主,蒸汽机的发明促进了手工业工具的机械化。由于轻工业的刺激作用,农业向为轻工业提供原材料方面发展,这促进了农、林、牧、渔的全面发展。国际上,英国最先进入以轻工业为主的产业层次。18世纪30年代,英国的工业革命首先从棉纺织业开始,至19世纪30年代末,机器棉纺织代替手工棉纺织的过程基本完成。工业革命之后,机器化生产扩展到各个行业,工厂制度取代了手工作坊；大中型企业替代了个体劳动力者和小企业；集约化经营替代了粗放经营的农业生产,因而大量农业劳动力游离出来,

涌向城市。社会逐渐由前工业社会步入工业社会，主导活动转变为物质产品的生产。服务业从业人员占社会总就业人员的比重有所上升，特别是生活性服务就业人数增长幅度较大，而且呈连续上升状态。服务业资金量也开始增长，增长规模较大的是流动资金，同时周转速度加快，服务产品的生产技术和技术结构发生了一定程度的变动。在这种背景下，服务业总体呈现出膨胀趋势，服务业的规模扩大，服务业内部结构发生变动。一些相对新兴的服务行业开始出现，其中比较典型的是旅游业的出现和发展。

第二次世界大战后，服务业总体规模、内部行业结构和服务业中的物质技术设备、生产组织形式均发生剧烈变动。由于工业劳动生产率的提高，一些人从制造业的生产中分离出来，还有一些从属于制造业的服务劳动也独立分化出来，形成运输、通信等专业服务部门。随着工业化的发展，社会分工越来越细，服务业所涉及的领域越来越多，金融、保险和流通服务业得到较大发展。在这个阶段服务业发生了质变。服务业规模扩张速度加快，无论是农村还是城市，服务业都呈现出快速增长的趋势，而且城市生活服务业的扩张具有较强的刚性。服务业结构变换空前激烈且持续时间较长，这不仅表现在各服务行业在经济领域所处地位的变动和服务行业产值结构的变动上，而且表现在劳动供给结构的变动和各服务行业相互关联结构的变动上。由于在这样的工业社会中，生活水准由物质产品的数量衡量，协调物质产品生产和分销的复杂性导致大型官僚等级组织的形成。这些机构中的成员有其特定的角色，他们的运作趋向于非人性化，人被当作"物"来对待。个人是社会生活的基本单元，社会被认为是市场上做出的所有决策的总和。这就导致服务业内部结构发生了实质性变化，带薪服务企业所占的比重上升，服务企业组织形式也开始复杂化和多样化。服务业物质技术设备有了较大程度的改进，服务业内部所有制结构发生一定程度的变化，各种所有制服务业企业并存，股份制服务企业出现并迅速发展。

3）后工业社会服务业和社会经济发展历程

后工业社会是工业社会进一步发展的产物。后工业社会的时间是在电子信息技术广泛应用之后。这个社会以理论知识为中轴，主要是人与人之间知识的竞争。科技精英成为社会的统治人物，科技专家拥有权力，全凭他们受到的专业教育与技术专长。在后工业社会，由于生产方式和生活方式的改变，知识密集型、技术密集型的新兴的服务行业越来越多，服务业内部结构调整加快。金融、保险、商务等服务业进一步发展；现代物流、科技服务、信息服务等生产性服务迅速发展。服务不是"边缘化的或奢侈的经济活动"，而是位于经济的核心地带。贝尔认为，从工业社会向后工业社会转变有多种方式。首先，为了支持工业化进程，服务业得到自然发展，如交通运输和公用事业。由于生产过程中生产设备的引入，更多的工人开始从事诸如保养和维修类的非生产性劳动。其次，人口的增长和物质产品的大量消费促进了批发和零售业务的发展，银行、房地产及保险业也随之受益。最后，随着收入的提高，食品和生活必需品的消费比例下降，人们开始把剩余的钱用于耐用消费品和服务的消费。这个阶段是服务业的革命阶段。农业的比重进一步下降，工业增长速度逐渐放慢甚至稳定不动，而服务业则有大幅增长，服务业产值占国民生产总值的比重迅速上升，不仅超过了工农业，而且还超过了它们的总和。服务业成为国民经济中有突出地位的产业，出现了各种新兴服务业，如旅游业、咨询服务业、计算机服务业、社会福利业等。这些新兴服务业不断发展壮大，成为在服务业中占有举足轻重地位的行业。服务业就业人数占总就业人数的比例也迅速增加，从事服务业的人员素质大大提高，服务业就业结构有了很大改进。对服务业的投资迅速增加,服务业成为一个吸引资金的产业。大型服务企业在服务市场上占据明显的主导地位,同时中小型服务企业的数量还在增加,并渗透到社会消费的各个角落。服务生产力有了综合性、实质性的发展,很多服务生产领域实现自动化、机械化,不少行业与现代科技有密切的关系,服务经济与知识经济呈一致性发展。19世纪的普鲁士统计学家厄恩斯特·恩格尔(Ernst Engel)研究发现,随着家庭收入的增加,用于食品及耐用消费品的支出比例下降,而反映对生活质量有较高要求的服务支出则相应提高。这种现象与马斯洛的需求层次论一致,即人们在解决温饱后转向物质产品需求,之后是追求个人的发展。但是,"优质生活"的必要条件是健康和教育。在人们减少病痛以及延长生命的努力中,健康服务成为现代社会的一个重要特征。

后工业社会阶段实际上就是现代化时代,服务业作为现代产业体系的重要组成部分,对于推动社会经济的发展起着极为重要的作用。现代服务业就是指以信息技术为核心而发展起来的相对密集的服务业,它具有技术含量高、附加值高、人力资本高、污染排放低等特征。现代服务业发展水平一定程度反映了社会经济发达的程度。从历史的纵深来看,纵观全球主要经济体和产业演变规律,全球服务业比重不断上升是经济社会发展的基本趋势,西方一些发达国家服务业占比达到了75%。随着经济的不断发展,服务业也随之在进行转型以适应现代化的社会。夏杰长和肖宇(2019)在分析服务业转型升级的趋势时,明确提出了移动互联网、物联网、云计算、大数据等新一代信息技术在经济社会各个领域的广泛渗透,催生了网络约车、移动办公、互联网金融、智能家庭、远程医疗、共享汽车等一批新业态,传统商业模式逐渐被取代。现如今,数字经济作为一种新的经济发展形态,同时也作为主要的发展力量,推动着经济高质量发展。在数字化的背景下,服务领域也在不断地发展壮大。服务行业的发展与数字经济之间存在相辅相成的关系,在数字经济背景下,服务在不断融合与更新,服务行业也更加被注重。数字化服务行业也在不断升级,以注重经营、经济效益为目标,大力提高服务行业的资源配置,改善服务水平,推动服务质量发展转变。服务业发展的内外部环境和技术条件已经发生了本质的变化,因此,衡量服务业现代化也需要新的视角。

2. 服务业与社会经济发展之间的关系

服务业是拉动经济增长、促进国民就业的主力军,同时也是实现国民经济健康运行的重要"稳定器"。白仲尧(1991)提到,一个国家或地区的经济服务化,不是从对居民的生活服务开始的,而是从对农业和工业生产提供的有效服务开始。经济服务化的深刻根源在于服务业能够为工农业生产提供全面和系统的服务。在现代经济中,运输、通信、金融、教育、医疗等服务行业在各国发挥着国民经济的基础作用;金融、旅游、物流等服务业的发展对不同行业、不同地区经济的发展都有着很强的联动效应。白仲尧还提到,如果把国民经济比作人的机体,农业是血肉,工业是骨骼,服务业就是神经系统、循环系统和组织器官。实际上,无论在工业化的哪个阶段,服务业都是与工业相伴相随、不可替代的。如果服务业不发达,不仅不利于促进经济增长、优化产业结构、增加就业、实施城市化和改善人民生活质量,而且会使交易成本和商务成本升高,影响工业化进程。

服务在任何社会都处于经济活动的中心。如图1-2所示,诸如通信、运输等基础服务是联通消费者,联结所有经济部门的纽带。在一个复杂经济体中,基础服务和贸易服务是联系采掘业和制造业的媒介,也是通向最终消费者的分销渠道。基础服务是经济工业化的前提。

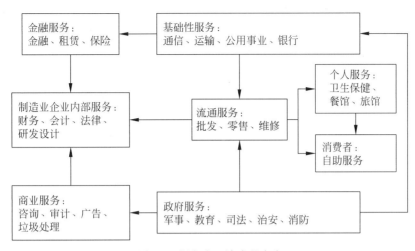

图 1-2 服务在经济中的角色

资料来源：GUILE B R, QUINN J B. Technology in Service: Policies for Growth, Trade, and Employment[M]. Washington D C: National Academy Press, 1988.

现代服务业经济是市场顺应当下环境而产生的一种新型的经济形态，其发展不仅受到市场的影响，同时也受到政府的影响。目前，服务业已经成为国民经济的主体，成为现代经济结构优化的重点，是经济全球化背景下决定一国竞争力强弱的关键因素。将世界部分国家服务业增加值占 GDP 比重绘制如图 1-3 所示。以美国为例，2018 年其 GDP 总量约为 20.494 万亿美元，服务业增加值就超过了 16.5 万亿美元，占 GDP 的比例超过了 80%。在服务业的发展中，生产性服务业的增长远远超出服务业的平均增长水平，发展速度非常引人注目。生产性服务业已经成为发达社会经济的支柱产业，在提高国民生产总值、增强区域竞争力、提升企业创新能力、增加就业等方面起着越来越重要的作用。随着高科技以及新兴科技的崛起，高科技工业随之发展，因此更需要新兴服务业的支撑。高科技企业初期都是中小型企业，越是在创业时越需要新型服务业的支持，包括金融保险以及科技服务等。

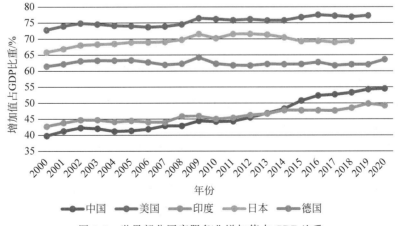

彩图 1-3

图 1-3 世界部分国家服务业增加值占 GDP 比重

资料来源：跟着地图看世界.工业，制造业，农业，中国增加值都占世界约 30%，服务业增加值只占 15%[EB/OL]. (2023-03-06)[2023-08-31]. https://m.163.com/dy/article/HV3HM9AR0543LLT9.html.

如今,我国服务业作为经济发展中的新兴产业,在国民经济中所占的比重越来越大,具有举足轻重的地位。2020年,我国第一、第二、第三产业占GDP的比重分别为7.7%、37.85%、54.5%,对GDP增长的贡献率分别为9.5%、43.3%、47.3%,较上年变化5.6个、10.7个和-16.2个百分点,其中第三产业对GDP的贡献率最高,为支柱性产业(由于疫情冲击服务业和消费,使得2020年其对经济贡献率下滑)。随着我国经济进入高质量发展阶段,服务业占我国GDP的比重也在不断提高,2015年超过50%,2019年达到53.9%,2020年达到54.5%,服务业的主导地位日趋巩固,已成为国民经济的"半壁江山"。服务业不仅是国民经济的"压舱石",也是促进传统产业转型升级的"助推器",还是推动新经济、新动能加速成长的"孵化器"。在现代信息技术的推动下,基于大数据、云计算、物联网、人工智能的服务应用和创新日趋活跃,传统服务业加速转型升级。服务业与第一、第二产业加速融合,旅游、文化、体育、健康、养老、教育培训6大"幸福产业"蓬勃发展,平台经济、共享经济、数字经济方兴未艾,服务业已成为提升中国经济韧性与活力的重要引擎。

1.1.3 我国服务业的发展

改革开放以来,我国服务业逐步发展,已成为经济增长的重要动力和吸纳就业的重要主体。1978年的改革开放将中国经济带入高速发展的通道。在党的十一届三中全会之后,我国的社会主义服务经济开始进入低速增长的时期。随着有计划的商品经济的不断成熟和发展,人们逐渐认识到发展服务经济的必要性。因此,旧的服务行业开始振兴并迅速扩张,新兴服务业如旅游业、广告业等也逐渐发展和成熟起来。1979年到1989年是我国服务业迅速发展的10年,服务业产值占GDP比例由1979年的20.6%上升到1988年的25.7%。服务产业的劳动者人数也达到了总劳动者人数的17.9%。1992年,国务院做出了"关于加快发展第三产业的决定"。我国政府也加大了对服务业的产业调整力度。第九个五年计划(以下简称"九五")期间,国家发展计划委员会提出了《关于发展第三产业扩大就业的指导意见》,要求在继续发展批发零售贸易和社会服务业等传统产业的同时积极发展旅游、信息、咨询服务等新兴产业,规范和发展金融、保险业,引导房地产业健康发展,健全资产评估、业务代理、行业协调等中介服务。据此,各地政府围绕发展服务业做了许多工作,使得我国服务业的规模扩大、结构优化。1990—1999年,服务业新增就业人口7160万人,相当于吸收了同期6680万的全部新增劳动力和480万从其他产业转移出来的劳动力,平均每年吸收就业近800万人,是工业和建筑业的2.8倍。尽管"九五"以来我国国民经济减速运行,服务业增长速度也在放慢,但服务业对经济增长的带动作用却在逐步增强。

2001年12月11日,中国正式成为世界贸易组织第143个成员国。随着国家促进服务业发展准入政策的放松和国内外资本投入的加大,服务业的发展速度继续保持增长。为了促进我国服务业的快速发展,表明中国政府对服务业发展的重视和支持,经国务院批准,2004年6月30日至7月3日在北京举行了由国家发展改革委员会、商务部、中国银行业监督管理委员会和北京市政府共同主办,北京市贸促会承办的"中国国际服务业大会和展览会"。大会的基本宗旨是"促发展、促开放、促交易、促合作",这充分体现了加入WTO后中国服务业和国际服务业发展潮流快速融合的大趋势,对我国服务业的对外开放具有深远影响。党的十八大召开以来,服务业开放与服务贸易发展受到党中央、国务院的高度重视。2012年12月1日,国务院下发了《服务业发展"十二五"规划》纲要,要求到2015年,服务业增加值所占的比重要明显提高,同时推动生产性服务业向中、高端发展,向深化产业融合、细化专业分工等横向发展。2014年,在中国经济进入新常态的背景下,服务业的改革开放进入加速期,国务院密集出台了促进服务业发展的规划、意见、通知等,从不同侧面指出了相关领域服务业发展的重点方向和业态。随着科学技术的发展,基于大数据、云计算、物联网的创意设计、远程诊断、系统流程服务、设备生命管理服务等新业态发展迅速,电子商务、网络银行、远程教育、生态旅游、智慧社区等新的服务模式快速发展;文化、网络零售、快递、健康服务、餐饮等生活性服务业逐步适应新的发展环境,积极调整转型,提升发展质量。

"十一五"期间,我国服务业实现了如下目标:拓展生产性服务业、丰富消费性服务业、积极发展信息服务业、规范发展商务服务业、加快发展社区服务业、发展服务贸易及提高服务业在国民经济中的比重。"十二五"期间,我国服务业发展取得一系列新进展和新突破,服务业成为国民经济第一大产业,新兴服务行业和业态层出不穷,服务贸易规模跃居世界第二。但服务业还存在结构性失衡,有效供给能力不足;劳动生产率低于第二产业,增幅明显放缓;贸易逆差持续扩大,对外开放水平有待提高等诸多问题。"十三五"期间,立足经济新常态,我国服务业发展以提升发展规模和效率为核心,以深化改革和扩大改革开放为动力,以促进大型城市服务业集聚发展为载体,以"互联网+"实体经济转型、民生改善以及大国崛起为支撑。在2021年下发的《中华人民共和国国民经济和社会发展第十四个五年规划和2035年远景目标纲要》中明确指出,我国应该聚焦产业转型升级和居民消费升级需要,扩大服务业有效供给,提高服务效率和服务品质,构建优质高效、结构优化、竞争力强的服务产业新体系。在纲要中还指出,我国应该以服务制造业高质量发展为导向,推动生产性服务业向专业化和价值链高端延伸;以提升便利度和改善服务体验为导向,推动生活性服务业向高品质和多样化升级。加快发展健康、养老、托育、文化、旅游、体育、物业等服务业,加强公益性、基础性服务业供给,扩大覆盖全生命期的各类服务供给。持续推动家政服务业提质扩容,与智慧社区、养老托育等融合发展。鼓励商贸流通业态与模式创新,推进数字化、智能化改造和跨界融合,线上线下全渠道满足消费需求。同时,扩大服务业对内对外开放,进一步放宽市场准入,全面清理不合理的限制条件,鼓励社会力量扩大多元化多层次服务供给。

整体而言,我国服务业的内部结构日趋优化,服务业作为第三产业占GDP的比重在不断增加,并且服务业从业人数也在不断增加,服务业更高的就业弹性已经成为我国第一产业和第二产业劳动力转移的主渠道,服务业对国民经济的带动和支撑作用明显增强。将自1978年改革开放以来三次产业增加值占比和全国就业人员产业构成绘制如图1-4和图1-5所示的图形。可以发现自1978年改革开放以来,中国三次产业增加值占国民生产总值比重的整体演变历程由二、一、三次序向三、二、一次序转变,演变路径基本符合一般规律。第三产业自改革开放以来发展迅猛,从1978年占比24.6%增长至2021年占比53.3%。预期今后将继续保持小幅增长。随着改革开放不断推进,中国城乡二元分割制度逐步打破,中国就业总量不断扩大,在社会主义市场经济体制确定的1992年,中国就业总量高达66 152万人,这一时期也是就业增长最快的时期,截至2022年年末全国就业人员73 351万人。第三产业就业人员占总就业人数的比重持续上升,目前第三产业已经成为调整就业结构的主要驱动力。1994年第三产业就业人数首次超过第二产业,在此之后,中国第三产业的就业规模不断扩大,就业比重也迅速上升,截至2021年占比已达48.0%,预期今后将继续增长。

2020年全球服务业受到新型冠状病毒感染疫情的影响,就我国而言,全国服务业增长

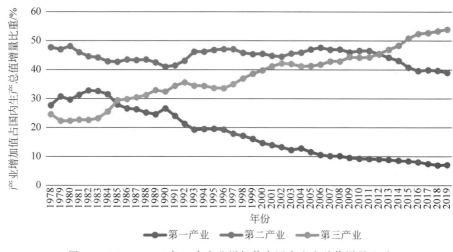

图 1-4　1978—2019 年三次产业增加值占国内生产总值增量比重

数据来源：《2020 中国统计年鉴》——国家统计局。

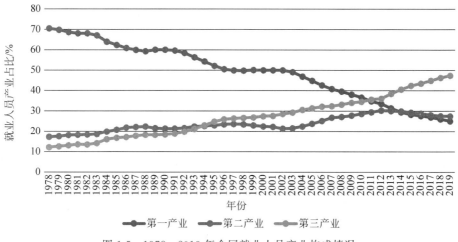

图 1-5　1978—2019 年全国就业人员产业构成情况

数据来源：《2020 中国统计年鉴》——国家统计局。

情况虽然相比 2019 年有所下降，但是也在持续稳步恢复。新型冠状病毒感染疫情的暴发虽然给部分服务业的发展带来较大的冲击，但与此同时也为服务业的转型升级带来重要的发展机遇。新型冠状病毒感染疫情期间，在线下服务业陷入疲软状态的情况下，线上服务业异军突起，且在后疫情时代将会有更广阔的应用前景，以创新驱动为经济增长创造新潜力。同时，发达经济体必定会加快对数字贸易规则的布局，以抢占规则制定的先机。新型冠状病毒感染疫情期间，数字经济在电商、智慧医疗及电子政务领域大放异彩。传统"接触性"的线下服务被抑制，而"无接触"的线上服务却备受青睐，并倒逼传统服务业升级。与以往工作、生活形式不同的是，原本地理空间的集聚转为线上的"车水马龙"，互联网大数据是此次疫情期间生产生活得以正常运行的支撑器。国家统计局数据显示，初步核算，2020 年服务业增加值相比 2019 年增长了 2.1%。服务业增加值占国内生产总值比重为 54.5%，较上年提高 0.2 个百分点。以新技术为引领的相关服务业营业收入保持增长，1—11 月，规模以上高技术服务业、科技服务业和战略性新兴服务业营业收入增速分别为 12.0%、11.0% 和 8.6%。这种变化趋势表示未来企业、居民对于线上服务以及未来数字化转型的需求必然呈增长趋势,疫情只是这种趋势变化的"催化剂"。

各种国家政策要求我们大力发展服务业,使服务业成为中国经济发展的新动力。目前,我国的现状也有不少可以大力发展服务业的有利条件:一是经济结构的战略性调整,将进一步提升服务业在国民经济中的地位和作用;二是人民生活水平的提高和质量的改善,将为服务业发展提供多层次的市场需求;三是建立健全市场体系,将为服务业发展开辟新的领域。

在各政策支撑和有利条件的背景下,我国大力发展服务业的势头已势不可挡。在未来我国服务业增长仍会有较大的空间,服务业需求仍将保持较快的增长。"十四五"时期,我国继续向高收入国家行列迈进,随着人均收入水平的持续提升,人民群众对高品质教育、医疗、养老、家庭服务、文化娱乐等诸多方面的需求将持续增加,个性化、体验式、互动式、定制化服务将呈现爆发式增长,这将推动生活性服务业品质进一步提升。随着以国内大循环为主体、国内国际双循环相互促进的新发展格局的逐步形成,高品质服务需求外溢的情况将得到缓解,这将进一步释放国内服务业需求。而在生产性服务业方面,实体经济的转型升级、向价值链中高端迈进,要求科技研发、信息服务、现代物流、营销管理、商务咨询等相关的生产性服务业提升品质,提供更多的专业服务支持,这将倒逼这些生产性服务业高质量发展。并且,融合发展将是服务业发展的重要趋势。服务业与农业的融合互动是一个重要方向。农业的快速发展,需要通过互动发展来实现。自 20 世纪 70 年代以来,随着信息技术的发展,产业融合成为产业发展的一个重要趋势。农业产业链中,正融入越来越多的第二、第三产业元素,而农业日益变为第一、第二、第三产业大融合的综合体。农业现代化的核心是通过服务业的发展,使服务业深度切入农业,稳定农产品的质量与数量,解决农产品的供需对接,大幅提升农业附加值,促进农业产业化水平不断提升。同时,服务业与制造业的融合发展也是重要发展方向,制造与服务融合发展的新型制造模式和产业形态就是服务型制造。"十四五"规划和 2035 年远景目标纲要提出:"发展服务型制造新模式,推动制造业高端化、智能化、绿色化。"在新发展阶段,推动传统制造业向服务型制造转型,是拓展盈利空间、打造新的竞争优势的重要途径,有利于巩固提升中国制造在全球产业链中的地位,有利于深化供给侧结构性改革,有利于畅通经济循环、构建新发展格局。

1.1.4 现代服务业发展趋势

现代服务业是伴随着信息技术和知识经济的开展,用现代化的新技术、新业态和新服务方法改造传统服务业,发展需求,引导消费,向社会提供高附加值、高层次、知识型的生产服务和生活服务的服务业。现代服务业本质上依然是"服务",主要通过细化分工、聚焦专业、提升效率等,降低生产和流通成本,满足人们的品质化、个性化消费需求。进入工业化后期,服务业尤其是现代服务业在拉动经济中的作用越发重要。随着我国供给侧结构性改革的深入推进,现代服务业快速发展,产业规模日益壮大。国家统计局数据显示,初步核算,2020 年服务业增加值 553 977 亿元,比 2019 年增长 2.1%。从增加值看,2020 年,信息传输、软件和信息技术服务业,金融业,房地产业增加值比 2019 年分别增长 16.9%、7.0% 和 2.9%,合计拉动服务业增加值增长 2.7 个百分点,有力支撑了总体经济的恢复。如今,融合发展将是现代服务业发展的重要趋势。服务业与制造业之间界限日趋模糊,两者实现融合发展日渐重要。在信息技术的推动下，制造服务化与服务制造化都表现出与互联网高度融合的趋势，新的商业模式与概念也不断涌现，如大规模个性化定制、C2B、云制造等，都是其表现。服务型制造是适应数字经济发展的制造业新业态，是服务业与制造业融合的新形式，是提升制造业产品竞争力、促进制造业转型升级和高质量发展的重要支撑。

美国哈佛商学院教授迈克尔·波特（Michael E. Porter）在其代表作《国家竞争优势》（The Competitive Advantage of Nations）中提到，制造业与服务业是唇齿相依的关系，从服务业发展历程来看，制造业的崛起带动了服务业的发展，而服务业的发展又反过来促进了制造业的发展，二者之间是相辅相成、相互依存的关系。服务业在很大程度上是以制造业为服务对象的；而制造业整体水平和产品品质的提升，依赖于服务的附和以及服务业的整合。英国服务营销学家 A. 佩恩（Adrian Payne，2003）指出，随着工业化的成熟与服务经济的发展，服务和制造业已经进入到高度相关和互补的阶段。如图 1-6 所示，工业化和专业化不断加深，为生产者服务业的发展提供了广阔的空间；金融、保险、运输、工程、法律、会计、广告、管理与技术、咨询等生产者服务迅速发展，又可以为制造业的发展提供较大的空间并可大大提高其质量。

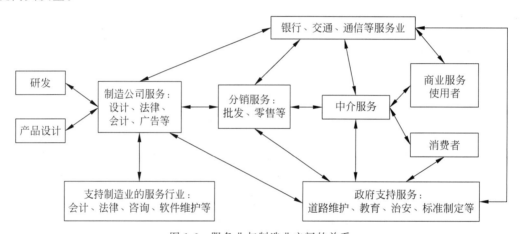

图 1-6　服务业与制造业之间的关系

资料来源：张淑君.服务管理[M].2 版.北京：中国市场出版社，2016.

制造业是国民经济的主体，是立国之本、兴国之器、强国之基，从根本上决定着一个国家的综合实力和国际竞争力。20 世纪中后期，随着全球经济的发展和制造业的繁荣，物资资料极大丰富，顾客的消费习惯趋向个性化、多样化和体验化等更高层次的需求，传统的大规模生产方式已经不能满足这种多样化的顾客需求，供需矛盾日益突出。同时制造业也在资源和环境双重压力下开始减速发展，高能耗、高污染、低劳动效率的增长方式成为阻碍中国走向制造强国的最大障碍。服务型制造正是在这种内在需求和外在需求共同驱动的历史背景下产生的。服务型制造是服务与制造相融合的先进制造模式，是传统制造产品向"产品服务系统"和"整体解决方案"的转变。在服务型制造系统中，制造企业和服务企业以产品的制造和服务的提供为依托，向客户提供覆盖从需求调研、产品设计、工程、制造到交付、售后服务、产品回收及再制造等产品服务系统全生命周期的价值增值活动。国内学者孙林岩等从概念、形式、组织形态和属性四个层次对服务型制造的概念和内涵进行解释。

（1）从概念的角度来看，服务型制造是制造和服务在新的世界经济条件下历史性融合的产物，是一种全新的制造模式。服务型制造是通过制造向服务的拓展和服务向制造的渗透实现制造和服务的有机融合，是基于生产的产品经济和基于消费的服务经济的融合。

（2）从表现形式上来看，服务型制造包括制造业面向中间企业的服务（B2B）和面向最终消费者的服务（B2C）。

（3）从组织形态上来看，服务型制造的覆盖范围虽然超越了传统的制造及服务的范畴，但是它更加关注不同类型的主体（顾客、服务企业、制造企业）相互渗透、相互协作。这主要表现为制造企业向服务领域的拓展和延伸以及服务企业向上游制造领域的延伸和控制。

（4）从属性上来看，服务型制造具有整合、增值、创新三大属性。整合来源于企业之间的相互服务、相互外包，制造网络节点的无缝连接，各企业积极向核心资源靠拢。增值来源于服务型制造中的服务属性，企业由以前的关注产品功能生产到关注顾客需求服务的生产，通过服务增值活动，使得依附于产品的价值大大提升，从而增加了企业获取价值的能力。创新来源于对知识资源的整合以及对消费需求信号、时代发展趋势等知识资源的采集、处理和快速响应，不断产生适应新经济条件的知识信息，相应的服务型制造系统的整体创新能力也得以大大提高。

近年来，我国不断推进服务业与制造业融合发展。生产性服务业重点领域企业数量大幅增长，营业收入年均增长12.9%，增速明显高于其他服务业。《中华人民共和国国民经济和社会发展第十四个五年规划和2035年远景目标纲要》明确提出，坚持自主可控、安全高效，推进产业基础高级化、产业链现代化，保持制造业比重基本稳定，增强制造业竞争优势，推动制造业高质量发展。同时，还强调要深入实施智能制造和绿色制造工程，发展服务型制造新模式，推动制造业高端化、智能化、绿色化，培育先进制造业集群，建设智能制造示范工厂，完善智能制造标准体系。推进智能制造和数字化转型是我国制造业转型升级的必由之路。毋庸讳言，目前我国制造服务业供给质量不够高，专业化、社会化程度有待提升，发挥引领制造业价值链攀升的作用尚不明显，与建设现代化经济体系、实现经济高质量发展的要求还存在差距。当前，全球制造业服务化、智能化趋势日益明显，全球产成品贸易中约1/3的价值增值来源于服务业，发达国家制造业投入中的服务投入占比普遍超过30%，发达国家制造业企业的服务收入占比也普遍超过30%。与发达国家相比，我国制造服务业仍有一定的差距，亟须培育壮大服务主体，提高制造业产业链整体质量和水平，以高质量供给引领、创造新需求，为加快建设现代化经济体系，加快构建以国内大循环为主体、国内国际双循环相互促进的新发展格局提供有力支撑。

1.2 服务的特征与分类

服务与有形产品不同，有形产品在制造过程中投入的是资金、物质和劳动力等资源，而在服务过程中投入的是顾客本身，服务系统必须与顾客产生互动才能正常运行。因此，服务与有形产品在产品形式、生产设施、存储方式、需求响应周期等不同方面存在差异，形成了服务独有的特性。

1.2.1 服务的特征

服务特征的研究通常离不开和商品的比对分析，服务与有形产品的生产制造过程有着本质的区别,从两者的差异中可以看出服务具备的独特性(见表 1-2)。

表 1-2 服务和有形产品的区别

项　　目	服　　务	有　形　产　品
存在形式	一种活动或过程	一种物体
产品特性	无形、不可触、不耐久、异质	有形的、可触摸、耐久的、同质
能否存储	易逝性:不可存储	可存储
顾客的参与	顾客与服务系统接触频繁	顾客与生产系统极少接触
响应需求周期	响应顾客需求周期很短	响应顾客需求周期较长
覆盖范围	主要在有限区域范围内	可覆盖地区、全国乃至国际市场
质量评价	主观性较强	有客观标准
生产和消费	同步发生	分段发生
所有权的转移	不牵涉	牵涉

由表 1-2 可以看出,服务具有如下特征。

1. 无形性

服务是一种活动或过程,也是一种理念和概念,虽然可能需要借助实体或体现在实体中,但其本质上是无形性的。相较于产品作为实体可以被触摸感知,人们通常会以"经历""信任""感觉"和"安全"等抽象词汇来主观描述无法触摸到的服务。因此服务创新是没有专利的,为了获得新服务理念,公司必须适时扩大运营规模,在竞争者中脱颖而出,抢占先机。特许经营是企业巩固自身市场地位并树立品牌形象的一种经营模式。在这种模式下,母公司可以将自己的经营理念出售给当地企业家,这样不仅能保留控制权、降低风险,也能保留一定的资本。

服务的无形性也给顾客在购买过程中带来一些问题。一方面,顾客挑选服务时由于无法看到、感觉到并测试其性能,因此需要依赖服务公司的声誉。在许多服务行业中,政府通过使用注册、许可和监管等干预措施,以保证服务表现能够被顾客接受。比如公共建设项目必须获得专业工程师的批准,医生行医必须获得医师资格证,电力公司是受监管的公用事业公司,等等。另一方面,顾客对服务质量的评价是非常困难的,描述服务质量的词汇并不一定十分清楚,常常没有一致的标准。

2. 异质性

由于服务绩效受到服务提供者、顾客、设备、环境的影响在动态变化,服务的构成成分及其质量水平不断改变难以统一界定,服务就呈现出异质性的特征。首先,服务提供者不同于工厂中的生产机器,做不到完全一致的重复动作,也会因为自身喜怒的存在以不同的态度对待顾客,并时常犯一些错误。其次,顾客的多样性导致不同顾客的购买行为及对服务感知程度有所差异,有些顾客还会被其他顾客的行为和状态所影响。此外,天气状况、服务队列、服务设施等外部环境因素也会让顾客对相同的服务存在不同的感知。

3. 不可存储性

服务是一种易逝性产品,由于服务在生产的同时就被消费掉,所以难以存储。尽管提供服务的员工、设施设备等能够以实物形态存在,但它们只代表一种服务的生产能力,而不是服务本身。顾客从服务中所获得的好处不在有效时间内消费掉就会不可挽回地失去,不能存储起来为将来的消费所用。例如航班中的空座位和没有使用的电影票都是无法挽回的。在服务需求稳定或者可以预测时,服务的不可存储性对服务提供企业的影响比较小,但是需求不稳定或者需求难以预测时,服务提供企业就会面临很大的问题。

4. 顾客的参与

不同于有形产品制造过程中顾客被隔离在生产工厂之外,在大多数服务过程中顾客自始至终都是参与者。顾客在参与服务的过程中会有主动和被动两种形式,也会导致服务受到促进和妨碍两种影响。

商品的生产过程和使用过程是两个不同的阶段,一般情况下顾客看不到生产的进行过程。服务则与之相反,顾客会参与到服务的生产和使用全过程中,因此质量控制对于服务过程来说会与有形产品存在很大差异。有形产品在生产前、中、后期都可以对质量问题进行相应的检查和偏差纠正,最大限度地防止残次品送达到顾客手中,而服务质量的稳定性却难以得到如此保障。所以在服务生产过程中,如何确保质量过关、做到顾客满意是必须要考虑的实际问题,通常可以结合实践培训和理论教育来提高员工的服务技能和服务意识。

5. 同步性

多数服务的供应和消费是同步进行的,它们在生产的同时就被消费掉。对于有形产品而言,这两个过程会在不同时段和不同地点发生。空调可以在一个区域被加工生产,然后运输到不同地方的批发商和零售商那里进行存储和售卖,再在不同地方的顾客手中被消费。空调的购买者不必立即使用它,它可以无限期地待在包装箱里。医生给患者开具的医嘱则有很强的时效性,一般患者会立即遵从医嘱采取相应的医疗措施。

6. 所有权不可转让

服务的无形性特征使购买服务并不像购买产品那样可以获得所有权。例如,当顾客购买了电视机就获得了它的所有权,并且可以做很多事,如可以收看新闻,可以投屏电影,可以充当显示器连接其他设备播放实时画面,或者卖掉它。而大多数购买服务的顾客却体验不到这些选择。例如,顾客购买车票乘坐火车前往目的地,当完成运输服务后拥有的只是一张车票或乘车证明;又如,顾客从银行账户中取走一定数量的货币,在交易完成后手中多了一定数目的货币,这好像牵涉到所有权的转移,但事实上银行是无法创造所有权的,这个所有权一直为顾客所有,银行提供的只是暂存服务,并利用这些货币为自己赚取一定的利息。

1.2.2 服务的分类

服务不仅具有上述特征,也具有层次性和动态性,且涉及的范围非常宽泛,在形成一个指导框架来研究不同服务特性的管理之前,可根据不同的标准对其进行分类。美国服务营销领域著名的学者与实践者克里斯托弗·H.洛夫洛克(Christopher H. Lovelock)教授、美国亚利桑那大学蔡斯(Richard B. Chase)教授、美国印第安纳大学商学院罗杰·W.施曼纳(Roger W. Schmenner)教授从不同的角度对服务进行了细致的分类。

1. 根据服务对象的不同进行分类

根据服务对象的不同,服务可分为面向人的服务和面向设备的服务(见图1-7)。一般来说,面向人的服务往往需要顾客的现场参与以及面对面的交流,如私人服务、酒店、餐厅和学校的服务对象都是人。面向设备的服务往往比较灵活,如货物运输、汽车修理、会计和洗衣等服务的服务对象是有形或无形的物品,顾客没有必要一定要在现场。两类服务对员工的服务技能有不同的要求。

2. 根据服务需求波动分类

服务难以储存,可以根据其需求随时间波动的程度分为需求波动大的服务和需求波动小的服务(见图1-8)。在该分类体系下,服务供给能力的刚性和需求波动性导致的服务供求不匹配是服务管理的一个难点。例如,旅游服务的需求具有明显的季节性或时间性波动,可以考虑在高峰时段增补服务人员来调节服务的生产和供给能力。而法律咨询和银行服务的需求则比较稳定,可以通过预测需求进行服务容量的管理。

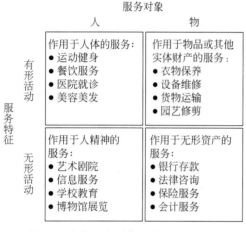

图1-7 根据服务对象不同的服务分类
资料来源:LOVELOCK C H. Classifying Services to Gain Strategic Marketing Insights[J]. Journal of Marketing,1983,47(3):12.

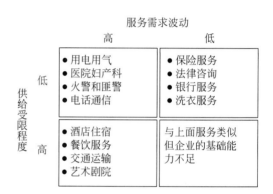

图1-8 根据服务需求不同的服务分类
资料来源:LOVELOCK C H. Classifying Services to Gain Strategic Marketing Insights[J]. Journal of Marketing,1983,47(3):17.

3. 根据顾客关系的不同进行分类

服务企业在与顾客之间的关系方面有显著的差异。根据"服务组织与顾客之间的关系类型"和"服务活动的性质"两个维度的不同,服务可分为四种类型(见图1-9)。服务组织与顾客的互动接触过程中所产生的关系可以是会员关系,也可以是非正式关系,而服务本身又可以分为持续传递的服务和间断交易的服务。会员关系通常会使顾客对一个特定的服务组织建立忠诚,因此,作为一种经营战略,许多服务组织实施了建立同顾客之间正式的、持久的关系的忠诚计划,如航空公司实行的常旅客计划。

4. 根据服务传递方式的不同分类

由于服务需求特征的不同,顾客的参与程度有所差异,按照"服务的可接近性"(地理空间因素)和"与顾客交互作用的程度"两个维度,将服务分为如图1-10所示的六种类型。在单一场所中能够保证较为一致的服务质量,但在多场所服务中,保证不同地点服务质量的一致性非常重要。随着信息和网络技术的快速发展,无须亲临现场的远程服务为顾客提供了

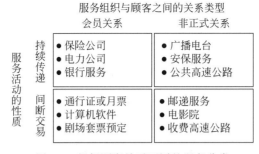

图 1-9　根据顾客关系不同的服务分类

资料来源：LOVELOCK C H. Classifying Services to Gain Strategic Marketing Insights[J]. Journal of Marketing,1983,47(3)：13.

方便、快捷、高效的服务传递,这使企业可以实现服务的个性化定制,也降低了顾客与服务人员面对面交流的数量。

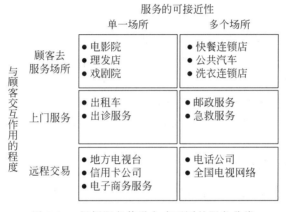

图 1-10　根据服务传递方式不同的服务分类

资料来源：LOVELOCK C H. Classifying Services to Gain Strategic Marketing Insights[J]. Journal of Marketing,1983,47(3)：18.

5. 服务流程矩阵分类

根据影响服务交付过程的两个维度对服务进行分类,美国印第安纳大学商学院罗杰·施梅纳(Roger Schmenner)教授提出了服务流程矩阵(见图 1-11)。在这个矩阵中,垂直维度是劳动力密集程度,衡量的是劳动成本与资本成本之比；水平维度是交互及定制程度,描述了顾客个人影响服务交付性质的能力。

服务流程矩阵的四个象限名称进一步描述了所示服务的性质。服务工厂一般提供标准化服务,具有较高的资本投资,更像是一家流水线生产工厂,如汉堡王快餐店。服务作坊允许有较多的服务定制,但在高资本环境下经营,如医院、汽车维修服务公司。大众服务则是顾客在劳动力密集的环境中得到无差别的服务,如购物中心。专业服务需要员工为顾客提供很多个性化服务,如管理咨询公司、会计服务。

任何类别的服务管理者,无论是服务工厂、服务作坊、大众服务还是专业服务,都面临不同的管理挑战。高资本要求的服务(即低劳动密集度),如航空公司和酒店服务等,需要密切

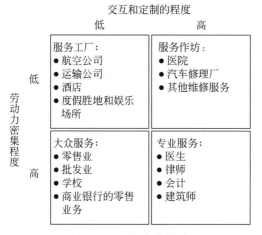

图 1-11 服务流程矩阵

资料来源：SCHMENNER R W. How Can Service Businesses Survive and Prosper? [J]. Sloan Management Review,1986,27(3):25.

监控技术的更新,同时提高设备的利用率,以保持竞争力。而高劳动密集型服务的管理者,如医疗或法律专业人员,必须以顾客为中心。此外,当顾客接触程度和定制化程度较低时,管理者面临营销方面的挑战,需要留意服务的周围环境和设施布置。随着顾客的接触程度和服务定制化程度的提高,管理者所面临的主要挑战变成控制成本和管理具有高技能的专业人员,需要使专业人员知道他们在企业中能得到怎样的提升,从而使他们得到激励。

1.2.3 快速平稳流程理论

在激烈的市场竞争中,服务企业必须选定适当的经营方式,以提高自身的竞争力。因此在服务流程矩阵中,许多企业出现沿对角线向上,朝着服务工厂方向变动的趋势(见图1-12),通过加强对企业自身的控制降低成本。服务工厂是一种最具控制权的服务类型,对许多服务企业都产生了诱惑,促使它们沿对角线向上移动。然而回顾一些知名服务企业的运作方式,可以发现服务企业运营的关键问题不在于加强控制,而是提高生产率。原料或信息能够快速、匀速地流动一直被认为是生产率提高的原因,考虑到这一点,对于服务流程矩阵需要结合快速平稳流程理论进行修改。

为研究如何提高服务企业生产率,Schmenner提出快速平稳流程理论,他认为在一个过程中,原料或信息的流动越迅速、均匀,该过程的生产力就越高。因此,无论是劳动生产率、机器生产率、物料生产率还是全要素生产率,都随着原料或信息在整个过程中流动速度的加快而提高,随着流动波动程度(因质量、数量或时间等发生改变)的增加而下降。

该理论强调,加工处理速度不一定是影响流程效率最主要的因素,大多数流程中,不合理的等待时间远大于实际加工处理时间,只有物资或信息流动速度和平稳性与流程的效率直接相关。一些人们通常认为的效率影响因素,如自动化程度、资金密集程度、规模、机器利用以及信息技术等,与效率没有直接的关系,它们通过影响流程速度和平稳性,从而影响效率。现实中有很多这样的例子,大企业的生产效率不一定比小企业更高,新的ERP系统不一定会带来更高的效率。只有当这些要素能够加快流程的速度或者减小流程波动时才能改

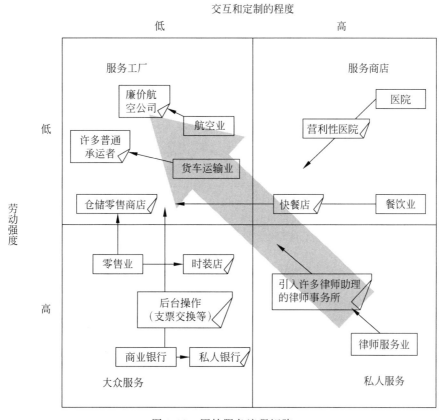

图 1-12　原始服务流程矩阵

资料来源：SCHMENNER R W. Service Businesses and Productivity[J]. Decision Sciences,2004,35(3)：338.

进流程的效率。

快速平稳流程理论指出了提高流程效率的两条途径：

（1）如果服务流程中的物资或信息流速度过慢，流程处理时间过长，则应留意流程各环节中时间积累的地方。这些环节通常是库存过大，存在瓶颈或存在排队等待的地方。应针对这些环节采取措施，打破瓶颈，减少不必要的流程时间，从而有效地提高效率。

（2）从流程的平稳性来看，整个流程的波动往往是因为流程中各环节处理速度的变动以及流程中各环节生产质量的波动引起的。为了改进流程的平稳性，应该做好需求预测，对需求进行管理和引导，使其规律化、平稳化；制订平衡的生产计划，提高各环节的质量。

以快速平稳流程理论为基础重新定义服务流程矩阵中的坐标轴，如图 1-13 所示。一方面，"与消费者交互和定制的程度"转变成"为服务提供的变化"，因此水平坐标轴可以重新命名为"变动程度"。交互和定制是非常常见的服务变化诱因，毫无疑问会影响服务生产率。然而要明确的是，所讨论的变动是服务提供过程中发生的变动，并不是提供的服务"产品"的变化或多样性。另一方面，考虑使用"相对产出时间"来标记垂直坐标轴。与制造业中的快速平稳流程相同，相对产出时间是指从消费者开始服务流程的时刻到服务完成且消费者满意退出时刻之间的间隔。因此，提高效率的关键问题不在于运营过程中的资本密集度，而在于相较于行业中其他服务提供的速度。矩阵的对角线显示出提高生产率的途径，即减少了变动程度和相对产出时间。

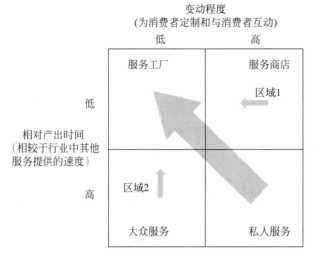

图 1-13　修改后的服务流程矩阵

资料来源：SCHMENNER R W. Service Businesses and Productivity[J]. Decision Sciences，2004，35(3)：339.

在零售行业中，沃尔玛是应用快速平稳流程理论的典范。沃尔玛的生产力之所以能够迅速增长，并且该公司成为知名公司之一，是因为其在信息技术和物流系统方面的创新。早在 20 世纪 70 年代，沃尔玛就开始使用计算机进行管理。20 世纪 80 年代初，他们又花费

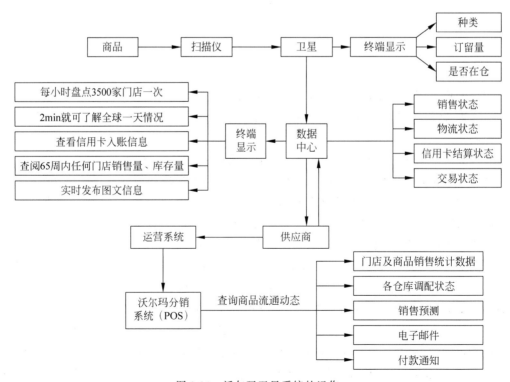

图 1-14　沃尔玛卫星系统的运作

4亿美元购买了商业卫星,实现了全球联网,每天跟踪每个店的库存,扫描和传递信息,因此能够比其他的零售商更快、更频繁地补货(见图1-14)。20世纪90年代,沃尔玛采用了全球领先的卫星定位系统(GPS),控制公司的物流,提高配送效率,以速度和质量赢得用户的满意度和忠诚度。这种信息技术有助于形成一个比其他零售商更快、更频繁地为每家商店补货的供应链。此外,其配送中心的创新,如交叉配送,意味着库存相对较少,因此库存周转率很高,进货时直接装车出货,没有入库储存与分拣作业,降低了成本,加速了流通。如前所述,相对产出时间是后台货物补货过程和前台购物过程的总和。显然,沃尔玛后台运作所需的流通时间越少就意味着越快速,而且其每天运作的规律性(平稳性)有助于保持一个较高的生产率。

1.3 服务管理理论的形成与发展

视频1-3

1.3.1 服务管理理论的发展阶段

服务营销和管理方面的国际知名学者克里斯丁·格鲁诺斯认为服务管理不是一种独立的理论,而是一种适应目前竞争形势的管理视角或观念。服务管理理论是随着管理学界对服务特征和服务管理的认识、理解而逐步形成和发展起来的,根据不同时期的研究内容和特点将其演进过程大致划分为五个阶段。

1. 探索阶段(20世纪70年代至80年代初)

20世纪70年代,北欧的营销研究人员最早对服务问题进行专门的研究,他们根据营销活动中的服务产出和服务传递过程的特性,进行了大量卓有成效的研究,提出了一系列新的概念、模型和工具,并把这些研究成果归类为"服务营销"。学者们主要致力于服务同有形产品的比较以及识别、界定服务的特征。服务营销作为服务管理的一个研究领域,为服务管理理论体系的形成起到了重要的开创作用。

该阶段的服务管理研究主要集中在以制造业管理模式为基础的服务研究领域,聚焦服务业的某些生产运作环节与制造业生产的相似之处,而没有从根本上意识到服务业与制造业在管理方法上的差异。因此,这一阶段的理论研究成果在服务业缺乏普遍的适用性,只是对一些技术密集型、标准化的服务类型企业才有意义。

2. 雏形阶段(20世纪80年代初至80年代中期)

20世纪80年代之后,服务与产品有区别的观点已得到普遍的认可。研究者也不再停留在一般性的描述上,而是通过提出一些概念模型使人们更好地理解服务和服务管理的特点。服务管理理论在这一阶段的发展呈现出两个明显的特征:

其一,大量研究从服务的特征入手,展开一系列的专题探讨,其中服务质量与服务接触成为主要的研究主题。这一阶段出现大量关于服务质量内涵和性质的讨论,随着感知服务质量、服务质量差异模型等概念的提出,理论界对服务质量有了新的认识。至"关键时刻"(moments of truth)这个概念被引入服务管理理论之后,关于服务接触的研究也逐渐丰富起来,大量文献是围绕顾客与服务提供者之间的互动问题进行的,如顾客如何评价服务接触、服务人员和顾客在服务传递过程中的参与作用等。此外,运筹学在服务管理中得到广泛的应用,针对具体服务运作问题(如服务供需平衡、服务人员日程安排等)的定量研究方法开始见诸相关学术杂志上。

其二,关于服务运作的研究开始摆脱制造业管理理论的框架,并拓展到其他学科。此时,来自营销学以外的管理学和心理学的学者们开始普遍关注服务业,他们的参与促进了营销、人力资源管理、运营管理三个领域的交叉融合。"服务管理系统"的提出是从组织理论角度将营销和作业结合在一起,服务质量研究也开始涉及营销与运作两个领域。这一阶段的研究表明,在服务管理中划分"生产"与"营销"职能是没有意义的。

随着服务管理研究的具体化、跨学科的发展,服务管理理论的轮廓已初见雏形。

3. 初步形成阶段(20世纪80年代末90年代初)

这一阶段主要是以行业为基础的调查研究、案例研究为主,大量研究者更倾向采用实证的研究方法对前人提出的理论和模型进行验证。在前一阶段的基础上,服务管理理论的范畴被逐渐拓宽,各个学科领域的结合也更加密切。一方面,大量研究进一步对服务业中的具体问题进行了理论探索,研究的主题也越来越丰富,几乎涉及服务管理问题的方方面面,如服务过程管理、服务设计、服务生产能力和需求管理、服务修复等。这个阶段的两大研究成果——SERVQUAL量表和服务蓝图,至今仍然得到普遍的应用。另一方面,服务管理的综合管理方法已经被看成连接传统学科之间的桥梁,不同的研究主题也相互交错。除了服务生产与营销的结合,在服务修复的研究中通常从行为科学的角度分析顾客的抱怨行为,服务接触涉及了服务传递系统、服务运营管理和服务质量管理三大块的内容。这一阶段还有一个新特点,就是服务管理中的许多思想被反过来用于指导以产品为导向的生产运作管理,如顾客导向、服务战略、服务在混合产品(实体产品和服务)中的增值作用等。

20世纪80年代末期,服务运作管理作为研究各种服务业企业管理的一个专门分支开始被承认,如1987年美国的决策科学学会(Decision Science Institute)将服务运作管理正式列为一个学术分支;1989年,《服务业企业管理国际杂志》(*International Journal of Service Industry Management*)创刊;1990年,世界第一个关于服务运作管理的国际学术会议在巴黎召开,这次会议进一步明确了服务管理多学科交叉的性质,而且为了突出它的多学科整合性,避免与制造业"运作"概念相混淆,大会决定将"运作"二字从"服务运作管理"中删除。至此,"服务管理"这门新兴的学科作为一个整体初步形成。

4. 深入发展和反思阶段(20世纪90年代)

20世纪90年代以来,研究者们仍然从经济学、管理学、心理学、社会学、信息学等众多相关学科吸收养分不断检验和深化原有的理论。另外越来越多的研究开始关注服务管理中各要素之间的联系,一部分研究集中在寻找内部因素(如服务质量、员工满意度、内部服务质量等)和外部产出(如盈利、顾客满意度)之间的关系。同时,由于统计软件如SPSS的应用,使研究人员拥有了方便、快捷的统计分析工具,从而定量研究成为20世纪90年代服务管理研究的一大特色。

服务管理理论发展至此已经进入"顾客导向"的时代。然而许多研究由于过多地从顾客的角度来考虑问题,而在逐渐远离服务管理理论的基础——运作管理。例如在服务质量的研究中,大多数研究从顾客的角度探讨了如何提高服务质量,却忽略了传递顾客感知质量的服务传递系统的质量以及质量的一致性;在服务设计的研究中,研究者们大多在描述服务活动而忽略了过程设计,大多关注前台的设计而忽视了后台服务。因此随着运作、营销和人力资源管理的相互交叉,需要重新关注传统的运作管理理论,来促使服务管理理论更加严密、更加有深度。

5. 服务运作管理的新纪元(21世纪以来)

进入21世纪,随着互联网技术的发展,服务业的运作管理开始进入新纪元,基于互联网的服务运作活动已成为服务管理研究的重要领域。许多传统的服务管理的理念和方法已不再适合以互联网为基础的服务市场,以顾客为导向的互联网服务研究主要集中在在线体验、服务质量、顾客选择和效率等方面。

以大数据、云计算、物联网、人工智能和区块链为代表的数字技术蓬勃发展,深度学习、虚拟/增强现实乃至无人驾驶、智能制造、智慧医疗、共享经济等技术及应用创新层出不穷,在服务消费领域,平台经济、共享经济、体验经济发展迅速,为服务企业的高效与科学运营管理提供了新机遇与挑战,也为服务运营管理领域学术研究提供了新的研究问题与研究工具。数字经济时代下的服务型制造创新与价值链重构、互联网环境下的共享出行服务运营管理,以及互联网环境下的医疗资源配置与医疗资源共享服务运营管理,成为新的数字技术环境下企业服务管理面临的关键问题。

1.3.2 服务管理的研究对象与方法

1. 服务管理的研究对象

服务管理所研究的是组织如何在竞争环境中进行管理并取得成功。通过研究适用于这些服务企业的管理理论和方法,以其独特的经营战略和运营策略来提高服务质量,使顾客真正满意。因此,服务管理的研究对象是从事服务经营活动的各类服务企业的服务活动。

2. 服务管理的研究方法

服务独特的研究对象决定了适合自身特点的研究方法,同时也遵循科学管理中的一般方法。由于服务管理涉及的内容十分广泛,因此不仅需要掌握多学科知识,而且要运用多种研究方法,如运筹学方法、系统模拟仿真、数据科学分析技术等。

1) 运筹学方法

运筹学是以系统为研究对象,利用数学模型将所要研究的问题模型化,以量化分析方法求得问题的最优解。运筹学已经形成包含规划论(线性规划、非线性规划、整数规划、动态规划、多目标规划)、网络分析、排队论、对策论、决策论、存储论等分支庞大的理论与方法体系,并广泛地应用于服务管理实践之中。

规划论是在一定约束条件下,寻求使目标极大化或极小化的最优解或满意解,即对有限资源进行合理计划以实现总效益的最大化。具体而言,线性规划可以解决服务产品调度、配送和服务人员分派问题;整数规划可以求解完成服务工作所需的人力资源、服务设备和服务机构的选址等问题;动态规划可用来解决诸如最优路径、资源分配、资源储备和服务设备更新等问题。

网络分析是以图论为基础,将复杂的问题转化成直观的图形,来研究各类网络结构和流量的优化分析方法。最小生成树问题、最短路径问题、最大流问题、最小费用问题、网络规划都是网络分析中的重要组成部分。在医疗服务系统中最明显的应用是医疗物资的运输问题,包括运输节点间医疗物资调度时运输路线的选择、医药配送中心的送货、医院内部医疗废物的回收等。

排队论又称随机服务系统理论,是针对系统拥挤现象和排队现象,研究系统的排队时长、排队等待时间及所提供的服务等各种参数,其目的是正确设计和有效运行各个服务系统,使之发挥最佳效益。在服务系统设计方面,排队论通常用于服务能力设计,如确定服务设施数量、服务人员数量。在服务系统运营方面,排队论主要应用于服务设备分配、服务人员排班以及顾客预约服务等问题。在服务系统分析方面,排队论主要用于分析服务系统的等待时间和成本等问题。

对策论也称博弈论,是一种研究在竞争环境下决策者行为的数学理论和方法。比如,利用对策论可以探讨医疗服务体系(如分级诊疗)中各利益主体之间的博弈关系及其行为特征,并从不同方面提出实施分级诊疗的意见,加强医疗机构之间的分工协作,将医疗资源合理配置,实现不同利益主体的"双赢"以及"多赢"局面。

决策论是能够科学解决带有不确定性和风险性决策问题的一种系统分析方法,它根据系统的状态信息、可能选取的策略以及采取这些策略对系统状态所产生的后果进行研究,按照一定的衡量准则,对若干备选行动的方案进行抉择,选择一组最优策略。在服务系统中,往往利用多阶段决策、多目标决策等理论与方法,对服务管理效果进行综合评价。

存储论又称库存论,主要是研究物资库存策略的理论,即确定物资库存量、进货量和进货时间点,使得保存库存和补充采购的总费用最小。合理的库存是生产和生活顺利进行的必要保障,可以减少资金的占用、减少费用支出和不必要的周转环节、缩短物资流通周期、加速再生产的过程等。在服务管理中,对于服务耗材的库存控制研究,主要以成本控制为出发点,也关注周转率。

2)系统模拟仿真

系统模拟仿真是指建立一个系统的数字逻辑模型,并且对该模型在计算机上进行试验处理,通过对系统动态特性的观测,以研究系统行为的过程。根据系统状态随时间变化的特点可以将系统分为连续系统、离散系统以及连续-离散混合系统。在连续系统中,系统状态随时间连续变化。在离散系统中,系统状态仅在离散的时间点上发生变化。在连续-离散混合系统中,既有连续变化的成分,也有离散变化的因素。

系统模拟仿真技术在解决服务规划与资源配置的问题中得到了广泛应用。目前应用于服务行业的仿真方法主要有四种,分别是离散事件系统仿真、系统动力学、蒙特卡洛模拟仿真和基于智能体模拟仿真。

离散事件系统仿真是指受事件驱动、系统状态呈现跳跃式变化的动态系统,其系统状态在不确定的离散时间点上发生变化。离散事件系统仿真就是对某个离散事件系统原型加以分析、抽象后,应用计算机及仿真软件,对离散事件系统模型进行建模并开展仿真模拟,对仿真结果进行分析,进而实现分析、设计及评价系统的目的。离散事件系统仿真方法支持对复杂的、动态的服务人员及顾客的行为进行模拟,通过建立描述系统行为的仿真模型,分析仿真实验结果,最终为服务管理者提供决策支持。离散事件系统仿真方法可以被应用到服务中的排队管理问题,也被大量运用到对服务资源配置的研究中。

系统动力学是功能、结构和逻辑等方法的结合,其处理问题的过程就是寻找最佳方式的过程,根本目的是完善系统功能,探寻系统的较优结构。通过复杂动态反馈系统的行为模拟,对系统结构和功能进行分析,从而为制定决策提供科学依据。简言之,系统动力学就是利用计算机仿真技术来研究服务系统的动态行为。服务系统是包含人力、物资、资金等各因素的系统,系统内部关系错综复杂,且与外界环境之间也存在广泛的信息交换。因此,属于开放的、动态的复杂系统,运用系统动力学方法来建立服务运营发展模型具有无可比拟的优势。

蒙特卡洛模拟仿真亦称随机模拟仿真方法。它的基本思想是:首先建立一个概率模型或随机过程,使它的参数等于问题的解,然后通过对模型(或过程)的观察或抽样实验,来计算所求参数的统计量,最后给出所求解的近似值。在服务运营中,经济的盈亏与服务设施的配置常常会遇到许多随机因素,如疾病的流行程度与药品的购置,顾客的数量对服务设施配置的影响,这类含有随机因素和动态过程的概率型决策问题无法用确定的数学公式求解,但是可以使用蒙特卡洛模拟仿真的方法从数量上求得答案,预测它的解。

在基于智能体的模拟仿真中,活动实体被称为智能体,需要对它们的行为进行定义。它们可以是与系统相关的人、家庭、车辆或设备,甚至是产品或公司,通过建立它们之间的连接,设置环境变量并运行仿真。基于智能体的模拟仿真技术可以打破传统评估测量工具的限制,借助计算机复现出现实服务环境,再在仿真模型中进行措施干预实验以观察其效果,能够避免承担风险,以最节约成本的方式获取最优解决方案。系统的动态变化则表现为个体行为交互的结果。由于智能体仿真技术能反映出个体行为复杂性这一特点,因此近年来这一技术被广泛应用于服务行业。

3) 数据科学分析技术

信息化时代中数据量急剧增长,形成了庞大而复杂的数据集,利用数据科学分析技术可以从这些冗杂的数据中提取有用信息,帮助服务企业管理者整合共享、交叉复用数据信息,提高服务能力。其中数据挖掘是数据科学分析技术中的一项代表性方法。

数据挖掘是一套从数据中提取有效信息的技术,其中包括聚类分析、分类、回归和关联规则学习。它所涉及的统计和机器学习的方法是其根基。基于数据挖掘技术能够进行服务行业的风险预测、业务创新、销售预测、需求挖掘、用户行为分析和智能决策等。

数据挖掘方法中的特征选择和属性相关性评定有助于识别重要因素,剔除不相关因素。例如,与贷款偿还风险相关的因素众多,分析顾客偿还历史信息可以发现主要的影响因素,根据分析结果银行可以调整贷款发放政策。

数据挖掘方法中的分类和聚类分析可用于顾客群识别和定向促销。例如,可以使用分类识别可能影响顾客关于咨询业务决策的最重要因素。使用多维聚类技术,可以识别对咨询具有类似行为的顾客。这些可能帮助我们识别出顾客群,把新顾客归到一个合适的顾客群,推动定向促销。

而通过从销售记录中挖掘关联信息,可以发现购买手机的顾客很可能购买另一组商品,协同推荐系统使用数据挖掘技术,形成产品推荐信息,在顾客交易时根据其他顾客的意见产生个性化的产品推荐。

此外,将数据挖掘技术应用到医院运营管理中,不仅可以进一步实现对医护人员、医疗物资以及医疗资金的优化分配,也有助于疾病的预防与治疗。通过数据挖掘进行疾病诊断,从海量的治疗报告数据中选取医生对病人的诊断结果并进行分析处理,可以得到医院的主要病种数据与该疾病病因数据记录。在疾病预测方面,基于人工神经网络建立疾病预测模型,能够有效提高疾病预测准确率。在疾病相关因素分析中,运用关联分析的方法对疾病相关信息进行频繁项集和关联规则的挖掘,能够发现疾病的"证、症、法、方、药"之间的关联关系。

服务管理涉及的范围十分广泛,计划、组织、领导和控制的方方面面都会运用到不同的方法和工具。针对不同的服务管理内容存在具体的研究方法和工具,后续章节将会一一阐述。

1.3.3 服务管理相关学科之间的关系

服务管理研究具有交叉性和多学科性特点,涉及的学科包括经济学、管理学、心理学、市场学、组织行为学、社会学等。因此,服务管理正迈向多学科、多角度、多层次的较为科学规范的研究之路,并与服务营销和服务运作相区别。

服务营销是把服务企业的市场营销活动作为研究对象。服务过程是服务生产与服务消费的统一过程,服务生产过程也是消费者参与的过程,因而服务营销把对顾客的管理纳入有效推广服务、进行服务营销管理的轨道。服务营销学以政治经济学、商品流通经济学和市场营销学作为先修课程。政治经济学在经济理论上为服务营销学打基础,商品流通经济学和市场营销学则在专业基础理论上为服务营销学奠定基石。

服务运作是将各种生产要素(投入)变换为无形服务(产出)的过程。服务运作管理的范畴包括运作战略的制定、服务产品和服务提供系统的设计、运作技术的选择、设施选址与设施布置、工作设计、服务质量控制、服务能力规划、服务过程的计划与控制等多项内容。

服务提供过程中有顾客的参与,生产与销售甚至消费是同时进行的,这决定了制造业企业中"生产"(production)与"营销"(marketing)的职能划分和分别管理不能照搬到服务业企业,制造业以产品为中心的管理方法,也难以应用到服务业以人为中心的运作过程。所以,在服务业企业管理中,"运作"、"营销"和"人力资源管理"三者是密不可分的,其含义与制造业中完全不同,必须用一种新的、集成的思路和观念来看待和研究。

服务管理与服务营销、服务运作等其他学科构成了完备的学科系统,各学科彼此补充、互相衔接,各自独立而又浑然一体。

1.3.4 服务科学

随着装备制造、现代金融、社会管理等传统领域都呈现出典型的服务特征,服务不仅存在于服务业,还存在于各个行业,包括农业与制造业。第一、第二和第三产业融合的概念与实践本质上也正是这种观点和趋势的反映。服务占全球经济的比重增加,更多的产品、广泛的人与人之间的交互活动都将通过服务来体现价值,需要运用科学的方法对其效益进行提升。传统制造业的发展得益于科学的研究,服务科学研究的目的也是希望借助科学研究推动服务经济稳步提升。服务科学的概念来源于 IBM 公司对顾客需求变化的发现。随着计算机应用的深入,客户的真正需求不是计算机产品,而是基于计算机的高品质服务。因此 IBM 公司开始了从产品供应商到制造服务提供商的转变。在这个过程中,IBM 公司发现必须利用科学、技术和商业知识,提高服务的生产力、服务的质量和服务的创新能力,并由此提出服务科学的概念。

所谓服务科学,是指对所有具有服务本质并创造价值的人类行为与活动进行研究的科学，它将管理和工程等相关学科的知识应用于服务领域，形成一门新的交叉学科，旨在促进面向日益复杂和智能化服务系统的设计、组织和治理问题。服务科学的研究对象包括：第一，服务系统的设计与演化；第二，服务价值如何被创造、捕捉和再投资；第三，顾客与服务提供者之间进行价值交换的关系；第四，对服务生产率、质量、灵活性、可持续性、创新性等方面的深入刻画与量度。因此，服务科学要解决的核心问题就是推动创新与提高生产力，具体而言就是如何在服务系统关系状态及其变化规律的测量、感知与识别的基础上，通过更广泛的关联、更智慧的共享与协同形成新的服务关系与服务模式，以提高服务效率、创造社会价值。

从服务科学的上述内涵可以看出，这一新兴交叉学科具有以下新特点：

(1) 服务主导的观念，即不再将服务作为产品的附属品，而是认为服务是生产的最终目的，产品只是服务交付的载体，服务科学的重心发生了改变。

(2) 客户行为与决策方面，即时、移动通信等技术的发展使得服务交互与服务接触的模式发生了根本性改变，服务交互与接触方式的数量大大增加且可以动态切换，社交媒体等使得客户之间的选择相互影响，并影响服务提供者的决策。

(3) 在服务资源组织与整合方面，强调社会服务资源协同地满足社会服务需求，而不是单个企业孤立地满足若干细分市场的需求。传统的服务企业选址需要贴近市场，服务资源为企业所在地周围的顾客服务。在信息技术与知识管理等的支持下，专业化服务提供商的资源借助平台或跨界模式等在很大的区域范围内共享，并通过协作形成体系化的服务。

服务科学结合多个学科的理论和方法，增加我们对社会技术系统中价值共同创造的理解。最终，这种对服务系统演化的深入理解可能会产生更系统全面的服务创新方法。服务创新会进一步影响服务生产率、服务质量以及服务系统的增长率和回报率。

服务主导的逻辑和服务系统是服务科学的基础。

服务主导逻辑认为所有的经济交换以服务为基础，产品只是资源传递和应用的工具。服务主导逻辑以价值的"使用价值"概念为基础，"生产者"和"消费者"的角色没有被明显区分，价值由二者在资源整合和能力应用的相互作用中共同创造，知识和技能是获取竞争优势和创造价值的关键资源。服务主导逻辑以知识和技能为核心，通过知识和技能使静态的资源动态化，强调顾客成为价值共创者。产品只是被看作价值创造的一个输入因素，只有与知识和技能等资源相结合才能产生价值，单个产品是没有价值意义的。

发展服务科学就意味着发展一个新的服务分析的基本单元。服务作为"为他人利益的专有能力的应用"，至少包含两个实体，这样的实体被抽象地称为服务系统。服务系统是由服务价值创造过程的各个环节组成的有机整体，具有开放性、动态性和整体性特征。服务系统的运行主要包含服务系统的能力交换、服务系统的价值创造和服务系统的相互作用3方面内容。第一，服务系统的价值创造。作为服务价值创造的载体和单元，服务系统由服务需求开始，以产生服务价值结束，包含顾客、服务供应商和服务传递者三个最主要部分，三个部分的价值主张影响价值创造效率，服务管理贯穿服务系统运行的始终，知识转移和信息传递导致可能的服务创新，服务反馈和服务优化导致新一轮服务价值创造。不同服务系统间持续的相互作用和能力交换是价值创造的基本路径。第二，服务系统的相互作用。服务系统之间价值共同创造的相互作用称为服务相互作用。服务系统主要参与三项活动来构成服务相互作用：向另一服务系统提出价值共同创造(proposal)；接受价值主张(agreement)；实现价值主张(realization)。然而,并不是所有的服务系统都是服务与服务交互的,服务系统相互作用的 ISPAR 模型,描绘了服务系统相互作用的 10 种不同类型,其中符合"I-S-P-A-R"路径的服务系统作用方式能够创造最大价值。第三,服务系统的能力交换。服务系统的能力交换是价值创造的基础。服务能力的交换在 4 个维度进行:信息共享、工作共担、风险共担和产品共享。在具体商业环境中,信息共享主导商业谈判,工作共担主导外包决策,风险共担决定保险决策,产品共享决定出相决策。所有的服务系统在一定程度上包含了上述 4 方面,服务系统的价值主张决定了交换纬度的选择。

1.4 服务战略

战略是企业生存、发展和实现既定目标的计划,可以决定企业的现在和未来。在服务行业中,企业需要一种策略来为其客户开发并提供服务,找到更新、更有效的方法去满足顾客的需要和欲望。服务战略反映了服务企业的基本宗旨和价值观,并确定了前进的方向。

1.4.1 服务竞争环境

竞争环境是指企业运营中提供市场机会或构成威胁的各种社会、经济力量的集合,它们对企业战略管理产生重要影响。服务企业通常在困难的经济环境中竞争,造成这种局面的原因是多方面的,大致如下:

1. 进入服务行业的壁垒较低

在大多数情况下,服务的资本密集度并不高,在服务方面进行创新不能获得专利化的保护,服务创新成果很容易被竞争者模仿运用,并以较低的成本进入该行业。

2. 难以达到规模经济

由于受到各种因素的影响,服务一般都分散在不同的地方,只在某一特定区域提供有针对性的服务产品。尽管特许经营和连锁经营的兴起使规模经济在统一采购、广告共享条件下得以实现,但除此之外很难实现规模经济。

3. 供求关系的随机性

由于服务需求受到时间周期的影响,会在不同的季节等周期内有不同的内容,因此具有随机性特点,几乎无规律可循。同行业竞争,供求规律不规则的存在给企业在成本和占领市场等方面带来了不小的压力。

4. 交易谈判没有规模优势

与购买者或供应商做交易时,在规模上没有优势。许多服务企业的规模并不大,在与强大的购买者或供应商的交易中缺乏讨价还价的筹码,处于劣势地位。

5. 产品的可替代性

实物产品与服务产品替代效应的存在(如洗衣房与洗衣机),不同服务行业之间替代效应的存在(如铁路运输对公路运输的替代),使得服务业在同行业竞争的同时不得不受到行业间和产业间竞争的夹击。此外,潜在服务创新对企业现有服务的替代效应也同样不可忽视(如电话基本上已替代了电报)。

6. 顾客黏性

有运营管理经验的公司可以使用个性化服务来创建忠诚的顾客群体，形成较强的顾客黏性，成为服务竞争企业进入的障碍。

7. 退出障碍

许多服务企业利润很低，但仍在继续运作。比如，文化酒吧常常是店主交朋友的媒介，对一些追求高利润的投资者而言，会发现将这些企业排挤出市场是很困难的。

综上所述，对任何服务企业而言，都需要克服这些竞争困难并成长繁荣起来。同时，新进入者要使自己的服务经营更具战略性，必须充分认识服务竞争环境，从服务产品入手，克服困难，制定竞争策略。

1.4.2 服务竞争战略

选择合适的竞争战略是服务企业战略管理者面对市场所作的战略性回应。一般而言，成本领先战略、差异化战略、集中化战略是三种较为成功的服务竞争战略。

1. 成本领先战略

随着顾客对质量价格比的日益关注，低成本成为服务竞争的有力武器。成本领先战略也成为最直白、最具攻击性的竞争战略。成本领先战略是通过降低成本，使成本低于竞争对手，以便可以在行业中赢得成本领先的优势，并获得高于行业平均水平的收益。成本领先战略体现了市场经济优胜劣汰的机制，推动了所处行业的革命性进步。具体而言，可以通过调整企业资产结构和服务产品结构，压缩费用、减少支出，改善分销渠道和促销措施，在高成本、劳动密集型的工作中实现自动化来实施成本领先战略。此外，实现成本领先战略必须具备3个基本前提条件：服务产品的品质相同，企业资金实力雄厚，服务功能相同。

采用以下方法可以取得低成本领导者的地位。

1）寻找低成本顾客

有些客户的经营成本低，可以成为服务提供者的目标客户。寻找低成本顾客包括两方面内容：一是在市场上存在寻找简单的低价服务的潜在顾客；二是对于同一服务，施加于某类顾客要比施加于其他顾客花费更少。例如，美国联合服务汽车协会在汽车保险中占据显著的位置，原因在于它只向军队的军官提供承保服务，这些客户的风险低于平均水准，因而保费支出较少，而且他们习惯通过电话或信函来交易，因此美国的这家公司可以通过电话或信函工作，因而削减了巨额的销售费用。在保险行业，这部分费用所占的比例通常是比较高的。

2）寻找标准化客户

推广企业服务的"日常性"、"通用化"、"标准化"和"高效性"的概念将使服务需求走向标准化。用简单重复的劳动产生经营曲线效应，从而大大降低服务成本。例如目前的电信行业，通过程控交换机几乎做到了完全流水线生产，服务过程不仅没有专业人员，而且几乎无须服务人员参与。许多专业性法律服务、家庭健康保健服务都可以将常规服务标准化，以维持低成本。

3）降低服务人力成本

如果能给顾客带来便利，减少服务交付中人的因素，那么虽是具有较高潜在风险的战略，却也可以被顾客接受。例如，使用自动柜员机带来的便利性使顾客放弃与银行柜员的交互行为，并最终降低银行的交易成本。

4）降低通路成本

服务企业在营运之初，需要建立一个连接服务提供者和顾客的通路，建立和维护这一通路需要高额的成本。沃尔玛采用一种独特的方法来降低通路成本。它的通路不是在任何两个城市之间建立联系，而是设立一个中心城市，采用先进的分拣技术在多个城市与中心城市之间建立联系。这样，如果新引入一个城市，只需要增加一条从该城市到中心城市的线路，而不是在每两个城市之间增加一条线路，从而大大降低了物流成本。

5）使服务营运非现场化

许多服务具有现场性特点，例如看病和乘客运输只有客户在场的情况下才能完成。但对于有些服务，客户不必在场服务交易就可以完成，实现服务营运非现场化。例如电子商务，可以在网上接受预订机票等服务，如此一来就可以扩大经营规模，显著降低成本。

2. 差异化战略

差异化战略的核心在于使客户感到接受的服务是独一无二的，创造一种与众不同的服务消费感受。差异化有很多载体，包括形象、商标、技术、特色、客户服务、交易通路、规模等。差异化战略不能忽视成本，是基于目标顾客可承受成本分析的战略选择，其目的在于明确细分市场，吸引目标顾客，建立客户忠诚度。

采用以下方法可以实现差异化战略：

1）使无形服务有形化

服务本质上是无形的，而且不能给客户留下一些有形的提示物。服务的无形化通常会使服务记忆随服务感受的消逝而淡忘，而有形产品却由于其空间上的有形性时常使人们回忆起使用这个产品带来的效用。例如，有些旅店为客户提供一些梳洗工具，上面标有旅店的标志；有的服务公司的人员在上门服务时身穿印有公司标志的工作服，既体现其专业性，又让顾客了解公司。

2）个性化服务

企业尽力满足顾客特殊要求的个性化策略可以用低成本来赢得顾客满意。能记住顾客姓名的职业经理，会使客人觉得受到了尊重，这些突出人性化的策略能使企业在消费者心中确立与众不同的感受定位，而这正是良好口碑产生的源泉。例如，美国汉堡王速食店提供现场制作的汉堡，就是想通过个性化以区别于麦当劳的标准化备货服务模式。

3）降低风险策略

服务的感知风险远高于有形产品，这是因为服务产品的无形化、专业性和复杂性。如果顾客缺乏对消费服务的知识，就会感知到风险，影响顾客对企业的忠诚度。这就是愿意与病人探讨病因、病情和治疗方案的大夫，以及愿意花时间讲解电路和机械原理的汽车修理人员都会有更多的顾客的原因。顾客愿意为这种"安心感"而额外付费。

4）关注员工培训

投资于员工培训，可以提高服务品质，而这一竞争优势很难复制和模仿。主要有3个方面：

一是员工形象差异化。通过内部标准化、外部差异化树立一种独特的视觉差异形象。

二是人员服务差异化。本企业服务人员在专业技术、知识水平、服务态度方面的优异会被顾客感知为企业整体服务水平高超。

三是员工培训差异化。卓越的人事开发、人员培训计划是企业质量持续提高的保证，也是难以超越的竞争优势。

5）控制质量

服务行业属于劳动力密集的行业，多场所经营的企业要做到质量稳定是一项重大挑战。企业采取了一系列的措施来解决这个问题，包括人员培训、明确服务流程和技术、限制服务范围、同事间的约束等。例如，为了保证质量的稳定性，Magic Pan 连锁餐馆设计了一种简单易用的机器来生产其著名的烤饼。由于顾客期望与体验之间存在潜在的差距，所以服务质量问题更为复杂。因此，把握服务质量十分重要。

3. 集中化战略

1）集中化战略的内涵

集中化战略的基本思想是，通过深入了解顾客的具体需求来更好地为某特定目标市场服务。目标市场可以是一个特定的购买群体，也可以是某一特定的市场区域，或者是某一特定区域的市场。实施集中化战略的前提是，与那些目标市场广泛的其他公司相比，企业可以更有效地服务于范围狭窄的目标市场。结果是，企业通过更好地满足顾客需求或降低成本，在狭小的目标市场内实现差别化。因此，集中化战略是成本领先战略或差别化战略在细分市场中的应用。

2）集中化战略的使用条件

第一，目标用户可以进一步细分为完全不同的用户群。

第二，针对同一个目标市场的用户群，其他竞争对手尚未实行重点集中的战略。

第三，服务企业的资源有限，不具备追求广泛细分市场的资质。

第四，行业中各细分部分在规模、成长率、获得能力等方面存在比较大的差异。

3）集中化战略在医疗行业中的运用

医疗服务集中化战略是指在医疗行业范围内，医院管理决策者在提供医疗服务过程中的一种决策定位，将服务市场的竞争目标集中于特定的医疗消费层面、特定的区域人群或特定的专科病种、诊治项目等，通过突出医院自身优势，把医疗服务产品做专做精，保持医疗服务市场的市场份额控制和某些技术独占的优势，从而带动整个医院的系统全面发展，使医院获得市场竞争优势。医疗服务集中化战略包括医疗服务对象集中化、医疗服务区域集中化和医疗服务产品集中化三大基本类型。

医疗服务对象集中化是指因不同就医者对同一类医疗服务的需要和期望存在明显的差异性，医疗机构根据人群的医疗服务需求特征将这些人群按不同的需求层次和类型分为不同的几类就医群体，并采用集中一切服务资源的手段来满足其特定的医疗服务需求，如高端医疗服务和社区医疗服务。

医疗服务区域集中化是指医疗机构以自身服务的品牌优势来占领一定地理区域的目标市场，获取该区域内市场的绝对份额，并在一些品牌服务项目上向更大的区域辐射，如县级医院医疗服务。

医疗服务产品集中化是指医疗机构把医疗服务的范围和自身资源全部集中在某一个领域的一条或多条产品线，并向服务或产品线（指供给就医者用于满足其健康需求的各种医疗和保健服务）的纵深方向发展，以满足患者的特定健康需求。医院服务产品以医疗技术为核心、以各种服务为载体,形成特色鲜明的医疗服务产品整体概念。例如专科特色医院或"大专科、小综合"、专科特色鲜明的综合性医院。

1.5 本章小结

本章在阐述服务定义的基础上,梳理了服务业与社会经济的发展,指出服务业的发展和社会分工、经济增长密切相关。改革开放以来,我国服务业逐步发展成为经济增长的重要动力和吸纳就业的重要主体。如今,服务型制造是适应数字经济发展的制造业新业态,是服务业与制造业融合的新形式,是提升制造业产品竞争力、促进制造业转型升级和高质量发展的重要支撑。服务具有无形性、异质性、不可存储性、顾客参与、同步性、易逝性和所有权不可转让的特征,可以根据不同的标准对其分类。随着对服务特征和服务管理的认识、理解越来越深,服务管理理论逐步形成并发展起来,在不同阶段关注的研究重点具有一定的差异。服务企业需要通过制定服务战略,找到更新、更有效的方法去满足顾客的需要和欲望。

本章习题

1. 简述服务的概念、特征及分类。
2. 服务包是什么?
3. 简述快速平稳流程理论如何在服务管理中应用。
4. 如何运用服务管理理论解决现实问题?
5. 举例说明不同的服务企业是如何进行服务战略选择的。

案例分析

沃尔沃村

沃尔沃村的闻名源于两名前沃尔沃授权经销商的技工,以合理的成本为超出保修期的沃尔沃汽车提供高质量维修服务所做出的努力。这两位技工不仅拥有22年受训的经验,也与当地沃尔沃经销商展开了良好合作,使得独立的服务运营成为可能,赢得了令人尊敬的声誉和顾客的高度满意。沃尔沃村占据了一座新的巴特勒大厦,除了办公室、等候区和储藏室外,还有四个工作台。

沃尔沃村的所有者认为,他们的运营模式是为顾客提供当地经销商无法提供的定制汽车保养服务。他们每周都会留出一些特定的时间,让顾客可以开车上门,来享受诸如修车和换机油等快速、常规的服务,但他们鼓励顾客进行预约,以便诊断和解决特定的问题。技工会在预约时间和顾客讨论他们已经注意到的问题,甚至会与顾客一起进行试驾,以确保双方都明白车辆哪个地方出现了问题。

技工的另一个信息来源是自定义车辆护理档案(CCVD)。沃尔沃村会把它对每一辆车的护理建立专门档案。车辆护理历史记录可以帮助汽车技工诊断问题,并确认汽车是否返回保修服务的早期维修。沃尔沃村的所有者把自定义车辆护理档案的使用当作"提醒"顾客可能需要定期维修的方式。

在技工做出初步诊断后,服务经理会向车主提供有关费用的估计,以及在没有意外问题出现时,维修工作大致完成的时间。公司政策规定,在商定具体维修工作前,公司都要与车主沟通。虽然顾客在维修过程中可能会与技工交谈,但是服务经理是主要的联系人。服务经理有责任确保顾客了解初步诊断结果,告知顾客有可能出现的意外问题和发生的费用,并在车辆修好可以取车时通知顾客。

此外,沃尔沃村正在考虑为顾客提供交通方面的附加服务。例如一天提供两三次班车服务,因为沃尔沃村的所有者认为郊区的位置可能会让一些顾客望而却步。

技工在早上7时至8时、下午5时至6时不进行维修,因为这段时间是维系顾客的时间。他们认为,与顾客讨论已完成的维修工作与讨论工作完成前存在的问题同样重要。在维修过程中,技工会注意到未来可能需要注意的其他问题(如风扇和交流发电机皮带出现磨损,可能需要在大约6000mile的里程内更换)。这些注意事项会在取车时提醒顾客,并记录在CCVD中,以备日后使用,也有可能会以明信片的形式提醒车主。

所有已经更换的小零件都放在车里的一个干净的盒子里。笨重一些的替换部件会被挑出来放在一边供顾客检查。在整个维修过程中要注意保持汽车的清洁,并且在车主取车之前要礼貌地用吸尘器清扫内饰。修理完成后,对车辆将进行一次短暂的试驾。然后把车停好,等待车主取车。

沃尔沃村的所有者认为,他们的责任是为顾客提供即时服务。沃尔沃村的所有者已经建立了一个由其他服务提供商组成的网络,这些服务提供商帮助回收使用过的零部件和废旧产品,他们还可以将不属于沃尔沃村服务范畴的工作(如车身工作、校准和装饰)介绍给顾客。沃尔沃村的所有者还在考虑每月选一个周六上午提供一个小型课程的可能性,教顾客如何才能获得20万mile的沃尔沃奖牌。

资料来源:桑杰夫·波多洛伊,詹姆斯·A.菲茨西蒙斯,莫娜·J.菲茨西蒙斯.服务管理——运作、战略与信息技术[M].张金成,范秀成,杨坤,译.北京:机械工业出版社,2020:21-22.

案例思考:

1. 描述沃尔沃村的服务包。
2. 沃尔沃村的服务具备哪些特征?
3. 根据服务流程矩阵对服务的划分,沃尔沃村的服务应该处于矩阵中的第几象限,为什么?
4. 沃尔沃村的成功给我们的启示是什么?

参考文献

[1] GRONROOS C. Service Management and Marketing[M]. New York:Wiley,2000.

[2] 桑杰夫·波多洛伊,詹姆斯·A.菲茨西蒙斯,莫娜·J.菲茨西蒙斯.服务管理——运作、战略与信息技术[M].张金成,范秀成,杨坤,译.北京:机械工业出版社,2020.

[3] 辛格兹·哈克塞弗,巴里·伦德尔,罗伯塔·S.拉塞尔,等.服务经营管理学[M].时启亮,顾宝炎,译.北京:中国人民大学出版社,2003.

[4] 辛格兹·哈克塞弗,巴里·伦德尔.服务管理——供应链管理与运营管理整合方法[M].陈丽华,王江,等译.北京:北京大学出版社,2016.

[5] 保罗·格默尔,巴特·范·路易,罗兰·范·迪耶多克.服务管理整合的视角[M].陈福军,曹婷,译.

北京：清华大学出版社，2017.
[6] 布赖恩·伯森伦.共享服务精要[M].燕清联合,译.北京：中国人民大学出版社,2004.
[7] 丁宁.服务管理[M].3版.北京：清华大学出版社,北京交通大学出版社,2018.
[8] 夏杰长,肖宇.以服务创新推动服务业转型升级[J].北京工业大学学报(社会科学版),2019(5)：61-71.
[9] 陆旸,夏杰长.疫情对服务业冲击的影响及对策[N].中国经济时报,2020-03-02(4).
[10] 经济大家谈｜新时期我国服务业发展经验与未来趋势[EB/OL].(2021-01-08)[2023-04-01]. https://baijiahao.baidu.com/s?id=1688283612658324164&wfr=spider&for=pc.
[11] 白仲尧.服务经济论[M].北京：东方出版社,1991.
[12] 张淑君.服务管理[M].2版.北京：中国市场出版社,2016.
[13] A.佩恩.服务营销精要[M].郑薇,译.北京：中信出版社,2003.
[14] 江志斌,李娜,王丽亚,等.服务型制造运作管理[M].北京：科学出版社,2016.
[15] 孙林岩.服务型制造理论与实践[M].北京：清华大学出版社,2009.
[16] 夏杰长."两步走"战略视角下中国服务业现代化的现实基础和推进策略[J].企业经济,2021(10)：98-108,161.
[17] 谢燕.基于数字经济时代下探究服务业发展新态势[J].财富生活,2019(14)：90.
[18] 陈志林.数字经济对服务业高质量发展的影响研究[J].统计科学与实践,2021(1)：20-23.
[19] 温福星,高彤彤."互联网+"背景下家庭服务业的市场调查和发展研究——以"e家政"App为例[J].营销界,2020(5)：51-52.
[20] 董小君,郭晓婧.后疫情时代全球服务业的演变趋势及中国的应对策略[J].改革与战略,2021,37(2)：58-64.
[21] 赵维龙.关于现代服务业发展过程中若干问题的思考[J].市场调查信息(综合版),2021(4)：1.
[22] 戈兴成,徐君.我国现代服务业发展研究综述与展望[J].物流科技,2019,42(5)：4.
[23] BOWEN D E,LAWLER E E. The Empowerment of Service Workers：What,Why,How,and When[J]. Sloan Management Review,1992,33(3)：31-39.
[24] PARASURAMAN A,ZEITHAML V A,BERRY L L. A Conceptual Model of Service Quality and its Implication for Future Research(SERVQUAL)[J]. Journal of Marketing,1985,49：41-50.
[25] BOWEN D,SIEHL C,SCHNEIDER B. A Framework for Analyzing Customer Service Orientations in Manufacturing[J]. Academy of Management Review,1989,14(1)：75-95.
[26] QUINN J B,DOORLEY T L,PAQUETTE P C. Beyond Products：Services-Based Strategy[J]. Harvard Business Review,1990,68(2)：58.
[27] GRNROOS C. Strategic Management and Marketing in Service Sector[M]. London：Chartwell-Bratt,1982.
[28] PARASURAMAN A,ZEITHAML V A,BERRY L L. SERVQUAL：A Multiple-Item Scale for Measuring Consumer Perceptions of Service Quality[J]. Journal of Retailing,1988,64(1)：12-40.
[29] BOWEN D E,SCHNEIDER B. Boundary-Spanning-Role Employees and the Service Encounter：Some Guidelines for Management and Research[J]. The Service Encounter,1985,127：148.
[30] BITNER M J,NYQUIST J D,BOOMS B H. The Critical Incident as a Technique for Analyzing the Service Encounter[C]. Chicago：Texas A&M University,1985.
[31] SHDSTACK G L. Service Positioning through Structural Change[J]. Journal of Marketing,1987,51(1)：34-43.
[32] SHOSTACK G L. Designing Services That Deliver[J]. Harvard Business Review,1984,62(1)：133-139.
[33] LOVELOCK C H,YOUNG R F. Look to Consumers to Increase Productivity[J]. Harvard Business Review,1979,57(3)：168-178.

[34] CHASE R B. The Customer Contact Approach to Services: Theoretical Bases and Practical Extensions[J]. Operations Research,1981,29(4):697-706.

[35] 刘月,罗利.西方服务管理理论的演进[J].现代管理科学,2004(4):58-59.

[36] TROISI O,SARNO D,MAIONE G,et al. Service Science Management Engineering and Design (SSMED): A Semiautomatic Literature Review[J]. Journal of Marketing Management,2019,35(11):1015-1046.

[37] 雒兴刚,张忠良,阮渊鹏,等.基于管理视角的服务设计问题的研究综述与展望[J].系统工程理论与实践,2021,41(2):400-410.

第 2 章

服务开发与设计

视频 2-1

学习目标

❉ **掌握** 新服务的基本概念及其开发流程;服务接触三元组合。
❉ **熟悉** 服务创新的四维度模型;服务交锋的形成和特点。
❉ **了解** 服务接触的基本概念。

导入案例

上海瑞金医院的导诊导医机器人

随着不同"专业"的人工智能"机器人"进入医疗领域,医院的诊疗全过程变得越来越顺畅了。在各类"机器人"加持之下,医护人员解放双手,患者就医体验得到改善,诊断更加精准。在医患双方追求精准医疗的情况下,人机协作将成为医院诊疗的新趋势。上海瑞金医院是全国的"门诊高地",日均门诊量已超过 1.2 万人次。以往的医院门诊部人头攒动,患者"十步一问路"是常景。为改善患者门诊就医体验,2017 年 4 月,瑞金医院率先引进上海首台导诊导医机器人。导诊导医机器人"学习"了医院科室分布、医生专项特长和号源情况,完成了问询、分诊、科室推荐、专家门诊挂号等服务流程。科大讯飞的机器人可实现语言交互功能,其导诊信息推荐准确度达 98% 以上。在瑞金医院,医生在跟患者交流的时候,科大讯飞的语音电子病历输入系统同步进行病历录入工作,可节省医生 40% 的病历书写时间。该输入系统可通过科大讯飞的语音识别人工智能技术及自动拒识技术自动过滤掉无关语句,从而将病情信息结构化地录入病历表。

新型冠状病毒感染疫情期间,人工智能"机器人"在抗击疫情中发挥重要作用,成为我们打赢疫情阻击战的重要工具。人工智能"机器人"无须佩戴口罩和穿着防护服,可以完成无接触智能采样、无接触智能消毒、无接触配送、无接触防控防疫等工作。人工智能"机器人"也可以降低人们交叉感染的风险,并在一定程度上节约人力成本和防护物资。

在科学防控疫情的基础上,以习近平同志为核心的党中央做好疫情防控,充分发挥服务开发中的创新精神,用实际行动强化了医疗服务水平的新目标,为人民提供更实质的关心和更优质的服务。

资料来源:碧潭洗砚. 2019 企业服务案例(ToB)TOP100(51-100)[EB/OL]. (2020-01-06)[2022-01-06]. http://www.enet.com.cn/article/2020/0106/A202001061073758.html.

案例思考：瑞金医院引入的新服务是什么？起到了什么作用？

本章概要

一个企业要想在风云多变的市场中保持自己的核心竞争力，就要针对市场和客户需求不断完善和更新现有服务，进一步创新并开发新服务来满足各种新需求。本章首先介绍新服务开发的基本概念、类型和流程。要想开发新服务，服务流程的设计是至关重要的。本章紧接着引入服务蓝图来描述和设计服务实施流程。不管是现有服务还是新服务，都与服务接触高度相关。设计好、把关好和完成好服务接触的各环节，对新服务的成功至关重要。因此，本章最后对服务接触进行了详细介绍。

2.1 新服务开发

随着生活水平和生活质量的提高，消费者对服务的需求越来越多样化，对服务品质的要求也日趋严格。服务需求多样性使得服务企业迎来了多种机遇，但同时也带来了许多新的挑战。新服务开发作为服务创新的一个重要的分支，是服务企业在市场上获得顾客忠诚和巩固顾客良好关系的重要源泉，目前已受到国内外企业和学者的广泛关注。一个服务企业如果能够成功开发出一个受消费者欢迎的新服务，则对提高企业在市场的竞争力具有重要战略意义。

2.1.1 新服务的概念和类型

新服务的"新"可以从两个方面理解：一方面是指一种全新的服务，前所未有的，是一个完全的创新；另一方面是对目前已有的服务进行改进升级而产生的新服务，如对现有的服务过程进行延伸和改进，或者对服务过程进行改善。不管是产生一种前所未有的新服务还是对现有的服务进行改善，得到的新服务都属于服务创新的范畴。这两者的差别在于"新"的程度不同，但都能够为消费者带来新的体验和感受，进一步地为公司获取更多的竞争优势和市场份额。

根据上述新服务"新颖度"程度的不同，可以将其大致分为两大类型，如表2-1所示。

第一种类型是激进式创新，是指开发出前所未有且全新的服务。开发这种服务需要做很多的前期准备和调研工作，包括投入较多的资源和资金。因为该服务在市场上从未出现过，其价值是未知的，消费者对新服务的反应和喜好程度也无法预知，因此具有较大风险。激进式创新主要包含重大创新、启动新的业务、向现有服务市场引入新服务三个方面。

（1）重大创新。重大创新是指开发出在市场上从未出现的全新服务，这种新型服务一般是以信息和计算机等技术为基础的创新，能够推动消费市场的升级，充分挖掘消费市场的潜力，提高服务企业竞争力以及得到较高的收益。但是开发这种新型服务有较大风险，因为这类服务要经历很长时间的市场考验，一般处于产品生命周期的起步阶段，具有很大的不确定性。这种全新服务对于服务企业和消费者来说都具有很高的新颖度。

表 2-1 新服务的类型

大类名称	子类名称	描述
激进式创新	重大创新	对于市场而言是全新的服务,如以信息和计算机为基础的技术驱动型创新
	启动新的业务	向现有市场引入新的服务
	向现有服务市场引入新服务	向现有顾客和组织提供新服务,尽管相关服务可能已有企业提供
渐进式创新	现有产品链的延伸	扩展现有产品链,如添加新项目、新路径、新程序
	现有服务的改进和修正	改进现有服务
	服务风格改变	对服务风格进行适度改进,以影响顾客的感知、情绪、态度,但不会改变服务的根本属性

资料来源:李雷,杨怀珍.新服务开发(NSD)分类:文献梳理与后续研究框架构建[J].软科学,2013,27(4):128-131.

(2) 启动新的业务。启动新的业务一般是指向现有的市场提供新服务,这种新业务对于服务企业来说具有很高的新颖度。

(3) 向现有服务市场引入新服务。向现有服务市场引入新服务是指向现有的顾客和组织引入新服务,尽管这种服务可能相关的企业已经提供过。这种服务可以是一种组合服务,即通过捆绑之前的服务成为一种新服务,也可以在原有基础上单独提供服务解决方案。

第二种类型是渐进式创新,是指对现有服务进行某一方面的调整和改良,主要包含现有产品链的延伸、现有服务的改进和修正、服务风格改变三个方面。

(1) 现有产品链的延伸。现有产业链的延伸是指扩展现有的服务线。企业通过对已有的服务线进行扩展和补充,增加现有的服务种类和扩展现有的服务范围。例如,小米公司从提供智能手机拓展到提供小米电视、小米路由器、小米家居、小米配件,逐步开展产品和服务系列化,整合产业链。

(2) 现有服务的改进和修正。现有服务的改进和修正是指改进现有的服务,提高服务质量。服务的改进和修正实际上也是一种服务质量改进的迭代过程。通过市场和消费者的反馈,改进和修改现有的服务,不断迭代更新和提高服务质量,如加快服务速度、增加服务种类和花色、降低服务价格等。通过服务的改进,可以不断提高消费者的满意度,进而提高企业的品牌形象和培养品牌忠诚度。

(3) 服务风格改变。服务风格改变是指基于不改变服务根本属性的原则,对服务项目作一些调整和适度的改进使消费者能够直接感受到变化,以影响消费者的感知、感情、情绪和态度。服务风格的改变主要包括为消费者提供的服务场所装修风格的变化、服务人员服装和言语的变化、服务企业 logo 的变化、服务设备和装备的变化等。这种服务的创新是生活中最常见的,也是相对来说比较容易实现的。

2.1.2 新服务开发的过程

随着服务市场竞争愈演愈烈以及消费者的需求越来越多样化,服务企业通过开发新服务来获得更多的市场份额,提高竞争力。服务具有无形性、不可分割性、异质性、易逝性等特点,使得新服务的开发过程与有形产品的开发相比有一定的差异。新服务开发(new service development，NSD）流程周期如图 2-1 所示，它包含开发、分析、设计和全面投入，每个环节都由很多步骤组成。新服务开发的驱动力包括人员、产品、技术和系统。

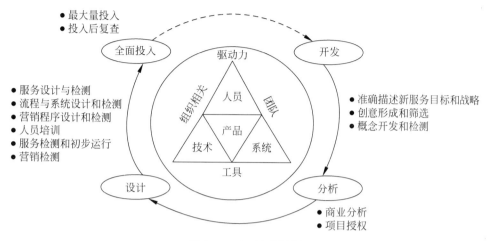

图 2-1　NSD 流程周期

资料来源：JOHNSON S P，MENOR L J，ROTH A V，et al. A critical evaluation of the new service development process［M］. SAGE Publications：Thousand Oaks，2000：1-32.

表 2-2 给出了 NSD 具体的开发步骤以及每个步骤的描述。如表 2-2 所示，一个典型的新服务开发的流程一般包括 15 个活动：新服务目标和战略的制订、服务创意的产生、服务创意的筛选、服务理念的形成、服务理念的评估和检验、市场调研和商业分析、项目许可、服务设计分析和测试、程序和系统的设计分析和测试、营销方案的设计分析和测试、专业员工的培训、新服务实践和试运营、营销检验和试运营、新服务的正式运营、新服务的售后检查和评估。

表 2-2　新服务开发的流程

新服务开发活动	活动的描述
新服务目标和战略的制订	确定新服务开发的目标和战略
服务创意的产生	通过内外部搜寻新服务创意
服务创意的筛选	进行服务创意的筛选和过滤，确定最优方案
服务理念的形成	通过与消费者直接沟通、与销售人员讨论，评估竞争对手的服务等，形成初步的服务理念
服务理念的评估和检验	通过目标市场和消费者对服务理念的理解程度、接受程度及爱好对服务理念进行检验
市场调研和商业分析	基于科学的数据手机程序对新服务进行市场评估、需求分析、收入分析、操作可行性分析和成本分析
项目许可	符合管理高层的标准要求，项目获得认可
服务设计分析和测试	对服务进行尽可能详尽的描述
程序和系统的设计分析和测试	利用流程结构、服务蓝图等方法对服务进行全方位和最详尽的描述
营销方案的设计分析和测试	开展正式的市场调查，基于科学的数据收集程序进行系统评估
专业员工的培训	招聘和培训新员工，其标准为新员工对新服务的认可程度

续表

新服务开发活动	活动的描述
新服务实践和试运营	基于有限的市场地理区域和特定的消费者群体，免费为其提供新服务，获取第一手的反馈和评估
营销检验和试运营	更大范围内测试营销方案的可行性和经济性
新服务的正式运营	新服务全面进入市场
新服务的售后检查和评估	通过评估市场和消费者对新服务的满意程度，进一步收集消费者的意见和建议，对新服务作进一步的调整、修改和完善

资料来源：秦剑.新服务开发理论发展及其实证研究[J].国外社会科学，2014(1)：62-70.

1．新服务目标和战略的制订

新服务开发的第一步就是要明确新服务开发的目标和战略，定义明确的新服务开发目标和战略是新服务取得成功的关键基石。在复杂和多变的商业环境下，明确的战略和目标能够定义与传播一个企业的独特定位，表明企业如何整合资源、技能与能力以获取竞争优势。战略和目标是企业基于行业定位、机遇和资源，为实现长远目标而制订的规划。当然，开发新服务的目标和战略必须服从企业的总体战略和目标，并且以目标市场的需求为导向。

2．服务创意的产生

明确了新服务目标和战略之后，接下来就是要激发服务创意。服务创意的产生以识别目标市场和消费者需求为基础，进而产生具有创新力和潜力的新服务创意。从企业内部来看，新服务创意的来源有很多，如决策层、高级管理层、营销层等。实际上，企业应该鼓励所有员工参与创造新服务，特别是直接与消费者接触和沟通的一线员工，因为他们更加了解消费者的需求，是新服务创意的重要来源。从企业外部来看，消费者、竞争者和外部专家都是企业的重要源泉。有时候，消费者的服务创意比专家和开发人员更加新颖和创新。当然，由于服务是可复制的，因此竞争者也是新服务创意的重要来源。

3．服务创意的筛选

在激发和收集了大量的新服务创意之后，一个重要的环节就是进行创意的筛选。虽然服务的创意可以是各种各样的，但是有些服务创意雏形具有一定的缺陷，不够成熟或者不适合目标市场。针对服务创意进行筛选时，最重要的准则之一就是要符合之前指定的新服务战略和目标。在服务创意筛选过程中，可以通过构造和指定适当的筛选程序、评价指标来定量或定性地对创意进行全方位的分析、评估和比较，如可行性、收益性、可得资源、市场表现等。

4．服务理念的形成

服务理念的形成是指在筛选过的服务创意基础之上，将服务创意发展成理念，使创意更加概念化、结构化和具体化。服务理念是服务原型和活动的真实写照，主要表达企业满足了消费者什么需求、如何满足，以及能为企业创造什么利益、如何创造。一个典型的服务理念包括对新服务的定义、采用新服务的原因和合理性以及新服务的市场等。在进行服务的定义和描述时，除了关注核心服务，还要注重附加服务。

5．服务理念的评估和检验

在形成服务理念之后，要对其进行评估和检验。一般通过目标市场和消费者对新服务理念的理解程度、接受程度及爱好对服务理念进行检验。要评估新服务的理念中哪些部分能让消费者感受到惊喜和独特,同时也要了解新服务理念没能满足消费者哪些需求。在征求消费者意见的基础上,不断修正和完善服务理念,不断提高消费者的认可程度和满意度。服务理念的评估和检验可利用定性评估和定量评估的方法完成,如消费者问卷调查等。

6. 市场调研和商业分析

在市场调研和商业分析阶段,主要从可行性和经济效益方面开展正式的市场调查。基于科学的数据搜集程序对新服务进行市场评估、需求分析、收入分析、操作可行性分析和成本分析。企业可以根据市场调研和商业分析的结果进一步确定新服务理念是否有开发的价值。当然这里的分析只能是粗略的计算和分析,不可能是精准的预测和估计。如果分析结果表明服务理念有很大的商业价值和市场,可以为企业带来期望利润,就可以进一步实施这一服务。常用的分析方法有财务分析、盈亏点分析、投资回报率分析等。

7. 项目许可

如果市场调研和商业分析的结果表明这一服务的可行性和经济效益符合预期,就可以向管理高层反馈并推荐这一服务。如果这些结果得到管理高层的认可,则该新服务项目的设计和实施就有了经济和资源方面的支持和保证。

8. 服务设计分析和测试

在服务设计分析和测试阶段,必须对这一服务进行尽可能详尽的描述,重点突出这一服务的特点,并且一定要阐明这一新服务相较于其他服务的优势或独特之处。

9. 程序和系统的设计分析和测试

程序和系统的设计分析、测试和服务设计分析、测试一般来说是并行操作的,需要跨部门协同合作、交流反馈。在管理可控的基础上,于企业内部对新服务进行全方位检测。如果这一服务是操作流程的产物,则在该阶段完成全方位、最详尽的服务描述和设计尤为重要。可以利用质量屋和服务蓝图等手段和方法不断反复测试、修改、调整,通过内部不断检验测试和迭代,不断完善服务的程序流程。

10. 营销方案的设计分析和测试

在营销方案的设计分析和测试阶段,主要对新项目的品牌宣传、渠道推广和促销方案进行测试,并取得不同条件下市场和消费者的反馈。但是由于服务是无形的,本身就是一个过程,所以单独对新服务进行市场测试是十分困难的,而且营销方案的测试一般需要潜在顾客的配合才能进行和完成。因此,有时候可以把新服务和现有的服务进行结合,向消费者提供不同的营销组合,测试他们对营销组合的反应。

11. 专业员工的培训

新服务的顺利开展和实施离不开专业服务员工团队的支持,这是新服务能否取得成功的重要因素。针对新服务,需要招聘新员工。当服务员工团队组建完毕之后,要开展新服务的理念和流程的培训,使得员工对整个服务系统和程序非常了解和熟悉。这一过程也是非常重要和关键的,因为这些员工是与消费者直接接触的,影响着消费者对新服务的感受和体验。此外,挑选员工一个重要的标准是员工首先要对新服务认可。

12. 新服务实践和试运营

新服务实践和试运营是指实地测试，即在有限的市场地理区域，免费对特定的消费者群体提供新服务，获取第一手的反馈和评估信息。这一过程能够帮助企业判断消费者群体对服务的认可程度，真正了解这一服务的市场反应和市场前景。企业可以根据市场和消费者所给的反馈，进一步修正和完善这一新服务。

13. 营销检验和试运营

营销检验和试运营旨在测试营销方案的可行性。在这一阶段，评估和整合市场和消费者的信息，进行各方面的成本估计，包括分销、生产和营销，确定新服务的市场价格。

14. 新服务的正式运营

根据新服务试验和测试反馈，对新服务进行修正和调整完毕之后，新服务全面进入市场，这时候需要建立专门针对新服务可确认的营销活动。

15. 新服务的售后检查和评估

在新服务全面推向市场后，要进行新服务的售后检查和评估。通过评估市场和消费者对新服务的满意程度，进一步收集消费者的意见和建议，调整、修改和完善新服务。在新服务运营阶段应持续开展新服务的售后检查和评估，听取员工和消费者的意见，针对市场和运营环境的变化，进行新服务的改进和控制，不断提高新服务的效率和质量。

2.1.3 服务创新的四维度模型

激烈的市场竞争、快速的技术变革以及目标顾客消费结构升级给服务企业带来了更多的机遇与挑战。同质化的服务已经很难满足消费者的需求，这使得企业需要持续地进行服务创新，使消费者感受到不同于从前的新服务。尽管对于新服务开发有一个基本流程，但是不同服务行业对服务创新的理解、认知和侧重点都不同。1998 年，Bilderbeek、Hertog、Marklund、Miles 在总结前人对服务创新理解的基础上，提出服务创新的四维度模型。虽然四维度模型是一个有关服务创新的整合概念模型，但从更普适的角度对服务创新的各个维度进行了较为全面的描述，并能够有效指导实际的创新活动。如图 2-2 所示，服务创新的四个维度分别是新服务概念、新的顾客界面、新服务传递系统和技术选择。这四个维度并不是相互独立的，而是存在一定的关联和相互作用，并对应于不同的职能活动。

1. 新服务概念

服务具有无形性，而服务创新本质上是一种"概念化创新"。"概念化创新"就是为解决一个问题而提出的新概念和新方法，针对市场的变化、顾客的需求和竞争对手的行为，对现有服务进行改进或者开发出新服务。

一般情况下，"什么样的产品和服务能够留住现有的顾客以及吸引新的顾客？""竞争对手提供了什么服务和产品？""如何把服务传递给顾客，使得覆盖范围更广？"等问题是企业进行新服务概念开发时常常需要深入考虑和明确回答的问题，这些问题都属于并构成了"新服务概念"的范畴。由上述的新服务开发流程可知，大多数的新服务概念创新都受到市场驱动，根据市场调研和分析诞生了新服务的源泉和想法。"新服务概念"维度要求企业一方面对自己提供的已有服务和新服务有一个全面的理解，另一方面对竞争者提供的已有服务和

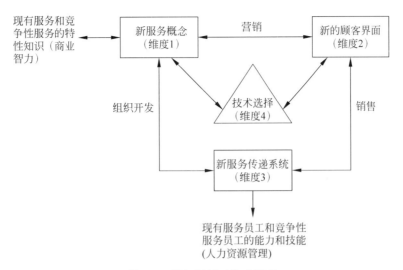

图 2-2　服务创新四维度模型

资料来源：孙文清.基于服务创新四维度模型的拓展研究[J].科学管理研究,2016,34(2):13-16.

新服务也要有一个准确的认识,尤其要准确把握创新的特性。只有全面理解"新服务概念",服务企业才能在多变的市场和顾客需求以及竞争者的行为下开发新的服务并改进原有服务。实际上,新服务概念提出的关键在于顾客,应该把更多的关注点和注意力放在顾客上,认真听取顾客的反馈及建议。

服务创新的"新服务概念"维度与其他三个维度息息相关。值得注意的是,这种"概念化创新"很多时候不是凭空产生或者孤立的存在,而是以新的技术机会为基础,或来自新的服务生产过程,还有可能来自顾客在服务提供中扮演的新角色。

2. 新的顾客界面

服务创新的第二个维度是对顾客界面进行设计。顾客界面设计一般包括以下几个方面的内容：给顾客提供服务的方式以及与顾客交流、沟通和合作的方式。顾客界面设计应同时考虑提供给新顾客、实际顾客以及潜在顾客所需的服务。

顾客是服务提供过程中不可或缺的一部分,特别是在针对最终顾客的服务提供中。服务企业的服务提供者与顾客间的沟通、交流、接触和相互作用是服务创新的一个主要来源。特别是在那些不具有明显有形特性或容易被竞争者产品替代的服务中,服务提供者与顾客间的界面设计尤为重要。这就需要服务提供者通过与顾客的接触中,不断开发新的顾客交互作用方式,建设顾客关系。实现这种创新的首要条件是获得企业实际用户和潜在用户的大量信息。

一般情况下,"如何和顾客进行高效与有效的沟通？""谁是企业的潜在顾客？""企业有能力让顾客在创新中扮演'合作生产者'的角色吗？"等问题是服务企业在设计顾客界面时需要深入考虑和明确回答的问题。对以上问题的明确回答是服务企业建立良好顾客界面的基础和前提。

3. 新服务传递系统

服务创新的第三个维度是新服务传递系统。"新服务传递系统"维度主要指开发和传递新服务产品的组织或者服务企业。该维度侧重服务企业的内部组织设计和安排，力求通过科学的组织管理、安排管理和协调，促使企业员工有效完成工作，并开发和提供创新的服务产品，从而确保服务创新顺利进行。在该维度需要明确回答的问题是：如何对企业员工授权？授权的限度如何平衡？如何让员工完成其工作并高效传递新的服务产品？

"新服务传递系统"这一维度的核心是强调现有的组织结构以及服务提供者的能力必须适应新服务开发的需要。如果不适应或者能力低于新服务的要求，那么服务组织就必须通过新的组织结构设计或者开展员工能力培训活动提升员工能力，促使创新顺利进行。"新服务传递系统"维度和"新的客户界面"维度间有着密切的联系，即内部组织、管理和传递方式（"新服务传递系统"维度）与员工和顾客间沟通、交流和接触的方式（"新顾客界面"维度）不能分割，两者相互协调融合并相互支持。需要指出的是，在"新服务传递系统"这一维度中，必须强调授权的重要性，即服务企业对员工的授权，尤其是在专业性服务中的授权。通过适当的授权，使员工有更大的灵活性为顾客提供高效和令人愉悦的服务，对提高创新效率、确保创新顺利进行十分重要。

4. 技术选择

服务创新的第四个维度是技术选择。然而技术并非服务创新的一个必要维度，这是因为服务创新也可以在没有技术参与的情况下发生，它在服务创新四维度模型中只是一个可选维度。虽然不是必要的维度，但技术仍在很多服务创新中发挥着重要的作用。"技术"和"服务创新"之间也存在密切的关系，很多服务因为有技术的参与或者使用了某种技术而变得更具新意和高效，如机器人的使用和智能技术的使用等。

在服务创新中有很多针对特定活动和部门的技术，如健康服务中的医疗技术，用户管理的 AI 技术，平台建设的数字化技术等。这些技术对特定的服务组织产生重要的影响，也可以在其他服务部门起作用并被广泛采用。

从某种意义上来说，任何服务创新都是由新服务概念、新顾客界面、新服务传递系统和技术选择四个维度构成的特定组合。开发一项新服务就需要形成新服务的概念，同时需要开发一个新的服务传递系统，也要对员工进行培训和改变其工作方式来满足新服务的特定方式。但是，在新服务的开发过程中，这几个维度不是孤立存在的，还需要不同的职能活动将这四个维度联结起来并且相互协同配合。不同维度间的这种相互关系是服务创新四个维度体现综合作用的根本途径，是实现服务创新的根本保证。

从图 2-2 中可以看出，服务创新四维度模型之间的关联是市场营销、组织开发和销售。企业向现有顾客和潜在顾客推出某一新服务概念需要多方面的知识和技能。具体来说，服务企业与顾客间的相互作用以及对服务传递系统的改进和适应，需要服务销售方面的知识和技能。在此过程中需要考虑的问题也是多方面的，如服务在哪里进行生产？如何在市场中传递和销售这种服务？同样，新服务的开发、生产和传递也需要组织开发方面的知识和技能。在此过程中需要考虑现有组织是否可以传递这种新服务，需要什么样的组织变化、培训活动来适应新服务等问题。由此可见，只有通过单个维度的不断发展以及不同维度间的协调整合、相互影响和相互作用，一项创新才有可能最终完成。

服务创新的四维度模型对服务企业具有重要意义，具体如下：

（1）服务企业的"商业智力"。服务创新是在一定的社会、经济和市场背景下发生的。服务企业首先应该能够快速识别以及持续监测现有竞争服务和潜在竞争服务，对"是否由新企业进入市场？""竞争对手提供了什么服务和产品？""我们的服务产品与竞争对手的有什么差异？"等问题的回答构成了服务企业的"商业智力"。

（2）服务企业的"市场智力"。服务企业需要与潜在顾客保持联系，通过不断地交流沟通，熟知顾客的特性。对"现实顾客和潜在顾客是谁？""顾客需要和喜欢什么服务产品？""顾客喜欢怎样的服务提供方式？""提供的服务在实际中怎样使用？"等问题的回答构成了服务企业的"市场智力"。

（3）企业的人力资源管理和内部组织提升。在进行服务创新时，服务企业需要对员工的能力有一个清晰的认识并且判断创新服务提供者的能力是否已经达到或者满足了创新的要求。如果不满足，就要对服务提供者进行有针对性的培训以及招募新的服务提供者来满足创新的需求。同时，服务企业还要对本企业和竞争企业的员工质量等各方面能力（如掌握的一般知识、工作灵活性、工作态度等）进行比较，发现不足和问题要及时采取有效措施进行提升。在这个过程中，企业的人力资源管理和内部组织结构会得到一定改善。

（4）企业的"技术智力"。服务企业与运作环境的基本联系是技术知识或"技术智力"，即企业对技术的选择和运用。在其他方面同等的条件下，"技术智力"是和其他企业竞争的重要因素。即使服务企业自身不需要掌握所有的相关技术，但在进行服务创新的过程中要对前沿技术有所了解，这样才能判断技术的需求程度和利用机会。

因此，企业在进行服务创新时，要根据自身条件及能力、顾客的需求、所处的市场环境选择适当的创新维度，准确把握不同维度间的关联，实现服务的创新。

2.2 服务流程设计

上一节新服务开发的流程中有一个程序和系统的设计分析环节。在该环节，要求新服务开发人员借助一定的工具对新服务进行最详尽的服务设计，服务流程设计决定着服务的质量和价值。服务流程设计是将新服务的创意转化为可视化、可操作、可描述的服务系统。服务蓝图详细描述服务系统的基础工具，使得服务流程中涉及的不同角色和人员（如企业和消费者）可以全面理解和使用它们。服务蓝图让消费者在一系列分散的服务活动中不迷失，使得企业可以根据分析和反馈结果进行服务流程的调整和优化。

2.2.1 服务蓝图

服务蓝图是将服务流程可视化的基础工具，以一种非常直观的方式描绘服务实施流程、顾客的消费行为、服务员工的行为、服务的地点、服务接触点以及服务中的可见要素。服务是由一系列流程组成的，是高度分散的。服务蓝图提供了一种把服务过程合理分区的可视技术，详细地描述每一区域服务过程的步骤和顾客能够直接感受到的有形展示。服务蓝图是一种以顾客为中心的服务流程图，是改善服务过程、实现质量提升和开发新服务流程的重要工具。

服务蓝图的基本构成要素如图 2-3 所示。

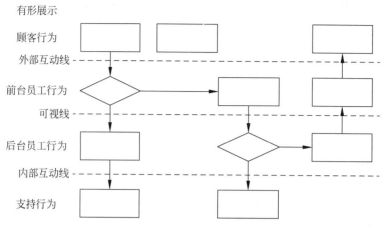

图 2-3 服务蓝图的基本构成要素

服务蓝图被三条线分割成 4 个部分。从图 2-3 中可见，服务蓝图包含 4 种行为，即顾客行为、前台员工行为、后台员工行为和支持行为。

1. 顾客行为

顾客行为展示了顾客从进入到离开服务系统的整个行为过程，包括顾客选择、购买、消费和评价服务过程中的行为和交互。顾客行为是从顾客研究中得到的，把顾客行为步骤及其过程置于服务蓝图的上端，突出了顾客在整个服务系统中的核心地位。

2. 前台员工行为

前台员工行为是指顾客能够看到和体验的服务员工步骤和行为，是直接为顾客提供服务的员工行为。前台员工行为与顾客行为平行，展示了在有序的顾客行为中，服务员工依次为其提供相应服务。前台员工行为可以是顾客与员工之间的，也可以是顾客与服务机器之间的。如果是顾客与服务机器之间的交互行为，则称为自助服务。但不管是服务员工还是服务机器，前台行为都是顾客直接接触、感受和体验的行为，其行为举止和服务质量很大程度上代表企业的品牌形象和口碑。因此企业必须重视前台员工的行为，对员工进行严格的培训和规范，给顾客带来最好的服务和消费体验。

3. 后台员工行为

与前台员工行为相对的是后台员工行为。后台员工行为是指顾客不能看到的服务步骤和行为。后台员工行为主要是支持和支撑前台员工服务行为，为顾客提供及时和满意的服务。

4. 支持行为

支持行为是指企业内部人员为前台和后台员工行为提供支持的所有服务步骤及其行为。通过前台员工行为、后台员工行为和支持行为之间的相互协作和配合，使整个服务系统能够有条不紊地运作，为顾客带来舒心和愉悦的体验。

图 2-3 中连接 4 种行为的箭头称为流向线，区分四种行为的 3 条分界线是外部互动线、

可视线和内部互动线,设置在顾客行为上方的是有形展示。外部互动线隔开了顾客行为和前台员工行为,故穿过外部互动线的流向线表明在此处存在顾客与员工之间的行动交互和接触。可视线分开了顾客可以看到的前台员工行为和顾客看不见的后台员工行为。内部互动线分开了后台服务行为和支持行为,穿过内部互动线的流向线表明在此处存在内部员工之间的行动交互和接触。由于服务是无形的,因此服务蓝图的有形展示是指在进行服务体验之前顾客的各个行为步骤。顾客可以通过有形展示对服务进行选择和评价,并在体验服务结束之后对服务进行评价。服务蓝图的有形展示有利于丰富顾客消费感受和消费体验。

制定服务蓝图的基本步骤包括:识别需要制定蓝图的服务过程,识别顾客对服务的经历,从顾客角度描绘服务过程,描绘前台与后台服务雇员行为,把顾客行为、服务人员行为与支持功能相连,在每个顾客行为步骤加上有形展示。图 2-4 中以北京燕莎奥特莱斯购物中心(以下简称燕莎奥莱)为例,给出了燕莎奥莱顾客购物过程服务蓝图。其中,顾客行为包括顾客进店、挑选,顾客与导购员之间的互动,顾客试穿、购买、付款和离开。在顾客行为过程中,燕莎奥莱所提供的服务是大部分顾客可见的服务,即导购员所提供的服务行为。前台员工行为包括迎接顾客、为顾客介绍商品信息和售后服务、把顾客购买的东西装袋等。前台员工提供的服务是顾客直接接受和体验,是顾客评价服务体验的重要因素。后台员工行为包括商品的日常检查、整理商品和及时补货等,为前台员工为顾客提供满意的服务保驾护航。支持行为除了一些必要的员工的培训、库房存储等,还包括一些软支持,如《员工手册》。

在绘制出服务蓝图之后,企业和顾客可以清晰地看到服务过程和服务细节。企业结合实际服务过程和服务蓝图,事先寻找和分析这一服务系统的关键点和薄弱环节。一般情况下,服务蓝图的关键点分三类:失败点(F点)、等待点(W点)、判断点(D点)。F点是指容易导致服务失败以及造成顾客不满意的地方。W点是指容易造成顾客等待的地方,顾客的长时间等待必然会影响服务体验,导致顾客对服务的不满。D点是指顾客和服务员工进行选择、判断的地方,如结账时需要电脑的支持,这时候就要求电脑比较流畅和不卡机,不然也有可能导致顾客等待和服务失败。表 2-3 对燕莎奥莱顾客服务蓝图的三类关键点进行了分析。

表 2-3 燕莎奥莱顾客服务蓝图的关键点分析

关键点类型	关 键 点	原 因	改 进 措 施
失败点	F1	导购员在判断是否要主动为顾客介绍商品时容易判断失误	提高导购员的服务意识和服务技能
等待点	W1	周末和节假日购物客流量大,试衣间有限	(1) 增加临时搭建的试衣间; (2) 耐心安抚顾客; (3) 临时派遣人员合理疏导试衣秩序
	W2	周末或节假日购物客流量大	(1) 临时增加收银台数量; (2) 加强对等候顾客的疏导和安抚
判断点	D1	在顾客舒心无压力的服务需求下,导购员主动与顾客接触会引起顾客的厌烦情绪	提高导购员的服务意识和服务技能

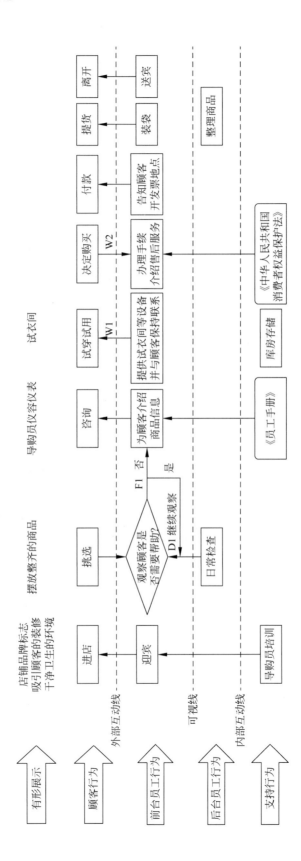

图 2-4 燕莎奥莱顾客购物过程服务蓝图

资料来源：冯俊，高溢培，王静，等. 基于服务蓝图的服务质量提升研究——以燕莎奥特莱斯为例[J]. 中国商贸，2013(20)：24-26，29.

在分析出服务蓝图的关键点之后,企业应结合公司实际情况,制订并执行针对每一个关键点的改进措施,力争避免和消除等待点、失败点,提高顾客服务体验和服务效率。服务蓝图是企业发现缺陷和弱势的强有力工具,顾客体验不佳通常是内部组织的不足,是整个服务系统中薄弱的环节。通过服务蓝图,可以容易并且快速地察觉存在问题的环节,从而帮助企业发现问题和挖掘痛点,并且制订相应的措施和优化服务流程,提高服务质量和体验,进而提高企业利润。当然,企业可以根据市场和服务环境的变化,不断地利用服务蓝图分析当前的服务系统和流程是否处于最优,提前鉴别新的关键点和提出改进措施。

因此,利用服务蓝图,企业可以全面了解服务步骤和过程,提升服务质量。将服务蓝图的作用总结如下:

(1) 明晰服务过程、步骤和细节。服务蓝图是一种准确描述服务体系的工具,是服务系统的设计工具之一。它从顾客角度详细描绘服务系统的流程,可以帮助企业准确地分析和可视化系统参与人员的行动,包括服务实施的过程、接待顾客的地点、服务中的可见因素等。流程图可以持续地描述服务提供过程、服务环境、员工和顾客的角色。服务蓝图的可视性可以明确区分顾客可视的前台员工行为和顾客不可视的后台员工行为,进而判断属于高顾客接触作业的前台员工行为和属于低顾客接触作业的后台员工行为。对于高顾客接触作业,企业要十分注意提供前台服务的员工行为和规范。

(2) 事先发现服务系统的弱点。服务蓝图的核心意义在于能够分析出企业没有做的事情以及不为客户提供支持的地方。企业在付诸行动之前,还可以利用这一工具不断对服务系统进行测试和检验。通过提前分析服务蓝图的关键点并且规划好相应的应对措施,就可以在一定程度上提高服务质量。

(3) 优化服务系统。服务蓝图通过服务系统所有的参与者来确定可优化的地方和机会。这种可视化工具可以用来发现服务系统可简化流程的地方,消除服务系统的冗余,进而提高服务效率和服务成本。

(4) 协调未来的变化。服务蓝图传达了一项复杂的愿景和战略。服务蓝图可以成为各部门的统一语言,通过引用相同的可视化工具,共同做出与服务的理想状态相一致的明智决策。

2.2.2 服务流程设计的分类

服务流程是服务提供的实际程序流程和机制。企业可以根据顾客的需求,通过服务流程的设计、调整和优化以改善和优化顾客体验。服务流程的设计是一个动态的过程,要遵从以顾客为中心和从顾客的需求出发的原则来确定整个服务的过程和架构,使得整个服务流程系统化和整体化。如图 2-5 所示,服务流程设计可以根据服务流程差异程度、服务活动作用客体和顾客参与服务程度进行分类。

1. 按服务流程差异程度划分

根据服务流程差异程度的大小,可将服务流程分为标准化服务和定制服务。标准化服务是指简单重复、差异化程度比较小的标准服务。这种服务实行标准化服务流程,对服务员工要求比较低,可以利用自动化技术替代人工操作,从而降低人力人本,扩大业务规模。麦当劳作为世界品牌快餐店,其为全体员工制订了标准的工作准则和为产品制订统一的加工流程,来保证麦当劳的服务质量和产品质量。

定制服务是指服务流程没有遵循固定模式,差异化程度比较高的服务。该种服务个性化程度高,专业性比较强。这就要求服务员工具有较强的灵活判断能力、信息沟通能力和业务技巧。员工能够通过与顾客的交流沟通,了解与分析出顾客需求,以更好地满足顾客的个性化需求。对于一些投资理财咨询、战略咨询和基金公司经常要提供一些定制服务。

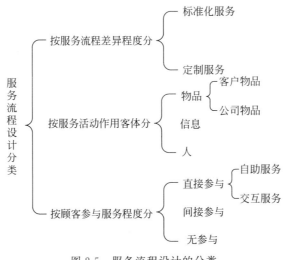

图 2-5　服务流程设计的分类

2. 按服务活动作用客体划分

根据服务活动作用客体来划分,服务流程一般来说是作用于物品、信息和人。

以物品为服务对象的服务流程,一般是服务于客户物品或者公司物品。如果是以顾客物品为服务对象的服务流程,一般来说顾客不需要亲自到场,但是服务员工有确保物品完好无损的义务,如快递、行李保管等。如果是以公司物品为服务对象的服务流程,则顾客有保持物品完好无损的义务,如酒店、租赁汽车等。

以信息为服务对象的服务流程,一般是服务于顾客的材料、数据等无形资产,如网络公司和信息公司。顾客不需要亲自来到服务地点与服务人员面对面沟通交流,只需要通过网络、电话等现代通信技术和程序表达自己的需求。服务人员根据顾客的需求完成相应的服务,但是在服务过程中一般要注重各方面保密的原则。

以人为服务对象的服务流程,一般顾客与服务人员之间进行直接接触和沟通。例如,对于咨询类的服务,顾客与咨询师之间直接进行信息交流。这类服务具有"高接触"性,对服务人员的技能要求较高。服务人员不但要掌握技术方面的技巧,还要掌握人际沟通技巧。

3. 按顾客参与服务程度划分

根据顾客参与服务程度的不同,服务流程可分为直接参与、间接参与和无参与,其中直接参与的服务流程又可分为自助服务和交互服务。在自助服务方式下,顾客直接参与服务流程,顾客与员工一般不需要任何接触,顾客通过机器等方式接受并完成服务。这种服务下,顾客需要对服务流程和服务环境十分熟悉。在交互服务方式下,顾客直接参与服务流程,顾客与员工密切沟通、接触和互相影响。顾客可以根据员工的引导完成服务,此时员工的专业水平和能力对提高服务质量、保证服务成功具有重要的作用。

2.2.3 服务流程设计的方法

目前,服务流程设计的主要方法有工业化设计法、顾客化设计法和技术核分离设计法。

1. 工业化设计法

工业化设计法又称生产线设计法,主要通过借鉴制造业的质量控制、过程控制和提高产出水平的经验和思路,试图将服务产品和服务系统标准化,确保每个服务环节能够有条不紊地高效运行,从而降低服务运营成本并保证服务质量。在工业化设计法中,顾客的参与度比较低。这一方法主要应用于技术密集型、标准化和大规模的服务。服务企业一般通过硬技术和软技术的应用来尽可能实现服务系统中服务要素的标准化,具体如表 2-4 所示。

表 2-4 工业化设计法下的服务系统标准化

服 务 要 素	标准化体现和措施
环境系统的标准化	统一的服务环境、布置和设备操作规范等
服务产品的标准化	规格统一的服务产品和包装等
"显性服务"的标准化	统一规范服务员工的服务术语和服务流程
"隐性服务"的标准化	统一的清洁、卫生环境、及时性和应急措施等

环境系统的标准化是指服务环境、设施、装潢以及设备操作的统一标准。例如麦当劳和肯德基都有自己的服务环境特色,统一的 logo,使得消费者能够快速识别。基本每一家的麦当劳和肯德基的服务环境都是一致的。

服务产品的标准化是指为消费者提供的服务和服务产品具有统一标准。例如湖南省著名的饮品公司——茶颜悦色,培训每一个员工从消费者到店和离开的服务术语,并且每一种饮品都有相应的配方,精准到每一种配料应使用多少克。这种标准化的服务产品虽然能够提高服务的统一性和降低服务失败的可能性,但可能使得服务变成了常规的工作。当顾客来接受服务时,就可能预先知道自己会得到什么样的服务。服务产品的标准化有利于顾客有序流动,确保服务质量,能够满足消费者的一般服务期望。企业可以通过标准化生产来大大降低服务成本,获得最大的利润和收益。但是在应用该设计方法时,应注意进行明确的劳动分工。

总之,服务企业要尽可能实现服务系统的"显性服务"和"隐性服务"的标准化。企业还可以通过服务蓝图等工具,分析哪些服务流程可以使用机械化和自动化设备来替代劳动密集型的人工操作,进一步提高服务效率和标准化服务程度。比如,银行的 ATM,麦当劳的自动烹饪设备、自动炒菜机等。应用合理的自动化设备,有利于降低人工误差、提高服务效率和降低服务成本。

在应用工业化设计方法时,应注意借助明确的劳动分工、服务员工的行为规范,应用自动化技术和设备替代人工等手段,来实现服务系统的专业化、整体化和规范化。

2. 顾客化设计法

近年来,服务业快速发展,已成为我国国民经济的第一大产业。对于大多数的服务系统而言,当顾客进入服务系统后,服务才能开始。一般来说,顾客并不是被动的旁观者,而是对服务系统的流程和运营有一定的兴趣。在一些情况下,顾客可以参与到服务系统的流程设计中,主动设计和影响服务流程。这样就可以将某些服务流程转移给顾客,顾客自己承担一部分的工作,从而提高服务效率和降低成本。顾客可以获得更大的自主权,使服务更加符合自己的喜好,提高服务的满意度并体现出需求的个性化。顾客要作为服务过程的积极参与者,主要体现在以下四个方面:

第一,充分理解和把握顾客的个性化需求。在运用顾客化设计法设计服务流程时,要充分理解和把握目标市场的需求和顾客的个性化喜好,要分析在服务流程中可能出现的各种需求,特别是一些特殊群体和特殊情况的需求。利用不同的方法分析整个服务流程,根据实际情况确定和调整顾客参与的具体环节、参与方式和参与程度等问题,能够更好地满足顾客的个性化需求,提高其满意度。

第二,服务系统流程设计中突出服务提供系统的灵活性。顾客化设计法的突出特点是顾客的参与。顾客的参与具有一定的优势,但是同时也给整个服务传递系统和流程带来了很多不确定性因素。因此,在运用顾客化设计法设计服务流程时,一定要为顾客参与和控制留一定的可操作空间。考虑到顾客的学习问题,可以利用巧妙的设计使顾客能够比较容易并快速地熟悉和掌握服务流程及其操作方式,避免影响整个服务系统的效率。比如,企业可以通过开设参与前的培训班,制作说明书、宣传用语等方法让顾客快速掌握并积极参与。这一环节对保障服务质量也具有非常重要的意义。

第三,服务系统流程设计中给予员工更大的自主权。由于顾客化设计法中有顾客的参与,因此除了强调顾客需求的个性化,还需要对服务员工进行一定的培训。由于顾客参与到服务传递系统中,存在一定的不确定性,因此服务员工有更大的自主权来处理这种不确定性和服务流程。当然,企业也应该为服务员工制定相关的服务规范、操作规范和授权方式来确保其能够积极参与服务过程,提高服务的效率和满意度。

第四,动态监控和评价服务绩效。由于服务要求在不同的时期会有波动,因此要动态监控和评价服务绩效,根据不同的消费者和时期进行灵活变换和调整。但是也要注意及时评价服务的过程和结果。只有不断改进和优化服务系统,才能适应不断变化的目标市场和满足对服务要求越来越高的顾客,从而提高顾客的满意度和忠诚度。

顾客化设计法虽然强调了顾客的参与和顾客的个性化需求,但是企业需要注意整个服务系统的服务效率并把握好顾客的参与度。通过适度的顾客参与,充分发挥顾客在服务过程中的积极作用,不断提高服务质量,使企业利润最大化。

3. 技术核分离设计法

技术核分离设计法是指将服务类型的组织活动分为两部分:与顾客紧密接触的高顾客接触和与顾客基本不接触的低顾客接触。顾客接触是指顾客直接参与和出现在服务提供过程中。顾客接触程度是指顾客出现在服务提供过程中的时间占服务总时间的比重。高顾客接触和低顾客接触可分别视为前台部分和后台部分。针对前台部分和后台部分按照不同的方法分别进行服务流程设计。其中后台部分可当作脱离于服务环境的一个"技术核"。

在高顾客接触的前台部分,应当采取顾客化设计法服务流程,以顾客为中心,适应和满足不同顾客的个性化需求。顾客的到来和出现有很大的不确定性,要灵活处理在服务过程中出现的各种具体问题。顾客通过直接接触服务过程来决定需求时刻和服务的性质。采用顾客化设计法,可以提高顾客的体验感、参与感和服务质量,进而达到较高服务满意度。

在低顾客接触的后台部分,由于顾客基本不参与服务提供过程,降低了这一过程的不确定性,因此可以采取工业设计法来制定服务流程。在后台部分,可以按照工业化的方法设计"技术核",服务作业可以像制造工程一样管理和运营。企业可以采用自动化设备,制订标准化流程和严格的劳动分工,使服务系统在高度标准下高效运行。

当然,高顾客接触部分和低顾客接触部分都属于整个服务流程,服务企业要以集成的观点分别设计各个部分并进行全面的考查和评价。对于高顾客接触部分和低顾客接触部分的衔接部分如信息和物料的传递,要对前台的个性化工作进行初步加工,这样有利于后台的批量处理和生产以实现规模效益。最后,要充分考虑和评估整个服务系统的各个部分和环节,使整个系统的运营水平达到一个理想目标的状态,既能够满足顾客的个性化需求,又能够实现批量生产以实现效益最大化。

技术核分离设计方法成功与否,一个重要的因素是正确区分提供服务系统中高顾客接触部分和低顾客接触部分。只有成功并准确地划分高顾客接触部分和低顾客接触部分,才能采用相应的服务流程设计方法,从而达到最好的服务提供效果。表 2-5 和表 2-6 总结了高顾客接触部分和低顾客接触部分设计思想以及控制特点的不同,主要体现在组织目标、设施选址、实施布局、产品设计、过程设计、进度表、生产计划、员工技能、质量控制、时间标准、能力规划、预测和控制系统特征表现等方面。

表 2-5 高顾客接触部分和低顾客接触部分设计思想的差异

设计思想	高顾客接触部分(前台)	低顾客接触部分(后台)
组织目标	顾客满意度高	标准化程度高、运营效率高
设施选址	接近顾客	接近供应地点、运输地点和港口
设施布局	考虑顾客的需求和期望	考虑生产能力的利用率
产品设计	环境和实体产品决定了服务性质	顾客在服务环境之外
过程设计	生产环节对顾客有直接影响	顾客不参与大多数处理环节
进度表	顾客包含在进度表之中	顾客主要关心完成时间
生产计划	为避免顾客流失,订单不能被搁置	可能顺利生产,也可能出现障碍
员工技能	较高的灵活变通能力和人际交往能力	只需具有特定的一种技能
质量控制	质量标准取决于评价者,是可变的	质量标准可测量,是固定的
时间标准	由顾客需求决定,时间标准不严格	时间标准严格
能力规划	设计标准是满足最大的需求以避免销售损失	储存一定的产品以使生产能力保持在平均需求水平之上
预测	短期预测,时间导向的	长期预测,产品导向的

表 2-6 高顾客接触部分和低顾客接触部分的控制特点差异

控制系统特征	高顾客接触部分(前台)	低顾客接触部分(后台)
工作表现的衡量标准	主观,变化	客观,固定
失误衡量标准	不精确	较精确

续表

控制系统特征	高顾客接触部分（前台）	低顾客接触部分（后台）
反馈环节的确定	难	易
失误的纠正	必须立即进行	可稍缓

2.3 服务接触

服务提供过程的基本特征就是服务接触，即顾客和服务提供者之间的交互过程。服务接触是顾客与服务系统之间互动过程中的"真实瞬间"，是决定顾客服务体验满意度以及服务质量感知好坏的关键时刻。这种短暂接触的瞬间往往是服务企业获得高质量声誉和影响顾客服务质量评价的关键瞬间，本节首先从服务接触的三元组合入手讨论服务接触。

2.3.1 服务接触的三元组合

目前，对于服务接触的概念尚无定论。20世纪80年代初期人们认为服务接触就是纯粹的服务人员与顾客之间的互动。随着服务业的发展和研究的深入，研究者和服务企业的管理人员对上述服务接触的概念进行了拓展和补充，认为服务接触除了顾客和员工之间的互动，还包括顾客间的互动以及顾客在服务提供过程中产生的感知和评价。

服务接触，是指以顾客为行为主体，以人与人、人与消费环境间的互动为核心的要素交互过程。从顾客的角度来看，无论顾客还是服务提供过程的人、物、设施环境和布局，都是顾客产生服务质量评价的关键，感受到的服务体验是影响顾客满意度的重要过程。一旦顾客对服务系统产生自己的主观想法，就将直接影响顾客是否进行下一次服务消费。服务企业应该注意的是，顾客对服务系统的评价不仅仅是由一个服务接触所决定的，而是由每一次接触不断累积形成的。每一次服务接触都会影响顾客体验感和满意度并产生评价。因此，服务企业必须认真对待和重视每一次服务接触，每一次的服务接触都是企业提高顾客满意度的机会。优质服务接触可以提高服务企业的口碑和声誉，进而提高企业的利润。但是，任何一次服务接触失败都会造成服务失败，导致顾客满意度下降，甚至是顾客流失。

根据接触方式的不同，服务接触可以分为面对面的服务接触、电话服务接触和远程服务接触。

（1）面对面的服务接触。在面对面的服务接触中，顾客和服务员将进行直接接触。很多服务场景都需要面对面的服务接触，如餐饮和酒店等。在面对面的服务接触中，影响消费者对服务的评价的因素很多，包括服务人员的专业性、服务的速度和准确性、态度、礼仪、穿着、服务环境等，这些都会对服务质量和顾客的体验感产生影响。在面对面的服务接触中，最基本的是要做好服务员工和顾客之间的服务接触，注重对服务员工的培训。

（2）电话服务接触。随着通信技术的发展，电话服务接触也越来越方便、高效和普遍。电话服务接触中，服务人员和顾客通过手机或其他通信媒介进行沟通，从而提供服务。电话服务接触中顾客和员工之间不会发生直接的面对面接触，因此对服务员工的穿着以及服务环境没有要求。但是这种服务方式下，对服务人员的服务语气、态度、服务速度和准确性有很高的要求。电话接触服务如今非常广泛，几乎所有企业都会采用这种服务方式。

(3) 远程服务接触。在远程服务接触中,没有任何直接的人员接触。服务企业通过服务设备对顾客提供服务。例如,银行通过自动提款机完成顾客的存款和提款的服务和接触。顾客可以通过邮箱完成与邮局之间的服务。这种远程服务接触虽然没有发生人与人之间直接的交互和接触,但是对服务机器软硬件的兼容性、可达性、及时性以及快捷性的要求比较严格。这些硬性因素都会影响顾客对服务的满意程度。

服务接触的本质特征是由服务组织、和顾客接触的服务员工以及顾客三者之间发生的多层次和多方面的交互。三者在服务接触中分别扮演着重要而不同的角色,三者之间相互联系并产生交互作用。图2-6描述了服务接触的三元组合模型,主要包含服务组织、和顾客接触的服务员工及顾客三要素。在服务接触过程中,顾客通过和顾客接触的服务员工体验服务过程,并对服务产生自己的评价。在这种情况下,顾客对服务的评价是直接通过接触的员工得出自己对服务的满意程度。其中的服务感知也反映了服务组织给予员工的自主权。服务接触反映了三要素之间的两两关系。每个参与者都试图主导和控制服务接触过程。服务组织希望能够实现最大的利益,和顾客接触的服务员工希望通过控制顾客的行为来使自己的工作轻松高效,而顾客希望自己能体验到最好的服务以及从服务提供过程中获得更多的益处。

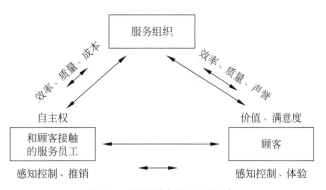

图 2-6　服务接触的三元组合

(1) 服务组织支配的服务接触。在服务组织支配的服务接触中,服务组织可能通过建立一系列严格的操作规章和标准化服务流程来提高服务效率,以实现服务成本的最小化。这种情况下,服务接触存在一定的缺陷,可能导致服务质量和服务满意度的下降。一方面,服务组织通过标准化的服务流程限制了和顾客接触的服务员工的自主性,要求其必须按规章执行服务流程,其自身的自主权会被约束。另一方面,这种标准化的服务流程也无法满足顾客的个性化需求,顾客只能从仅有的集中标准化服务中选择,从而导致顾客的体验感和满意度下降。服务组织支配的服务接触在快餐店服务中比较常见,如肯德基和麦当劳。虽然整个服务传递过程的效率提高了,但是顾客的满意度并未得到提升。

(2) 和顾客接触的服务员工支配的服务接触。一般来说,和顾客接触的服务员工支配的服务接触一般要求服务员工具备顾客没有的专业知识和技能。服务员工利用自己的专业知识和技能赢得顾客的信赖。当然,服务员工也希望通过控制顾客或者缩减服务接触的范围来降低自己提供服务过程中的压力。和顾客接触的服务员工被授予很大的自主权,可以实现对顾客很大程度的控制。例如,医生凭借自己的专业知识为病人提供服务。此时,服务员工的专业性和技能水平直接影响顾客对整个服务组织的评价和看法。

（3）顾客支配的服务接触。顾客支配的服务接触以自助服务、极端的标准化服务和定制服务为代表，顾客控制整个服务接触流程。顾客可以通过自助服务在所提供的有限服务中进行选择。例如，在自助餐服务中，消费者可以从众多的食物中根据自己的喜好进行选择；自助加油服务，顾客可以不与任何服务员工接触而完成加油过程。在顾客支配的服务接触中即使没有服务提供者的情况下，顾客也可以得到很好的体验和满足感，从而对整个服务系统和流程有很高的评价。极端的标准化服务（如自动服务）和定制服务（如家政服务）代表了顾客对服务接触的控制机会，可以非常灵活和高效地完成和提供服务过程。

服务接触的三元组合模型的三方在服务传递系统中都扮演着重要的角色，缺一不可。三方都想起到主导控制作用而产生冲突，但是为顾客提供一个高效率的服务接触需要平衡三方的控制。通过三方的协同合作和控制平衡，实现顾客最大的满意度和利益的最大化。为达到三方控制平衡，一方面要对和顾客接触的服务员工进行适当的培训，因为他们与顾客的接触是决定顾客满意度的关键因素；另一方面要通过各种途径去不断了解顾客的需求和期望，通过有效的沟通真正了解顾客的想法。只有服务组织、和顾客接触的服务员工以及顾客达成一定的共识和平衡，才能创造出更大的利益。

2.3.2　服务交锋

对于服务型企业来说，其最终的目标是为顾客提供一个高效、满意和舒适的服务。在提供服务的过程中，会产生一系列和顾客的接触、交互。每一个与顾客交互的瞬间都可能成为服务成功与否的关键。由于各种不确定因素的存在，与顾客的这些交互瞬间是无法设计和预测的，它很大程度上影响了顾客在服务过程中的感知和满意度。因此，服务企业应当十分关注并控制在服务过程中与顾客面对面接触的过程。

服务交锋最早由理查德·诺曼（Richard Normann）引入服务管理中，用以强调顾客与服务交锋的重要性。从狭义上来说，服务交锋可以直接定义为顾客与服务员工面对面进行接触的那段时间。从广义上说，服务交锋是指在服务过程中顾客与服务企业的接触，准确来说是指顾客与服务企业的任何一方面进行接触并得到关于服务质量的印象的那段时间。

一般来说，服务流程通常分为前台服务流程和后台服务流程。前台服务流程是服务传递系统中顾客看得到的部分，在这里顾客接触到服务设施和服务过程，并和服务员工有交互接触，会产生"服务交锋"。后台服务流程是顾客看不到的部分，在这里没有直接与顾客进行一个面对面的接触，但后台服务流程需要产生支持前台服务的一系列任务和活动过程。在后台服务流程中，即使顾客不直接接触这一部分，任何失误也会影响前台服务流程，进而影响顾客的服务体验和满意度。

一次与顾客之间的服务交锋看似短暂，但透过服务交锋，可以从多个角度去考虑其背后所蕴含的各种关系。从社会性角度来看，服务交锋属于一种社会交往。服务交锋的参与者包括顾客和提供服务的员工，两者会产生沟通和交互。在交互过程中，服务交锋的参与者被期望遵从一定的社会规则。例如，适当的问候、礼貌、招待是社会交往中最起码的准则。不论对于顾客来说还是对于服务提供者来说，在服务交锋中都希望能够得到平等对待。从经济的角度来看,服务交锋属于一种经济交换。服务提供者用劳动、专业、技能、技术和信息,按照顾客不同的要求为顾客提供服务;与此同时,顾客也需要付出一些资源来进行交换,如金钱和时间。通过服务交锋,顾客和服务提供者完成了资源的相互交换。从生产的角度来看,服务交锋是一个生产过程。顾客为了满足某些需求来寻找一个合适的服务企业,为此服务企业充分调用包括劳动、专业、技能、技术和信息等在内的资源进行合理生产,创造出满足顾客需求和利益的产品和服务。在这里,资源被服务企业变换成顾客需求和利益。从合约的角度来看,服务交锋是一种合约关系。在服务交锋中,顾客和服务企业通过签订一定的协议或合同来规定和体现双方的责任和义务。即使在没有签订协议的服务交锋中,也体现了顾客和服务提供者之间的这种契约关系。

对于大多数服务组织来说,服务交锋的开始与结束存在于顾客与服务提供者所提供的设施之间。服务交锋可以看作人与人的相互作用,具有以下特点:

(1) 服务交锋目的和内容明确。服务交锋具有明确的目的和内容。不管起因于顾客还是提供服务的员工,所有的服务交锋都有预先目的。例如,消费者去超市是为了购物,客户拨打 10086 是为了咨询或者办理业务等。

(2) 服务提供者是非利他的。对于提供服务的员工来说,服务交锋是其日常工作的一部分,为顾客提供服务是其为了获得报酬的基本义务。对于提供服务的员工来说,服务交锋只是一项分内的工作,不会去考虑和在乎服务需求的个性化差异,只会重复、机械地提供相同的服务。

(3) 顾客和服务提供者无须预先相识。在进行服务交锋前,顾客和服务提供者不需要预先相识。在很多情况下,即使顾客和提供服务的员工素未谋面,在提供服务过程中双方也不会感到不舒服。因为服务交锋的目的明确,服务交锋的参与者一般会通过默契配合来完成此次服务。结束服务后,服务交锋的参与者一般不会继续有往来。例如消费者去电影院买票、顾客去餐饮店购买午餐。但是,有些服务交锋需要双方的互相介绍,甚至服务参与者需要提供比较隐私的信息。例如,第一次去银行办理贷款,一般需要提供办理者的详细信息。如果顾客和银行建立了长期的业务关系,这时候顾客与银行就不再是完全的陌生人。

(4) 服务交锋的范围有限。一般来说,除了服务交锋刚开始,参与者之间会进行短暂的礼貌性问候和沟通,在整个服务交锋过程中,这些不属于服务内容的无关活动是十分短暂的。顾客与服务提供者之间相互作用的范围取决于服务的性质以及受到的约束。

(5) 服务交锋的信息交流受服务内容限制。由于服务参与者双方本身都带有明确的目的来参与此次服务交锋,因此双方为了保证整个过程的高效进行,会针对服务内容进行交流和沟通。一般来说,与服务内容相关的信息交流不可或缺并且具有优先权,而无关内容的交流一般很少甚至没有。例如,餐饮服务中,消费者和服务员之间的交流和沟通一般在菜品推荐或者服务设施方面;理发师和顾客之间一般讨论发型、头发护理等相关内容。

(6) 服务交锋的参与者各尽其职。在服务交锋过程中,参与者都需各尽其职。最直接的要求就是提供服务的员工是来满足顾客的需求以及为顾客提供服务的;顾客是来接受和享受服务,从而满足自己的需求的。服务交锋过程中,参与者包括顾客和提供服务的员工为了服务顺利和高效地进行,都要遵循一定的行为准则。有些准则可以从经验中学到;另外一些准则需要服务提供者进行必要的培训和说明之后,顾客才能悉知和掌握。例如,病人在就诊过程中,必须回答医生的问题,并听从医生的指示。

(7) 暂时忽略服务双方的社会地位。在服务交锋过程中,参与者的正常社会身份一般会被忽略。例如,具有一定社会地位的律师会为一个罪犯提供辩护服务。在这种情况下,服务交锋中双方参与者的社会地位会暂时被忽略。

正确掌握服务交锋的上述特点有利于服务企业在设计服务流程中考虑得更加全面和周到。例如,根据服务交锋的明确目的性,服务企业应该充分调查和了解顾客的需求,通过设计服务传递系统更好地满足顾客需求。因此,企业需要把握服务流程中的每一次服务交锋及其特点,有针对性地进行服务流程的管理和设计。

对服务交锋进行设计与管理,必须掌握服务交锋的基本要素。服务交锋主要由四个要素组成:顾客、服务员工、服务传递系统和实体设施。这四个要素也是服务交锋管理的主要对象。

1. 顾客

顾客是服务交锋中的最主要因素。服务交锋强调的是"服务于人,作用于人",其目标是满足顾客需求,使得顾客对服务流程和服务质量满意。顾客对服务质量的评价、对服务的整体满意度、是否下次再来的决定、是否达到自己的预期等,都极大程度地取决于他在服务交锋期间的感知、体验和感受。顾客是服务流程的客体、参与者和接受者,也是服务的出发点和归宿。

一般来说,参与服务交锋的顾客可以分为四类:经济型顾客、道德型顾客、个性化的顾客和方便型顾客。通过自己投入的时间和金钱,经济型顾客一般希望能够从服务中获得最大的价值。这种类型的顾客一般比较挑剔,对服务的要求很高。经济型顾客对价值的追求在一定程度上可以检验服务组织在市场中的竞争力。然而,这种顾客的减少也暗示存在潜在的竞争威胁。道德型顾客注重服务企业的道德,因此他们会更加倾向具有社会责任感的服务企业。这类顾客一般比较忠诚,不会因为其他经济因素而随意改变自己的选择。个性化的顾客强调服务企业是否能够满足自己的个性化需求。例如,顾客希望从服务体验中得到人际间的满足感,这需要服务提供者对其进行夸赞和认可。服务企业可以通过巧妙地应用个性化顾客的特点来吸引这些顾客,提高服务的顾客满意度。方便型顾客看重的是服务的方便性和可获得性,能否比较高效地获得服务。他们一般对选购过程服务不感兴趣,而愿意为上门服务或者无忧服务进行额外付费。服务企业应该充分把握不同顾客的特点,来设计自己的服务流程,尽可能满足不同顾客的需求,以降低成本和提高服务质量。

要提高服务的质量,就要充分重视服务交锋中顾客的心理活动,理解与尊重顾客,以达到顾客心里的满意度。这是服务交锋过程中最起码、最基本的要求。然而,这一点也往往被服务企业所忽略。因此,服务企业在注重服务流程的效率和效益时也要考虑顾客的舒适感、安全感、信任感、整体体验,以此使顾客得到最大的满意,包括心理方面和生理方面的满意。因此,完整的服务与服务提供系统的设计必须考虑以一种最有效的方式来满足顾客的要求。

2. 服务员工

服务员工是服务交锋中的另一主要因素,是与顾客直接进行接触的企业代表,是保持服务传递系统正常运行的力量。服务交锋过程中,不管是服务企业中的任何人进行服务交锋,其言辞和行动会被顾客认为是服务组织的言辞和行动,顾客都会把该服务人员当作整个服务组织。绝大多数顾客将他所接受的一次失败的或质量不好的服务与该公司的失败或质量不好的服务等同起来。服务企业作为保持服务提供系统正常运转的力量,有义务对服务员工进行规范和培训。服务企业除了注重培训员工的服务技能和服务效率外,还应加强对服务员工的诸如友善、温暖、关怀和富有情感等人际交往技能的培训,因为顾客在服务交锋中对这些因素往往也是十分看重的。满足顾客的需求是服务员工的首要任务,但同时服务员工自身的要求是否能得到满足也是服务企业应该考虑的问题。不论是顾客还是服务员工,都希望自己能够得到充分的理解与尊重,能够获得他人的肯定和赞赏。如果服务员工自身利益得到满足,具有献身精神和服务精神,将激励他们更好地投入到服务工作中,更好地为顾客提供满意的服务。因此,服务员工必须掌握相关的技能,他们在服务交锋中态度的好坏、职业修养的高低、专业技能的发挥能决定一次服务交锋的成败。

由服务交锋的特点可知,对于顾客来说,服务交锋可能是第一次,也可能是很少数几次中的一次;而对于服务员工来说,与其中一位顾客的交锋是他日常工作中千百次服务交锋中的一次。顾客期待服务员工能是他的最好代理,能够满足自己的个性化需求以及最大限度地考虑自己的利益。然受,服务员工因常年完成同样的任务,一般只注重服务交锋的效率和有效性,千篇一律地为顾客提供服务,而不是把每一个顾客当作一个个性化个体,从而忽略了顾客的个性需求。相反地,顾客可能会因为第一次经历这种服务交锋过程而产生不知所措甚至焦虑的情绪。如果服务员工能够考虑到顾客的不同情况并采取适当的对应方法就能使顾客满意。这些都是在服务交锋中达到顾客满意的重要因素。因此,管理者有责任帮助和培训员工掌握这些必要的技能,增强服务员工的学习动机并确保员工学习这些基本技能,使组织的员工能够站在顾客的角度进行服务交锋。

3. 服务传递系统

服务传递系统是服务提供者为顾客进行服务的载体和中介。它不仅包括各种设施设备、各种用品、服务组织的文化,也包括服务程序和步骤、服务承诺、协议规定等服务软件。在服务交锋中,服务的前台部分是客户能够看到、接触到的那一部分,这一部分也可称为可视部分,其设计和运营必须遵从以顾客为中心的原则。服务传递系统还包括那些后台的服务流程部分,它支持前台服务需要的一系列任务和活动过程。后台部分的设计主要从提高组织整体运行效率的角度出发。实际上,在服务提供系统中影响顾客的主要是服务的前台部分。因此,服务企业要特别注重和关注前台部分的设计。

4. 实体设施

实体设施是指一项服务被顾客体验时可触的所有方面。例如顾客去银行办理信贷业务时,所接触到的公司建筑物的外部设计、周边风景、停车场,营业厅内的设备摆设、背景音乐、灯光、温度、噪声、清洁程度等,以及服务过程中使用的消耗品、饮水机、指导手册,服务员工的着装等。值得注意的是,后台的设施是顾客不可见的部分,它们没有直接和顾客进行接触,因此不属于实体设施。

在服务交锋中,除了服务员工的服务技巧、服务态度以及服务提供系统外,实体设施也是影响顾客评价和满意度的重要因素。对于顾客来说,在没有接受服务和产生服务交锋之前,首先看到并接触到的是服务企业的实体设施,这会形成其对组织的第一印象。一个好的实体设施会让顾客感到心情愉悦、放松,对服务交锋能起到很好的烘托、点缀和促进作用,并对服务交锋的结果有不可估量的影响。实体设施对于服务交锋的成功非常重要,一般来说,顾客在服务设施中停留的时间越长,实体设施的重要性越大,顾客的满意与否通常都在接触的时间段里形成。服务实体设施的设计应该保障顾客能够比较快速地定位到服务场所和服务员工能够顺畅完成所提供的服务。

2.3.3 服务利润链

如图 2-7 所示,服务利润链建立了利润、顾客、员工、服务企业四者之间的相互关系,它由若干链环组成。服务利润链模型是由詹姆斯·赫斯克特教授等五位哈佛商学院教授组成的服务管理课题组于 1994 年提出的。为了从理论上探究和揭示服务企业利润的决定因素,他们花了二十多年时间、追踪考察了上千家服务企业并进行研究后认为:服务利润链可以形象地理解为一条将盈利能力、客户忠诚度、员工满意度和忠诚度与劳动生产力之间联系在一起的纽带,它是一条循环作用的闭合链,其中每个环节的运行效果和实施质量均会影响最终的盈利。由服务利润链模型可知利润由顾客所创造,顾客忠诚度是靠顾客满意度获得的,顾客的忠诚度会给企业带来更多的利润;企业内部员工的表现决定了企业的服务质量和服务价值,反过来又决定了顾客的满意度。基于该模型和理念构建服务企业盈利模式,能够帮助企业明确盈利重点,提升企业运营水平和服务质量,从而使得企业营业利润增长。

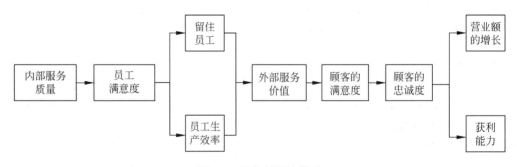

图 2-7 服务利润链模型

1. 服务组织的内部质量驱动员工满意

服务组织的内部质量是指员工对所在工作环境的感知,主要包括两个方面:一方面是服务员工自己是否对选择的工作满意,是否适合自己以及是否满足自己的预期和在服务过程中所拥有的权限和所得到的信任有着极大的关系。只有拥有了足够的能力和权力才能让员工充分发挥自己的主观能动力,才能做出成就,从而对企业满意。另一方面是员工和同事之间的人际关系很大程度上决定服务组织的内部质量。员工之间组成的"小家庭"也需要一种诚信、友善、和谐、平等、互相尊敬的关系。在这种环境下工作,员工的满意度和工作效率自然就会提高,归属感也会增强。在员工之间相互服务的过程中,员工之间应提倡团队精神与集体精神,这样能进一步提高员工的满意度。

其实每一位员工都是服务组织的"内部员工",企业的平均利润率也会随着员工满意度的增加而增长。为提高员工对服务组织的满意度和忠诚度,企业除了提供必要的工资、"五险一金"、工作环境和良好的工作氛围之外,也需要帮助员工制订合适的职业规划与成长路径。服务组织必须"以人为本",完善员工保障制度,打造一支充满激情和干劲的工作队伍,营造一种鼓励创新、创造和成长的工作氛围,让员工能够发挥技能和实现价值。

2. 员工满意导致高保留率和高生产效率

企业员工的高保留率和高生产效率来源于员工的满意度,也就是来源于员工对企业的忠诚度。服务员工的满意度是员工对现状的综合评价,是由多方面因素所决定的,与报酬、学习、晋升、环境、地位、企业的承诺、岗位设计、工作环境、选拔培养、激励机制以及技术支持等各方面相关。若员工对企业满意,说明员工对企业未来发展有信心,为能成为企业中的一员而感到骄傲,那么就会愿意付出并自觉担当起一定的工作责任,工作质量和工作效率也会提高。高满意度意味着高忠诚度,同时也会降低员工的离职率和流动率。对于服务组织来说,员工不满意导致员工流失和跳槽而造成的损失不仅是企业招募培训新员工的成本,还包括由于生产率的下降和顾客满意度的降低导致顾客流失的损失,由此产生的连环恶性影响是难以估量的。因此,服务组织必须提高员工忠诚度,为员工提供更加有竞争力的薪资并满足他们的需求,这对服务组织的发展具有深远意义。

3. 高保留率和生产率产生高服务价值

服务员工的高保留率和生产率来源于企业员工的高忠诚度,只有高忠诚度的员工才能产生高的服务价值。当服务组织具有较高的保留率和生产率时,其就不必承担重新招募培训新员工带来的成本,同时也减少了生产率的下降所导致的顾客不满。高忠诚度的员工有归属感、事业成就感,使得他们对工作充满热情,从而提高生产效率,那么服务价值也会相应提高。只有让员工真正热爱自己的工作,在工作中获得成就感和增强自信心,才会进一步激励他们把工作做得更好,产生更高的服务价值。在长期的工作经验积累下,一个忠诚和有经验的员工,其服务效率和服务质量会随之提升,这些都会为企业带来更高的服务价值。

4. 高服务价值导致顾客满意

对于顾客来说,服务价值可以通过比较获得服务所付出的总成本与得到的总利益来衡量。顾客为了获得服务所付出的总成本是指其在服务流程中所花费的时间、金钱、精力和体力等,所获得的总利益是指顾客接受某一服务所得到的全部利益,它包括产品价值、服务价值、人员价值和形象价值等。顾客在消费时,总是希望把付出的成本降到最低,以最低的成本获得更多的利益和服务价值。因此,员工所提供服务价值的高低必然成为影响顾客满意度的重要因素。顾客付出的成本越低,得到的服务质量和服务价值越高,顾客的满意度也会越高。

为了提高顾客的满意度,服务组织一方面可以通过设计和改进服务,提高服务质量和企业形象，创造更多服务价值；另一方面可以通过提高服务效率，降低顾客服务的时间、精力与体力消耗，从而减少顾客付出的成本。

5. 顾客满意导致顾客忠诚

一般来说，顾客的忠诚度来源于顾客的满意度。顾客满意是一种心理活动，是顾客的需求得到满足后的满足感和愉悦感。对于任何服务组织来说，顾客满意度都是十分关键并且重要的。高顾客满意度也会带来高的顾客忠诚度。只有对服务有高的满意度，顾客才会产生持续消费和购买该服务的想法，从而发展成忠诚顾客。拥有一批忠诚度较高的顾客群体，对企业的可持续发展和在复杂市场竞争中屹立不倒具有深远的意义。

因此，企业的一切活动（如服务流程设计）必须以满足顾客的需求为出发点，在此基础上，要做好市场调查，要提供比竞争者质量更高和价值更好的服务，从而进一步吸引顾客。在这一过程中，要注重做好口碑，打造服务品牌，避免服务失败给顾客满意度产生不好的影响。服务组织要有长远的目光，通过提高顾客的满意度，培养其对企业的忠诚，打造一批有黏性和高忠诚度的顾客。

6. 顾客忠诚带来获利性和组织成长

一般来说，对于服务型企业来说，小幅度提高的顾客忠诚度就能带来企业利润的大幅度上升。经验表明，客户忠诚度增加 5%，企业所产生的利润可增长 $25\%\sim85\%$。这种利润来源于忠诚顾客的稳定行为，他们会持续购买和支持该组织的产品和服务，甚至带来更多的潜在顾客。在企业利润总额中，忠诚的顾客所提供的销售收入和利润占据了大部分的比例。这些忠诚顾客也是企业组织成长的重要推动力，他们会不断提供想法和优化建议，使得企业和服务产品更好地满足顾客的需求。

因此，企业不能一味地追求利益，而忽略了对服务质量的追求。从长远角度来看，忠诚客户比实际的顾客更具有代表性，忠诚客户的多少在很大程度上决定了服务组织的市场份额。培养忠诚的顾客，对于企业扩大销售、增加利润以及更加持久地发展都具有深远的意义。

2.4 本章小结

新服务开发作为服务创新的一个重要的分支，对服务企业在市场中保持竞争力具有重要意义。近年来，企业的服务化观念逐步加深，企业不断意识到服务创新在竞争中的优势。企业的服务创新与社会的经济、技术发展和资源是息息相关的。但是，企业在进行服务创新时不要盲目跟从，需要运用服务蓝图等工具对新服务进行详细描述和设计，不断迭代更新和提高服务质量。服务企业同时要认识到服务接触的成功是至关重要的，根据市场的变化和需求，开发出符合企业的战略、市场的需求的新服务，使得企业在市场竞争中处于不败之地。

本章习题

1. 新服务类型可以分为哪些层级？

2. 结合服务蓝图说明如何采用服务设计的基本方法。
3. 阐述服务接触三元模型的基本内容。
4. 影响服务利润率的因素有哪些?
5. 生产线服务方法的限制是什么?
6. 增加顾客参与服务流程有哪些缺点?

 案例分析

疫情下的无接触配送服务

2020年1月26日,美团外卖发布官微,在抗击新型冠状病毒感染疫情的特殊时期,率先在武汉推出"无接触配送"服务。美团外卖表示此举是为了保证用户和骑手在收餐环节的安全,最大限度降低人传人的概率。无接触配送是为了抗击新型冠状病毒感染疫情,在特殊时期推出的应急措施。

2020年11月19日,由美团与中国商业联合会等共同发起的《商品无接触配送服务规范》(以下简称《规范》)国家标准正式发布实施,为疫情防控时期即时配送行业提供了方向指引和操作规范。

2020年12月16日,"无接触配送"入选国家语言资源监测与研究中心发布的"2020年度中国媒体十大新词语"。消费者可在下单前备注选择"无接触配送",指定商品放置位置;而快递、外卖的配送员则宜在商品送达后,拍摄包含商品并能明确商品位置信息的图片发给消费者。如果无接触配送的商品损坏、丢失、错送,平台要主动协调解决赔偿问题。

"无接触配送"就是快递、外卖等网约配送员,经过与消费者沟通,将商品放置到指定位置,由消费者自行领取,以此最大限度减少人员直接接触的一种配送方式。配送员应持"安心卡"上岗。规范提出,在配送的过程中,宜通过设置商家"安心卡"和配送员"安心卡",来实现卫生安全过程的可视化和可追溯。其中,商家"安心卡"上应体现出打包员等商品接触者的健康情况信息;配送员"安心卡"则体现出配送员体温、配送装备消毒情况等信息。配送的设施设备也应当满足无接触配送服务的要求。比如,可根据实际要求,选择智能取餐、取货柜,无人车和无人机等智能化设备。《规范》指出,消费者可以在下单前直接在订单备注中选择使用无接触配送,并在备注信息中指定商品放置位置,或在配送员接单后,通过联系配送员,要求使用无接触配送,并指定商品的放置位置。配送员接到订单配送信息后,若消费者选择使用无接触配送,配送员应通过电话等即时通信工具联系消费者确认商品放置位置;若消费者未选择使用无接触配送,配送员也可以视情况主动联系消费者,建议消费者使用无接触配送,同时确认商品放置位置。配送员根据消费者的要求,将商品放置在指定位置,通过电话告知消费者已完成配送,提示尽快收取。同时,拍摄包含商品并能明确商品位置信息的图片,发送图片给消费者,告知商品已完成配送,便于消费者到指定位置取商品。在无接触配送中,一旦出现商品破损、丢失或是送错了东西等情形,提供配送服务的平台应主动协调解决赔偿问题,以此保障消费者、配送员和商家的多方权益。在配送过程中,如果遇到小区封闭、道路阻断等突发情况,配送员应当立即暂停配送,做好自身防护措施后联系站长及客服人员,根据实际情况确认终止或继续配送任务。如果遇到投诉,平台应当安排客服部门在保证维护双方利益的前提下处理消费者和配送员的投诉,处理完成后应根据双方反馈进一步改进。

杨洁.美团外卖发布业内首个"无接触配送"服务标准[N/OL].(2020-01-31)[2022-01-06].https://www.cs.com.cn/ssgs/gsxw/202001/t20200130_6020781.html.

案例思考：

1. 无接触配送服务属于哪种新服务？
2. 无接触服务的发展背景与主要模式包括哪些？
3. 你对进一步推广无接触服务还有哪些建议？

参考文献

[1] 李雷,杨怀珍.新服务开发(NSD)分类：文献梳理与后续研究框架构建[J].软科学,2013,27(4)：128-131.

[2] 秦剑.新服务开发理论发展及其实证研究[J].国外社会科学,2014(1)：62-70.

[3] 金周英,任林.服务创新与社会资源：科技团体案例研究[M].北京：中国财政经济出版社,2004.

[4] REINHOUDT J. Pharma and Biotech：The Promise and Pitfalls of Partnerships[EB/OL].(2011-01-25)[2022-05-25]. http://social.eyeforpharma.com/sales/pharma-and-biotech-promise-and-pitfalls-partnerships.

[5] 王英俊.关于服务创新的几点思考[J].管理科学文摘,2005(5)：16-17.

[6] 冯俊,高溢培,王静,等.基于服务蓝图的服务质量提升研究——以燕莎奥特莱斯为例[J].中国商贸,2013(20)：24-26,29.

[7] 刘昀,张作昌,贺清哲.市场营销 服务接触、认同感与顾客冲动消费行为关系研究[J].商业经济研究,2021(5)：72-75.

[8] NORMANN R. Service Management：Strategy and Leadership in Service Business[M]. New York：John Wiley & Sons, Inc.,2002.

第 3 章

服务设施布局与选址

视频 3-1

> **学习目标**
> ❋ **掌握** 设施选址与布局的定量分析的评价方法。
> ❋ **熟悉** 设施选址与布局的概念;影响设施选址的因素。
> ❋ **了解** 进行科学选址与布局的信息技术工具。

沃尔玛的选址

沃尔玛于 1996 年进入中国,在深圳开设了第一家沃尔玛购物广场和山姆会员商店。沃尔玛在中国经营多种业态和品牌,包括购物广场、山姆会员商店、社区店等,截至 2013 年 2 月 28 日,已在全国 21 个省、自治区以及 4 个直辖市的 150 多个城市开设了 390 多家商场。

沃尔玛的成功取决于经营管理的许多独到之处,其中之一就是它独特的选址原则,具体如下:

(1) 选择经济发达的城镇。选择经济发达、居民生活水平较高的城市是兴建大型商场和超市的首选。

(2) 连锁发展计划。沃尔玛设立门店时从发展战略出发,综合考虑连锁发展计划,以防设店选址过于分散。沃尔玛门店分布有长远规划,并且具有一定的集中度,这利于总部实行更加精细科学的管理,节省人力、物力、财力,并使每一个门店的设立都为整个企业的发展战略服务。

(3) 独立调整门店。沃尔玛一般不与其他大型零售店聚集在一起。在选址中注意与其他仓储式超市、大型综合超市以及批发市场等保持一定的距离,至少它们之间在核心商圈不能重叠,以免引发恶性竞争,导致两败俱伤。

(4) 选择城乡接合部。以中小零售店和居民为主要目标市场的沃尔玛山姆俱乐部一般选在远离市中心的城乡接合部、次商业区或新开辟的居民区中,在该商场周围要有 20 万~30 万人的常住人口,该地点的土地价格和房屋租金明显低于市中心,交通便利,符合城市发展规划。

2005 年,沃尔玛在广东共开设了 10 家购物广场,占其在中国购物广场总数的 22%,仅在深圳一地就开设了 8 家,占其在中国购物广场总数的 17%。这正是遵循其选址的第一条原则:选择经济发达的城镇开设大型购物广场。2003 年,沃尔玛在北京的第一家山姆会员店设立在石景山区,石景山区的居民均是中档收入以上的人家,大多数有私家车。沃尔玛石景山店位于两条交通干道阜石路和石景山路之间,在交通上可以辐射到北边的海淀区。另外,石景山游乐场(外部有上百个停车位)也能带来潜在的顾客源。石景山位于城乡的过渡地区,只要价格合适,西边农村的零售商也可能成为沃尔玛的客户。石景山区的众多机关、企事业单位也是沃尔玛的潜在客源。另外还有一部分是从石景山和房山景点游玩后驾车回程的旅客。这些恰好符合以中小零售店和居民为主要目标市场的沃尔玛山姆俱乐部的选址原则:选择合适的城乡接合部。目前,沃尔玛在中国获得的利润正在稳步上升,这与其合理的选址是密不可分的。

资料来源:郭洁.沃尔玛的选址策略对我国大型商场选址的启示[J].商场现代化,2005(17):4.

案例思考:沃尔玛公司在进行选址决策时考虑到了哪些因素?除了沃尔玛公司,你还知道其他企业的设施选址对企业的运营产生了正面或负面影响的例子吗?试解释产生如此影响的选址方面的原因。

本章概要

服务设施的选址与布局和企业的经营发展息息相关,良好的设施布局能为顾客带来舒适的服务体验,而合理的选址不仅能为企业缩减成本,还利于增加客流量。本章首先介绍服务设施布局的定义和影响因素等基本概念,并对服务设施选址与服务设施设计进行讨论。其中对如何运用量化的方法进行服务设施选址进行了详细阐述,并对相关技术和方法进行了进一步探讨和分析。

3.1 服务设施布局

服务设施布局主要指服务空间布局,通过对服务空间的科学规划和合理布局,尽力营造亲近和融洽的氛围,以吸引并留住客户。本节对服务设施的布局原则和布局方法进行讨论,并对两种不同类型的服务组织设施的布局进行介绍。

3.1.1 服务设施布局的原则

服务设施的布局设计是在时间、成本和技术的具体约束下,根据服务产品的特性和要求,安排好服务系统内各功能要素的空间位置,寻找最优的布局关系和最好的布局方案。服务设施的布局效果对服务效率、服务成本、服务效果以及客户满意度等都会产生直接的影响。因此,一个良好的布局设计需要遵循一定的原则。

(1) 距离尽可能小。应避免相互交叉的迂回路线,保证人、材料和文书资料的移动距离尽可能小,最大限度地减少人力、物力和时间的耗费,在降低成本的同时提高服务效率。例如在仓库内,设施布局应该使材料处理和移动的距离最小。

(2) 空间利用率尽可能大。提高设施的空间使用率不仅能节约服务成本,还能为以后长远的发展预留一定的空间,如扩建、增加楼层等。充分利用空间来提高设施的空间使用率可保证尽可能多的服务在较小的空间里得以实现,为经营者拓展和丰富业务提供了足够的可能性。例如单层餐厅商铺可考虑设计为二层复式结构,在一定租金成本控制的条件下,保证在同一时间段内尽可能多的客人能够得到服务。

（3）尽可能考虑灵活性。市场需求等的变化都是不确定的，为了应对这些不确定的挑战，设施布局需要充分考虑服务环境的不确定性，允许重新布置，满足服务变化和增长的灵活性，保证设施布局能够根据服务和需求的变化进行及时调整。

（4）尽可能考虑消费者的便利性。设施布局应尽可能地为消费者提供舒适便捷的服务，确保消费者能有良好的服务体验。这对服务是否能够给消费者留下好印象起着至关重要的作用，将会直接影响消费者对服务的满意度。

（5）尽可能考虑员工工作的满意度。服务设施的布局对员工的生产效率也有重要的影响，安全舒适的工作环境能够提高员工的工作满意度，进而保证服务的效率。良好的照明、舒适的温度、低噪声、方便的固定设备等都需要被纳入服务设施的布局设计考虑范围内。

3.1.2 服务设施布局的方法

1. 面向产品的布局

产品布局是指依次为大量的顾客提供有限数量的服务产品。这些服务产品按照服务顺序依次排放，因此布局应该保证顾客在服务站点间顺畅流动，使得每一个顾客接受服务的时间一致，避免出现瓶颈环节。因此，产品布局规划中最关键的问题就是找到一种服务站点间任务移动的平衡，保证顾客沿着服务线持续流动的同时，每个服务站的限制时间也最少。其优点是节约时间，方便消费者快捷地接受服务；但缺点在于需要找到一个理想的平衡点使各工序之间保持相同或相近的时间节拍，最大化释放服务线的能力。

图 3-1 展示了自助餐厅的服务布局，顾客按照先后顺序连续地经过餐具发放处、主食领取处、沙拉领取处、热菜领取处、冷菜领取处、小吃领取处和甜品领取处，最后到达结账柜台。顾客在每个服务台有着相近的时间节拍，服务能够顺畅地进行，不会导致在某个环节出现堵塞排队的现象。

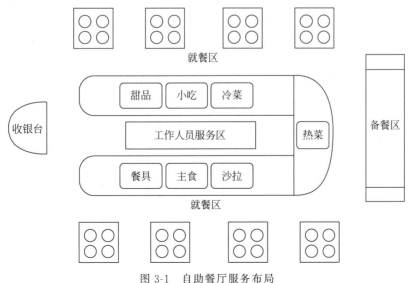

图 3-1 自助餐厅服务布局

2. 面向过程的布局

以服务过程为导向的布局是针对差异性需求而合理安排功能相近的服务过程的布局方法。图 3-2 展示了医院大厅按照不同服务功能安排各区域布局,通过把功能具有时间先后顺序的服务过程安排在一起,例如将导诊、挂号、取药、收费部门安排在同一个区域,使各功能区域之间的总流量达到最小且提高了服务效率,并缩短患者的等待时间和移动距离。

面向过程的布局其优点在于以个性化服务为核心,能够较好地适应消费者的个性化需求,提高其对服务的满意度。但其缺点在于高定制要求的服务往往伴随着高技能的服务,服务者需要花费更多的时间和心力去识别和迎合消费者的需求。

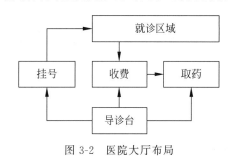

图 3-2 医院大厅布局

3. 系统化布置设计

系统化布置设计(systematic layout planning,SLP)是对设计项目进行布置的一种有组织的布局设计方法。该方法提出了作业单位相互关系的等级表示方法,对设施布置方法产生了很大影响,使设施布置方法由定性阶段发展到定量阶段。

20 世纪 60 年代美国的理查德·缪瑟提出了一种十分有代表性的研究方法——系统化布置设计。这套理论方法被运用到各种设施布局以及物流规划之中,它作为一种比较基础的程序模式,不但可以应用于各种工厂的新建、重建、扩建中对厂房的布局优化,各个作业单位的布局以及各设备的放置和调整,还能应用于医院、机场、图书馆、校园、餐饮店、商店以及各类服务业布局的设计,也适用于对办公室以及实验室等的布局设计。

1)SLP 的基本要素

进行工厂的设施布局时,起初要对所生产产品进行相关性分析,根据产品 P 和产量 Q 来确定它的生产类型、工艺路线,划分作业单位,明确必要的生产辅助部门。通过对一定要素即布局设计所需基本资料的处理,构成 SLP 的五项基本要素。

输入数据:

- P——产品和物料,即生产什么。
- Q——每种物品的数量,即生产多少。
- R——加工流程或搬运路线,即怎么生产。
- S——支持生产过程中的服务或辅助部门,即用什么支持生产。
- T——时间因素,即何时生产。

2)SLP 程序模式

图 3-3 展示了系统布局设计的具体方法。在收集完毕所有产品的产量数据后,第 1 步就是准备流程图,即用图表的形式对工厂内的物料流动过程进行说明。第 2 步是绘制活动相关图,用于说明各部门和各区域间关联的密切程度。第 3 步是使用前两步产生的数据资料来制作线图,以找到未考虑空间约束情况下工厂设施的近似最优布局。第 4 步是调整阶段,即根据可用空间对空间需要量进行调整。由此,就必须考虑第 5 步,即可用空间的面积。进而到达第 6 步,将空间需要量和可用空间调整到平衡状态,制作面积相关图。第 7 步和第 8 步需要考虑现实的局限性,如准备可供选择的布局方案。第 9 步是对所提出的各方案进行

分析,以确定每个区域的详细布局方案。第10步是将布局方案推荐给管理部门和职工。

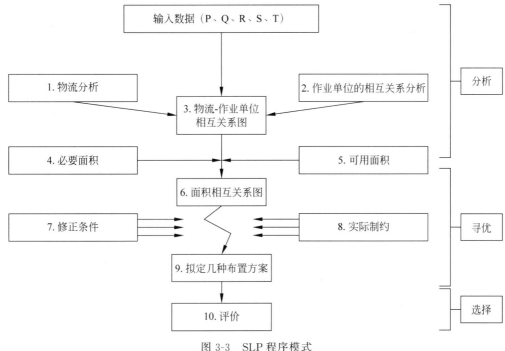

图 3-3　SLP 程序模式

3.1.3　不同类型服务组织的设施布局

服务组织的设施布局涉及多个方面,包括空间规划、功能划分、设备配置以及顾客流动等。不同类型的服务组织,如医院、零售商、餐饮业等,其设施布局策略和要求存在差异。例如,医院更加注重流程的顺畅和服务的效率,布局更加集中和一体化;而零售商更加注重商品的陈列和顾客的导航,布局更加多样化和细分。通过比较医院和零售商的设施布局,我们可以看到不同类型服务组织在空间规划上的差异。

1. 零售商店布局

零售商店布局的目标是使每平方米实现的净收益达到最大化,因此需要考虑一些影响消费者购买欲望的因素。布局需要考虑如何在放置更多商品的同时保证顾客选择和观察商品时不受到拥挤,因此需要为顾客挑选产品规划一条合适的路径。零售商店的货架摆法和通道设计应该富于变化,激起顾客的购物兴趣,尽量引导顾客逛完整个商场,增加其购买商品的概率。对于一些细节问题,如管理员如何进行补货,购物车的摆放,安全管理和残疾人的特殊需求等,商店在设计之初应该予以考虑。

一般来说,零售店的出入口设计要尽可能吸引消费者,增加其逗留的时长,增大其对商品产生购买欲的概率,因此出口和入口的距离尽量设置得远一些,最好将其位置设置在商店整体布局的头和尾,吸引顾客逛完全程。入口一般设在人流量大、交通方便的一侧。在入口处通常按照1~3个/10人的标准为顾客配置购物篮或购物车。为降低拥挤,方便顾客的流动,营业面积为 600m² 以上的超市,主通道的宽度要在 2m 以上,副通道的宽度为 1.2~1.5m。最小的通道宽度不能小于 90cm,即两个成年人能够同时正向或逆向地通过通道。通道沿边可以放置一些吸引消费者注意力的通行标志,引导其按照经营者的设想走完全程。超市结账以及出口处可以放置一些价格不高、具有实用性的产品,供排队付款的顾客选购。

根据不同的布局风格,商场有三种布局。第一种是格子式布局(见图3-4),商品货架放置规范,符合标准化,一方面顾客可以轻松识别商品的分布,找到其需要的产品;另一方面商品管理工作简化了,员工也能够高效完成工作。但这种布局缺少创新性,不具有吸引力,当客流量较多的时候,顾客容易产生被催促的不良体验。

图3-4　格子式布局

第二种是岛屿式布局(见图3-5),该种布局富有创意,使商场的美化和装修有更多的发挥空间;不同形状的岛屿设计创造了活跃的氛围,顾客更容易被吸引在商场逗留;各个岛屿分类不同,更能够精准响应具有特定需求的一类顾客。但是该布局不规则的设计容易让找不到需求商品的消费者产生厌烦的情绪而放弃购物,此外该布局下的货架等设施需要与设计相契合,成本较高。

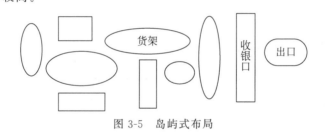

图3-5　岛屿式布局

第三种是自由流动式布局(见图3-6),灵活多变的货位布局让消费者可以随意穿行各个货架和柜台,卖场的气氛也较为融洽,在增加顾客滞留时间的同时也能促使消费者进行购买。但是该布局未能充分利用场地面积,且容易发生顾客拥挤于某一柜台的拥堵现象,安全系数较低,有较高的管理要求。

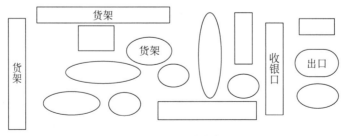

图3-6　自由流动式布局

2. 医院布局

随着社会的进步,经济的发展,生活水平的不断提高,人们对健康的要求也不断提升。在就医的过程中,患者不仅把医疗技术水平作为选择医院的标准,越来越多的人也倾向将医院环境作为择医的重要依据。医院标识系统设计是医院布局的一个重要环节,其分类如表 3-1 所示。

表 3-1　医院标识系统分类

分　类	内　容	功　能　作　用
室外环境标识	公共区域引导	门诊、医技部、住院部、停车场等公共设施的引导
	无障碍通道引导	建筑物及入口的相对位置/停车场及其他公共设施相对位置
室内环境标识	通道引导标识	指示目的区域
	科室门牌标识	指示科室属性
	设备定位标识	指示设备功能
	无障碍通道引导	水平、垂直通道/卫生设备/紧急疏散及安全门

除了标识的布局以外,医院布局还需要注意三个要点:

(1) 盲端布置。为了更好地满足医院设计对诊疗环境的要求,使病人就医过程中相互不干扰,医院设计上采用盲端布置,各主要诊疗科室有独立的候诊诊疗区域,这样自成系统,方便管理,还可避免相互交叉感染。

(2) 专科独立。对于具有不同特点的专科科室,应该综合考虑其诊疗场景和诊疗对象对其布局进行决策。例如在门诊楼复杂的功能布局中,对一些专科科室如儿科、急诊科、肠道科等的布局应该设置在底层,设置独立出入口。而针对儿童这类免疫力较差且对医院易产生恐惧心理的群体,在布局上应以较低层为主,在设计上应结合一些色彩鲜艳的装饰,以缓解儿童的紧张情绪。

(3) 建筑灵活。医院的设计与医疗技术的发展息息相关,因此在对医院布局进行设计时,建议采用较大柱网的框架结构;在设施布局时,应将利用率较高的公共设施和交通系统安排在固定的部分,这样不仅有利于灵活布置各科室的位置,也有利于医院对未来发生的如扩建、搬迁等变化进行灵活的调整。

图 3-7 展示了某医院的放射科布局平面图。

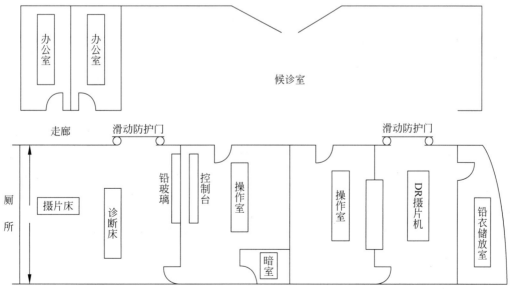

图 3-7　某医院放射科布局

3.2 服务设施选址

服务设施选址是指企业为开拓新市场、提高服务生产能力或提供更优质的客户服务等而决定建造、扩展或兼并一个物理实体的一种管理活动。对于服务组织而言,服务设施选址是影响其长期收益的重要决策之一,往往是配送中心、分销中心、零售商店、医院、银行或超市等形态的选址。服务设施选址通常分为两个阶段,第一阶段是宏观上确定大体地区位置的阶段,需要考虑在哪些国家、行政区域、社区建立服务单元;第二阶段是从可选的大体地区位置中进行具体的地点选择,需要考虑在哪一处特定地点建立服务单元。在进行服务设施选址的决策过程中,我们需要从定性的角度了解服务设施选址的影响因素,同时也需要用定量的科学方法进行确切的选址定位。因此,本节将具体阐述服务设施选址的重要影响因素和部分经典的选址方法。

3.2.1 服务设施选址的影响因素

1. 良好的设施基础

良好的设施基础包括两个方面:交通基础、通信基础。交通基础是指交通网络的完备性与便利性,如快递公司、快餐公司、邮购企业等会倾向选择交通基础更好的地区。通信基础是指通信网络是否发达,信息沟通是否顺畅,对于金融服务机构而言,互联网和通信系统会不断替代纸质文件的邮政速递,这一因素将变得越来越重要。

2. 消费者基础

服务型企业的选址应该以考虑消费者为原则,最大限度地提高与消费者的接触程度。与消费者的接触程度是指接受服务的消费者是否出现在服务系统中及在系统中服务时间占停留时间的比例。电影院、银行、超市等组织都是以消费者为中心进行选址决策。例如,小型便民超市或便利店首选人口居住密集区或者机关单位集中的地区,因为此地段的人口密度大,与消费者的接触程度更高,可以吸引客流。而大型综合商场的选址大多靠近电影院、商业街等娱乐场所人群聚集的地方,虽然大型商场位于城市的黄金地段时,其租金成本很高,但是这样的配套系统会让消费者享受到购物、休闲、娱乐等多种服务的便利,具有较强的吸引力,是商场开业的最佳地点选择。

3. 劳动力基础

劳动力基础是指需要考虑选址地区的劳动力数量和质量是否能匹配服务设施的要求。例如,在印度的班加罗尔和孟买的具有跨国业务的服务型企业有一个相同的做法,就是找一个呼叫中心,并选择在呼叫中心附近选址,这样做可以很容易找到成本低、有能力,又能说英语的雇员。而当这些服务型企业在非班加罗尔和孟买地区选择设点时,往往没有这样一个呼叫中心可以聚集如此多专业性英语人才解决企业的人力资源需求,因此企业需要为此付出额外的高昂人力成本。所以服务型企业在选址的时候需要考察所选地区是否有能高效解决自身人力资源需求的劳动力基础,倘若有,即可以降低自身的服务成本;反之则会增加成本。

4. 成本基础

成本基础主要指运营成本,运营成本一般包括产品购买成本、劳动力成本以及物流运输成本。对于大多数专卖店、批发企业而言,由于其提供的产品价格浮动范围小,服务设施选址的主导因素主要是运营成本。而商超的选址则更关心商品货物是否能够合理组织物流运输活动,因为集中进货、供货方便规划运输路线,将有利于企业降低劳动力成本、采购成本和运输成本。

5. 竞争者位置

与竞争者的位置关系也是选址决策的重要因素之一。很多服务企业的目标是靠近竞争者,这样一方面可以关注到竞争者的行动,另一方面也可以分享当地的有利资源,这种同行聚集竞争的方式,有利于消费者在比较中做出最优购买决策,从而吸引消费者。例如,家具城、服装城、电脑城、汽车销售中心等一系列交易市场都是同行业竞争者密集的场所。

6. 配套系统

配套系统是指某个地区是否具备完善的配套系统以此满足企业的重要需求。例如,宾馆酒店应建在商业区、大学校园或医院附近;金银首饰店设立在治安环境良好的地段;游乐场则设立在交通便利、供水供电等后勤有保障的地方。

7. 地理环境

对于海滨度假村、室外温泉疗养院等服务场所而言,地理环境因素是其设施选址的决定性因素。

8. 经营环境

经营环境是影响企业生产经营活动的外部条件,制约企业生存和发展的重要因素。它分为内部经营环境与外部经营环境,内部经营环境是指企业自身的经营状况,如生产状况、财务状况等;而外部经营环境是指所在地的经济发展状况、所在地的竞争者分布状况以及对应的竞争者发展状况等。在进行服务设施选址时,除了要考虑以上几个决定性的影响因素,还要使选择的地点与服务经营的性质相适应,所以考虑的因素会根据业务的类型而改变。表 3-2 为地点选择提供了一些具体参考因素。

表 3-2 地点选择参考因素

1. 相较于要求面积而言可用面积的大小	10. 教育、娱乐和文化中心
2. 所在位置原建筑的合适性	11. 大气和水污染
3. 城市规划分区	12. 通信网络
4. 交通情况、到达的便利性和停车场	13. 银行体系
5. 城市公路网络	14. 消防和警察保护
6. 所在片区的特点	15. 污水和垃圾处理
7. 劳动力的可获得性与成本	16. 机场的接近程度
8. 税收	17. 企业服务的当地市场
9. 社区态度	

资料来源:森吉兹·哈克塞弗,巴里·伦德尔.服务管理——供应链管理与运营管理整合方法[M].陈丽华,王江,等译.北京:北京大学出版社,2016。

3.2.2 服务设施选址的方法

对于服务组织而言,服务设施选址是影响其长期收益的重要决策之一。而服务设施选址的决策有两个层面的问题——宏观和微观决策问题。其中宏观决策是指对地区区域的选择,包括需要选取的国家,南方还是北方,沿海或是内地,城市还是农村,等等。微观决策是指对地点的选择决策,是在宏观地区区域层面的决策基础上做出的决策,即具体位置的选定必须在已选取的地区内,选取某一具体场所作为最终决策的具体位置。

无论是宏观的地区选择还是微观的具体地点选择,在上一小节已列举了一些主要的影响因素并对其含义进行了解释。但在实际的服务设施选址过程中,必须仔细权衡所列出的这些因素,决定哪些是与设施选址紧密相关的,哪些虽然与企业经营或经营结果有关,但是与设施位置的关系并不大,以便在决策时分清主次,抓住关键。否则,有时候所列出的影响因素太多,在具体决策时容易主次分不清楚,做不出最佳的决策。在不同情况下,同一影响因素会有不同的影响作用,因此,决不可生搬硬套任何原则条文,也不可完全模仿照搬已有的经验。

大量的成功案例证明,在选址问题上,定性的分析更为重要,定性分析是定量分析的前提。在作定性分析时,确定几项原则是必要的。具体的选址原则如下所述:

(1) 费用原则。企业首先是经济实体,无论何时何地经济利益对于企业都是重要的。建设初期的固定费用、投入运行后的变动费用、产品出售以后的年收入等都与选址有关。

(2) 集聚人才原则。人才是企业最宝贵的资源,企业地址选得合适有利于吸引人才;反之,因企业搬迁造成员工生活不便,导致员工流失的事件常有发生。

(3) 接近用户原则。对于服务业,几乎无一例外都需要遵循这条原则,如银行、储蓄所、邮电局、电影院、医院、学校、零售业的所有商店等。许多制造企业也把工厂建到消费市场附近,以降低运费和损耗。

(4) 长远发展原则。企业选址是一项带有战略性的经营管理活动,因此要有战略意识。选址工作要考虑企业生产力的合理布局,要考虑市场的开拓,要有利于获得新技术、新思想。在当前世界经济越来越趋于一体化的时代背景下,要考虑如何有利于参与国际间的竞争。

(5) 公平性原则。当具有公益服务性质的企业设施进行选址规划时,如城市社区体育"健身圈"设施选址规划,既要考虑前面提及的四项效率性原则,也要考虑公平性原则,因为每个人都有平等享受公益设施服务的权力,因此在选址决策时就需要对效率性原则和公平性原则有一定的权重考虑。

在确定了以上选址原则,并且意识到在实际选址过程中应该对影响因素有所侧重的前提下,下面介绍一些简单常用的基本选址方法。

1) 因素加权法

因素加权法是一种简单的数值方法,包含6个步骤:

(1) 列出相关因素。

(2) 给每个因素分配一个权重 W_i,反映其对企业目标的相对重要性。

(3) 为各个因素确定一个评分范围(如 1~5、1~10,或 1~100)。

(4) 按照步骤(3)中的评分范围,让管理者为每个地区就这些因素进行评分。

(5) 将每个因素的分数 A_{ij} 与权重 W_i 相乘,加总后得出每个地区的总分。

(6) 根据总分大小进行推荐,同时考虑定性分析的结果。

表 3-3 简单示出了一个新滑雪场的因素加权选址方法。表中提供了一系列被管理层认为重要但不易量化的因素以及它们各自的权重,并且给出 5 个可选的城市——北京、天津、上海、长春、哈尔滨各个因素的对应得分,最终通过计算得出加权得分。稍微改变某些不太

确定的因素权重就可以对该决策进行敏感性分析。

表 3-3 滑雪场选址的因素加权法分析

因　　素	权　　重	北　京	天　津	上　海	长　春	哈　尔　滨
年平均降雪量	8	3	3	2	5	5
地形地势	9	3	3	2	4	5
附近市场规模	8	4	3	4	3	3
政府支持	5	3	2	2	4	4
竞争者的数量及规模	4	3	2	3	4	4

注：各个因素得分范围：优秀为5；良好为4；一般为3；较差为2；差为1。

因素加权法的加权得分公式为 $N = \sum_{i=1}^{n} W_i A_i$，其中 W_i 是 i 项因素对应赋予的权重，A_i 是 A 地对应 i 项因素的得分。根据此公式可以得到 A 地的加权总得分 N。加权总得分分别为：

北京：$8\times3+9\times3+8\times4+5\times3+4\times3=110$

天津：$8\times3+9\times3+8\times3+5\times2+4\times2=93$

上海：$8\times2+9\times2+8\times4+5\times2+4\times3=88$

长春：$8\times5+9\times4+8\times3+5\times4+4\times4=136$

哈尔滨：$8\times5+9\times5+8\times3+5\times4+4\times4=145$

由上可知，加权总分最高的是哈尔滨，得分为 145 分。

宏观上的地区选择在某些情况下也可以用地点选择中的重心法进行分析，而微观上的地点选择有时也能用因素加权法进行简单分析。但是在实际中，服务型企业的宏观地区区域选择往往是依据与自身服务性质紧密相关的影响因素、上面所提及的四大定性原则以及企业经营的长期发展战略方针，三方面相结合进行确定。在这一步往往不会使用太具体复杂的方法，一般来说下一步的具体地点选址才会使用更为具体的方法。

2）地点选择

在确定要选址的城市或地区时，企业或服务供应商需要进一步确定具体的地理位置和建筑物的地点选择。常用的微观地点选择的定量方法有重心法、交叉中值法、哈夫模型法、因素加权法、多地点定位法。不同的方法针对不同类型的地点选择问题。由于在微观和宏观地点的决策过程中，因素加权法的使用流程和指标并无太大差异，上文介绍的地区选择的因素加权法分析同样适用于地点选择分析，故下文主要介绍重心法、交叉中值法、哈夫模型法以及多地点定位法。同时我们会介绍地理距离的三种测量方法以及服务设施范围与规模的确定方法，这些基础方法会穿插使用在许多选址方法中。

3）地理距离的测量方法

地理距离是指在地理平面上，由一个位置移动到另一个位置的路径距离。移动方式的不同会导致距离测量值的差异。地理距离测量方法有向量距离测量法、直角距离测量法和节点距离测量法三种。

(1) 向量距离测量法。这是通过计算两点之间的直线（向量）距离来测量地理距离的方法，向量又称欧几里得距离，如图 3-8 所示。点 (X_i, Y_i) 到 (X_j, Y_j) 的向量距离为

$$D_{ij} = \sqrt{(X_i - X_j)^2 + (Y_i - Y_j)^2} \tag{3-1}$$

例如,两个城市之间的航空运输距离可以采用向量距离表示。

(2) 直角距离测量法。这是指在笛卡儿坐标系(直角坐标系)中,通过计算以两点之间线段为斜边构成的直角三角形的两条直角边之和来表示地理距离的方法,如图 3-8 所示。点 (X_i,Y_i) 到 (X_j,Y_j) 的直角距离为

$$D_{ij}=\mid X_i-X_j \mid+\mid Y_i-Y_j \mid \tag{3-2}$$

(3) 节点距离测量法。这是指通过计算网络图中两点之间的最短距离来表示地理距离的方法,如图 3-9 所示。网络图中有许多节点,从一个点到另一个点有多种移动路径,节点距离是其中的最短距离,它等于最短路径中所有相邻两点距离之和。在图 3-9 中从节点 1 到节点 7 的最短路径为 1—2—5—7,节点距离为 32。

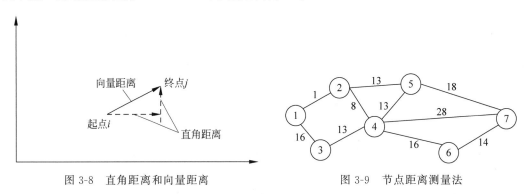

图 3-8　直角距离和向量距离　　　　图 3-9　节点距离测量法

4) 服务设施范围及规模的确定

批发企业常常面临在不同地区选址建立配送中心并且确定配送中心规模的问题。解决该问题的关键是,确定一个配送中心的服务范围面积,即其需要为多少地域面积的地区提供服务。在同一地区,配送中心越多,单个配送中心所需要承担的服务范围越小,其建设规模也就越少;反之,若某地区配送中心越少,那么单个配送中心所需要承担的服务范围越大,其建设规模也就越大。

对于批发零售和连锁商超企业来说,配送中心的位置选址是一个关键的经济收益决策问题,配送中心的成本结构主要由运输成本和仓储成本组成。首先是运输成本,运输成本的主要影响因素是运输距离,配送中心所在服务区域内的运输成本与该服务区域面积的平方根变化相关(半径随着圆的面积的平方根成比例变化);其次是仓储成本,单位仓库成本在一定范围内会随货物量的增加而减少,因为配送中心的整体管理费用可以分摊到更多的商品上,同时人力的闲置时间比例也会降低。

设定变量(见表 3-4),当取得配送中心库存商品单位成本的最小值时,即可得到某个配送中心的服务区域面积。

表 3-4　变量及其含义

变　　量	含　　义
C	仓库内货物的总成本(以人民币计量)
K	销售密度,即每平方千米内由该仓库提供的货物销售量(以人民币计量)
A	仓库的服务区域(平方千米)

续表

变 量	含 义
a	单位货物成本,其不受仓库库存与服务区域的影响(以人民币计量)
b	仓库运营的固定成本(以人民币计量)
c	配送成本,随着与仓库距离变化而变化的可变成本(以人民币计量)

根据以上内容可以得到仓库内单位货物的总成本

$$C = a + b/KA + c\sqrt{A} \tag{3-3}$$

为使总成本最小化,以 A 为自变量取一阶导数,令其为 0 并求解 A 得

$$A = \left(\frac{2b}{cK}\right)^{2/3} \tag{3-4}$$

这就是批发服务企业应确定的某个配送中心的服务区域。

以零售批发企业为例,当进行服务设施选址时,我们往往需要先用因素加权法等方法进行具体地区城市的选择,然后再根据零售门店的设置数量利用重心法和服务范围确定法确定配送中心的位置选址坐标,并明确对应的配送中心应该对多大范围内的零售店进行配货服务。

在日常生活中的复杂网络体系中,许多路线距离都是用节点距离方法进行计算和表示的。例如,滴滴出行等的出租车服务,就需要在复杂的城市网络图中计算并选择最短的节点距离。

下面介绍一些微观地点的选择方法。

1)重心法

重心法常用于为多个零售店选择一个合适的配送中心,例如 7-11、美宜佳、红旗连锁等城市连锁便利店,服务企业需要进行配送中心的选址定位。在选择过程中要考虑市场的位置、运输货物的数量和货运费用。重心法计算的前提是假设运输成本与距离和运输货物的数量成正比,因此使用该方法得到的理想区位应是使得仓库与零售店之间的加权距离最小,距离的权重一般由运输货物的数量决定。

重心法的第一步是将已存在的零售店位置放入直角坐标系中,坐标系的原点和尺度是可以自行调整的,只要能确定每个零售店的位置即可。根据以下两式得出最终的配送中心最佳位置。表 3-5 列出各个变量及其对应含义,重心法的公式如下:

$$C_x = \frac{\sum_{i=1}^{n} D_{ix} W_i}{\sum_{i=1}^{n} W_i} \tag{3-5}$$

$$C_y = \frac{\sum_{i=1}^{n} D_{iy} W_i}{\sum_{i=1}^{n} W_i} \tag{3-6}$$

表 3-5 变量及其含义

变 量	含 义
C_x	目标选址的横坐标
C_y	目标选址的纵坐标

续表

变量	含义
n	假设有 n 个零售店
D_{ix}	第 i 个零售店的横坐标
D_{iy}	第 i 个零售店的纵坐标
W_i	第 i 个零售店的运输量

以西南某大型连锁超市的仓库选址为例,假设现有三个大型零售分店分别在 A、B、C 三个位置。由于公司的资源有限,现需要设置一个配送中心向三个零售店配货,三个零售店的对应坐标和运输量如表 3-6 所示。本例是一个用重心法求解单设施选址的简单问题,可以直接通过对式(3-3)和式(3-4)的套用,计算得出 $C_x=32.2$,$C_y=30$,所以最终配送中心的坐标为(32.2,30),如图 3-10 所示。然而实际情景中,企业往往面临更复杂多变的需求变化,需求点也会更多,这时企业就面临多设施选址规划的问题。多设施选址问题比单设施选址问题复杂得多,一种常用方法是将其看成多个单设施选址问题来求解。

表 3-6 三个零售店的对应坐标和运输量

零售店	A	B	C
对应坐标(D_{ix},D_{iy})	(20,10)	(30,30)	(40,40)
运输量 W_i(单位:t)	$W_1=1000$	$W_2=1500$	$W_3=2000$

解

$$C_x=\frac{\sum_{i=1}^{n}D_{ix}W_i}{\sum_{i=1}^{n}W_i}=\frac{1000\times 20+1500\times 30+2000\times 40}{1000+1500+2000}=32.2$$

$$C_y=\frac{\sum_{i=1}^{n}D_{iy}W_i}{\sum_{i=1}^{n}W_i}=\frac{1000\times 10+1500\times 30+2000\times 40}{1000+1500+2000}=30$$

2) 交叉中值法

在平面上进行单一设施定位的目标是使整个消耗距离 Z 最小化,距离 Z 是指直角距离,对此可用交叉中值法求解。假设一个服务设施面对 n 个需求点,定位的目标是使各需求点到设施的距离最短。目标函数为

$$\min Z=\sum_{i=1}^{n}w_i\{|x_i-x_s|+|y_i-y_s|\} \tag{3-7}$$

式中,w_i——第 i 个需求点的近似权重;

x_i,y_i——第 i 个需求点在地图上的坐标;

x_s,y_s——服务设施的坐标;

n——需求点的数目。

我们可以根据在一条线上定位单一设施来加深对交叉中值法的理解。假设商家在沿海

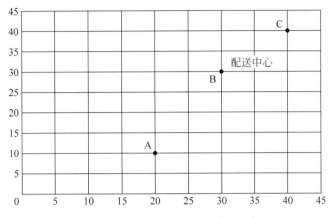

图 3-10 某大型配送中心的位置坐标

岸线处(可近似认为是一条直线)获得一处海岸特许使用场地,打算建造一处风味餐厅。旅客分别在沿途的各处旅馆住宿,商家希望在海岸线上的不同旅馆到自身餐厅的平均行走距离最短,平均行走距离是一个加权距离,与顾客分布密度、需求点与定位点之间的距离有关。目标函数为

$$\min Z = \sum_{i=0}^{s} w_i(s - x_i) + \sum_{i=s}^{n} w_i(x_i - s) \tag{3-8}$$

式中,w_i——第 i 个需求点的相应权重(与顾客分布密度相关);

x_i——沙滩上第 i 个需求点的定位;

s——风味餐厅的定位。

令总距离函数 Z 对 s 的导数为 0,可得

$$\frac{\mathrm{d}Z}{\mathrm{d}s} = \sum_{i=0}^{s} w_i - \sum_{i=s}^{n} w_i = 0, \quad 即 \sum_{i=0}^{s} w_i = \sum_{i=s}^{n} w_i \tag{3-9}$$

这个结果表明,餐厅定位的最佳位置应该位于旅客居住密度的中间位置,也就是说,位置应该定在每一边各有 50% 的潜在需求处(如在图 3-11 中的横坐标值为 6 的密度等级)。之所以选择离散系列数值的中间是因为它的绝对偏差最小。因此,最佳位置需符合以下两个条件:①在 x 方向,x_s 位于 w_i 数值的中间;②在 y 方向,y_s 位于 w_i 数值的中间。x_s、y_s 可能是唯一的一个点,也可能是一段范围,因此平面上的最佳位置可能是某一点、一条线或者一个区域。

利用城市距离,我们可以将直线沿线定位的结果推广到平面上的定位。如果选择的位置是 x 和 y 的交叉点,并且基于该点计算左右两端的居住旅客密度,若密度相等,那么此点的总消耗距离最小。

3)哈夫模型法

对于超级商场、商业中心之类的商业服务设施而言,其目标是寻求利润最大化,通过对不同定位的各种数据进行评估以寻找利润最大的定位点,而利润最大化往往会用商场的营业额和销售份额近似代替,从而作为决策依据。

哈夫模型法基于万有引力原理,即两个物体之间的万有引力与它们的质量乘积成正比,

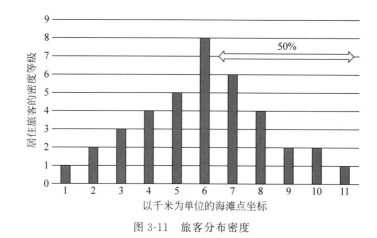

图 3-11　旅客分布密度

与它们之间距离的平方成反比。哈夫模型法可以预测备选设施点对消费者的吸引力、销售额和市场份额。

在哈夫模型中，对于某一服务来说，设施的吸引力可以表示为

$$A_{ij} = \frac{S_j}{T_{ij}^{\lambda}} \quad (3\text{-}10)$$

式中，A_{ij}——设施 j 对顾客 i 的吸引力；

S_j——设施 j 的大小；

T_{ij}——顾客 i 到设施 j 的时间；

λ——一个用经验估计的参数，它反映了各种购货顾客行走时间的效应（如一个大规模的购物中心 λ 值为 2，而一个便利店的 λ 值为 10 或更大）。

基于吸引力，哈夫建立了一个零售场所定位模型预测一名顾客从具有特定规模和位置的商场所能获得的利益。由于必须考虑其他竞争商店的吸引，他给出了一个比率 P_{ij}。假设有 n 家商店，P_{ij} 表示来自 i 统计地区的顾客到特定购物场所 j 的可能性或概率，用公式表示为

$$P_{ij} = \frac{A_{ij}}{\sum_{j=1}^{n} A_{ij}} \quad (3\text{-}11)$$

估测值 E_{jk} 表示在某一商店 j，所有顾客每年在产品等级 k 的商品上的消费支出总和，即等级为 k 的商品在商店 j 中的总销售额，可以用下式进行估算：

$$E_{jk} = \sum_{i=1}^{m} (P_{ij} C_i B_{ik}) \quad (3\text{-}12)$$

式中，P_{ij}——顾客从特定地区 i 到设施地 j 的可能性；

C_i——i 地区的顾客数量；

B_{ik}——i 地区的顾客对消费等级为 k 的产品的平均总预算值；

m——统计地区个数。

于是，用 M_{jk} 表示商店 j 在产品等级为 k 的销售份额，可估算为

$$M_{jk} = \frac{E_{jk}}{\sum_{i=1}^{m} C_i B_{ik}} \qquad (3\text{-}13)$$

我们可以用一个可重复程序计算在某一个位置上潜在的各种规模商场的预期年利润。税前净经营利润可根据商场规模调整的销售额的百分比计算,其结果是得出一系列某一规模的商场具有最大利润的潜在定位点。

哈夫模型法的最大特点是更接近实际,他将过去以都市为单位的商圈理论具体到以商店街、百货店、超级市场为单位,综合考虑人口、距离、零售面积规模等多种因素,将各个商圈地带间的引力强弱、购物比率发展成为概率模型的理论。

哈夫模型不仅是从经验推导出来的,而且表达了消费者空间行为理论的抽象化。这个模型考虑了所有潜在购物区域的期待消费者数,营业网点的面积,顾客的购物时间,顾客对距离的敏感程度等,经计算可得出消费者对不同距离到目标店购物的概率。各零售店可根据自身的情况不同设立不同的概率标准,选择在一定概率下的距离来划定商圈范围。

4) 多地点定位法

很多服务企业往往需要在同一个城市中进行多地点、多设施的定位选址,如通信设备运营商的基建站点设置、物流公司的网点、加油站的定位、医疗机构的定点、银行的定位等,这就涉及多地点的定位问题,同一城市的多地点定位需要考虑距离、时间及成本。采用多地点定位的定量方法一般会考虑如何用较少的营业网点覆盖某一特定面积的市场,且能满足市场的实际需求。多地点定位可以分为集合覆盖选址和最大化覆盖选址两种情况。

视频 3-3

(1) 集合覆盖选址。这是指在同一类型的服务情景下,服务企业在限定的时间和距离内利用最少的服务点或服务设施为所有顾客提供服务的一种定位方法。该方法的应用如下例所示。

目前,某地区有 5 个消防站,现在希望在其中一个或几个消防站配备一些装备齐全的医疗救护车。设该地区的目标是通过选择一个或多个消防站来尽量缩短医疗急救事件的响应时间,虽然常规情况下的消防队员和消防车也能处理较小的医疗问题,但该地区希望能够为居民在病情严重的情况下提供更高质量、更高水平的医疗急救服务。图 3-12 所示为某地区现有消防站的分布情况,以及消防站之间沿着主要路段行驶的最短行程时间(min)。管理决策者面临的问题是医疗急救车应该停放在哪些消防站,目标是选择一个地点使得对任何地区的最大响应时间降到最低。

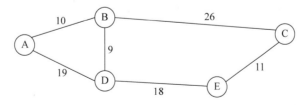

图 3-12 某地区 5 个消防站的位置关系

如表 3-7 所示,不同响应时间下的设点方案不同。若响应时间目标是要求在 30min 内,那么只要在 B 或 D 点之间任意选择一个点配置救护车就可以。若响应时间目标是要求在

15min 内,应选择 B、C 点或 B、E 点同时配备救护车。若响应时间目标是要求在 10min 内,则应在 B、C、E 三个点同时配备医疗救护车。

表 3-7 不同响应时间下的设点方案

消防站点	从消防站出发可服务到的区域		
	10min 内	15min 内	30min 内
A	A、B	A、B	A、B、D
B	A、B、D	A、B、D	A、B、C、D、E
C	C	C、E	B、C、D、E
D	B、D	B、D	A、B、C、D、E
E	E	C、E	B、C、D、E
满足时间限制的可能设点	B、C、E	B、C 或 B、E	B 或 D

(2) 最大化覆盖选址。最大化覆盖选址的目的是在需要服务的区域内最大化被服务人口的数量。该方法先要确定都市的人口密度,第一个选址标准是在指定的行程时间内达到服务人口数量的最大化,第二个选址标准是在第一个选址服务范围未覆盖的剩余人口中服务数量最大化。如此不断重复进行,直到最后一个选址确定时,获得服务的人口数量达到企业所设定的服务目标水平即可。

接下来将简单描述最大化覆盖问题的数学规划模型及其符号含义,由于在实际场景中的应用一般需要用到复杂的算法与求解器进行求解,故最后只阐述例题的问题描述且介绍数学建模过程。

目标函数
$$\max \sum_{i \in I} \omega_i Z_i \tag{3-14}$$

约束条件
$$\text{s.t.} \; Z_i \leqslant \sum_{j \in N_i} X_j, \quad \forall i \in I \tag{3-15}$$

$$\sum_{j \in J} X_j = P \tag{3-16}$$

$$X_j \in \{0,1\}, \quad \forall j \in J \tag{3-17}$$

$$Z_i \in \{0,1\}, \quad \forall i \in I \tag{3-18}$$

式中,ω_i 为需求点 i 的需求强度;Z_i 用来判断需求点 i 是否被覆盖,若覆盖则为 1,否则为 0;X_j 是指是否在备选设施点 j 进行设施选址,若在 j 点定位设施则为 1,否则为 0。

目标函数旨在寻求有限设施(P 个)覆盖下的满足需求量最大。

约束条件一要求除非在备选设施点中已定位一个设施可以覆盖需求点 i,否则需求点 i 将不被记作被覆盖;

约束条件二是指设施的总数限制为 P 个;

约束条件三与四是决策变量的取值范围。

例如,应急物流的目标是,在最短时间内为灾害或突发事件受害者提供物资援助等。如何建立一个需求不确定情况下的高效的预选址策略,使得在"平、战"两种状态下都有效,成为该选址问题的难点。主要从"平、战"两种情况和社会应急资源需求量的不确定性这两个侧面来研究供应商的布局。区域处于"平"时的时间要远远长于"战"时的时间,因此着重研究"平"时情况下的供应商选址,而后在这个基础之上对"战"时供应商选址问题进行优化。下面首先建立基于"平"时需求不确定性的运输模型,然后建立基于"平"时供应商选址策略的"战"时集合覆盖模型。整体的选址方案如图 3-13 所示。

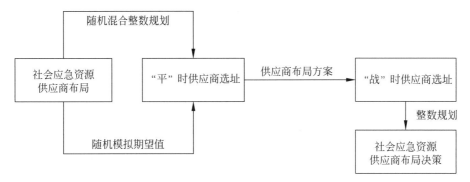

图 3-13 平战结合的供应商选址方案

目标区域内有一定数量需求点,需求量为随机变量,需求点需求量分布已知,问题是要求从这些需求点中选择多个作为供应商,并且确定供应商向各个需求点配送多少物资。规定所选供应商的总能力应当满足该区域所有需求点的需求量;各点需求量在一定范围内服从均匀分布;各点之间运送单位数量物资单位距离的运输成本相同。

(1) 相关集合与参数的定义如下:

① $i,j \in N$:N 表示所有节点的集合,i 表示供应商,j 表示需求点。

② $C_{i,j}$ 表示从供应商 $i \in N$ 到需求点 $j \in N$ 之间的距离。

③ D_j 表示需求点 $j \in N$ 的物质需求量。

④ SC 表示供应商的供应能力。

⑤ SQ 表示需要选择供应商的最大个数。

(2) 决策变量。考虑"平"时对社会资源供应商选址,因此,定义如下所示的两类决策变量:

① $S_{i,j}$ 表示供应商 $i \in N$ 给需求点 $j \in N$ 供应的物资数量。

② $X_i \in \{0,1\}$,表示若节点 $i \in N$ 被选为新的供应商则 $X_i = 1$,否则 $X_i = 0$。

(3) 目标函数。对"平"时供应商选址的建模和对随机需求的研究,以总运输成本最小化为目标。假设各节点之间的单位距离和单位数量物资的运输成本相同,仅用距离和资源供应量来表示总的运输成本。目标函数为

$$\min f = \sum_{i \in N} \sum_{j \in N} S_{i,j} C_{i,j} \tag{3-19}$$

(4) 约束函数。约束函数式(3-20)限定任意一个需求点 $j \in N$,供应商对其供应量等于该点的物资需求量。约束函数式(3-21)用来建立两个决策变量之间的联系,若 $X_i = 0$,则 $S_{i,j} = 0$,表示如果 $i \in N$ 没有被选为供应商所在地,也就不向需求点 $j \in N$ 供应;若 $X_i = 1$,则供应商 $i \in N$ 向需求点 $j \in N$ 的供应量不超过其需求量。约束函数式(3-22)和式(3-23)用来限定需要选择的供应商数量和供应商的能力。

$$\sum_{i \in N} S_{i,j} = D_j, \quad \forall j \in N \tag{3-20}$$

$$0 \leqslant S_{i,j} \leqslant D_j X_i, \quad \forall i, \ j \in N \tag{3-21}$$

$$\sum_{i \in N} X_i \leqslant \mathrm{SQ} \tag{3-22}$$

$$\sum_{j \in N} S_{i,j} \leqslant \mathrm{SC} \cdot X_i, \quad \forall i \in N \tag{3-23}$$

以上过程是以供应商预选址模型为例,解释在建模过程中的参数定义、决策变量、目标函数以及约束函数。对于更详细的内容和后续的求解算法实现部分,读者可依据本章参考文献[17]进行更仔细的学习。

3.3 服务设施设计概述

设施是为了实现一定目的而建造的,设施管理包括设施选址决策以及设施位置确定后的设施内部组成和内部布局设计。本节将讨论服务设施的服务场景和服务设施设计的影响因素。

3.3.1 服务场景

1. 服务场景的定义

服务场景又称服务环境,通常在进入服务设施之前,顾客能够通过环境感知服务体验,这种物理环境的外部和内部在传达企业形象和形成顾客期望方面有一定的影响力。顾客可以通过这种物理环境所传达的信息形成对服务质量的初步印象。因此,除了产品本身以外,提供服务的场景也是服务的一部分,以满足顾客的需求和提升顾客的感受。比特纳将服务场景定义为:"所有被企业控制的用于提高(或限制)员工和顾客活动的客观的物理因素。"而在更关注于顾客的维度,伊泽和哈里斯将服务场景定义为:"为进行服务接触而对物理环境的设计(有或没有顾客的参与),它可以引发顾客的内部反应,导致接近或回避行为。"基于以上学者对服务场景内涵的诠释,可以发现服务场景的定义主要关注环境维度和顾客感知维度,因此本书将服务环境定义为经过布局和装饰设计后用来为服务设施营造布景和气氛的物质环境。

2. 服务场景类型

基于两个因素——服务场景的用途和复杂性,根据顾客在不同的服务场景中不同的参与程度,可以把服务场景大致分为三类,如表 3-8 所示。例如,政务大厅的服务需要顾客自助取号或通过操作机器完成,由于顾客参与服务自主性高,服务涵盖类型复杂,从用途和复杂性两个维度可以将其分类为复杂的自助服务。

表 3-8 服务场景的类型

服务场景的参与者	服务场景的复杂性	
	复杂的	简单的
自助服务	政务大厅	邮局报摊
		ATM 机
	冲浪公园	购物中心信息咨询处

续表

服务场景的参与者	服务场景的复杂性	
	复杂的	简单的
交互服务	旅馆	干洗店
	饭店	路边摊
	游乐园	
	银行	美发店
远程服务	专业服务	自助语音信息服务
	保险公司	

资料来源：BITNER M J. Servicescapes: The Impact of Physical Surroundings on Customers and Employees[J]. Journal of Marketing,1992,56(2): 69-82.

1) 自助服务

在自助服务的场景中，顾客在服务的整个流程中具有较大的参与程度，因而在自助服务场景中，使用标识和界面的直观设计对引导顾客进行正确的操作尤为重要。例如在自助餐厅里，引导客户取餐和就餐的方向标识随处可见。

2) 交互服务

在交互服务的场景中，顾客和员工共同参与，相互反馈以最终实现服务。因此在此类场景的设计中，既要考虑让顾客参与到服务的环节中，也要考虑为员工提供一个良好的展示服务能力的平台。例如在医院里，在就医过程中医生和患者需要向双方及时反馈以保证信息快速且完整地传达，缺少任何一方的积极参与，服务都不能完成。

3) 远程服务

在远程服务的场景中，顾客的参与程度较少，因此更需要注重员工和顾客的感受，一方面缺少面对面的服务会使顾客缺少体验感和参与感，另一方面也会使员工消极懈怠。例如在与电话客服进行交流的过程中，顾客需要根据人工语音提示完成服务，而人工客服也需要按照顾客的要求完成一系列工作。这样的工作模式下，完善的流程设计既能保证顾客有良好的服务体验，也能保证员工在提供服务的过程中有良好的积极性和精神状态。

3. 服务场景的环境维度

比特纳用"服务场景"来指代服务机构的各种有形或无形的环境要素，并将其归结为三个维度：①氛围要素；②空间布局与功能；③标识、象征物和工艺品。贝克除了考虑有形或无形的物理要素外，还考虑了人际和社会要素，将服务场景维度划分为氛围要素、设计要素和社会要素。本书将服务场景的环境维度定义为：主要由气氛、空间布局、标识及制品三大类要素构成。

氛围通常包含温度、空气质量、照明、噪声、音乐和气味等要素。这些要素不仅会影响员工的工作效率，也会影响顾客的体验感和满意程度。例如在干燥或者湿热的环境下，顾客会缩短自己的逗留时间，减少消费机会。此外照明程度、音乐和气味等要素能够营造出某种适合消费的氛围。例如酒吧通过较暗的灯光营造情调，超市通过播放欢乐的背景音乐激发顾客积极购物的情绪，书店通过素雅的装潢配色为顾客营造轻松和安静的感觉，等等。

空间布局是服务传递的可视化和功能化的场景，通过装修、设施的布局及其相互的关系来构建。空间布局的设置是根据服务场景的性质来决定的。场景不仅影响顾客的视觉体验感,也会对服务的便利和效率产生影响。对于一些强调自助服务的场景,服务设施的布局合理性对高效率引导顾客自主完成一系列自助服务有重要影响,自助餐厅人流量大,服务自主性较高,其功能区的布局会影响运营成本。只有功能区的良好布局才能带来运营成本的节约。

标识、象征物和工艺品则是借助物理环境中的物件以明确或含蓄的手段向顾客传达可接受行为标准、注意事项等信息。例如,公共场所"禁止大声喧哗"的标志是一种行为准则的表达,服装店高档的装潢则向顾客传达了一种价格高、服务优的信息。标志在一定程度上也间接地向顾客传达了企业的专业程度和对顾客的尊重。

3.3.2 服务设施设计的影响因素

服务设施的设计对企业服务运营的效率起着至关重要的作用,良好的服务设施设计可以吸引顾客并影响其对服务体验的感知。为了保证服务运营的效果,服务设施的设计一般需要考虑以下几个影响因素:

1. 服务组织的性质与目标

服务设施的设计过程中,首先需要考虑的就是其服务的性质与目标。不同类型的服务组织所提供的服务有所区别,这些区别就决定了服务设施设计的参数。比如,医院必须合理设计病房布局方便病人进行治疗;餐厅必须最大化利用就餐空间,保证餐厅尽可能接待更多的顾客。

此外,服务设施设计还能对服务定义做出进一步的贡献。它可以提高品牌的辨识度,就像星巴克咖啡店的经典品牌标志和配色一样。此外,作为向顾客传递第一印象的途径,外部设计还可以为服务的内在性质提供一些暗示。例如便利店、商店需要在外观上创造出使顾客感到亲切、简洁和明快的感觉。

2. 面积与空间

在现实因素的限制下,服务设施的可用面积与空间需要考虑多方面的要求。一方面从使用权的角度,用于服务设施的土地资源通常受到很多限制,针对城区土地的使用权,政府往往会进行严格的规划;另一方面从空间设计的角度,政府对于建筑的外观、结构和规模等也有相应的管理规定。为了提高土地的使用效率,服务设施的设计应该充分发挥创造性和灵活性,在绝对的限制下最大化利用有限的空间资源。例如,服务企业可以考虑通过扩建或者利用地下空间来向上或向下发展。

3. 灵活性

服务设施设计中的灵活性被称为"为未来而设计"。这是因为在服务设施的设计过程中,需要考虑服务企业如何应对未来的变化,适应未来的市场需求,因而需要在设计之初做一些预见性的工作。灵活性的设计最初可能需要一些额外的花费,但是长远看来这些花费能够增加企业的市场竞争能力和抗风险能力,并转化为财务上的节约。例如,很多超市在设计之初没有考虑到除了收银台人工结账的方式以外,还会有顾客自助结账服务的方式出现,因而没有为自助结账设备的摆放预留足够的空间。

4. 美学因素

服务设施的设计也讲究视觉效果的呈现,它会潜移默化地影响顾客的态度、感觉和行为。美学因素一般需要考虑光线、色彩、场地布置等因素的和谐搭配,具有创意和独特的设计往往能够更容易引起顾客的注意。一个考虑了美学因素的设施设计不仅会增加消费者的逗留时间,也会提升员工的工作效率和服务质量。

5. 社会与环境

服务设施的设计会对社会与环境造成一定的影响,应考虑到这些问题。例如,市中心的商场是否有足够大的空间停车;KTV等娱乐场所夜晚的音乐是否会影响周围居民的生活。一般而言,灯光、噪声、气味等都是在设计服务设施中需要考虑的社会环境影响因素。

3.4 本章小结

对一个企业来说,设施选址是建立和管理企业的第一步,因此服务设施的选址与布局是组织扩大事业的重要决策,对企业服务管理的进行起着重要作用。设施的选址与布局是指如何运用科学的方法确定设施的地理位置和安排服务设施布局,使之与企业的整体经营运作系统有机结合,以便有效、经济地达到企业的经营目标。选址与布局往往需要将定性与定量的方法相结合,借助跨学科的手段,综合找到一个合适且科学的选址布局方案。本章主要介绍了服务设施的选址与布局,对服务场景的含义、服务设施设计的影响因素、服务设施选址的影响因素、服务设施选址的方法、服务设施布局的原则、服务设施布局的方法、不同类型服务组织的设施布局等内容进行了详细阐述。

本章习题

1. 服务设施设计应该考虑哪些因素?
2. 服务设施选址应该考虑哪些因素?
3. 列举并解释服务设施选址的方法。
4. 如何理解产品的两种布局策略?
5. 收集资料,结合当今时代背景下互联网企业的工作特点,尝试为企业的办公场所设计设施布局,并在方格纸上画出来。
6. 结合自身到服务场所的实际经历,描述该场景的不同维度,并解释服务场景的环境维度对员工和顾客有什么样的影响。
7. 试将3.2节中介绍的最大化覆盖模型中的数学规划模型与重心法中所提供的习题相结合,假设该零售企业由于业务需求扩张,为了满足一片新的业务区域中的10个零售门店的日常配送需求,需要设置配送仓储中心,但是由于资源约束只能设置3个,每个门店的配送需求强度如下(车/天):8,10,3,5,7,15,9,2,17,10。请自行随机生成补充零售店门店的地理位置坐标,以及单位配送成本等数据,在建模完成后尝试使用专业的规划求解器如Cplex、Gurobi等工具求解,并且通过调整不同的参数观察结果的变化。
8. 在以上习题的基础上,寻找一些公开的数据与材料,结合实际的选址背景,针对同一个案例，用不同的方法对其进行建模，并且求解，试观察不同方法在同一应用场景下的异同，从而尝试总结各种方法的优、缺点。

案例分析

沃尔玛华南生鲜配送中心选址和设施布局案例

沃尔玛华南生鲜配送中心投资超过 7 亿元人民币，是沃尔玛进入中国 23 年以来最大单笔投资，今年 3 月以来运转顺利，目前服务沃尔玛在广东和广西的 100 多家门店，日处理能力最高可达 16.5 万箱。该生鲜配送中心近日还通过 BRC（British Retail Consortium，英国零售商协会）仓储与配送全球标准认证，这是中国零售行业首个通过该认证的配送中心，代表着中国的冷链物流行业的领先水平。

沃尔玛中国供应链高级副总裁麦睿恩（Ryan McDaniel）表示："沃尔玛持续在中国加大在物流供应链的长期投入以驱动全渠道业务发展，为了更好地满足中国顾客对新鲜商品和便捷服务的需求，我们不断提升供应链的能力，未来十到二十年，沃尔玛将投资新建或升级 10 余家物流配送中心。"

沃尔玛华南生鲜配送中心是沃尔玛中国首个领先国际标准定制化设计建造配送中心，是目前国内零售行业最大的多温区生鲜配送中心，库区建筑面积约 33 700 m^2，可同时处理超过 4000 种需冷藏、冷冻或恒温存储的商品。

华南生鲜配送中心拥有行业领先的温度控制硬件配置。在制冷系统上采用集中式制冷，以氨制冷为主、结合不同温区环境应用不同制冷剂，高效环保。氨的制冷效率较氟提高约 7 倍，更加安全且节能，对大气臭氧层没有危害，环境友好，易于被无害化处理。在库区保冷设计上，配送中心的建筑采用了"外保温内结构"的建筑方式，在收货和送货平台利用高度密封性的门封设计组合有效控制室内外冷热对流，库区之间通过快速保温门或卷帘门稳定温度控制，通过有效控制库区温度保障商品品质，节约能源，库区设计节电每年超过 33 万度。

在冷链的运输环节，沃尔玛要求商品装车之前所有车辆进行预冷，通过"运输在途监控系统"检查预冷温度，温度达标后方开始进行装柜操作。所有服务沃尔玛的配送车辆，都有车载装置全程监控整车温度及配送路线，确保生鲜商品温度达标并准时到店。

与此同时，沃尔玛供应链不断研发和应用创新的技术和工具来管理庞大的配送业务，以确保业务的稳定运行和持续优化，同时引领行业标准的不断提升。沃尔玛中国供应链通过使用国际先进的大数据平台——数据湖和全新的移动应用，提升数据存储和分析能力。应用数字化管理平台，使供应链的管理者们以更直观、便捷的方式对绩效表现进行移动化、可视化管理。此外，沃尔玛中国供应链参考国际先进标准制定标准作业流程和员工培训计划，并通过数字化不断提升运作效能。

为保障食品安全及品质，沃尔玛在配送中心专门设置了收货质检人员，对商品品质进行质量及合规检验。同时，在生鲜配送中心还设置了质量检测实验室，对食品合法合规、农产品农药残留、感官品质等进行快速检验，并将检验结果数据共享至全国所有门店。

服务能力方面，2018 年，沃尔玛中国的干仓及鲜食配送中心向门店配送商品超过 30 万车次，年配送里程超过 8000 万千米，每天配送商品超过 100 万箱。沃尔玛在供应链不断加大投入、优化布局,华南生鲜配送中心建成后,覆盖广东、广西等地的冷链仓储面积提升5倍,以满足顾客不断增长的对新鲜商品的需求。未来十到二十年,沃尔玛在各区域继续投资建设升级物流供应链,按照新标准建设或升级的配送中心将达到10余家。沃尔玛供应链团队针对中国多元化业态发展过程中的物流服务需求变化,不断创新,比如针对社区门店所需的灵活配送而设计的拆零分拣方案,在试运营期间帮助业务端简化流程,降低库存,节省空间约50%,提升效率近300%。

资料来源:速途网.沃尔玛计划增投80亿元升级物流供应链未来计划再建或升级10余家配送中心[EB/OL].(2019-07-01)[2023-08-01]. https://ishare.ifeng.com/c/s/7nxNBSdxlrh.

案例思考:
1. 沃尔玛华南生鲜配送中心选址考虑的主要因素是什么?
2. 这一案例给我们的启示是什么?

参考文献

[1] BITNER M J. Servicescapes: The Impact of Physical Surroundings on Customers and Employees[J]. Journal of Marketing, 1992, 56(2): 69-82.
[2] HARRIS L C, EZEH C. Servicescape and loyalty intentions: an empirical investigation[J]. European Journal of Marketing, 2008, 42(3-4): 390-422.
[3] BAKER J, GREWAL D, PARASURAMAN A. The influence of store environment on quality inferences and store image[J]. Journal of the Academy of Marketing Science, 1994, 22(4): 328-339.
[4] 韩新英.基于环境行为学的医院庭院环境规划设计[D].泰安:山东农业大学,2007.
[5] 张勤,乔继红."平战结合"型介入手术室建筑布局设计思考[J].介入放射学杂志,2021,30(7):743-746.
[6] 陈海勇,肖凤鸣,林诚.常态化疫情防控大环境下的实践与思考——以四川大学华西医院应急发热门诊为例[J].中国医院建筑与装备,2021,22(8):31-34.
[7] 桑杰夫·波多洛伊,詹姆斯·A.菲茨西蒙斯,莫娜·J.菲茨西蒙斯.服务管理——运作、战略与信息技术[M].张金成,范秀成,杨坤,译.北京:机械工业出版社,2020:2-7.
[8] 辛格兹·哈克塞弗,巴里·伦德尔.服务管理——供应链管理与运营管理整合方法[M].陈丽华,王江,等译.北京:北京大学出版社,2016.
[9] 丁宁.服务管理[M].3版.北京:清华大学出版社,北京交通大学出版社,2018.
[10] 张淑君.服务管理[M].2版.北京:中国市场出版社,2016.
[11] 保罗·格默尔,巴特·范·路易,罗兰·范·迪耶多克.服务管理整合的视角[M].陈福军,曹婷,译.北京:清华大学出版社,2017.
[12] 窦志铭.物流学[M].北京:中国人事出版社,2004.
[13] LIU H, LIU X, LIN L, et al. A study of the layout planning of plant facility based on the timed Petri net and systematic layout planning[J]. PLoS One, 2020, 15(9): e0239685.
[14] OWEN S H, DASKIN M S. Strategic facility location: A review[J]. European Journal of Operational Research, 1998, 111(3): 423-447.
[15] MELO M T, NICKEL S, Saldanha-Da-Gama F. Facility location and supply chain management-A review[J]. European Journal of Operational Research, 2009, 196(2): 401-412.
[16] 蔺雷,吴贵生.服务管理[M].北京:清华大学出版社,2008.
[17] 胡少龙,胡志华.平战不确定需求下社会应急资源供应商布局[J].计算机工程,2013,39(2):299-303,310.

第 4 章

服务能力规划与排队模型

视频 4-1

学习目标

* **掌握** 服务能力规划准则及其应用；排队模型关键指标内涵及计算。
* **熟悉** 排队系统基本特征及表示；经典的排队模型及其应用。
* **了解** 服务能力及服务能力规划的内涵；服务能力规划常用方法；服务能力评价指标。

 导入案例

KeyCorp 银行的服务能力规划方案

KeyCorp 是美国 13 大银行控股公司之一，其在 2021 年《财富》500 强美国企业排行榜单中位列第 396 位。该公司目前拥有近 1.7 万名员工，资产超 1700 亿美元，年收入 73 亿美元。KeyCorp 公司强调以客户为中心，注重发展个人银行业务，其通过设立 1300 多家分支银行以及附属设施设备，已成功吸引超 240 万名顾客。

该公司认为提升服务水平是促进业务增长的有效途径，所以自 1996 年起，KeyCorp 公司的管理层就开始启动相关管理研究项目，以通过有效的管理方法改善顾客的服务体验，其中最主要的就是缩短顾客办理银行业务前的等待时间。为此 KeyCorp 公司提出了一个服务水平目标，即 90% 以上的顾客等待时间少于 5min，项目组成员主要采用排队论模型对上述问题进行了分析。根据收集的数据可知，出纳员服务单位顾客的平均时长为 264s。若要达到预期的服务水平目标，需增加 30% 的出纳员，这对 KeyCorp 公司来说是一笔无法接受的开支。于是，管理层通过服务流程管理、员工培训等方式提升了出纳员的服务速率，最终通过三年时间的调整和应用，使顾客平均等待时间从 164s 缩短至 115s。直至目前，KeyCorp 公司依旧使用排队论模型来改善服务能力，并不断超越先前的服务水平要求。

这一服务能力规划的成果每年为公司节省近 2000 万美元，同时保证了 96% 的顾客等待时间少于 5min。随着这一成果的推广与应用，达到预期服务水平目标的分行占比从 42% 上升到 94%，服务质量和客户满意度也得到了显著提高。

资料来源：弗雷德里克，马克. 数据、模型与决策：基于电子表格的建模和案例研究方法[M]. 李勇健，徐芳超，等译. 北京：机械工业出版社，2015.

案例思考：KeyCorp 银行使用了何种方法、模型、准则及决策内容对服务能力进行规划,以提高服务水平? 除了这种方法,还有没有其他方法?

本章概要

服务管理人员总在寻求投入成本和服务水平之间的平衡,这离不开合理的服务能力规划。本章主要学习服务能力规划的基本内涵以及常用的服务能力规划方法,其中重点学习排队论方法,包括排队系统的基本概念、形式与特征和经典的排队模型;同时,结合服务业的应用背景与服务能力评价指标,介绍如何利用排队论决策服务能力规划,最终提供基于排队理论的服务能力规划决策框架。

4.1 服务能力规划的内涵

本节首先介绍服务能力的内涵及其主要影响因素,进一步详细阐述服务能力规划的主要目标,最后总结常用的服务能力规划方法。

4.1.1 服务能力及服务能力规划

1. 服务能力的内涵

1) 服务能力的定义

服务能力可以从服务系统的输入和输出两个维度进行定义。从服务系统的输入来说,服务能力可以定义为在一段时间内,能够提供服务的机器设备或服务员工的可用工时;从服务系统的输出来说,服务能力可以定义为服务系统按照预先设计的服务流程在单位时间内能够服务顾客的数量。基于服务系统输入的能力相对稳定,容易评估;基于服务系统输出的能力通常难以衡量,主要原因如下:

首先,服务产品的多样性使得不同顾客组合下的服务能力难以估计。大多数情况下,同一服务系统可以提供多种类型的服务。例如银行可为客户提供存借款、信贷放款以及银行卡办理等不同业务,这些业务的办理时间往往有所差异,甚至差异较大;当顾客组合不同时,即寻求不同服务类型的顾客比例不同时,相同的服务系统可以服务的顾客总人数会有所不同。

其次,顾客参与服务过程与服务的异质性使得服务能力难以估计。服务系统即使仅提供一种服务,由于服务的本质特征,即顾客参与服务过程与服务的异质性,也会造成每位顾客的服务时长波动较大。例如,使用自助取款机取款时,老年人所花费的时间一般都长于年轻白领,这导致服务系统可以服务的顾客总人数难以评估。

再次,服务人员的行为因素使得服务能力难以估计。当服务系统中形成长长的顾客等待队列时,服务人员会有意识地加快服务速度;当服务系统较为空闲时,服务人员则会倾向于放慢工作节奏。这也是服务系统输出能力难以评估的主要原因之一。

由于基于服务系统输出的服务能力难以评估,因此,本章后继所提到的服务能力除了特殊说明外,都是指基于服务系统输入的能力。

2) 最大服务能力与最优服务能力

在一定的服务组织条件和技术水平下,服务能力涉及最大服务能力与最优服务能力两个概念。其中,最大服务能力代表服务资源得到最充分利用时的能力水平,即可用服务能力的上限,常为确定的一个数值;最优服务能力则是指权衡服务质量、成本与运营收益后得到的服务能力水平,通常需要优化才能确定。通常情况下,最大服务能力总是大于最优服务能力,但也存在两者相等的情形,常见于自主服务的场景,如奥运会场馆内可容纳的观众数量,当场馆满座时,最大服务能力等于最优服务能力。

3)固定服务能力与可变服务能力

依照短期内服务能力的可变性,可将服务能力划分为固定服务能力和可变服务能力。固定服务能力主要由各类服务设施、设备和工具等支持性设施设备决定,常见的有航空公司的飞机数、登机口数、飞机场建设空间等。此类支持性设施设备由于建设周期、资金等因素的限制,往往在短期内难以改变,所以固定服务能力往往也被称为长期服务能力。相应地,可变服务能力常被称作短期服务能力,它主要受劳动力资源的影响,与服务人员的数量、知识、技能掌握程度等因素相关。由于服务需求到达的高度波动性,服务系统可以通过调整可变服务能力以最大限度地平衡服务的需求和供应,如常用的服务人员排班计划与调度方法,见本书第 6 章。

2. 服务资源

服务资源是服务能力的供应者,是能力规划的主要对象。服务资源可以分为人力资源、支持性设施/设备、辅助性设备三大类。

首先是服务的人力资源。人力资源的知识储备和技能直接影响其服务的速度和效率,服务人力资源的规划主要涉及聘用不同技能水平的员工的数量、员工的排班等,应尽可能使得有限的人力资源能够得到充分利用。

其次是服务支持性设施/设备资源,主要用于容纳服务人员、被服务顾客以及服务设备等主体,这类设施/设备的成本较高,一般属于固定投资成本,如学校的教室、医院的实体建筑、机场等,其能力往往反映在可容纳顾客数量上,应注意建造的固定投资成本与可服务人数之间的平衡。

最后是服务的辅助性设备资源,主要是服务过程中所使用的辅助性设备与工具,这类设备资源的成本相对较低,一般属于变动成本,如医院中的耗材、酒店中的一次性洗漱用品等。

3. 服务能力规划的内涵及目标

针对同一类型的服务,服务能力的大小基本取决于服务资源(人力资源、支持性设施/设备、辅助性设备)的多少。服务能力规划则是为实现系统的战略目标而优化不同类型服务资源数量的过程。服务能力规划的目标通常是在满足一定服务水平的约束下,使得配置服务资源的总成本最小化、服务系统总利润最大化等。

如图 4-1 所示,服务需求的到达通常是高度波动的,因此,最大服务能力应低于最高的服务需求,最优的服务能力区间应该在平均需求附近。当顾客需求超过最大服务能力时,可能会形成排队队列,甚至会造成顾客流失;当顾客需求高于最优服务能力低于最大服务能力时,此时的服务员工疲惫、服务环境拥挤、设施过度使用等因素常导致服务质量与顾客满意度降低;当顾客需求低于最优服务能力时,服务资源则处于过度闲置状态。只有当顾客需求与最优服务能力匹配时,服务系统的效益、服务水平、顾客满意度一般才能达到比较好的权衡。

4.1.2　服务能力规划的常用方法

服务能力规划直接影响着服务系统的性能与效益,服务能力水平过高,会导致服务资源

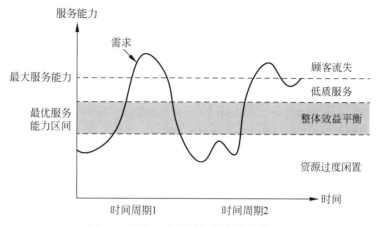

图 4-1 服务能力水平与顾客需求的匹配

的闲置与浪费;服务能力水平过低,则会导致顾客排队与流失。因此,服务能力规划对服务系统起着至关重要的作用。服务能力规划的常用方法包括排队论、数学规划模型、计算机仿真等,本小节将简要介绍这三种方法,其中最常用的排队论方法将在 4.2 节中详细介绍。

1. 排队论

排队论方法常用于量化描述随机服务系统的排队与服务过程,如患者到达医院后的等待与就诊、顾客前往餐厅的排队与就餐等。排队论方法的优势在于其存在解析表达式,可以用简单的公式对系统的性能指标(如资源利用率、顾客平均等待时间等)进行评估。排队论方法在计算上更加方便,可以为服务系统能力规划决策提供依据。但排队论方法中排队形式较为简单,且通常需要较多的前提假设,当这些排队形式或假设不存在时,难以得到具有参考价值的结果。关于排队论方法进行服务能力规划决策的具体应用将在 4.2 节中详细介绍。

2. 数学规划模型

数学规划模型是常用的决策优化方法之一。常用的数学规划模型主要包括线性规划和整数规划,其中线性规划模型是基础,当决策变量之间是实数,目标函数和约束中决策变量之间是线性关系时,可以采用线性规划模型;整数规划是指决策变量为整数的线性规划模型。数学规划模型的一般步骤如图 4-2 所示,总结为以下七步。

(1) 模型准备:了解问题的实际背景,明确建模的目的,由此提取出较为清晰的待优化问题。

(2) 模型假设:根据问题特征和建模目的简化实际问题,作出必要的、合理的假设。

(3) 模型表达:选定模型类型,并在一定的合理假设下,用数学符号和关系式表达待优化的目标函数和各类约束条件。

(4) 模型求解:简单模型可使用解方程、画图法、数值计算、统计分析等数学方法进行求解,当模型较为复杂或研究者追求求

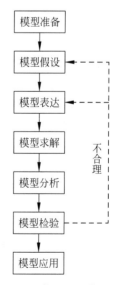

图 4-2 数学规划模型的步骤

解速度、精度时,则常使用数学软件和计算机技术。例如,小规模线性模型求解相对容易,可以使用单纯形法手算求解,而整数规划求解相对复杂,可采用 Lingo、Gurobi、Cplex 等求解器进行求解。

(5) 模型分析:对求解结果进行数学分析,如对求解结果进行误差分析和统计分析、模型对参数的敏感性分析、对假设的强健性分析等。

(6) 模型检验:将求解结果和模型分析结果与现实情况进行对比,检验模型假设的适用性或模型表达的合理性,并由此进行针对性的修改。

(7) 模型应用:通过检验的模型,其求解结果可为现实决策提供指导意见,模型应用方式与所研究问题的性质、建模目的、结果类型有关。例如,通过输入真实的车流量数据,充电站选址模型的求解结果可为城市规划提供建议。

使用数学规划模型的难点主要体现在以下三个方面:首先,假设需合理适度。没有假设,则难以建立数学模型,而假设的强弱直接影响到数学建模的难易,假设太强,会导致求得的结果对实际问题没有指导意义;假设太弱,则会导致建模困难。因此,提出的假设需合理且强弱适当,并需要对假设的合理性进行说明。其次,目标函数中权重参数需慎重设置。数学模型中的许多参数难以精确确定,常使用参数估计值替代,参数精确度不足或设置错误,会使得求解出来的决策难以适用于实际问题,这时可采用敏感性分析来观察参数变化对决策和目标函数值的影响,对于影响较大的参数需慎重设置。最后,整数规划精确求解比较困难。针对复杂的整数规划模型,在对求解精度和时间要求较高的情况下,需要设计专门的求解算法来进行求解。

数学规划模型方法通常适用于较易被抽象的服务系统,对于线性规划模型可以采用优化软件直接快速求解。与其他两种方法相比,数学规划模型方法所需要的时间和人力通常多于排队论方法,而少于计算机仿真方法。由于排队论方法在服务能力规划中更为常用,所以本章未详细介绍数学规划方法和计算机仿真方法,有兴趣的同学可以参看本章参考文献[4]进行学习。

3. 计算机仿真

计算机仿真是当今应用最广泛的管理科学技术之一,通过在计算机中设计仿真模型来模拟现实世界中的系统运作流程。仿真模型主要用于评估系统的运作性能,与排队论方法功能相似,是一种描述性的方法,不同之处在于仿真模型适用于对复杂系统的描述,而排队论方法适用于对简单系统的描述。计算机仿真的步骤如图 4-3 所示,可以总结为以下六步。

(1) 问题定义及目标确认:此环节需与管理者沟通关键问题,包括对研究问题做出精确而简明的定义,并明确所要关注的系统性能指标。

(2) 收集分析数据和建立仿真模型:为了节约时间,收集分析数据与仿真建模通常同时进行。收集分析数据是为了得到关键数值的概率分布,并依据此分布产生随机观察数以保证模拟的随机性。但收集数据的过程往往耗时耗力,数据清洗更是必不可少的。仿真模型建立是由概念模型到逻辑模型再到仿真语言的过程,其中概念模型是对系统的抽象,逻辑模型明确了系统内部事件之间的关系,仿真语言则是运行模型的程序。

(3) 模型准确性检验:确保建立合适的、正确的仿真模型,保证其能按照预计的方式工作。

(4) 模型有效性验证:确保建立的仿真模型评估得到的性能指标与实际的性能指标保

持一致。

(5) 设计仿真实验方案:根据研究的目标,设计合理的仿真实验方案,需要对仿真模型的参数进行合理设置。比如预热时间长度、收集数据的时间长度等,并对多个决策方案或者系统结构循序渐进地开展实验。

(6) 运行仿真模型以及仿真结果的分析汇总:根据实验方案,运行仿真模型,并对得到的仿真结果进行分析汇总。

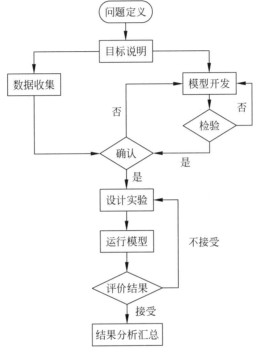

图 4-3 计算机仿真流程图

4.2 排队论方法

视频 4-2

本节首先提出排队系统的基本概念与常见形式,然后详细介绍排队系统的基本特征,最后介绍五种基本的排队模型与排队网络模型。该节内容可以为求解服务业能力规划问题奠定理论基础。

4.2.1 排队系统的概念

排队是现代生活中不可避免的一种行为,在任何一个服务系统中,当其服务能力不足以立即满足需求时,排队队列便会形成。常见的排队场景如医院、银行、便利店、咖啡店等,但排队不仅限于服务系统,制造系统中也存在排队队列,如待加工的工件、待维修的设备等,排队现象普遍存在于生产与服务系统中。如图 4-4 所示,排队系统主要描述了顾客到达、排队等待、在服务台接受服务、离开的过程。顾客通常是服务的需求方,可能是人、工件、机器等;而服务台是服务的供给者,可能是提供服务的员工,也可能是设备。按照服务环节的多少,

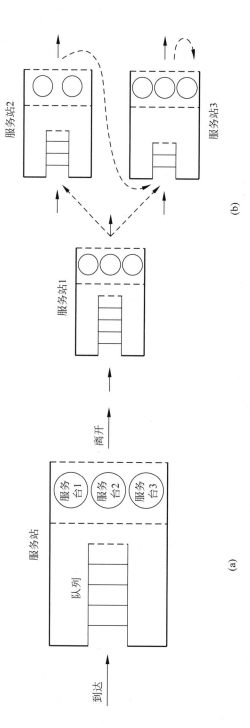

图 4-4 简单排队系统和排队网络系统
(a) 简单排队系统;(b) 排队网络系统

排队系统可以分为简单排队系统和排队网络系统两大类。简单排队系统中通常存在一个或多个服务台,顾客只需要在其中一个服务台接受服务后即可离开服务系统,如取款人使用单台自助取款机完成小额取款任务后便可离开。排队网络系统中通常存在两种或两种以上不同类型的服务台,顾客需先后加入不同的队列,接受两种或两种以上不同的服务。常见的例子如患者就诊时,通常需要先挂号,然后到某一诊室就诊,就诊结束后可能需要进一步检查,然后回到诊室复诊,最后取药离开。排队论就是评估这些排队系统性能指标的一种方法,包括顾客平均等待时间、系统利用率等。本章将重点关注简单排队系统,即只提供一个服务项目的服务系统。

4.2.2 排队系统的基本特征

在一个简单的服务系统中,顾客接受服务的流程可以描述为顾客到达→排队(如需要)→接受服务→离开,每个环节的运作规则以及参与主体自身的属性都会影响排队系统的表现。如图 4-5 所示,排队系统具有六个基本要素:①需求群体;②到达过程;③排队结构;④排队规则;⑤服务过程;⑥离开。排队系统的基本特征通常用需求群体及到达过程、排队结构及规则、服务过程及离开三个部分表达。这六个要素回答了系统向何种顾客怎样提供服务以及提供怎样的服务的问题。接下来,本节将逐一介绍这六个基本要素。

图 4-5 排队系统

1. 需求群体

需求群体描述了顾客的特征,包括顾客来源和需求类型,这与服务系统提供的服务有直接的关系,具体描述如下:

1)顾客来源:有限或无限

顾客来源可以分为有限与无限两种。无限的顾客来源并不意味着顾客的到达源源不断,一般当需求群体的数量较大时,通常假设顾客来源是无限的,且其到达是相互独立的。例如到达医院就诊的患者数、前往大型超市消费的顾客数等,此时顾客的进入或离开不会改变顾客要求服务的概率。在某些排队系统中,顾客的来源是有限的。例如,某校会计系的秘书为本系的 10 位老师提供服务,这种情况下,未来顾客的到达概率取决于在这一系统中寻求服务的人数,当 10 位老师都加入排队队列时,未来顾客到达的可能性或概率就是零。

2)需求类型:同质或异质

需求类型通常取决于服务系统提供的服务,当服务系统可以提供多种服务时,需求类型可以是异质的。异质需求下,如何优化服务顺序,以平衡不同类型顾客的等待时间是重点。比如,高优先级顾客的平均等待时间应显著低于低优先级顾客,紧急患者的平均等待时间应短于非紧急患者。当专门针对某一特定需求进行分析时,需求是同质的,如可以专门针对高优先级顾客的服务进行研究。简单排队系统通常假设需求是同质的,在此前提下,一般采用先到先服务的服务策略。

2. 到达过程

顾客到达过程描述了顾客到达服务系统的形式以及当排队队列较长时的行为特征。到达过程体现在到达规模、间隔时间与行为特征三个方面。

1）到达规模：单个或批量

单个顾客到达是服务系统中最常见的到达形式，如患者去医院就医、学生去食堂吃饭等。但顾客到达并不总是单个到达的，还存在批量到达的情况，如乘坐飞机到达机场的乘客、货车到达时等待搬运的货物等，都是批量到达的情况。

2）间隔时间：随机或确定

在大多数情况下，顾客的到达看似随机且杂乱无章，当整理分析顾客的到达时间后发现前后相邻的两位顾客到达服务台的时间差，即到达时间间隔（interarrival time），常常服从某种概率分布。这个到达时间间隔可能是确定且恒定的，如按照预约时间到达的顾客；大多数情况下，这个到达时间间隔是随机的，简单排队论中通常假设到达时间间隔服从指数分布，具体内容将在4.2.3节中介绍。

3）行为特征：等待或离开

由于顾客的耐心程度不同，如图4-6所示，顾客到达服务台后可能有不同的行为选择：当服务台排队队列已经达到上限时，顾客到达后会立即离开，此时称为顾客流失（lost）；当服务台排队队列仍有余量时，顾客会根据服务台的忙闲状态有不同的选择行为。如果有空闲的服务台，顾客可以立即接受服务。当所有的服务台处于忙的状态时，顾客可能会在最初选择的队伍中一直排队等待直至接受服务；也可能选择加入等待队列，但是在等待过程中在不同队列之间存在转移，即抢占（jockeying）现象；还有可能选择加入等待队列，但是在等待过程中由于等待时间过长而退出等待队列，此行为则被称为中途退出（reneging）；还有一种可能是顾客在评估服务资源数量和队伍长度后选择不等待直接离开，该行为称为止步（balking）。

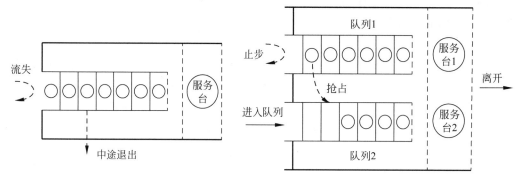

图4-6 部分顾客行为

在现实生活中，顾客需求到达会受多方面因素影响。比如具有淡、旺季特征的服务，可以采用不同的定价策略和预约机制来调节顾客的到达，削峰填谷，使得顾客中非必需的高峰期需求能转到低谷期，如景区淡季的票价普遍低于旺季，饭店中工作日折扣优惠力度高于周末，等等。

3. 排队结构

排队结构,即排队的队长、形式、队列数量等,一方面影响了后继的排队规则或服务顺序,另一方面也直接影响了排队系统的性能。接下来对主要的三个方面进行详细阐述。

1) 队列长度:有限或无限

在现实生活中,往往有一些排队场景存在队列长度限制,如停车场、餐厅、电动汽车充电站等,这些往往是由于受到了物理空间的限制或者运作规则的约束。同时,实际中也存在一些可以被认为是无限队长的排队系统,如高速公路收费站排队,此时队列位于开放式环境,可认为汽车无等候空间限制;另外有一些服务虽然需要在封闭空间中等待,如医院等,但因为其容量一般远远大于前来寻求服务的患者数,此时物理空间并非影响限制排队人数的关键因素,这类情形下也可以认为队列长度是无限的。

2) 空间形式:有形或无形

空间形式一方面涉及上述队列长度中所提及的物理空间(开放与封闭),另一方面便是指队列在空间内的位置结构。例如有形队列下所呈现的直线形、曲线形等位置走向,这些都会影响顾客的满意度。

有形队列的形式繁多,除了常见的直线形排队外,还存在"蛇形"排队队列。如图 4-7 所示,除去进出口外,它的其他排队边界是封闭的,现实生活中常使用护栏进行封拦。该方式能够保证顾客按照先到先服务的规则接受服务,并使得抢占和中途退出行为难以发生,总体上能够有效留存顾客和保证服务公平性。

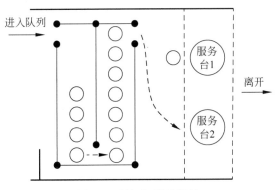

图 4-7 "蛇形"排队结构

随着信息技术的发展,越来越多的服务系统采用"取号"系统,使得顾客在等待时可以自由活动,不必局限于排队队列。"取号"系统可以是现场取号,如医院中的抽血,一般是在医生开出医嘱且患者支付费用后到检验科现场取号;也可以是在线取号,如餐饮业中已经实现了 App 取号的功能,顾客在家就可以取号。当无形的队列形成时,服务系统需要注意提醒顾客排队队列的进展情况,及时提醒顾客前来接受服务,以及明确出现"过号"情况时的处理方式。

3) 队列数量:单队列或多队列

队列数量是指服务系统中包含的队列数量,并且依照单一纵列与接收其服务的服务台之间的数量关系,可大致分为以下四类。分类情况及典型场景举例如表 4-1 所示。

- 单服务台单队列:常见于服务空间有限的场景。

- 单服务台多队列：该类设置效率较低，常用来服务存在优先级区分的顾客群体，或者资源有限并需要充分利用空间场地的情况。
- 多服务台单队列：多服务台服务同一队列可有效减少顾客的平均等待时间。
- 多服务台多队列：通常情况下，队列与服务台之间并非专属关系，而跟不同优先级顾客的数量有关。该模式应用较为灵活。

表 4-1　队列数量与服务台数量关系及典型场景

典型场景	单服务台	多服务台
单队列	(a) 便利店结账 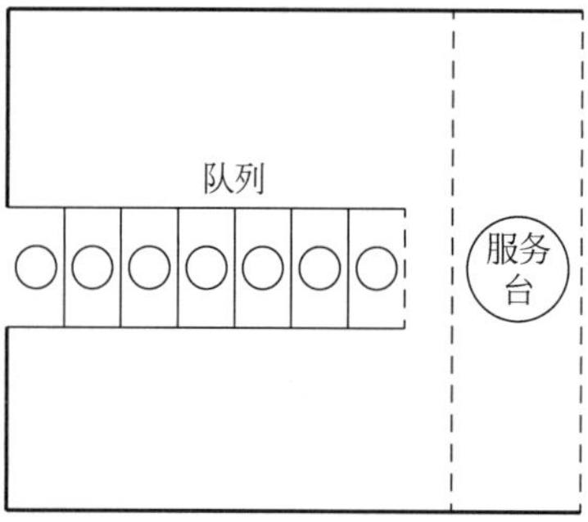	(b) 公共卫生间排队 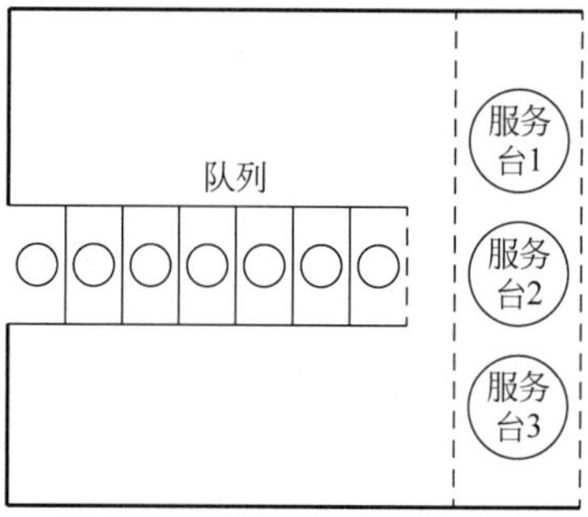
多队列	(c) 快速队列和普通队列 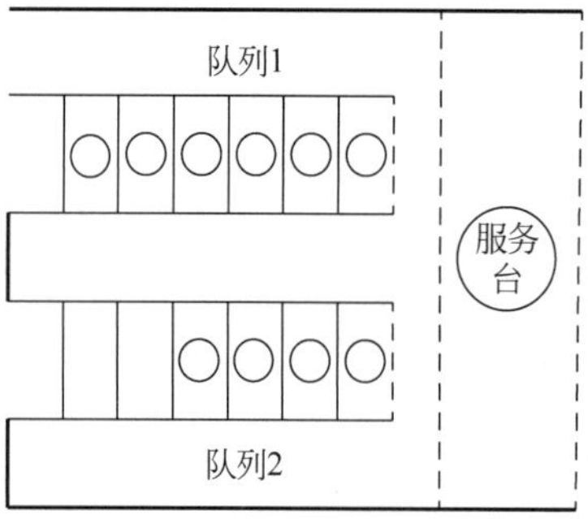	(d) 飞机行李托运（头等舱和经济舱通道） 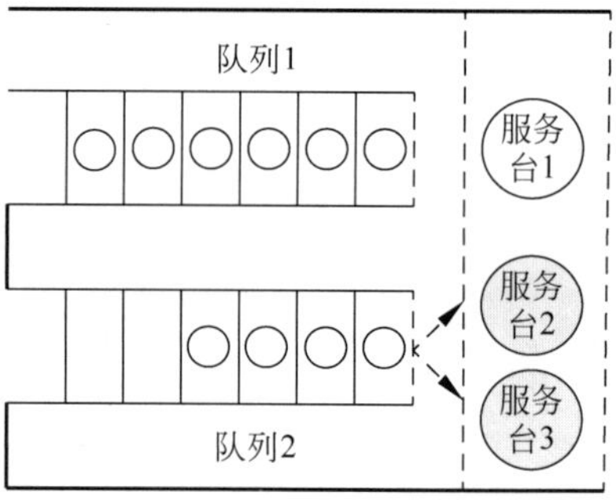

4. 排队规则

排队规则明确了服务台为顾客提供服务的规程或先后次序，选择不同的排队规则，队列中的人数及等候时间、服务设施设备效率等性能指标可能会有所不同，管理者应该根据自身的管理目标选择合适的排队规则。下面将详细介绍几类常见的排队规则。

1) 按照到达排序：先到先服务或后到先服务

若采用先到先服务（first come first served，FCFS）或者先进先出（first in first out，FIFO）规则，即说明在该排队系统中顾客接受服务的顺序与其到达的顺序相同，该规则的排序未考虑其他顾客特征。由于该规则基本上保障了有服务顾客的公平性，所以在现实生活中最为常见。例如，便利店收银台结账、公共厕所使用等。

与 FCFS 或 FIFO 相反，采用后到先服务（last come first served，LCFS）与后进先出（last in first out，LIFO）规则时，顾客接受服务的顺序会与到达的顺序相反，此规则最典型的体现为通货膨胀情况下存货出库（由于发出的存货是按最新的采购价格计量，发出价格高的产品即会使得期末账面的存货价值改变）以及情报收集的信息处理。

2）按照运行时间排序：最短服务时间或 $c\mu$ 优先法则

最短服务时间规则（shortest processing time，SPT）是指系统优先为服务用时最短的顾客提供服务，该规则能够使得所有顾客在系统中的总等待时长最短。例如因气象因素造成船舶压港，则会依照装卸用时长度由短到长的顺序实施服务，以较大地提升整体服务体验。但是该规则会造成虽是先行到达但服务时间长的顾客不断让位于后到达的、服务用时短的顾客，因此，服务系统中很少采用。

另一种与运行时间相关的准则为 $c\mu$ 优先法则，其中 c 代表线性的单位等待成本，μ 代表单位时间顾客的服务率（$1/\mu$ 为平均服务时间），$c\mu$ 指数表示单位时间服务某顾客节约的成本。$c\mu$ 优先法则依照 $c\mu$ 指数降序确定服务顺序，优先服务单位等待成本高但耗时短的顾客，该规则考虑了顾客的等待成本。有效避免了 SPT 排序中只考虑服务时间的缺点，$c\mu$ 优先法则适用于多类顾客的情况。

3）无排队情形：随机服务或处理机共享

采用处理机共享（processor sharing，PS）或者随机服务（service in random order，SIRO）规则恰恰会使得服务系统无排队现象出现。处理机共享规则是指将服务台的处理能力平均分配给队列中的所有顾客，所以当顾客的数量增加时，系统中每位顾客的服务时间都会变长，此规则常用于动态模拟固定带宽下的多个文件传输的情形。而随机服务规则，就是按照随机的顺序服务顾客。例如，特意使用抽签决定服务对象或顺序以避免提早排队行为或者不公平现象。

4）优先权排队

优先权排队（priority queuing，PQ）往往建立在某一底层排队规则之上，目的是响应顾客细分，依据一定属性特征给予优先权，以针对其中有价值或者有特殊需求的特定顾客群体提供服务，该规则常用于具有多类型顾客的情形。

若按照给予优先权的特征属性对该规则进行细分，分类内容则会过于繁多，所以本书按照优先级对正在接受服务顾客状态的影响，将其划分为强占性优先权（preemptive priorities）以及非强占性优先权（non-preemptive priorities）两类。其中强占性优先权表明，当具有高优先权顾客到达时，正在对低优先级顾客进行的服务会中断，并立即转向服务高优先级顾客。例如具有采血、转移院内病人、接送院外病人等功能的救护车，在接到突发性急救任务时会及时调整改变自身的服务对象。而在非强占性优先权情形下，只会提前高优先级顾客被服务的顺序，但不会强制让一个正在接受服务的低优先级顾客返回排队。

需要注意的是，排队规则的使用非常灵活，有时将各类排队规则结合使用会产生更好的管理效果。表 4-2 中总结了主要的几类排队规则的特点及其典型使用场景。

表 4-2 排队规则的特点及其典型使用场景

排队规则	典型使用场景	特点
FCFS/FIFO	商场结账排队队列	强调顾客整体的公平性
LCFS/LIFO	通货膨胀情况下存货出库	强调利用资源的时效性
SPT	管理者重视整体顾客满意度	目标为顾客总等待时长最短

续表

排 队 规 则	典型使用场景	特　　点
$c\mu$ 优先法则	多类顾客	目标为顾客等待时间最小化
PS	固定带宽下多文件传输	服务能力受顾客数量影响
SIRO	抽签决定服务顺序	强调随机性
PQ	及时响应紧急需求或高优先级顾客	顾客优先级不同

5．服务过程

影响服务过程的因素主要有服务形式、单个服务站中服务台的数量、服务环节数量以及服务时间分布等，其中服务台数量的影响已经结合队列数量进行了说明，在此主要对剩余的三个因素进行分析。

1）服务形式：自助服务或服务台服务

自助服务指的是顾客自己为自己提供服务，如停车、超市购物、自助取款、食堂中的餐具回收等，此时顾客对业务的熟悉程度以及固定设施设备的承载能力将极大地影响服务状态。在顾客接受服务台服务的情形下，服务台可能是机器设备，也可能是人。提供服务的员工直接影响了顾客的满意度，因此，管理者需加强对一线服务员工的培训和奖励以提高工作效率和顾客满意度。

2）服务环节：单环节或多环节

顾客接受单环节服务还是多环节服务取决于顾客完成最终目标所要经历的步骤，如轻症患者前往医院就医，需要依次经历挂号缴费、问诊、付款、化/检验、回诊、再付款、取药等多个环节，整个流程需通过多个服务站，这便是典型的多环节服务实例。且如图 4-4(b)所示，多环节服务中可能会出现返回相同服务台的情况，所以该类服务能力规划一般会更复杂。

在多环节服务中，由于不同环节之间的服务台数量和服务时长不同，部分环节可能会持续忙碌，此时就会形成顾客等待队列，而另一部分环节可能会出现较长时间的闲置。在所有环节中，利用率最高的服务台或环节被称为系统的瓶颈（bottleneck），它直接决定了服务系统的产出。因此，为了使多环节服务过程平稳，各环节需要调整自身的服务资源、设计好自身的服务能力。常用的一种方法为采用并行式服务台，如在表 4-1(b)中的并行服务台的数量为 3，即在一个服务站中设置多个服务台，便可以根据服务需求差异打开或关闭服务台，提高整个系统的柔性。

3）服务时间分布

服务时间是指顾客在服务台中接受服务的持续时间，受服务客户类型、提供服务者特征、服务时间段、队列长度等多种因素的综合影响，其分布表达形式与顾客到达时间间隔分布相似。

6．离开

离开主要描述顾客确定离开某一服务站后的去向，存在以下三种可能：①直接离开服务系统；②返回同一服务台接受再次服务，如重复排队进行相同的游乐项目；③若为多环节服务情形，则前往下一环节接受服务。需要特别注意的是，在顾客源有限的情形中，回头客的满意度将会显著影响顾客的到达率。

4.2.3 排队模型基础

该节讲解排队模型的基础知识,涉及排队模型的符号表示、泊松分布与指数分布、排队模型常用的性能指标,以及性能指标之间的通用关系。

1. 排队模型的符号表示

排队模型是排队系统的数学表示形式,当排队系统简单或者可被简化时,常使用排队理论进行分析和求解,其中肯德尔符号(Kendall's notation)是描述排队模型的惯用规范表述。1953年,D. G. Kendall提议使用$A/S/c$三个参数来描述排队模型,随着后续排队论的发展,该初始表述已拓展为$A/S/c/K/N/D$六个参数,其含义分别为:

A——顾客到达间隔时间的分布;

S——服务时间的分布;

c——并行服务台的数量,$c=1,2,\cdots,n$;

K——服务站最大容量,即队列中允许的最大顾客数;

N——顾客的总数量;

D——排队规则。

后四个参数的影响在排队系统基本特征中已进行详细介绍,其中并行服务台的数量为有限整数,服务站容量和顾客源可为有限整数或近似无限。通常在一些排队模型中,最后三个参数未被指定时,默认$K=\infty$,$N=\infty$以及$D=\text{FIFO}$,即假设服务站容量无上限、顾客源无限并采用先到先服务的服务规则,此时通常省略不写。

对于前两个参数,常用以下符号描述:

M——到达时间间隔或服务时间服从指数分布(或者到达人数或离开人数服从泊松分布过程);

D——确定性的或恒定的到达间隔时间;

G——均值和方差存在且已知的分布(如正态分布、均匀分布或经验分布等,但具体函数表达式一般未知)。

2. 泊松分布与指数分布

下面对重要的泊松分布与指数分布进行重点介绍。

1)泊松分布

泊松分布是一种离散型的概率函数,常用于建模给定时间间隔内的事件发生次数。设$N(t)$表示t时间内到达的顾客数,若其服从泊松分布,则对于$t>0$,$N(t)\sim\text{Pois}(\lambda t)$,即有

$$P(N(t)=n)=e^{-\lambda t}\frac{(\lambda t)^n}{n!},\quad n=0,1,2,\cdots,t>0 \tag{4-1}$$

式中,$P(N(t)=n)$——t时间内到达n位顾客的概率;

λ——单位时间内到达顾客的平均数量;

t——观测单位时间段数(通常$t=1$);

n——顾客数量。

根据$N(t)$的定义可知其为随机变量,则通过公式可计算得到期望和方差

$$E(N(t))=\lambda t,\quad D(N(t))=\lambda t$$

若前来某医院就诊的患者平均每 1.2min 到达一位,其到达服从泊松分布,那么依据式(4-1)可求得单位时间内到达 n 位患者的概率。若以 1h 为单位时间,可知 1h 将会到达 50 名顾客,即 $\lambda=50$,到达过程就可以表述为

$$P(N(t)=n)=\mathrm{e}^{-50\times1}\frac{(50\times1)^n}{n!}, \quad n=0,1,2,\cdots, t>0$$

将 $n=0,1,2,\cdots$ 代入则可以求出 1h 内到达 n 位患者的概率。

2)指数分布

令 $\{T_n, n\geqslant1\}$ 表示到达间隔,T_1 表示第一次到达的时间;对于 $n\geqslant2$ 的情况,T_n 则表示第 $n-1$ 位顾客和第 n 位顾客到达之间的时间。指数分布与泊松分布有着密切的关系,若单位时间内的顾客到达数量服从以 λ 为平均数的泊松分布,则两位相继到达的顾客到达时间间隔服从指数分布,两者的简单关系如图 4-8 所示。

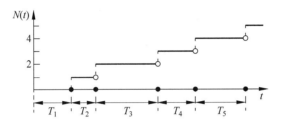

图 4-8 到达时间间隔与到达顾客数之间的关系

指数分布是一种连续型的概率函数,具有无记忆性,任意一个顾客到达所需的时间与之前已到达顾客到来所需要的时间无关,其概率密度函数和概率分布函数分别为

$$f(t)=\lambda\mathrm{e}^{-\lambda t}, \quad t\geqslant 0 \tag{4-2}$$
$$F(t)=1-\mathrm{e}^{-\lambda t}, \quad t\geqslant 0$$

式中,λ——单位时间内到达顾客的平均数量;

t——观测单位时间段数(通常 $t=1$);

其期望和方差分别为 $E(t)=1/\lambda, D(t)=1/\lambda^2$。

与泊松过程中所举的例子相同,可知 $\lambda=50$,若求一位患者已经到达,在未来 6min 内再到达一位病人的概率,则可以利用式(4-2)。注意式中参数 λ、t 两者的时间维度要保持相同,所以此时 $t=6/60=0.1$,即得

$$F(0.1)=1-\mathrm{e}^{-50\times0.1}\approx 0.993$$

因此在未来 6min 内再到达一位患者的概率为 0.993。

3. 排队模型常用的性能指标

在给出排队系统的运行特征以及符号表示之前,有必要对瞬变状态(瞬态)和稳定状态(稳态)进行区分,并对稳态的存在条件进行简要说明。在系统刚开始运行时,系统的性能指标随着时间的变化而变化,这个阶段可以认为是系统的瞬态;随着运行时间变长,在一定条件下,系统的性能指标开始稳定,进入稳态。在稳态下,单位时间内进入和离开系统的顾客平均数相等,这便是统计平衡下的"流入=流出"原理。本节介绍的排队论公式都是稳态的性能指标。排队论模型常用到的符号及其含义如表 4-3 所示。

表 4-3 排队模型常用符号及含义

符　　号	含义（稳态下）
n	顾客数量
N	系统最大容纳顾客数
c	服务台数量
L	系统内的平均顾客数
L_Q	队列内的平均顾客数
W	顾客在系统内的平均逗留时间
W_Q	顾客的平均排队等待时间
λ	顾客平均到达率（单位时间到达数量）
μ	服务台平均服务率（单位时间服务数量）
ρ	服务强度
P_n	系统内恰好有 n 位顾客的极限概率
λ_e	顾客平均进入率（有效到达率）

表 4-3 中，λ 和 μ 的值常通过下列两个公式计算得到，

$$E[到达间隔时间]=1/\lambda$$
$$E[服务时间]=1/\mu$$

指标 L、L_Q、W、W_Q、P_n 都是排队系统达到稳态时的性能指标，其中系统中的平均顾客数等于队列中的平均顾客数与正在服务的平均顾客数之和。对稳态存在的条件说明如下：

对于顾客到达率为 λ 和服务速率为 μ 的 $A/S/c/\infty$ 模型（即无限容量情形），满足顾客到达率小于服务率，即 $\lambda < c\mu$ 时，系统可以达到稳态；如顾客到达率大于等于服务率，则系统中排队人数会越来越多，无法达到稳态。

当排队容量有限时，即对于 $A/S/c/K$ 模型，即使出现顾客到达率大于服务率，有限的排队容量也会导致顾客流失，进而使得顾客有效到达率小于服务率，因此，该排队系统可以进入稳态。

4. 性能指标之间的通用关系

利特尔法则（Little's law）是排队理论中最普遍、最通用的定律之一，它由 John D. C. Little 于 1961 年首次提出并证明。下面给出利特尔法则的极限/期望版本，对于一个稳态的排队系统，令 λ^* 表示顾客的有效到达速率 λ，则排队队长等于到达率与等待时间之积：

$$L = \lambda^* W \tag{4-3}$$
$$L_Q = \lambda^* W_Q \tag{4-4}$$

需要注意的是，当排队系统容量有限时，有效到达率 λ^* 等于顾客到达率减去顾客流失速率。

依据定义，系统内顾客数的期望值等于排队顾客数的期望值与正在接受服务顾客数的期望值之和，即

$$L = L_Q + \lambda^*/\mu \tag{4-5}$$

式（4-5）两边同除以有效到达率可以得到式（4-6），即顾客在系统内的预期时长等于预期排队等待时长加上预期服务过程时长：

$$W = W_Q + 1/\mu \tag{4-6}$$

上述四个公式为利特尔法则的内容,该公式的奇妙之处在于其可以广泛用于任何排队系统,与顾客到达时间间隔或服务时间的概率分布无关。

4.2.4 经典的排队模型

本节中介绍的经典排队模型都遵循如下前提和假设:

假设 1:只考虑一类顾客,顾客单个到达且相互独立,其到达服从泊松分布,或到达时间间隔服从指数分布,顾客源无限并遵循"先到先服务"的服务规则。

假设 2:只考虑一类服务台,服务时间独立同分布。

假设 3:顾客到达后,如果服务台忙,则对应该服务台排成单队列等待,不考虑顾客止步与中途退出行为。

1. $M/M/1$ 模型

$M/M/1$ 排队模型是最简单、最经典的基础模型,是指在排队系统中,顾客的到达间隔时间和服务时间均服从指数分布,服务系统仅有一台服务台以"先到先服务"的方式为顾客提供服务,顾客源和服务站最大容量均无限,其结构如图 4-9 所示。

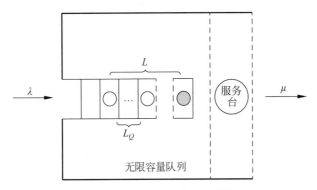

图 4-9 $M/M/1$ 排队模型结构

当 $\rho=\lambda/\mu<1$ 时,$M/M/1$ 排队模型可以达到稳态,此时系统中有 n 位顾客的稳态概率是

$$P_n = (1-\rho)\rho^n, \quad n \geqslant 0$$

由此可得服务台空闲的稳态概率为

$$P_0 = 1 - \sum_{n=1}^{\infty} P_n = 1 - \rho$$

最重要的四个性能指标公式表示如下:

$$L = \frac{\rho}{1-\rho} \tag{4-7}$$

$$L_Q = L - \frac{\lambda}{\mu} = \frac{\rho^2}{1-\rho} \tag{4-8}$$

$$W = \frac{L}{\lambda} = \frac{1}{\mu-\lambda} \tag{4-9}$$

$$W_Q = W - \frac{1}{\mu} = \frac{L_Q}{\lambda} = \frac{\rho}{\mu - \lambda} \tag{4-10}$$

依据式(4-7)~式(4-10)，可知随着服务台利用率 ρ 的增加，平均队长与平均等待时间四个性能指标增加；当 ρ 趋向于 1 时，四个指标均趋于无穷大。由于排队容量无限制，因此该 $M/M/1$ 排队系统的产出率等于到达率 λ。

【例 4-1】

某居民区旁空旷处新建有一个电动汽车充电站，内部目前只安装了一个单枪型公共快充充电桩，据统计现在每 2h 平均就会有 3 辆电动汽车前来充电，每辆电车平均需要 24min 便能完成充电。电动汽车的到达服从泊松分布，充电顺序先到先服务，充电时间服从指数分布。该充电站附近有一个很大的停车场，可以认为等待队列无容量闲置。求：

(1) 充电桩处于空闲和忙碌状态的概率；
(2) 充电站内电动汽车的平均数量以及排队队列中电动汽车的平均数量；
(3) 电动汽车在充电站中的平均逗留时间和平均排队时间；
(4) 电动汽车在充电站内花费 30min 以上时间的概率。

解 由题意可知，该充电过程可以看作 $M/M/1$ 型排队模型，$\lambda = \frac{3}{2} = 1.5, \mu = \frac{60}{24} = 2.5$。

(1) 充电站忙碌的概率
$$P_{\text{busy}} = \rho = \lambda/\mu = 0.6$$
充电站空闲的概率
$$P_{\text{idle}} = 1 - \rho = 1 - 0.6 = 0.4$$
充电站忙碌的概率也等于充电站内至少有一位顾客的概率。

(2) 充电站内电动汽车的平均数量
$$L = \rho/(1 - \rho) = 1.5 \text{ 辆}$$
排队队列中电动汽车的平均数量
$$L_Q = L - \rho = 0.9 \text{ 辆}$$

(3) 电动汽车在充电站中的平均逗留时间
$$W = 1/(\mu - \lambda) = 1\text{h}$$
一辆电动汽车的平均排队时间
$$W_Q = W - 1/\mu = (1 - 2/5)\text{h} = 0.6\text{h}$$

(4) 已知到达时间间隔以及服务时间均服从指数分布，由指数分布性质可知逗留时间也服从指数分布。在第(3)问中已求得平均逗留时间为 1h，那么由式(4-2)可以得到逗留时间的概率分布 $F(t) = 1 - e^{-t}$，所以
$$P(T \geqslant 0.5) = 1 - F(0.5) = e^{-0.5} = 0.6065$$

2. $M/M/c$ 模型

$M/M/c$ 排队系统可以认为是 $M/M/1$ 排队系统的拓展。$M/M/c$ 排队系统中能够提供服务的服务台的数量为 c，其呈并行结构且不同的服务台之间的服务率相互独立并相同。

当 $c=1$ 时，$M/M/c$ 系统及排队分析中的性能指标均退化为 $M/M/1$ 系统及相对应的指标。此外，$M/M/c$ 排队系统其他假设仍与 $M/M/1$ 模型相同，包括采用 FCFS 服务规则，到达时间间隔与服务时间均遵循指数分布，顾客数量和服务台容量没有限制等，其结构如图 4-10 所示。

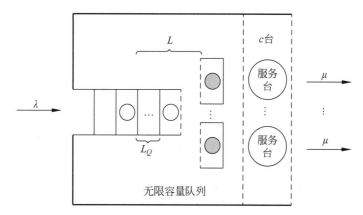

图 4-10 $M/M/c$ 排队模型结构

在 $M/M/c$ 排队模型中，当且仅当服务台利用率 $\lambda/(c\mu)<1$ 时，系统才能达到稳态，此时系统中有 n 位顾客的稳态概率公式为

$$P_n = \left[\sum_{i=0}^{c} \frac{1}{i!}\left(\frac{\lambda}{\mu}\right)^i + \frac{c^c}{c!}\frac{\rho^{c+1}}{1-\rho}\right]^{-1}\rho_n, \quad n \geqslant 0 \quad (4\text{-}11)$$

其中

$$\rho_n = \begin{cases} \dfrac{1}{n!}\left(\dfrac{\lambda}{\mu}\right)^n, & 0 \leqslant n \leqslant c \\ \dfrac{c^c}{c!}\rho^n, & n \geqslant c+1 \end{cases}$$

此时最主要的四个指标公式表示如下：

$$L_Q = \frac{P_c \rho}{(1-\rho)^2} \quad (4\text{-}12)$$

$$L = L_Q + \frac{\lambda}{\mu} = \frac{P_c \rho}{(1-\rho)^2} + \frac{\lambda}{\mu} \quad (4\text{-}13)$$

$$W_Q = \frac{L_Q}{\lambda} = \frac{P_c}{c\mu(1-\rho)^2} \quad (4\text{-}14)$$

$$W = W_Q + \frac{1}{\mu} = \frac{P_c}{c\mu(1-\rho)^2} + \frac{1}{\mu} \quad (4\text{-}15)$$

当服务台利用率 ρ 趋近于 1 时，四个指标 L、L_Q、W、W_Q 全部趋于无穷大。当 $c=1$ 时，这四个性能指标退化为式(4-7)~式(4-10)。接下来讨论一下 $M/M/c$ 的另一种极限情形，在自助服务时，可以认为有无穷多个服务台，$M/M/c$ 演化为 $M/M/\infty$。由于 c 趋向于无穷，则所有服务台的利用率为 0，可知 $M/M/\infty$ 系统不需要排队，系统中的逗留时间为平均服务时间。即

$$W = \frac{1}{\mu}, \quad L = \lambda W = \frac{\lambda}{u}, \quad L_Q = W_Q = 0$$

【例 4-2】

延续例 4-1 中的充电站描述,运营者在一段时间后发现,随着电动汽车的推广,现在的客户数明显增加,重新测算后为每 1h 平均有 3 辆电动汽车充电,但同时电动汽车车主们也频频向站内工作人员抱怨排队时间过长。所以该名管理者在思索后,考虑在站内再增加 1 个相同型号的充电桩,若此时其他的条件不变,那么请测算,如果成功多安装一个桩后:

(1) 充电站内电动汽车的平均数量以及排队队列中电动汽车的平均数量;

(2) 电动汽车在充电站中的平均逗留时间和平均排队时间;

(3) 假设每辆来充电的电动汽车均为出租车,若每辆车停工 1h 的平均损失费为 100 元,试问在此充电站充电的每辆电动汽车平均会损失多少?

解 由题意可知,该题可看作 $M/M/2$ 排队模型进行分析,$\lambda=3, \mu=2.5, c=2$。

(1) 可知设备的利用率为

$$\rho = \lambda/c\mu = 3/5 = 0.6$$

根据 $M/M/c$ 排队模型,可得

$$\rho_c = \rho_2 = \frac{1}{2!}\left(\frac{3}{2.5}\right)^2 = \frac{18}{25} = 0.72$$

$$P_c = P_2 = \left[\sum_{i=0}^{2} \frac{1}{i!}\left(\frac{3}{2.5}\right)^i + \frac{2^2}{2!} \times \frac{0.6^{(2+1)}}{1-0.6}\right]^{-1} \rho_2 = \frac{1}{4} \times 0.72 = 0.18$$

排队队列中电动汽车的平均数量

$$L_Q = \frac{P_c \rho}{(1-\rho)^2} = \frac{0.18 \times 0.6}{(1-0.6)^2} \text{辆} = \frac{27}{40} \text{辆} = 0.675 \text{辆}$$

充电站内电动汽车的平均数量

$$L = L_Q + \lambda/\mu = (0.675 + 1.2) \text{辆} = 1.875 \text{辆}$$

(2) 电动汽车的平均排队时间

$$W_Q = L_Q/\lambda = 0.675/3 \text{h} = 0.225 \text{h}$$

电动汽车在站中的平均逗留时间

$$W = W_Q + 1/\mu = (0.225 + 1/2.5) \text{h} = 0.625 \text{h}$$

(3) 由(2)可得,平均每辆车在站内要停留 0.625h,则于该充电站充电的电动汽车平均一次损失

$$0.625 \times 100 \text{元} = 62.5 \text{元}$$

3. $M/M/1/K$ 模型

$M/M/1/K$ 排队模型是 $M/M/1$ 模型的一种特殊情形,顾客源为无限,客户按照速率为 λ 的泊松分布过程到达,服务时间为服从 $\text{Exp}(\mu)$ 分布的独立同分布随机变量,一个服务台以先到先服务的顺序为顾客提供服务。两者假设中唯一的不同在于,$M/M/1/K$ 存在最大的排队容量限制 K,也就是说,等待队列中的顾客数量加上正在接受服务的顾客数量不超过 K,这意味着当等待队列达到容量上限后,新到达的顾客无法加入等待队列,只能选择直接离开。此时,顾客有效到达率即有效进入服务系统的速率低于顾客到达率,有效到达率等

于到达速率与队列容量未满时概率的乘积，即

$$\lambda_e = \sum_{n=0}^{K} \lambda P_n = \lambda \sum_{n=0}^{K-1} P_n + 0 \times P_K = \lambda(1-P_K) \tag{4-16}$$

其中 P_K 表示服务站满员的概率，也是顾客不进入系统的概率。

虽然该 M/M/1/K 排队模型的服务强度 ρ 可能大于 1，但由于存在排队容量限制，该模型总是可以达到稳态。在 M/M/1/K 排队模型有 n 位顾客的稳态概率分布如下所示：

$$P_n = \begin{cases} \dfrac{(1-\rho)\rho^n}{1-\rho^{K+1}}, & \rho \neq 1 \\ \dfrac{1}{K+1}, & \rho = 1 \end{cases}, \quad 0 \leqslant n \leqslant K$$

其中 $\rho = \lambda/\mu$。但应注意，该模型中 ρ 并不是服务台利用率，服务台利用率应由下式计算得出：

$$\frac{\lambda_e}{\mu} = \rho(1-P_K)$$

服务台利用率是基于顾客有效到达率计算得到的（未进入系统的顾客没有利用服务台）。

此时最主要的四个性能指标特征的计算公式如下：

（1）系统内的平均顾客数 L

$$L = \begin{cases} \dfrac{\rho}{1-\rho} - \dfrac{(K+1)\rho^{K+1}}{1-\rho^{K+1}}, & \rho \neq 1 \\ \dfrac{N}{2}, & \rho = 1 \end{cases} \tag{4-17}$$

（2）顾客的逗留时间期望值 W 与等待时间期望值 W_Q。

情况一：仅考虑进入服务系统的顾客，应选取顾客有效到达率进行相应的计算，此时有

$$\begin{cases} W = \dfrac{L}{\lambda_e} = \dfrac{L}{\lambda(1-P_K)} \\ W_Q = W - \dfrac{1}{\mu} = \dfrac{L}{\lambda(1-P_K)} - \dfrac{1}{\mu} \end{cases} \tag{4-18}$$

情况二：针对所有顾客（包含拥有零逗留时间和零排队时间的流失顾客），此时有

$$\begin{cases} W' = \dfrac{L}{\lambda} \\ W'_Q = \dfrac{L}{\lambda} - \dfrac{1-P_K}{\mu} \end{cases} \tag{4-19}$$

（3）队列内的平均顾客数 L_Q。

对于队列中顾客数量的期望值，依据利特尔法则，分别针对进入服务系统的顾客群体和所有的顾客分别计算：

$$L_Q = \lambda_e W_Q \tag{4-20}$$

$$L_Q = \lambda W'_Q \tag{4-21}$$

该模型常用来估算单服务台有限容量场景下，由于等待区域过小或者等待队伍过长而

导致的损失,也可以用以指导单位容量空间设置的决策。

【例 4-3】

延续例 4-2 中的描述,由于同型号充电桩缺货,该充电站并没有成功安装新的充电桩,即目前只有一台充电桩。但出于运营需要,该站的管理者决定将筹集资金用于设备的升级(对其内部功率进行转换,不涉及充电枪头数量的改变)。经估算,升级后每辆车平均仅用 15min 便可完成充电,电动汽车也以平均每小时 5 辆的频率到达。但现在该站的运营面临着另一个问题,即充电站周围开始新建商业中心,附近街道将被纳入交通管制。这使得管理者开始思考购置周围的土地用于停放车辆,假设该名管理者最后决定扩建充电站以使其最多可以容纳 5 辆车(含充电桩前的停车位),请回答下面的问题:

(1) 到达车主发现站满的概率是多少?
(2) 进入车站的电动汽车将预期花费多少时间?
(3) 到达的电动汽车将预期花费多少时间在排队上?
(4) 如果管理者希望由于等待区域不足而使得到达顾客转向其他充电站充电的占比低于 25%,那么应该至少将充电站的最大容量设置为几辆车?

解 由题意可知,该题可看作 $M/M/1/5$ 排队模型,此时 $\lambda=5, \mu=4, K=5$。
(1) 可知此时
$$\rho = \lambda/\mu = 5/4 = 1.25 \neq 1$$
根据 $M/M/1/K$ 排队模型,服务站达到容量上限的概率为
$$P_K = P_5 = \frac{\left(1-\frac{5}{4}\right) \times \left(\frac{5}{4}\right)^5}{1-\left(\frac{5}{4}\right)^{5+1}} = \frac{3125}{11\,529} \approx 0.271$$

(2) 由于 $\rho \neq 1$,则充电站内电动汽车的平均数量
$$L = \frac{\rho}{1-\rho} - \frac{(K+1)\rho^{K+1}}{1-\rho^{K+1}} = \left[\frac{\frac{5}{4}}{1-\frac{5}{4}} - \frac{(5+1)\times\left(\frac{5}{4}\right)^{5+1}}{1-\left(\frac{5}{4}\right)^{5+1}}\right]\text{辆} = \frac{12\,035}{3843}\text{辆} \approx 3.132\text{ 辆}$$

则此时进入顾客的平均逗留时间为
$$W = \frac{L}{\lambda_e} = \frac{L}{\lambda(1-P_K)} = \frac{12\,035}{3843} \times \frac{1}{10\left(1-\frac{3125}{11\,529}\right)}\text{h} = \frac{7221}{16\,808}\text{h} \approx 0.430\text{h}$$

(3) 由题意可知,此即求到达电车的平均排队时间,有
$$W'_Q = (1-P_K)W_Q + 0 = (1-P_K)\left(W - \frac{1}{\mu}\right)$$
$$= \left(1-\frac{3125}{11\,529}\right)\left(\frac{7221}{16\,808} - \frac{1}{4}\right)\text{h} \approx 0.180\text{h}$$

(4) 可知转向其他充电站的顾客数量与到达顾客数的比例为
$$\frac{\lambda - \lambda_e}{\lambda} = P_K$$

而在(1)中已得到 $P_5 \approx 0.271$,则应在此基础上考虑 K 变大的情形,计算得

$$P_6 = \frac{\left(1-\frac{5}{4}\right) \times \left(\frac{5}{4}\right)^6}{1-\left(\frac{5}{4}\right)^{6+1}} \approx 0.253, \quad P_7 = \frac{\left(1-\frac{5}{4}\right) \times \left(\frac{5}{4}\right)^7}{1-\left(\frac{5}{4}\right)^{7+1}} \approx 0.240$$

由计算结果可知，管理者若想使顾客流失率低于25%，则应至少设置7个车位空间。

4. M/M/c/K 模型

$M/M/c/K$ 排队模型是 $M/M/1/K$ 模型的推广，此时必须保证服务站的最大容纳顾客数 K 不得小于站内服务台数量 c，此外，$M/M/1/K$ 模型的其他假设均适用。由于容量有限，则该模型也存在稳定状态，此时系统中有 n 位顾客的稳态概率分布为

$$P_n = \left[\sum_{i=0}^{c} \frac{1}{i!}\left(\frac{\lambda}{\mu}\right)^i + \rho\right]^{-1} \rho_n, \quad 0 \leqslant n \leqslant K$$

其中 $\rho = \lambda/(c\mu) < 1$，但此时的 ρ 并不是服务台利用率，且有

$$\rho = \begin{cases} \dfrac{c^c}{c!} \dfrac{\rho^{c+1}(1-\rho^{K-c})}{1-\rho}, & \rho \neq 1 \\ \dfrac{c^c}{c!}(K-c), & \rho = 1 \end{cases}$$

$$\rho_n = \begin{cases} \dfrac{1}{n!}\left(\dfrac{\lambda}{\mu}\right)^n, & 0 \leqslant n \leqslant c \\ \dfrac{c^c}{c!}\rho^n, & c+1 \leqslant n \leqslant K, K \geqslant c+1 \end{cases}$$

服务台利用率则由下式计算得到：

$$\frac{\lambda_e}{c\mu} = \rho(1-P_K)$$

由于四个主要特征的计算公式过于复杂，且有学者专门对其进行了整理(可参考本章参考文献[2])，因此本书中不再展示。同时该模型也存在一个特殊情形，即 $c=K$ 时的 $M/M/K/K$ 模型，该模型中服务台数等于服务站的最大容纳顾客数，则在此情况下站内不存在排队等待现象，停车场可被看作 $M/M/K/K$ 模型的典型实例。

5. M/G/1 模型

在 $M/G/1$ 模型中，顾客按照泊松分布到达，服务时间为任意分布下的独立同分布随机变量，其平均值为 $1/\mu$，方差为 σ^2，其他假设与 $M/M/1$ 模型相同，包括系统稳定的充要条件 $\lambda < \mu$。虽然此时系统状态的概率无法通过公式来确定，但仍可给出稳态时的平均队列长度公式 $L_Q = \dfrac{\rho^2 + \lambda^2 \sigma^2}{2(1-\rho)}$，服务台利用率 $\rho = \lambda/\mu < 1$，因此系统中的平均顾客数 $L = L_Q + \rho$，等待时间与系统中的逗留时间可以通过利特尔法则直接求得。

由式 $L_Q = \dfrac{\rho^2 + \lambda^2 \sigma^2}{2(1-\rho)}$ 可以看出，当服务时间差异性变大时，等候队列长度随之变长。所以在管理实践中，管理者常通过提供标准化服务来控制服务时间的差异性，继而减少系统中等候服务的平均顾客数。

特别地，当服务时间服从指数分布时，将其方差 $\sigma^2 = 1/\mu^2$ 代入上述四个指标公式便可对应得到 $M/M/1$ 模型的结果；而当服务时间为确定常数时，便转换为服务时间方差为0

的 $M/D/1$ 模型,此时则有 $L_Q=\rho^2/[2(1-\rho)]$,这表明等待队列长度同样也会受到间隔时间差异性的影响,而相应的预约调度方法便能减少差异的影响;再来考虑当服务台数量趋向于无限时的 $M/G/\infty$ 模型,该模型的特征表示与 $M/M/\infty$ 情形下的完全相同,常用来表示自我服务过程(超市购物时的自主选购阶段等),或者几乎不需要等待的情况(消防队出队等)。

【例 4-4】

与例 4-1 相关,在充电站建造之后,有聪明的商家嗅到了商机,把握机会在充电站旁边经营了一家自助洗车房,该洗车房一次只能容纳一辆车进行洗车。由于其价格低廉,除去电动汽车外,燃油车也会前来使用(洗车时各型号电动汽车和燃油车可认为是同质的),据测算,平均每 40min 便会有一辆车到达,且到达过程服从泊松分布。但是自助洗车房也对车主的使用时间提出了要求,规定其必须在 30min 内使用完毕,所以洗车时间的分布可近似为 18~30min 的均匀分布。该分析依旧考虑充电站运营初期的相似情况,认为洗车房的排队空间是无限制的,且遵循先到先服务的服务规则。请完成以下问题:

(1) 计算自助洗车房四个主要特征的数值。

(2) 仅根据特征指标表现,从客户角度出发,比较例 4-1 和本题中哪一种模型的效率更高。该结论是基于哪个指标得出的?并为这种差异提供一个直观解释。

(提示:两个模型的 λ 值和 ρ 值相同)

解 自助洗车过程可以看作 $M/G/1$ 型排队模型,$\lambda=\dfrac{3}{2}=1.5$,服务时间 $\sim \mathrm{Unif}(0.3,0.5)$。

(1) 依照 μ 的定义,以及均匀分布平均值与方差的求解公式,可得

服务时间的平均值
$$1/\mu=(0.3+0.5)/2=2/5, \quad 即\ \mu=5/2$$

此时服务时间的方差
$$\sigma^2=(0.5-0.3)^2/12=1/300$$

由于 $\lambda<\mu$,系统是稳定的,此时系统利用率
$$\rho=\lambda/\mu=0.6$$

对于 $M/G/1$ 模型,可得排队队列中的平均车辆数
$$L_Q=\frac{\rho^2+\lambda^2\sigma^2}{2(1-\rho)}=\frac{0.6^2+1.5^2/300}{2\times(1-0.6)}\ 辆\approx 0.459\ 辆$$

利用利特尔法则,可得待清洗车的平均排队时间
$$W_Q=\frac{L_Q}{\lambda}=\frac{0.459}{1.5}\mathrm{h}=0.306\mathrm{h}$$

待清洗车在站中的平均逗留时间
$$W=W_Q+\frac{1}{\mu}=\left(\frac{49}{160}+\frac{2}{5}\right)\mathrm{h}=\frac{113}{160}\mathrm{h}\approx 0.706\mathrm{h}$$

充电站内的平均车辆数
$$L=\lambda W=\frac{3}{2}\times\frac{113}{160}\ 辆=\frac{339}{320}\ 辆\approx 1.059\ 辆$$

（2）在服务台利用率和顾客平均到达率相同的情况下，相较于 M/M/1 模型，M/G/1 模型的队列长度和平均排队等待时间等表现更短，即 L、L_Q、W、W_Q 的值更小，因此具有更高的效率。

到达间隔时间和服务时间的变化是导致排队的原因。当方差为零时（即无随机性时），由于服务台服务率大于顾客到达率，这时将没有等待队伍。所以可以推断，更大的方差将会导致更长的队列，因此站内也会有更多的顾客。（服务时间方差的影响可以用 M/G/1 模型中的公式严格表示，且 M/M/1 属于 M/G/1）两个服务站的到达分布相同，但是 M/G/1 中的服务时间的方差要小于 M/M/1。

本小节在开篇已总结出适用于上述五类经典模型的通用假设，由于部分模型对于四个重要指标的计算涉及其他中间量，且各个模型的重要指标计算公式都已在相应部分进行了详细展示，故不再重复总结。而五个模型在假设、稳态条件、利用率计算等方面存在明显差异，故本节对此进行了总结，如表 4-4 所示。

表 4-4　五类经典模型的重要差异点总结

排队模型	服务时间分布	服务台数量	单队列最大容量	稳态条件	利用率	特殊情况
M/M/1	指数	单	无限	$\lambda/\mu<1$	λ/μ	$\lambda/\mu \to 1$，四个指标趋于无穷大
M/M/c	指数	多	无限	$\lambda/(c\mu)<1$	$\lambda/(c\mu)$	$M/M/\infty$，所有服务台的利用率为 0
M/M/1/K	指数	单	有限	总是可以	λ_e/μ	—
M/M/c/K	指数	多	有限	$c \leqslant K$	$\lambda_e/(c\mu)$	M/M/K/K，不存在排队等待现象
M/G/1	均值和方差已知	单	无限	$\lambda<\mu$	λ/μ	M/D/1，服务时间为常数；$M/G/\infty$，自我服务过程

4.3　基于排队理论的服务能力规划

本节先从顾客和管理者两个视角描述服务系统的评价指标，介绍三个服务能力规划决策变量，并进一步结合评价指标与决策变量，重点介绍四项服务能力规划准则，以便为系统管理者服务能力规划提供理论依据。

4.3.1　服务评价与决策内容

上一节中已讨论了若干排队模型，并由此得到平均队长与平均等待时间等重要的性能指标，这些指标在进行能力规划时具有重要的指导意义。由于服务系统的管理者和顾客的利益出发点不同，因此，两者对服务系统的性能指标关注点有所不同。服务系统的设计者需要综合考虑两者关注的指标，进行服务能力规划决策。本节从顾客和运营者的角度对较为重要的服务评价指标进行总结，并在最后提出服务系统规划者的常用决策内容。

1. 顾客体验视角的评价指标

顾客是服务系统获取利益的根本来源，顾客的感受将极大地影响服务系统的规划。一一般来说，顾客重视服务的及时性、质量以及价格水平。结合排队理论，顾客主要关注以下几个指标：

1）顾客的平均排队等待时间 W_Q

该指标为顾客最关心的指标之一。现实生活中，等待时间过长必然会造成部分顾客退出等待队伍；而当潜在顾客感知到等待时间过长时，也会避免加入队列，继而造成服务系统的销售损失。大多数情况下服务等待无可避免，所以商家一般都会承诺"快速服务"而不是"立刻服务"。考虑到顾客的感受，管理者需要通过及时调整服务人员的数量或服务速率，将等待时间控制在一定范围内；否则，等待时间过长，一方面可能会导致顾客的流失，另一方面也会使留在服务系统中的顾客难以对服务系统有较高的满意度。

2）平均服务时间 $1/\mu$

顾客总是期望所接受到的服务又快又好，管理者也希望尽可能地多服务顾客，但这通常需要运营者花费高昂的人力培训、设施建设等成本，所以管理者需要在服务水平和成本之间进行权衡。通过对服务人员的培训或流程优化，确实可以提升服务速度，缩短顾客的服务时间；但在无额外的设施设备或人员投资或流程优化的情况下，一味通过缩短服务时间来强行提升服务速度，会造成顾客服务感知质量的下降。服务时间与顾客感知的服务质量在实际中很难权衡。例如，酒店的大堂经理可能需要花费一些时间与顾客建立关系，时间过短，无法与顾客建立联系；时间过长，则容易导致顾客反感。

3）系统内的平均顾客数 L

与排队等待时间相似，服务系统中等待队伍过短或过长都会对顾客造成一定的影响。例如，到外地旅游的顾客，就餐时间经过一家门庭冷落的饭店或排着长长队伍的饭店时，其很大可能不会选择该饭店。针对需求到达高度波动的服务行业，一方面需要通过能力规划决策设置合适的能力水平，另一方面也需要通过临时增加服务人员、增加顾客的自助服务内容等来调节能力，或者通过预约、动态定价等来平滑需求。

2. 系统管理者视角的评价指标

服务系统的管理者通常关注系统的总成本、服务台的利用率、顾客的流失率、顾客满意度等指标，而顾客满意度又受等待时间和等待队长的影响。下面重点介绍前三个指标。

1）总成本

对于提供非公共服务的服务系统来说，成本是管理者最关心的指标之一。服务能力规划涉及的成本包括服务成本和等待成本，随着服务水平的提高，服务成本增加，而等待成本降低，因此总成本会出现如图 4-11 所示的先降后增的情况。最优的服务水平是对应于总成本最低的服务水平，此时服务成本和等待成本达到了很好的平衡。

2）顾客流失率

服务系统由于队列容量不足、服务速率不高等原因可能会导致顾客无法加入等待队列或者顾客由于等待时间过长而直接离开，这些都称为顾客流失，流失的顾客数量占总顾客数的比例称为流失率。顾客的流失率直接影响服务水平，可能会导致顾客永久性流失，即顾客不会再选择该服务系统。顾客的流失率高，意味

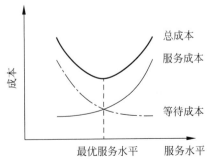

图 4-11 最优服务水平与成本之间的关系

着服务系统能力不足,也潜在意味着服务水平有待进一步提高。在现实生活中,流失的顾客数通常在采用叫号系统的服务业中更容易获取。例如餐饮业,此时排队叫号但未真正就餐的顾客则可被认为流失,就餐人数也很容易从系统后台获取,由此估算顾客流失情况。但需要注意,隐形顾客流失难以感知,但依据有限数据测算得到的流失率往往为真实流失率的下限,该估计值对服务能力规划也有指导性作用。

3) 服务台利用率

服务台利用率一般指服务台实际工作时长占总运营时间的比率,该指标取决于服务速率、顾客人数,常用于衡量服务人员劳动强度、设备工作强度等。由于服务系统需求到达的波动性较高,服务台的利用率不宜过高,维持在70%左右即可。过高的利用率意味着顾客到达服务系统时需要排较长时间的队,过低的利用率则意味着服务台的闲置。因此,合理的服务能力规划应考虑顾客排队与服务台闲置之间的权衡。

3. 决策变量

在进行服务系统能力规划时,一般考虑如下三个决策变量:①服务台数量;②服务速率;③排队队列容量。其中,服务速率可通过人力资源的培训与合理排班、服务设备改装升级进行提升。而目前随着社会发展和人们对生活品质的要求提升,可知顾客的等待成本显著增加,即如图4-12所示,等待成本曲线由 W_1 向 W_2 移动,顾客等待相同时间下的等待成本得到提升。如果服务系统的设计者能够合理地规划系统能力,使服务成本降低,体现在服务成本曲线由 S_1 向 S_2 移动,就会形成新的更短的最佳等待时间 T_2,此时的总成本依旧为最小值。因此,未来的服务业会出现等待时间越来越短,对服务水平的要求越来越高的情景。

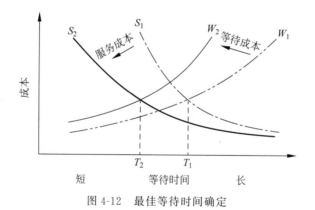

图 4-12 最佳等待时间确定

4.3.2 能力规划准则

1. 平均顾客等待时间准则

平均顾客等待时间准则与顾客的感知等待时间有关,利用 $M/M/1$ 模型中的相关式(4-7)~式(4-10),固定服务台平均服务率为每小时20位顾客,通过改变顾客平均到达率,从而改变服务系统利用率 ρ 的大小,可计算得出平均等待时间与产能利用率之间的关系,如图4-13所示。由该图可知,当产能利用率增加时,顾客平均等待时间会延长,尤其是利用率超过80%以后,平均等待时间快速增加。实际案例中,系统管理者为了避免服务台的过度闲置,一般会采取顾客等待的方法;但当服务台利用率过高时,顾客等待时间会非常长,这会进一步导致顾客流失率的增加。因此,管理者通常会为顾客平均等待时间设定一定的阈值,要求顾客平均等待时间不超过这一阈值。所以该准则常结合相关的排队模型使用,即通过设置合适的服务速率或服务台数量,保证顾客平均等待时间在可控的范围内。

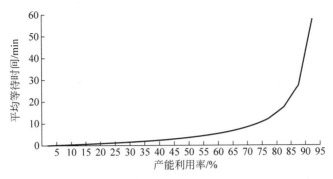

图 4-13 平均等待时间与产能利用率的关系

【例 4-5】

例 4-2 中当 $c=2$ 时,电动汽车的平均排队时间 W_Q 为 0.225h,此时经营者欲提高服务水平,即希望保证平均顾客等待时间低于 5min,提出了设置 3 台服务台的方案。判断该方案是否可行。

解 可利用 $M/M/3$ 排队模型进行测算。此时 $\lambda=3, \mu=2.5$,设备的利用率为 $\rho=\lambda/c\mu=3/(2.5\times3)=0.4$。

根据 $M/M/c$ 排队模型,计算得该情况下电动汽车的平均排队时间

$$W_Q = L_Q/\lambda = 0.031\text{h} = 1.86\text{min} < 5\text{min}$$

因此,多设置 1 台充电桩以提高服务水平的方案是可行的。

2. 等待时间过长的概率准则

在一些强调服务水平的服务系统中,尤其是社会公共服务机构,常常需要保证一定比例的顾客等待时间不超过某一阈值。这里所指定的服务水平通常被描述为:使不少于 $P\%$ 的顾客等待的时间不长于 T 个时间单位。虽然都以等待时间对服务能力进行评估,但与平均顾客等待时间准则不同的是,该准则能充分考虑顾客个体的等待时间不超过某一阈值,而不是平均等待时间。针对这一准则,需要考虑等待时长的概率分布,进一步提高顾客的服务水平。例如,医院通常规定对不少于 95% 的 120 求救电话,救护车应在 10min 内做出响应;移动通信公司也希望达到公共设施委员会针对电话服务所设定的绩效标准,即不少于 89% 的来电可在 10s 内得到应答。

【例 4-6】

银行经营者计划在一片新商业区设立 ATM,希望通过 ATM 覆盖足够多的客户以提升其他银行业务的收益。该经营者估计该区域平均每小时顾客到达数为 24 人,到达服从泊松分布,其所采用的 ATM 使得完成整个服务时间过程平均需要 5min,历史数据表明,该时间服从指数分布,且默认排队空间无限制。经营者欲保证在 97% 的时间内,到达的顾客都

有空闲的 ATM 使用,应当设立几台 ATM?

解 该排队系统属于 $M/M/c$ 模型,根据式(4-11)可进一步推导出

$$P(n \geqslant c) = 1 - P_0 \sum_{i=0}^{c-1} \frac{\rho^i}{\lambda!} = \frac{\rho^c \mu c}{c!(\mu c - \lambda)} P_0$$

由此计算得到 c 取不同值时顾客等待的概率,将计算结果列于表 4-5,可以看出当 $c=6$ 时,$P(n \geqslant c)=0.02$,此时满足了必须等待的顾客比例少于 3% 的准则,即经营者应当设立 6 台 ATM。

表 4-5　所有 ATM 均在使用的概率

c	P_0	$P(n \geqslant c)$
3	0.11	0.44
4	0.13	0.27
5	0.134	0.06
6	0.135	0.02

3. 顾客等待成本与服务成本之和最小化准则

服务能力规划阶段关注的成本包括顾客等待成本与服务成本,若假设服务成本和等待成本均为时间的线性函数,且不同方案之间的比较均以系统稳态下的性能指标为基础,那么可以得到单位时间总成本的计算公式,即单位时间总成本＝单位时间服务成本＋单位时间等待成本,数学公式表达为(等式根据利特尔法则即式(4-3)得到)

$$\text{TC}(c) = C_s c + C_w \lambda W = C_s c + C_w L \tag{4-22}$$

式中,c——服务台数目;

C_s——单位服务台单位时间的服务成本;

C_w——单位顾客单位时间的等待成本;

λ——单位时间内顾客的到达数量;

W——顾客在系统内的平均逗留时间;

L——系统内的平均顾客数。

此时常用 $M/M/c$ 模型或者 $M/M/c/K$ 模型测算最佳的服务台数量,并且在自助服务形式时,将逗留时间 W 替换为排队等待时间 W_Q 更为合理。同时,虽然等待成本在现实生活中并非时间的严格线性函数,但鉴于等待成本函数复杂并难以确定,所以在测算时可以假设线性等待成本。由于服务台数量应取整数,所以常采用边际分析(marginal analysis)求得,即最优的服务台数量 c^* 应满足

$$\begin{cases} \text{TC}(c^*) \leqslant \text{TC}(c^*+1) \\ \text{TC}(c^*) \leqslant \text{TC}(c^*-1) \end{cases}$$

另一种采用该准则的优化问题则是利用 $M/M/1$ 模型测算最优服务率 μ^*。以 $M/M/1$ 模型为例,根据利特尔法则式(4-3)~式(4-6),可将式(4-22)转化为关于 μ 的函数,即

$$\text{TC}(\mu) = C_s \mu + C_w L = C_s \mu + C_w \frac{\lambda}{\mu - \lambda}$$

此时,C_s 可以理解成增大单位服务率所需花费的单位时间成本。由于 TC 是 μ 的连续函数,则可使用经典微分法求出总费用的极小值点,过程省略,最终可得 $\mu^* = \lambda + \sqrt{\frac{C_w}{C_s} \lambda}$。由

于 $M/M/1/K$ 模型存在服务空间限制,则更注重外部客户到达却转而离去的损失,此时等待成本不易获得,故先忽略,由此得到该模型下的总费用表达式,总费用＝服务成本＋顾客损失费用,即

$$\mathrm{TC}(\mu) = C_s\mu + G\lambda p_K = C_s\mu + G\lambda \frac{\lambda^K \mu - \lambda^{K+1}}{\mu^{K+1} - \lambda^{K+1}}$$

式中：G——服务单位顾客的利润；

p_K——顾客流失的概率。

此时该目标函数是关于 μ 的高次方程,通常采用数值计算或者图形法近似求出 μ^*。

4. 等待区域过小的销售损失概率准则

在等待空间有限的情况下,服务系统管理者需要在等待区域闲置和顾客离开造成损失之间进行权衡,等待区域越大,顾客止步与退出的概率就越小。当顾客到达率 λ 与服务率 μ 固定时,等待区域与平均等候时间、止步概率的关系可由图 4-14 描述,该准则结合 $M/M/1/K$ 模型或 $M/M/c/K$ 模型对容纳空间进行决策,相关问题可参看例 4-3 第(4)问。也可以采用类似于上一准则的目标,通过选择恰当的等待区域大小,使得扩大等待区域的投资成本与因等待区域过小而造成的销售损失之和最小。

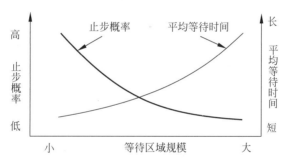

图 4-14 给定 λ 和 μ 情况下逃避与放弃的均衡

以上提到的四种服务能力规划准则各有自己的特点和最佳适用场景,平均顾客等待时间准则常强调等待时间的重要性,在替代性较高、服务忠诚度较低的行业中更适用,如餐饮业;而等待时间过长的概率准则除强调响应时间的及时性之外,还将顾客的服务比例考虑在内,常被用于强调社会公共服务属性和具有紧急性质的机构,如医院急诊、救护车、消防出警等场合;顾客等待成本与服务成本之和最小化准则重视系统整体的总成本,旨在找到服务成本和等待成本之间的平衡点,由于服务成本常反映在设施和设备的建设成本或者人力成本上,所以对带有一定操作特性的服务行业更适用,如银行等;等待区域过小的销售损失概率准则常见于服务空间为限制条件甚至盈利基础的服务场合,典型场景为停车场、充电站等,规划者应当根据自身目标和所在的行业特点选择服务能力规划准则。

4.4 本章小结

合理的服务能力能够有效提升服务质量水平并增加系统收益,而设计服务系统时应用合理的服务规划准则能够对社会经济生产和生活水平产生正向影响。

服务系统的能力可从输入和输出两个维度进行定义,由于基于服务系统输出的能力通常难以衡量,则服务能力常基于服务系统输入被定义为按照预先设计的服务流程在单位时间内能够服务顾客的数量。按照不同的分类标准,服务能力存在最优与最大、固定与可变服务能力的区别。针对同一类型的服务,服务能力的大小主要受到人力资源、支持性设施/设备、辅助性设备的影响。服务能力规划的目标是在满足一定服务水平的约束下,使得配置服务资源的总成本最小化、服务系统总利润最大化等。在服务能力规划方法中,排队论是最常用的方法之一。排队系统主要有六个基本特征:①需求群体;②到达过程;③排队结构;④排队规则;⑤服务过程;⑥离开。每个特征都会对排队系统的属性产生重要影响。研究者通常使用肯德尔符号(Kendall's notation,$A/S/c/K/N/D$)对排队模型进行描述,泊松分布与指数分布是研究排队系统最基础的概率知识。排队系统主要的四个绩效测度指标是队列中和系统中的平均顾客数量,以及队列中和系统中顾客的平均等待时间,在已知任何一个指标的情况下,利用利特尔法则(Little's law)可确定其他三个指标的表现。排队模型按照服务站数量,可分为简单排队模型和排队网络模型两类,简单排队模型中的经典模型包括$M/M/1$模型、$M/M/c$模型、$M/M/1/K$模型、$M/M/c/K$模型、$M/G/1$模型。

在评价服务系统时,顾客和管理者评价的视角和关注的性能指标有所不同,管理者应适当权衡成本和顾客满意度,来对服务台数量、排队等待空间或者服务速率进行决策。常用的四个能力规划准则为平均顾客等待时间准则、等待时间过长的概率准则、顾客等待成本与服务成本之和最小化准则、等待区域过小的销售损失概率准则,不同的服务运营环境适用于不同的准则和排队模型。

本章习题

1. 判断下列说法是否正确,并根据本章知识对你的判断进行论述。
(1) 在排队系统中,顾客等待时间的分布只与所采取的服务规则有关;
(2) 只要运行足够长的时间,无论顾客到达和接受服务的情况如何,服务系统总可以到达稳态;
(3) 假设有两个服务系统,两者的顾客到达分布及服务时间分布完全相同,但一个具有有限容量,另一个容量无限,则顾客在容量有限的排队系统中平均等待时间更短;
(4) 在顾客到达时间分布相同的情况下,平均顾客等待时间与服务时间分布的方差有关,且服务时间分布的方差越大,平均顾客等待时间越长。

2. 某医院的核酸检测点安排了两个检测窗口,分别由一位医护人员负责。有检测需求的顾客以平均每小时40人的速度进入检测点,医护人员为单位顾客进行核酸检测的平均用时为2min。若两位医护人员均处于忙碌状态,那么待检测顾客都会进入同一个单列队伍中等待,该排队空间默认无限制。据以往的数据统计表明,在接受核酸检测前,待检测顾客的平均等待时长为1min。
(1) 该服务系统是一个排队系统吗?若是,请进行详细说明。
(2) 虽然并不知晓该系统的顾客到达时间间隔以及服务时间的概率分布,但是请依照所学内容确定基本测度指标L、L_Q、W、W_Q的数值。(提示:利用利特尔法则)

3. 某纺织厂主要使用织布机生产布料,由于织布机数量较多,且织布机容易产生细小偏差，故该厂负责人专门设置了两个织布机维修组对其进行维修。目前的运作形式为，两个维修组分别对其所负责的织布机进行维修，假设其所负责的两部分织布机属性（数量、损坏概率等）相同，各部分织布机平均每天有 4 台需要维修，其维修需求的到达服从泊松分布过程，且无维修空间约束。每个维修组平均每天可维修 5 台织布机，该维修时间服从指数分布。负责人欲提高协作效率，正在考虑改变各部分负责的形式，尝试将两部分织布机看成一个整体由两个维修组共同维修，也就是说将两个单服务台系统改为一个单队双服务台系统，具体可参看图 4-15。请计算两种模式的主要服务系统绩效指标，并判断更改后的运作方式是否更有效。你依照何种指标得出该结论，同时又能得出什么管理启示？

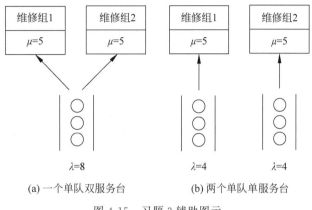

图 4-15　习题 3 辅助图示

4. 针对日益增多的文印需求，某高校的管理学院为了提高本院师生的学习便利性，于学院的入口处安置了一台复印机供师生使用。经统计，在初期运行期间，平均每小时有 4 名师生使用该设备，师生的到达过程服从泊松分布，且每位师生使用该设备的平均时长为 5min，其时长服从指数分布，无等待空间限制。随着每小时使用人数逐渐增多，后勤老师计划当师生预期使用复印机的平均等待时长超过 3min 时再添置一台复印机。试问：(1) 每小时师生到达率增至何种水平时，后勤老师才会再新增一台复印机？(2) 若后勤老师的服务能力规划依据更改为"到达师生必须等待的概率超过 60% 时，再安置第二台复印机"，则在该标准下，每小时到达几位师生时，才能再增添一台复印机？

5. 为提升服务速率和减少服务成本，现在快餐店都开始通过设立自助点单机实行自主点单。某快餐店也开始尝试数字化转型，经测算，平均每 6min 就会到达一位顾客，默认到达过程服从泊松分布，而快餐店现在的服务水平平均每小时只能服务 3 位顾客，服务时长服从指数分布，可认为无等待空间约束。若忽略建设成本，只设定每个自助点单机单位时间的服务成本为 5 元，每位顾客单位时间的等待成本为 25 元，那么为使得总成本最小，求最佳自助点单机数量。（提示：服务台数量为整数，使用边际分析法计算）

6. 某航运公司拥有一座外轮码头，建造有 3 个泊船位，外轮按照平均每天 2 艘船的泊松分布到达。公司目前有一个专门的装卸团队，其平均完成一次装卸操作需要 8h，由于外轮到达时间随机，该码头和装卸团队实行 24h 服务。且为避免混装，该公司一次只能为一艘外轮进行卸货操作，且遵循先到先服务的服务原则。汲取 2021 年苏伊士运河货轮搁浅事故的教训，该航运公司决定加强航运管理，避免长时间码头外等待现象的发生，因此规定每到达的20艘外轮中应至少有19艘外轮可以找到泊船位停靠,试求解以下问题:(1)该公司目前的运营模式是否可以满足其所提出的要求?(2)若对于航运公司来说,一艘外轮在码头内(包含排队等待时间和装卸时间)的滞留损失费为每天1万元,公司考虑以每天4800元的价格为装卸团队增雇员工,以此使一次装卸的时间缩短为6h,请按照合理的方式测算该方案的经济性。

7. 孙先生准备开办1个仅有1台冲洗设备的小汽车冲洗站,假设有冲洗需求的汽车到达过程服从泊松分布,平均每4min到达1辆车,而冲洗时间服从负指数分布,冲洗一辆车的时间为3min。试求解以下问题:(1)孙先生目前正在考虑建设专门的等待场地,若所建设的场地最多能容纳1辆和5辆车(两种情况均包含正在洗车的车辆数),分别测算两种情况下由于等待场地不足而流失掉的汽车比例。(2)假设增加一台冲洗设备的投资成本正好等于扩增4辆车等待场地的建设成本,那么从减少顾客流失的角度考虑,孙先生应该增加一个服务台还是将现在0车的等待场地扩建为能够容纳4辆车呢?(默认单个服务台包含一个服务场地)

8. 为提升员工的工作效率和满意度,某大型公司专门设置了一个自助咖啡间,提供新鲜高档咖啡豆和一台现磨全自动机器供员工使用,其制作一杯现磨咖啡的时间为固定常数5min,且采用电子预约的方式对使用顺序进行排位和提醒。据统计,平均每小时有10位职员预约使用,该预约行为的产生服从泊松分布。由于该公司较大,则可假设顾客源无限,且电子排号的方式也不需要公司设置专门的排队空间。试求解以下问题:(1)在排号系统中,平均等候人数有几位?(2)一位职员平均需要等待多长时间才可以开始制作自己的咖啡?(3)咖啡间的利用率为多少?(4)每小时多于10个人预约的概率是多少?(5)在大促期间,现磨高档咖啡的需求增加,若此时平均每小时有12位员工预约使用,则此改变对平均排队等候人数有何影响?

视频4-3

案例分析

医院资源优化中的排队论方法创新应用

癌症是中国城市人口死亡的第一大原因,是中国农村人口死亡的第二大原因,2022年中国有457万新发病例并造成300万人死亡,癌症死亡人数位居全球第一。其中,放射治疗(简称"放疗")是治疗癌症的有效手段。据估计,中国约70%的癌症患者都会接受放射治疗,最常见的一类放射治疗设备为直线加速器(linear accelerator,LINAC),各种LINAC(如伽马刀、诺瓦利斯、强度调节放射治疗射波刀)在辐射能量和自主操作能力上存在差异,部分LINAC可以用于几乎所有类型的患者,另一些只能用于基础放射治疗。但LINAC价格昂贵,是大多数"放疗"服务的瓶颈。

上海某综合医院也面临"放疗"服务能力与患者需求之间的严重失衡,除了治疗设备能力上的差异,"放疗"过程的重复进入性以及患者的多样性也是导致该现象的原因。首先,放射治疗是一个复杂的过程,其包括预处理和治疗两个阶段。预处理阶段的最后会为患者制订放射治疗计划,即治疗周期、射线剂量和使用LINAC的类型。治疗周期的存在是由于"放疗"并非只是一次进行,而是需要在连续的工作日中,且最好在同一台LINAC设备上开展的(避免额外的校准和分配)。此外,定期的治疗预约也是必要的,以保证患者适当的康复。

患者准备开始治疗和实际开始治疗之间往往存在漫长的等待时间,这一现象在世界范围内都可被观察到。较长的"放疗"等待时间已被证实对临床治疗结果有负面影响,且局部复发的风险会随着等待"放疗"时间的增加而增加,因此,尽量缩短患者的"放疗"等待时间势在必行。为保持较低的肿瘤增长率,专家学者对准备治疗日期和治疗开始日期间隔的最大值(waiting time targets,WTT)做了推荐。但遗憾的是,实际表现与期望目标之间存在明显偏差。例如在哥伦比亚,只有不到75%的放射治疗是在为期14天的WTT内开始的,而该医院的"放疗"患者则需要等待长达两个月。等待流程分析表明,LINAC容量有限是导致该医院患者等待时间过长的主要原因。

尽管"放疗"患者具有不同的治疗目的、紧急程度和癌症部位,但由于LINAC价格昂贵占地面积大,该医院只有一台LINAC,因此不同类型的患者需要共享LINAC。不同类型的患者治疗周期从1次到40次不等,单次治疗时间也并非完全一致,WTT也存在48h到超过一个月不等的时间跨度,所以解决该问题存在不小的挑战。但对于这样困难的问题,管理学者巧妙地转换了视角,最终使用排队论方法成功进行了解决并提高了服务水平。

在常规思路中,研究者通常会将这类系统看作一个多服务器、多队列的排队模型,其中具有不同WTT、治疗周期、单次治疗时长、LINAC需求的"放疗"患者作为客户,LINAC作为具有不同服务速率的服务器。由于此类患者还具有重复进入排队队列的行为,依据排队论知识对该问题进行求解非常困难,所以相关学者采用了以放疗时间为服务台的视角,将每个LINAC的每日容量依据不同的单次治疗时长划分为基本时间槽,这时将单个基本时间槽看作一个服务台,例如,LINAC 1上的8:00—8:10被看作一个服务台,则每天工作8h、服务时间为10min的LINAC可转换为48个服务台。服务台为患者服务的过程可从纵向时间轴上来看,如从3月1日到3月10日,8:00—8:10这个服务台为一位患者进行了服务,完成了其10次的"放疗"要求;3月11日,这个服务台开始为新的患者提供服务。由此可以看出,时间是服务台,每位顾客服务的时长是"放疗"的次数,顾客接受服务的过程就是在服务台前排队、接受服务,然后离开的过程。

根据不同病人类别(治疗目的和康复目的)的单次治疗时长(5min、10min、15min等),将LINAC的容量划分为不同类型的服务台,令同一类患者在同一队列中等待相应的服务台。因此,可将每类患者建模为一个面向多服务台的单队列。从服务台的角度来看,原来复杂的重复进入排队系统就被转换为简单的排队系统。该概念满足每位患者在同一LINAC设备上不间断地接受所有"放疗"的要求,也符合减少同一患者不同时段预约时间偏差的要求。调查显示,相比减少平均等待时间,中国医院更看重减少违反WTT的患者数量。所以按照此服务水平目标,使用该概念下的排队模型并设计相关启发式算法求解,最终可使得该上海医院每天需要的时间服务台数量从125减少至110或111,这有效地提升了LINAC设备的利用率,缓解了该医院"放疗"服务的压力。

资料来源:LI S Q, GENG N, XIE X L. Radiation Queue Meeting Patient Waiting Time Targe[J]. IEEE Robotics & Automation Magazine,2015,22(2):51-63.

案例思考:

1. 该案例中"放疗"服务能力的因素有哪些?分别有哪些具体体现?
2. 该案例使用排队论方法进行服务能力规划,请分析转换视角前应用排队论方法的难点。

3. 阐述该案例转换视角后排队系统的"顾客""服务台"等属性的具体指代，并说明转换后排队系统的基本特征表现。

4. 该案例应用了哪种服务能力规划准则，你认为该准则是否适用于该服务场景，为什么？你认为其他服务能力规划准则是否也被用于该场景下的能力规划？请详细说明。

5. 除去改善患者与有限医疗器材之间的使用安排，你认为针对"放疗"服务能力与患者需求之间的不匹配问题，该医院还可以从哪些方面做出改善？

参考文献

[1] 蔺雷,吴贵生.服务管理[M].北京：清华大学出版社,2008.
[2] 牛映武.运筹学[M].西安：西安交通大学出版社,2013.
[3] 马克,贾内尔.服务管理——利用技术创造价值[M].王成慧,郑红,译.北京：人民邮电出版社,2006.
[4] 弗雷德里克,马克.数据、模型与决策：基于电子表格的建模和案例研究方法[M].李勇健,徐芳超,等译.北京：机械工业出版社,2015.
[5] LI S,GENG N,XIE X. Radiation Queue：Meeting Patient Waiting Time Targets[J]. IEEE Robotics & Automation Magazine,2016,22(2)：51-63.
[6] 桑杰夫,詹姆斯,莫娜.服务管理：运作、战略与信息技术[M].张金成,范秀成,杨坤,译.北京：机械工业出版社,2020.

第 5 章

服务供需管理

视频 5-1

学习目标

* **掌握** 服务需求管理的基本策略；服务供给管理的基本策略。
* **熟悉** 服务供需面临的主要挑战；服务需求的影响因素；服务能力的基本构成要素。
* **了解** 超额预订、动态定价与存量控制等收益管理策略。

 导入案例

美联航驱赶乘客事件

2017年4月9日，一架由芝加哥飞往路易维尔、编号为UA3411的美联航国内航班发生了"暴力驱赶乘客事件"。该机原定于傍晚5时40分起飞，但是美联航发现航班超额订票，为让4名机组人员能于翌日抵达路易维尔，为隔日的航班做准备，便在机上寻找4名自愿下机的乘客，承诺赔偿400美元及一夜酒店住宿费。但加至800美元都无人放弃登机，航空公司于是决定用计算机随机抽出4人。一对被抽到的男女平静接受，但一名自称是医生、与妻子同被抽中的亚裔男子拒绝下机，表示翌日要到路易维尔医院见病人。在争持不下的情况下，3名机场执法人员决定强行拖走该男子，涉事航班则因该事件而延迟约3h起飞。

有乘客将此情景拍下视频并分享至网上，美联航的做法遭到网民指责。事发后，美联航首先在其推特的官方账号上发布声明，为美联航对涉事乘客"另行提供服务"的做法表示道歉，而美国舆论和社交网络对这一轻描淡写的声明并不买账，称其故意忽视了强行拖拽乘客的情节。10日晚上，美联航发表了第二份声明，说美联航员工只是"按照既定程序应对类似情况"，仍对涉事保安和员工表示支持。在舆论的压力下，直到11日下午才发表第三份声明第一次对遭受暴力驱逐的乘客道歉。12日，美联航宣布将对事发航班所有乘客进行赔偿，且承诺不会再动用警力将满员航班的乘客赶下飞机。

资料来源：搜狐网. 2017年4月9日 美联航暴力拖拽华裔乘客下机事件[EB/OL]. (2017-04-12)[2023-08-31]. https://www.sohu.com/a/133474852_133438.

案例思考：需求的不确定性增加了服务供给的难度，在美联航事件中，超额预订策略会给航空公司带来哪些不利影响？当航班满员时，应如何选择被下机的乘客以及如何正确安置这些乘客？

本章概要

供需不匹配现象在服务业中长期存在,平衡供给与需求是服务业经营管理者面临的重大挑战之一。本章围绕服务供求关系及挑战、需求管理、供给管理和收益管理四部分主要内容进行介绍。通过介绍服务供求关系的四种情况,引出服务供需管理的基本思路。之后分别对服务需求管理、服务供给管理展开论述。最后,介绍收益管理的发展历程、适用性及三种基本策略。

5.1 服务供需管理的挑战与策略

企业的供给能力通常是一定的,而企业面临的市场需求却是波动的。无论对于制造业还是服务业,平衡供给和需求始终是至关重要的管理问题。对于服务企业来说,不可能像制造企业那样运用库存管理预先把产品储存起来,也不能用推迟供货等方法。并且对于服务业而言,服务产品需求存在特殊性,因此平衡服务需求与服务供给是服务运营管理面临的一个重大挑战。

5.1.1 服务供需管理面临的挑战

由于服务供给与需求的同步性以及服务的不可储存性等特征,供需失衡是服务企业经常要面对的困境。服务供需管理主要面临以下挑战:

1. 服务需求难预测

服务需求难以准确预测。人们对某些服务的需求可能是根据当时的环境临时决定的,如每天看电影、就餐的人数通常是难以确定的,医院里看急诊的人数通常也是事先不知道的。这类需求一般没有较为稳定的数量,变化比较频繁。

2. 服务供给难存储

服务供给与服务需求具有同步性,很多服务只有顾客到场后才能开始供给,在供给的同时被消费。服务具有不可储存性,这使得服务企业虽然可以预测需求高峰,但无法事先把服务存储起来供应给顾客。例如,本次航班的空座位不能出售给下一次航班的旅客。因此,对于服务企业来说,其服务能力只能在需求发生时进行供给,难以用库存调节供求失衡。

3. 服务供给弹性差

一般情况下,服务机构的最大供应量很难改变。当服务设施/设备/人员满负荷运转时,一般没有其他额外的设施/设备/人员可以补充供给;当服务设施/设备/人员闲置时,也难以减少多余的设施/设备/人员。例如一家酒店的房间、一家餐馆的服务人员、一次航班的座位都较为固定,增加或减少其数量都会带来较大成本。

4. 服务地点难转移

大部分服务有位置限制,只能在合适的时间、合适的地点才能进行供给,无法进行转移。例如旅游服务,景点和服务设施不能从旅游目的地转移到客源地,游客只有到达旅游目的地才能享受到旅游服务。

5.1.2 服务供求平衡情况及策略

由于服务能力相对固定和市场需求的波动性,依据服务能力和服务需求的相对大小关系,可知服务需求和服务能力之间存在四种状态：理想状态、需求超过最佳服务能力、需求过剩、服务能力过剩,如图 5-1 所示。

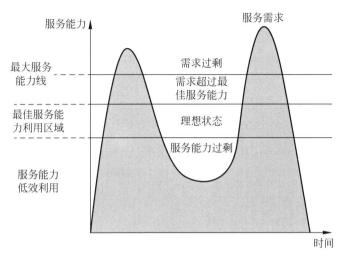

图 5-1　服务供需平衡的四种状态

1. 理想状态

这种状态指服务需求与服务能力存在最理想的匹配关系。在理想状态下,服务能力被最优利用。服务资源既没有被过度使用,也没有被过度闲置。此时,服务质量保持在较高的水平,顾客得到准时、良好的服务。

2. 需求超过最佳服务能力

服务需求超过最佳服务能力,但没有超过最大服务能力,这种情况将造成服务能力的过度使用,虽然能保证所有的顾客得到服务,但是不能保证服务质量;虽然没有顾客离开,但会造成顾客满意度下降。需注意,在有些情况下,最佳服务能力和最大服务能力是相同的,如剧院、体育馆等。

3. 需求过剩

服务需求超过最大服务能力,这种情况下,部分顾客会得不到服务而离开,并且会造成潜在的顾客流失,有损企业的信誉。接受服务的顾客,也可能会因为拥挤的服务而降低服务满意度。

4. 服务能力过剩

服务需求低于最佳服务能力,这种情况下,服务资源没有得到充分利用。接受服务的顾客会怀疑服务企业的生存能力。特别是,当服务质量依赖于其他顾客的存在或参与时,将会因为接受服务的顾客太少而影响感知质量。

服务供给和需求存在以上四种不同的状态,供需平衡是企业管理的目标。服务供需不匹配的程度取决于需求随时间的波动程度和调整供给的难易程度。服务供需平衡管理有两个角度：服务需求管理和服务供给管理,服务供需平衡管理的最终目的是进行收益管理,即实现收益最大化,如图 5-2 所示。

从需求角度进行管理：改变需求以适应现有的供给能力。调节需求使需求高峰降低和

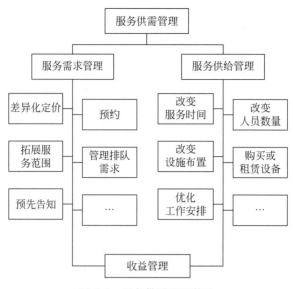

图 5-2 服务供需匹配策略

需求低峰升高,其实质是改变需求曲线以适应供给能力。

从供给角度进行管理:改变供给以适应需求波动。调整生产能力以满足不同的需求,其实质是改变供给曲线以适应需求的变化。

5.2 服务需求管理

顾客需求具有多样性和不确定性。需求管理一直是困扰企业经营者的难题。随着现代服务业的发展,服务需求管理变得越来越复杂,对需求预测的要求也越来越高。除了传统的需求预测方法,基于大数据、人工智能等新技术的预测方法越来越受到关注。

5.2.1 识别服务需求

进行需求管理,首先必须了解顾客是哪些人以及顾客需要什么。服务管理者需要收集顾客的信息,如顾客的年龄、性别、职业、收入、偏好等信息,以进行合理的市场细分。除此之外,还需要了解顾客需求变化原因,掌握其需求变化规律。可以按照如下步骤进行服务需求识别的分析。

1. 预测服务需求周期性变化

大多数服务需求具有一定的周期性,可以通过分析不同时间段的需求曲线,确定是否存在需求周期变化规律。例如年周期、季周期、月周期、周周期、日周期,或其他时间的周期。服务需求的周期性不是单个时间段的规律变化,而是不同时间周期复合作用的结果。某一个具体的时间段内(如早7时至9时)的顾客需求,是这个具体时间以及所在的天(如周一)、季度(如夏季)三个时间复合作用的结果。

图 5-3 所示为一天、一周、一年 3 个时间周期复合作用形成的 24 个需求时段。将一天划分为 4 个不同时段:早上、中午、下午、晚上;将一周划分为 2 个时段:周末和非周末;将

一年划分为 3 个时间段：淡季、一般期、旺季。

2. 分析服务需求周期性变化的原因

不同的服务行业的需求周期性变化的原因不尽相同，分析时需考虑到行业的特殊性。例如，医院呼吸系统疾病患者的就诊量与每年的季节变化有关；教育培训的需求随周末和假期而变化；餐馆一天的需求分为早高峰、午高峰和晚高峰。

3. 识别服务需求随机变化

除了周期性变化的特征外，服务需求伴有随机性的波动。这种随机性波动属于意外状况，往往是由不确定因素造成的。管理者应努力找出服务需求随机变化的原因，尽量提前应对。例如，新型冠状病毒感染疫情的发生导致娱乐、旅游等服务行业需求锐减，但却使得医疗服务需求激增。

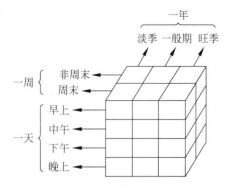

图 5-3　按不同时间周期复合结果

4. 根据市场细分服务需求

根据顾客需求的历史数据，可以掌握顾客的消费偏好，进而划分出不同的细分市场。例如，商务人士和普通游客对机票价格的敏感程度不同，机票价格调整对商务人士的影响较小，而对普通旅客的影响较大。同一项服务，对于不同类型的乘客而言，服务需求模式也不同。某些细分市场是可以预期的，而另一些细分市场则是随机变化的。例如，银行的企业账户的服务需求是可以预测的，而个人账户的服务需求往往是随机的。

5.2.2　服务需求预测

需求预测，即对未来市场需求的预估。通过预测未来某一时段内顾客对服务的需求，企业可以提前应对顾客的需求变化。预测的准确性直接影响企业的服务能力分配、人员安排等决策。因此，需求预测是服务运营管理的基础，缺少需求预测，管理者则难以合理规划服务供给。

按预测时间的长度，需求预测可以分为短期预测、中期预测和长期预测。短期预测一般以日、周、月为单位，是对一个季度以内的需求进行预测；中期预测指一个季度以上两年以下的需求预测；长期预测一般指两年或两年以上的需求预测。预测的方法可以分为定性预测法和定量预测法，具体细分如图 5-4 所示。

定性预测属于主观判断，是依靠经验、直觉和有根据的推测做出的预测。定性预测通常用于缺少历史数据的产品或服务，或是企业中长期的战略计划，或是作为定量预测的补充手段。这类预测方法受主观判断的影响，容易出现偏差。所以企业会通过市场调查、试销、竞聘调研等方式，提高定性预测的准确性。常见的定性预测法包括历史类推法、德尔菲法、交互影响分析法、员工意见征集法等。

定量预测法是根据以往的历史数据，运用各种数学公式对市场未来发展趋势做出定量的计算，求得预测结果。定量预测方法主要分为基于时间序列的预测方法和基于因果分析的预测方法，常见的方法有移动平均法、指数平滑法、趋势外推法及回归模型法等。

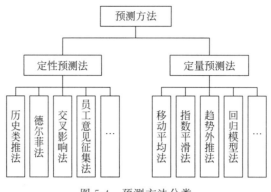

图 5-4 预测方法分类

5.2.3 服务需求管理策略

服务企业进行需求管理主要有两类方法：影响和调节需求、管理和应对需求。

1. 影响和调节需求

影响和调节需求是间接需求管理方法，其本质是将高峰期需求转移至非高峰时期，缓解高峰期需求，增加非高峰期需求，主要通过差异化定价、拓展服务范围及预先告知等策略来实现。

1）差异化定价策略

供求规律是服务企业差异化定价的理论基础，价格可以调节供求矛盾。通过差异化定价，服务企业可以调节需求的高峰期和非高峰期，缩小需求波动的幅度。为了将高峰期的需求转移至非高峰期，服务企业常采用差异化定价的策略，如电力公司根据电网负荷变化情况，将一天 24h 划分为高峰、低谷多个时段，对各时段分别制定不同的电价水平。高峰段的电价高于低谷段的电价，鼓励用户合理安排用电时段，削峰填谷。

差异化定价策略的关键是市场需求的划分，不同类型的顾客对价格敏感程度不同。例如高耗能的企业，用电支出占比较大，对电价变动比较敏感；而低耗能企业，用电支出占比较小，对电价变动并不敏感。差异化定价策略主要对价格敏感的用户起调节作用。

2）拓展服务范围

服务企业可以通过挖掘不同形式的需求，促进非高峰期服务能力的创造性使用。有些服务具有明显的季节性，采用价格策略往往不能有效地改变需求模式或缓解需求高峰，如冬季的滑雪。改变产品的提供模式主要是根据消费者对产品的不同偏好，通过调整产品组合的广度和深度来引导消费。例如，滑雪胜地在夏季可以滑草或变成飞机跳伞表演的场所，这样企业的服务设施不至于闲置。在其他季节性行业中，也可以采取这种策略拓展服务的广度，增加非高峰期的需求。

3）预先告知

通过预先告知方式与消费者进行沟通，使其了解需求的高峰时段，可以调节需求。企业可以通过特定的方式，如媒体广告、公司网站等，告知消费者什么时间是高峰期，什么时间是低谷期，错峰消费将会避免拥挤。另外，价格、分销渠道和产品提供模式改变时，必须把这些信息及时准确地传达给消费者。有时，一个简短的消息就可以调节需求的高峰，告示、广告和减价的消息都可以告知消费者在不同的时间段进行消费将会得到不同的利益，从而促使消费者在非高峰期接受服务。

2. 管理和应对需求

管理和应对需求主要包括预约、管理排队需求、减少顾客的感知等待时间及开发互补性服务等策略。

1）预约

预约系统的实质是预先提供潜在的服务，可以视为把服务的需求转变为"库存"或"延迟发货"。在需求管理中，预约是常用的一种适应需求的策略，如航空、宾馆、医疗、餐厅等一些紧缺的服务项目都可以通过预约来提供服务。预约的服务有如下优点：①避免孤独地等待给顾客带来的不满；②使需求控制和调节更容易实施；③预约系统使收益管理成为可能；④预约系统的数据能为企业的后期运营和财务提供支持。

但是，预约也有一定的缺陷。如果消费者爽约，即预约的消费者在规定的时间没有到达，通常消费者不会因其爽约而承担经济责任，却使其他未预订的消费者失去了享受服务的机会。这将导致供给能力的闲置，浪费企业的资源。

2）管理排队需求

对于难以改变需求的服务，企业往往会设立排队系统让顾客进行等待，并且应该对忠诚的或者重要的顾客优先提供服务。不同的排队方式的选择应该基于以下几点：服务需求的紧迫性，服务所需的时间长度，服务价格的高低，顾客的重要程度。

3）减少顾客的感知等待时间

顾客感知的等待时间通常比实际等待时间要长，如乘客在等待公共汽车或火车时，所感知到的时间流逝比实际乘坐交通工具的时间流逝要慢。接受服务过程中的长时间等待通常会导致顾客强烈的负面情绪，甚至引起顾客的愤怒。基于顾客的等待心理，可以通过提供等待时间查询服务等方式，缓解顾客的焦虑情绪。

4）开发互补性服务

开发与原有服务有互补关系的服务项目，将顾客的注意力转移到互补性服务，有助于顾客愉快地度过排队时间，增加消费者留下来的可能性。补充服务意味着一项服务分为两个阶段，通过提供附加服务适当延长第一阶段的服务时间，避免消费者在接受服务之前就离开。为了减少因排队等候造成的客户流失，服务企业可以为等待服务的消费者提供良好的环境，如舒适优雅的氛围、消遣的书籍杂志、食物及饮料等；或利用给消费者提供额外利益等方法刺激需求，如附赠午夜场电影等。

5.3 服务供给管理

5.3.1 服务能力及其要素

1. 服务能力

服务供给管理实际上是对服务能力的管理。服务能力是服务企业按设计标准所能提供的服务量，通常被定义为服务企业的最大产出率。对服务企业而言，服务能力一般指单位时间内所服务的人数。

2. 服务能力的构成要素

服务能力取决于企业可利用资源的多少,构成企业服务能力的资源通常包括人力资源、设施、设备和工具、时间及顾客参与五个基本要素。对于不同类型的服务企业而言,每种要素发挥着不同的作用。

1）人力资源

人力资源直接影响总产出。人员的数量、技术水平和技术搭配是主要的影响因素。这是一种具有主观能动性的高度灵活的生产要素,与总产出有直接的关系,也是影响产出的不确定因素。人力资源是一种变动性很大的组成部分,相较于设施的购买和出售,工人被雇用和开除更加容易。劳动力可以全职、兼职或者加班。工人也可以通过轮岗培训胜任多种不同的工作。

2）设施

设施是指方便员工工作、安置设备的场所。服务企业的设施主要包括三个方面：第一,用于提供服务能力的物质设施,如电影院、游泳池、酒店的床位等,这些设施的投资一般比较大,很难在短期扩大服务规模；第二,用于存储或处理货物的物质设施,这些货物可能是企业的也可能是顾客的,如餐馆的厨房操作间、超市的仓库、方便顾客的停车位等；第三,基础设施,有些服务是通过移动通信、计算机网络来传递和实现的,基础设施的规模和质量决定了企业的服务能力。

3）设备和工具

设备和工具是企业服务过程必不可少的,它们是用于提供服务的物质设备,如电话、电脑、吹风机、健身器材等。有些企业的设备代表着企业的利用能力,如运输公司的货车数量代表了它的货运能力。尽管在服务供给系统的设计和宏观预算阶段已经决定了大部分的设备购置计划,但有时一些简单的、花费不高的设备的添置和调整有可能提高生产能力,进而增大企业的服务能力。

4）时间

作为服务的重要组成要素,时间有两个方面的作用。首先,通过匹配不同时间段的资源或者使产出从一个时间段转移到另一个时间段,可以改变产能。例如,在线问诊利用医生不同的自由时段来服务患者,将原本固定时段转移至灵活时段,这对那些受制于需求高峰的服务特别合适。其次,在更广泛的意义上,相较于给定时期内的需求而言,延长运营的时间可以提升总产能。

5）顾客参与

在许多服务中,顾客的参与程度会成为影响企业服务规模的重要因素。一些服务的完成要依赖顾客在服务过程中提供劳动,如顾客在自动售货机上购买饮料的过程,所有的工作都由自己完成；还有一些服务,需要顾客参与部分劳动,如有些餐厅由顾客自己选取食物,这样可以减少企业的劳动投入,加快服务的速度,从而提高服务产出水平。

5.3.2 服务供给管理策略

相较于服务需求管理,企业更容易对服务供给进行调控。服务供给管理的基本思路是根据需求的波动来调整服务能力。服务能力管理首先需要考虑企业现有服务能力弹性是否还可以挖掘利用,或是考虑调整现有服务能力的弹性;其次考虑改变企业的服务能力。

1. 调节服务能力弹性

调节服务能力的基本思路是首先考虑能否利用能力本身的弹性,其次考虑增加服务能力的弹性。

1)利用现有能力弹性

(1)调节服务时间。调整服务供给最直接的办法是调整服务时间的长短,因为延长或缩短服务时间都是利用服务弹性的有效方式。例如,在营业的高峰期,餐馆可以延长营业时间;交通运输繁忙季节,可以增加客车的班次。在服务需求较少时,企业可以缩短服务时间,员工可以得到充分的休息;在服务高峰期,可以在保证服务质量的情况下缩短每位顾客的服务时间,如超市收银处鼓励顾客自己将物品放入购物袋。

(2)改变设施布置。通过重新布置接待设施,企业也可以提高服务能力。例如,餐厅、电影院等可以利用改变座位的布置来扩大服务能力;火车、汽车等可以通过设置站票来满足乘客的需求。

(3)优化工作安排。在一定的时间范围内,企业的设备和设施的产出能力是相对固定的,而员工的能力则是有弹性的,并在很大程度上决定了服务质量和顾客满意度。很多服务会集中在每周的某几天或每天的某个时段,由于人们在不同时间段对服务的需求不同,服务企业可通过对每周和每天的负荷进行预测,在不同的班次或时间段安排数量不同的服务人员,这样既能保证服务水平,又减少了人员数量。

2)增加能力弹性

(1)交叉培训员工。许多服务机构提供多种服务项目,大多数服务项目由几种作业构成。而对每一项服务的需求量又不是恒定不变的,很多服务需求在不同时间会有所不同,所以当一种作业繁忙时,另一种作业可能闲置。交叉培训员工从事几种作业中的工作能创造出灵活的能力,在需求高峰期会增加服务的供给量。这样做的另一个好处就是帮助雇员掌握多门技术,提高他们的能力,同时减少员工每天重复一项工作的枯燥感。

(2)雇用临时工。雇用临时或兼职的职工不仅可以扩大服务规模、提高利用能力,而且可以减少全职工作的固定人员的数量,避免人员过多造成的企业成本增加。那些短时间内需求变化大或是季节性波动大的服务部门都可雇用临时或兼职工作人员,如旅行社和餐馆在旅游旺季会雇用临时或兼职服务人员以满足旅游者的需求。但是,利用临时或兼职员工可能会因为技术不熟练而降低服务质量。

(3)增加顾客参与。如果能做到顾客自我服务,那么需求一旦出现,利用能力也就有了,不会出现供给与需求的不平衡。顾客自己加油和洗车、超市购物、自助餐等自我服务的例子,都能够很好地体现顾客自我服务策略的优越性。顾客根据自己的需求进行选择,服务过程更加流畅,同时顾客作为合作生产者在恰当的时候为企业提供了人力资源,使得企业的利用能力直接随需求而变化。但是,这样一来,企业难以完全控制劳动力的质量,可能会存在一些自助服务的弊端。

(4)服务外包。对于不能满足的临时性服务需求,企业可以选择服务外包,向外部的专业化公司来获取相关的解决方案。例如,近几年许多企业发现他们没有能力满足自身的技术支持、网页设计及软件相关服务方面的要求,便求助于专业化的企业来外包这些功能作为暂时性的解决方案,而不是设法雇用或培训额外的员工。

2. 改变服务能力

1）改变人员数量

当预测的需求增加时，可以通过招聘增加员工的数目；当预测的需求减少时，可以通过解聘的方式来减少员工的数目。这一策略的确能调节服务供给，但招聘、培训过程都要付出成本，而且很难培养雇员对企业的忠诚。

2）购买或租赁设备

设备多少是影响服务规模的一个重要因素，然而增加设备的投资是比较高的。为了减少设施和设备的投资，可以借用其他单位的设施和设备，或者将一些非主营业务外包给其他单位，如机场可将运输货物的任务交给运输公司去完成。另外，由于需求呈现波动性，有时设备过多造成闲置对企业来说也是一种浪费。因此，在需求高峰期，租赁设备可以缓解企业的供应压力。例如，在"黄金周"期间，旅游人数达到高峰，旅行社会租赁汽车公司的车辆来扩大自己的服务规模。

在许多服务中，设备是服务供给的重要因素，因此仅仅改变员工的数量有时候是不足以改变产出水平的。一般服务机构不会减少自己的设备数量，当服务机构为了增加服务数量而扩充雇佣人员时，适量的设备也随之增加。如果增加员工只是暂时的现象，从经济的角度考虑，就不应该添置设备，此时服务机构可以考虑租用必要的设备。

3）提高自动化水平

提高服务企业的自动化水平，可以免去顾客与服务人员的直接接触，降低劳动力成本，大大提高企业的生产能力。例如，银行使用自动取款机、商店的自动售货机、售后服务电话语音提示等，这些方式都可以减少顾客排队等待的时间，使顾客获得方便快捷的服务。但是，过多使用自动化的机器，顾客会认为缺少人情味，从而降低顾客的满意度。毕竟机器不像人一样反应灵活，因此在提高自动化水平的同时，也要适当安排一些服务人员直接对顾客服务。

5.4 收益管理

收益管理（revenue management，RM）的实质是供需管理，目的是实现企业收益最大化。Littlewood 最早提出收益管理的概念，将收益管理定义为：以市场为导向，通过市场细分，对各个子市场的消费者行为进行分析、预测，确定最优价格和最佳存量分配模型，实现收益最大化的过程。Kimes 结合营销学理论，认为收益管理是将适当的产品或服务（right product or service）、按照适当的价格（right price）、在适当的时间（right time）卖给适当的市场（right customer），即"4R"观念。Robert G. Cross 认为收益管理是通过预测消费者行为，重塑产品价值和优化产品价格，以达到最大化提升收入的策略。Weatherford 和 Bodily 从企业的产品或服务性质的视角提出收益管理就是易逝性资产管理，认为服务性企业的产品或服务有别于制造业产品的重要特性即为易逝性，其产品或服务的价值或收益与时间有密切关系，其价值随着时间而呈递减趋势。Talluri 和 Van Ryzin 从经济视角将收益管理定义为需求决策管理，认为收益管理是通过对市场需求的细分和预测，决定何时、何地以何种价格向谁提供产品或服务，通过扩大顾客有效需求提高企业收益。

国内收益管理研究者认为收益管理是指企业以市场为导向，通过对市场进行细分，对各子市场的消费者行为进行分析、预测,确定最优价格和最佳存量分配策略以实现收入最大化的过程,其核心是在适当的时候,将适当的产品、以适当的价格销售给适当的顾客,取得最大的经济效益。从收益管理的众多定义中可以看出,时间、产品、价格和顾客市场是收益管理的四大要素,收益管理是否有效,取决于这四大要素的管理是否得当。

5.4.1 收益管理的发展历程

收益管理思想早在 20 世纪 50 年代就已经被提出,实际应用则始于 20 世纪七八十年代的美国航空业。由于飞机座位有限,而且座位的使用具有时间性和不可储存性,航空公司要盈利,须在飞机起飞前尽可能多地卖票,使实际空座率最低。于是,专家学者开始研究市场的供求关系和价格对需求与消费者行为的影响,以寻找帮助航空公司适时将机票卖出的方法,由此产生了收益管理的概念和理论。在收益管理的发展过程中,如表 5-1 所示,理论与实践互相弥补、互相促进,最终使得收益管理成为主流商业理论和实践的重要组成部分。

表 5-1 收益管理的发展过程

项 目	20 世纪 50 年代	20 世纪 70 年代	20 世纪 80 年代	20 世纪 90 年代	21 世纪
重要事件	1958 年,Beckmann 发表收益管理的第一篇研究文章	1972 年,Littlewood 准则提出;1978 年,美国通过了《航空业解除管制法案》	1987 年,Belobaba 提出 EMSR 理论;1988 年,美利坚航空研发成功第一套收益管理系统 DINAMO	1992 年,"航空血战";收益管理应用于酒店业	收益管理与互联网、人工智能结合
决策内容	座位超售控制、预测;座位存量控制;动态定价;排班计划				

1958 年,Beckmann 在发表的收益管理的第一篇研究文章 "Decision and Team Problems in Airline Reservation"中提出了最早的非动态超订模型。1972 年,Littlewood 提出航班实际客源预测公式及 Littlewood 准则,首次从边际收入的角度阐述了航班座位分配对收益的影响。1978 年以前,美国的航空业受到政府的严格管制,航班和票价均被民用航空委员会(Civil Aeronautics Board,CAB)控制。虽然收益管理的思想已经产生,但是航空公司可以操作的空间实际上很有限。

1978 年,美国通过了《航空业解除管制法案》(Airline Deregulation Act),逐步取消了对航空客运市场的管制。从此,美国航空业进入自由竞争时代,航空公司可以自由地增减飞行线路、自由地浮动票价。从 1979 年到 1984 年,美国新出现了一批航空公司,数量从 1978 年的 19 家增加到 1984 年的超过 400 家。一批低成本定期航空线进入市场,引发了航空公司之间的激烈竞争。

1987 年,Belobaba 的 EMSR 理论是收益理论一个划时代的阶段性进展。1987 年以前,收益管理对应翻译为 Yield Management,强调考核每一乘客每千米所创造的收入。1987 年 Belobaba 提出 Revenue Management,强调考核每一座位每千米所创造的收入。EMSR 理论提出后,美利坚航空开始开发世界上第一套比较完整的收益管理系统 DINAMO(Dynamic Inventory & Maintenance Optimizer),并于 1988 年完成开发。因此,理论上的收益管理是从 Belobaba 提出 EMSR 理论开始,实践上,则是从美利坚航空推出 DINAMO

系统开始。

1992年4月美利坚航空凭借雄厚的实力，首先挑起票价战，拉开了"航空血战"的序幕，参战的各航空公司共卖了4.7亿张折扣票，共损失20亿美元。大陆航空公司是唯一有票卖的公司，这得益于一年前安装的客运收益优化系统（Passenger Revenue Optimization System）。

20世纪90年代，酒店业开始效仿航空业的成功案例，将收益管理植入酒店运营当中，通过价格剥离区分出不同价格敏感度的客人，从而最大限度地开发市场的潜在需求，提高整体收益。Robert Crandall将航空业收益管理的成功经验与万豪酒店集团的CEO比尔·马里奥特进行了分享，逐步发展出相关的理论，也研制出适合酒店行业的收益管理系统。

进入21世纪，在新一轮收益管理发展浪潮中，借助大数据技术、管理信息系统等新科技手段来进行收益管理成为一个主流的发展方向。自2000年以来，电子商务网站的大部分动态定价、促销管理和动态包装都利用了收入管理技术。2002年，通用汽车公司在金融服务行业启动了基于网络的收入管理。移动互联网与大数据技术的迅速发展为收益管理的实施提供了更多的数据支持和技术保障，与互联网、人工智能的结合将是收益管理未来的发展趋势。

5.4.2 收益管理的适用性

随着实践的深入和理论的发展，收益管理的应用范围进一步扩展。它不仅应用于航空业和酒店业，还广泛应用于铁路水路运输、租车服务、旅游服务、医疗健康服务、餐饮及广告等行业。这些行业具备收益管理应用的典型特征，以下将对这些共同特征进行分析。

（1）市场能够被细分。服务企业必须能够将市场细分为不同类型的客户群体，根据对服务特性的需要或价格敏感程度区分不同的顾客，针对不同的细分市场制定不同的价格和配置不同的服务能力。例如，航空公司可以借助旅客数据辨别出不同的客户类型，如表5-2所示，进而针对不同类型的旅客制定不同的服务营销策略。

表5-2 不同类型旅客的客户价值占比

客户类型	高价值旅客	成长型旅客	潜力型旅客
价格敏感型	7%	55%	38%
高端商务型	60%	23%	17%
假日外出型	5%	55%	40%
座位偏好型	6%	66%	28%

（2）服务供给能力相对固定。企业的服务供给能力一般来说是相对固定的，特别是在设施上大量投资的服务企业，其产出能力是受限制的，短时期难以增加服务能力，即使能够增加服务能力，成本也十分昂贵。因此，企业不能根据顾客的需求及时调整服务供给，以致出现了服务供给能力不足或过剩的情况。这与企业可利用的设施有关，设施一旦固定就难以再调整。在设施上投资较大的企业，其服务供给能力是受设施限制的，设施的数量决定了服务企业最大的接待能力，如一趟航班的座位是固定的，无法减少和增多。

（3）服务具有易逝性。对服务型企业而言，服务具有易逝性。服务能力不能够存储起来以备将来使用,如起飞后的飞机上未被售出的座位永远不能再在该次航班出售,未售出的房间永远不能再在原来的时间段出售。服务之所以具有易逝性,是因为其具有时效性。未在规定的时间内产生价值的服务,便永远失去了该时间范围内的收入。

(4) 服务可以被预订。服务企业能够通过预订系统提前出售服务能力,如机票预订、客房预订、门票预售等已经非常普遍。然而这就面临一个选择,是接受提前的打折预订,还是等待愿意出高价的顾客购买。通常需求的变化是可以预测的,因此可以根据预订积累量曲线确定一个可以接受的范围。如果需求高于预期,则停止提供折扣而只接受标准价预订;如果预订量低于可接受范围,则接受折扣价预订。

(5) 需求波动可以预测。服务的需求曲线随着时间、日期、季节、地域的变化而发生较大波动,这些波动是有规律的、可以预测的。如果需求波动是随机的,那么分时定价的策略就无法实现。通过需求预测,收益管理可以使管理者在服务需求较低时提高企业服务能力的使用率,尽量减少服务能力的闲置,增加企业的收入。

(6) 边际销售成本低,边际能力增加成本高。酒店、航空、广告业等服务企业最初的投资巨大,但是每额外销售一单位产品的可变成本很小,甚至可以忽略不计。例如,为一位酒店客人提供牙刷的费用可以忽略,但是酒店设施投资很大,不能因为顾客需要而轻易地增加一间客房,所以增加能力的边际成本很大。额外销售一单位服务的成本很小,而初期投入成本或改变服务能力的成本很大。如多销售一个航空座位,需要为航空乘客提供的食物成本基本可以忽略不计,而额外增加一个座位的成本很大。

5.4.3 收益管理的主要策略

收益管理的主要策略有三种:超额预订、动态定价和存量控制。超额预订作为收益管理中历史最悠久的一部分,主要讨论在开始时应提供多少服务能力,考虑退订和延误的发生概率,本质是确定超售的数量,使收益最大;动态定价与存量控制则主要讨论对给定的资源如何定价和更好利用,如何最优地分配服务能力,为每一个服务卖出一个好价格,本质是合理地调配旅客的需求,使收益最大。

1. 超额预订

超额预订是指服务企业接受的服务预订超过服务供给能力。在民航客运业,超额预订是指售出的机票多于飞机的最大允许座位数。它主要是为了减少由于旅客退票和误机带来的座位空耗浪费,这种空耗浪费将直接导致企业收入不必要的减少。超额预订一方面可以为企业带来收益,另一方面又会带来一定的风险,例如当航空公司发生过度超售时意味着部分持票旅客将被拒绝登机,这往往会导致航空公司出现经济赔偿、信誉受损甚至法律纠纷的风险。因而采取超额预订策略的公司必须提前准备好过度超售发生时的处理措施。如果对旅客退票和误机事件能做出较为准确的预测,那么超额预订将为企业带来较大的期望收益。一个好的超额预订策略需要遵循成本损失最小化原则,既能最大限度地降低服务能力闲置所产生的"空闲成本",又能最大限度地降低未能提供预订服务所带来的"补偿成本"(包括对顾客的经济赔偿及对企业口碑带来的负面影响等)。

2. 动态定价

经济理论和实践证明,价格是影响产品市场需求的最有效工具。收益管理的动态定价基于细分市场的存在,即根据消费者需求的多样性以及不同时刻消费者对于产品价值认同的差异,将产品或服务设定在不同价格水平上。如在航空客运业,以商务旅客为主的航班乘客对时间、服务相对于价格更为敏感,并且这类旅客一般很少能过早知道自己的行程而提前较长时间购票,对于这类旅客则应设法多售全价票或抵扣票;而在旅游热线上,对价格比较敏感而对时间不敏感的休闲旅客往往占多数,则应以折价票为主。采用动态定价可以满足不同价格弹性的消费者对产品的需求,最大限度地为企业增加收益。动态定价策略的前提是服务市场可以按照顾客对不同价格的敏感性进行细分。通过差别定价,可满足不同价格弹性的顾客对不同服务的需求,最大限度地增加收入。动态定价是差别定价的一种形式,是服务企业根据市场预测及实时需求为服务制定动态变化的价格,如表 5-3 所示,不同的提前期,机票预订价格不同。

表 5-3　某时段不同提前期机票(北京—上海)预订价格　　　　　　　　单位:元

航空公司	班次	当日	前三天	前一周	前两周
东航	MU5110	903	966	604	498
南航	CZ9897	904	1008	706	601
深航	ZH1517	1046	1075	853	776

同一般的定价方法相比,第一,收益管理中的动态定价是面向市场的定价方法而不是面向成本的定价方法。成本利润定价模式不能有效应对市场的需求变化,由于不同的顾客具有不同的支付意愿,多级的价格有利于满足不同类型的顾客需求。第二,动态定价面向的是细分的市场,消费市场的多元化特点要求企业应当根据顾客的特征进行划分。

动态定价比单一价格更具灵活性,更能平衡市场供需,具体作用可以从以下几个方面进行分析:

(1) 扩大收益。通过动态定价,在不增加边际成本的情况下,实现收入最大化。

(2) 平衡供需。通过动态定价,可以改变需求曲线,调控高峰和非高峰的用户。

(3) 满足不同消费者的需求偏好。根据消费者的特征,可以进行市场细分,在不同细分市场和有差异的服务或产品之间进行匹配。

3. 存量控制

存量控制是指以资源价值最大化为目的,将尚未售出的服务或产品在不同的消费等级中适当分配,通过设置多级价格体系,控制各级价格体系下的存量来实现收益的最大化。在航空公司中该策略被称为舱位控制,具体来说,就是为不同价格等级的机票分配合适的数量:由于休闲旅客和商务旅客常常会同乘一个航班,如果不对折价票数量加以控制,休闲旅客的大量需求很可能让机票提前销售一空,几乎很少有余票留给高价值的商务旅客,从而导致航空公司收益降低;把机票大量留给商务旅客又可能因商务旅客乘机数量不足导致飞机快起飞时剩余大量机票而造成空耗风险。因此航空公司需要根据对具体航班上可能的各类旅客的需求作提前预测,并相应地为不同价格等级的机票分配合适的数量。由于存量控制完全掌握在企业自己手中,因此即使在价格竞争激烈的情况下,这一手段也常常奏效,当然在具体运用时也要考虑竞争对手的情况。

在收益管理中,对服务提供数量的控制越细致,顾客价值与服务数量之间的关联越精确,其效果就越好。以航空客运业为例,根据航段的数量,存量控制可分为单航段控制、多航线控制以及起讫点控制;根据决策规则的不同,可以分为静态存量控制和动态存量控制;根据服务类型进行划分,可以分为两级票价问题和多级票价问题;根据顾客需求的到达过程不同,可以分为确定型需求问题和随机型需求问题等。常见的存量控制的决策变量有以下四种:

(1) 预订限制:为每一个价格等级设定的预订限额,即该价格等级最多可以出售的产品数量。

(2) 保护水平:也称作保留水平,是为某一类或某一部分顾客需求预留出特定服务或产品(保护)的数量。

(3) 竞标价格:根据剩余产品数及剩余产品销售时间确定一个价格阈值点。

(4) 机会成本:单位产品在当前售出而不能在未来售出的收益。

存量控制机制主要基于顾客对价格的敏感程度,制定多级价格来实现数量分配。价格敏感性高的顾客倾向于提前预订服务;而价格敏感性低的顾客由于预订时间比较接近使用时间,或是他们不喜欢购买低价服务所要遵守的各种限制及带来的额外成本,因而愿意为服务支付更高的价格,将服务售给愿意支付高价的顾客会获得更多的收益。因此,存量控制是基于价格等级的服务数量控制。

收益管理中存量控制机制有两种:非嵌套控制机制和嵌套控制机制。非嵌套控制机制,是指在机票开始售出前就确定各等级舱位的座位分配数量,并严格按照这个数量出售,如图 5-5 所示。这种舱位控制方式下不同等级的座位不能交叉借用,每一等级的存量只能销售给对应的需求类型。

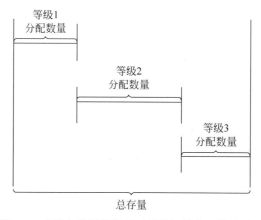

图 5-5 非嵌套控制机制下不同等级的分配数量关系

嵌套控制机制是指只要较低等级的座位有剩余,就接受较高等级舱位的预订请求。嵌套机制下,各个等级舱位的座位数量都有各自的保护水平,即为更高等级舱位预留的座位数量。如图 5-6 所示,等级 1 对应收益最高的等级,等级 2 对应收益次高的等级,等级 3 对应

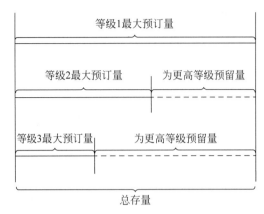

图 5-6　嵌套控制机制下不同等级的分配数量关系

收益最低的等级。

5.4.4　收益管理的应用

报童模型是收益管理思想的重要体现,在零售、航空等服务管理决策中应用广泛。报童每天早上从报社购进报纸进行销售,晚上可以将未卖掉的报纸退回。一方面,报童如果每天从报社购进的报纸太少,会因缺货而损失原本可能得到的利润;另一方面,如果订购的报纸太多而大于实际需求,退回的报纸也会带来亏损。因此,为了获得最大的利润,报童每天应该购入多少报纸呢?

模型相关变量和参数定义如表 5-4 所示。

表 5-4　报童模型变量及参数符号

字符	含义
a	每份报纸的零售价格
b	每份报纸的进价
c	每份报纸的残值
X	市场上报纸的随机需求
c_1	售出报纸的单位收益,即 $a-b$
c_2	未售出报纸的单位损失,即 $b-c$
q	每天订购报纸的数量
$F(X)$	需求 X 的累积分布函数
$f(x)$	需求 X 的概率密度函数

当 $0<x<q$ 时,进货量大于市场需求,售出量为 x,未售出量为 $q-x$,则报童的收益表示为 $\pi_1(q)=(a-b)x-(b-c)(q-x)$。当 $x>q$ 时,进货量小于市场需求,售出量为 q,未售出量为 0,则报童的收益表示为 $\pi_2(q)=(a-b)q$。

当 X 属于连续变量时,$0<x<q$ 的概率可表示为 $P_1=\int_0^q f(x)\mathrm{d}x$,$x>q$ 的概率可表示为 $P_2=\int_q^{+\infty} f(x)\mathrm{d}x$。综合两种情况,报童期望收益表示为 $P_1\pi_1(q)+P_2\pi_2(q)$,即

$$E[\pi(q)] = \int_0^q [(a-b)x - (b-c)(q-x)]f(x)dx + \int_q^{+\infty}(a-b)qf(x)dx \quad (5\text{-}1)$$

最大化报童期望收益,对式(5-1)求导,可得

$$\frac{dE[\pi(q)]}{dq} = -(b-c)\int_0^q f(x)dx + (a-b)\int_q^{+\infty} f(x)dx \quad (5\text{-}2)$$

令式(5-2)为0,可得

$$\frac{\int_0^q f(x)dx}{\int_q^{+\infty} f(x)dx} = \frac{a-b}{b-c} \quad (5\text{-}3)$$

如图 5-7 所示,P_1 为 $0<x<q$ 的概率,对应虚线左侧的面积,即报纸卖不完的概率;P_2 为 $x>q$ 的概率,对应虚线右侧的面积,即报纸完全卖完的概率。最优订购量 q^* 使得 $\frac{\int_0^q f(x)dx}{\int_q^{+\infty} f(x)dx} = \frac{a-b}{b-c}$ 成立,即 $\frac{P_1}{P_2} = \frac{a-b}{b-c}$,购买最优报纸数量满足:卖不完与卖完的概率之比,等于卖出一份报纸利润 $(a-b)$ 与退回一份报纸的损失 $(b-c)$ 之比。

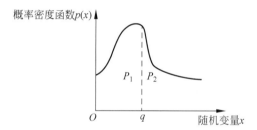

图 5-7 需求概率密度函数

由 $\int_0^q f(x)dx + \int_q^{+\infty} f(x)dx = \int_0^{+\infty} f(x)dx = 1$,可得

$$F(q) = \int_0^q f(x)dx = \frac{a-b}{a-c} \quad (5\text{-}4)$$

F 是随机变量 X 的单调非递减函数,存在逆函数:

$$q^* = F^{-1}\left(\frac{a-b}{a-c}\right) \quad (5\text{-}5)$$

其中 $\frac{a-b}{a-c} = \frac{a-b}{a-b+b-c} = \frac{c_1}{c_1+c_2}$,$\frac{c_1}{c_1+c_2}$ 的含义为

$$\frac{c_1}{c_1+c_2} = \frac{\text{完全售出的单位收益}}{\text{完全售出的单位收益}+\text{未完全售出的单位损失}}$$

【例 5-1】 若报纸的市场需求 X 服从正态分布 $N(\mu, \sigma^2)$,$\mu=100$,$\sigma=10$,报童每份报售价为 0.6 元,纸进价为 0.3 元,残值为 0.1 元,报童每天进购多少份报纸才能保证收益最大?

解 根据式(5-5)求得结果,$\frac{c_1}{c_1+c_2} = \frac{0.3}{0.3+0.2} = 0.6$,

$$\text{Prob}\left(\frac{X-\mu}{\sigma} \leqslant z_{\gamma}\right) = \Phi(z) = 0.6$$

$$z = \Phi^{-1}(0.6)$$

根据标准正态分布表,查得 z 值约为 0.25,由 $z = \dfrac{X-\mu}{\sigma}$,可得报纸最优订货量为

$$100 + 0.25 \times 10 \approx 103(\text{份})$$

【例 5-2】 某家航空公司进行机票预订决策,已知一个座位未售出而产生的机会成本为 150 元,在满座导致的不能登机情况下,需要对每位乘客补偿 600 元,飞机共有 180 个座位。据历史数据,一趟航班中购买了机票但未登机的乘客符合均值为 25、标准差为 10 的正态分布,航空公司如何设置预订数量才能保证收益最大?

设 X 为超售的机票数,Y 为购票但未登机的人数。当 $X > Y$,意味着超售的机票数大于购票未登机的人数,将承担 400 元补偿成本;当 $X < Y$,意味着超售的机票数小于购票未登机的人数,将承担 100 元的机会成本。

解 完全售出的机会成本为 150 元,未完全售出的补偿成本为 600 元,这里不考虑售出一张的收益,根据式(5-5),可得:$\dfrac{c_1}{c_1 + c_2} = \dfrac{-150}{-150 - 600} = 0.2$。

$$X^* = F^{-1}(0.2)$$

$$\text{Prob}\left(\frac{X-\mu}{\sigma} \leqslant z\right) = \Phi(z) = 0.2$$

由于 $\Phi(-z) = 1 - \Phi(z)$,所以 $\Phi(-z) = 0.8$,根据标准正态分布表,查得 $-z$ 值约为 0.84,z 为 -0.84,由 $z = \dfrac{X-\mu}{\sigma}$,可得超售机票数量为

$$25 - 0.84 \times 10 \approx 17(\text{张})$$

所以总预售机票数上限为

$$180 + 17 = 197(\text{张})$$

5.5 本章小结

需求的不确定性和供给的有限性造成的供需矛盾一直是管理学关注的核心。本章首先从整体上介绍了服务供给与服务需求之间面临的主要挑战,分析了供需关系的四种状态,给出了应对服务供需矛盾的管理思路;其次对服务需求的周期性与随机性进行介绍,并从定性角度和定量角度给出了需求预测的常用方法,介绍了服务能力的主要构成要素,服务能力调节方法;最后从企业运营角度,重点介绍收益管理的适用范围及三种主要策略——超额预订策略、动态定价策略和存量控制策略。

收益管理的目标不仅是使企业收益尽可能最大化,而且包括识别顾客需求偏好,划分细分市场,通过价格制定、存量控制等措施,实现服务供需调节。收益管理是一门应用性强、多领域交叉的学科,综合了市场营销学、运筹学、经济学、统计学和决策科学等多学科的理论与方法,将先进的理论转化成应用技术。特别是在如今数据科学发展迅速的背景下,应当将先进的数据分析方法运用于服务业,建立起一套适用于我国服务业的收入管理方法。

本章习题

1. 简述收益管理的适用范围。
2. 论述需求识别的步骤。
3. 举例说明服务企业是如何进行供给管理的。
4. 简述服务规模及构成要素。
5. 收益管理的定价方式与传统成本加成定价法有什么区别？收益管理的定价方式有什么作用？

收益管理游戏

收益管理游戏能够促进超额预订（销售额大于生产能力）和空闲损失（生产能力空闲）间的均衡，以使收入最大化。航空公司能力管理是这一特定游戏的焦点，但是该游戏也适用于所有拥有固定能力的服务企业（如旅馆、游船）。收益管理分析所要解决的问题是如何把座位分配给潜在的旅客，以使每次飞行的收入最大化。这要求对打折的旅客和溢价的旅客进行完美组合，以便订票的旅客恰好坐满整架飞机。收益最大化的目标非常简单（将每个座位都卖给愿意支付尽可能高价格的游客），其面临的最大挑战是不确定性。具体地说，航空产业的历史记录显示：购买折价机票的大多数经济型旅客会提前订购，而愿意支付溢价的商务旅客会等到飞机起飞前才买票登机。航空公司利用旅客的这一行为特征实行价格歧视，根据提前订票期、订票时间、停留时间来区分不同类型的旅客。尽管价格歧视有助于管理其有限的资源，但这一措施并没有解决卖多少座位给不同类型旅客（即商务型的旅客和经济型的旅客）的问题。

旅客退票、误点、缺席都可能造成座位空缺而损失潜在收入，这使收益管理中关于如何最大化总收入的分析任务更加复杂。利用打折分配和超额预订战略可以解决这一问题。

打折分配战略是必要的，因为早在飞机起飞很长时间以前，购买折价机票的旅客就可能买完所有的机票。但是，很明显，该战略并不能达到收入最大化。因此，收益管理分析必须设法为飞机起飞前最后一刻才到来的溢价需求旅客保留一些座位，这就要求只能为提前订票的经济型旅客分配一定数量的座位。尽管超额预订有助于避免座位空闲，但这有可能造成超量销售。收益管理分析应设法在超量销售的成本与座位空闲导致的销售收入丧失的成本之间进行权衡。该分析认为，在超量销售的成本与增加一名旅客所带来的额外收入相等时达到最优点。

在该游戏中，你将扮演一家虚拟航空公司的收益管理分析员。基于乘坐该公司航班的旅客的历史订票模式，经济型旅客一般是大群体，他们会在飞机起飞前 10～14 天订票。商务旅客大约会在飞机起飞前的 9 天内订票。该航空公司的其他历史统计资料表明：航运高峰季节的平均误点、缺席、退票率是 20%，每位旅客能为航空公司带来的平均收入是 400 美元。对航空公司来说，超量销售和座位空闲都是有成本的：超量销售的成本是直接费用；座位空闲的成本则是失去潜在的收入机会。超量销售的数目越大，售票代理为使旅客离开飞机所需支付的费用就越高。你的目标是使该次航班的收入最大化。

1）游戏中有关的数据设定

飞机载客量：100个座位

平均缺席、误点、退票率：20%

每位旅客能为航空公司带来的平均收入是400美元

对座位空闲的惩罚：每个空座200美元

对超量销售的惩罚：

超量1～5人：每位旅客200美元

超量6～10人：每位旅客500美元

超量11～15人：每位旅客800美元

超量16以上：每位旅客1000美元

2）游戏阶段

该游戏分三个阶段进行，分别与飞机起飞前的三个不同的时间段对应。阶段一是飞机起飞13天前的旅客总需求。阶段二是飞机起飞13天与起飞当天之间的旅客总需求。市场历史趋势表明：大群体和家庭会在第一阶段订票，而个人和商务旅客会在第二阶段订票。第三阶段展示飞机上实际旅客的数目和他们对收入的贡献。

目标：总收入最大。

案例分析

M酒店端午节收益管理

M酒店依山傍湖，距绵阳市区有40min车程，客房共338间，是一家适合亲子旅游、度假及举办会议的国际品牌五星级酒店。其主要客源地为成都、绵阳。

2022年端午节假期即6月3—5日，整体国内旅游环境仍受上海、北京新型冠状病毒感染疫情的影响，但随着上海疫情得到控制，省内整体需求水平预计比清明节强（同是三天假期）、比劳动节弱（五天假期）。M酒店提前两周的预订节奏明显慢于清明节，因此，本次假期目标设置为达到清明节的水平，采取以下措施。

1. 定价管理

M酒店根据自己的产品价值及客人可接受度、竞争价值价格矩阵分析，在对清明节和劳动节复盘的基础上，对需求高峰的前两天定价策略如下：

（1）由于受疫情影响，客人的预订时间相较往年明显缩短，85%的预订为两周内预订，因此，两周前由于预订节奏低于清明，遂将价格调到与清明一致的水平，先追平前期预订量，在整体需求水平增高的情况下，有可能出现临近入住时间需求暴涨的情况。

（2）节假日期间，家庭房非常受欢迎，前两个节假日家庭房都被提前预订完，所以本次将家庭房的价差再往上提升50元。

（3）由于酒店有室内外游乐园，带孩子出游的家庭也非常多，对双床的需求增大。在前两个节假日由于双床最多只比大床贵20元，而被先于大床订完。因此，本次将所有双床的价差比大床贵50元。

（4）酒店的湖景房风光优美，深受客人欢迎，因此相比上两个节假日的价差，湖景房和行政湖景房再提升50元。

(5) 本酒店套房稀少,而且湖景套房在上两个节日都被提前订完,所以山景套房的差价上涨 50 元,湖景套房的差价上涨 100 元。

(6) 除零售定价之外,其他细分市场定价策略为:团队、旅游批发商可享受零售价格的 9 折。预售客人在原预订价格基础上加 200 元,加价后约为零售价格的 9 折。同时,先控制每天的库存为 30 间,以免需求突然上涨而按预售价格预订出太多房间。

(7) 低价控制。在高需求期间,对于线下的预订,各细分市场需由预订部严格把关价格,同时销售部严格把关对客报价。对于线上的预订,M 酒店使用先进的收益管理系统,会根据预订门槛设置,筛选价值高的预订。

(8) 动态调价。由收益经理同时参考收益管理系统建议、本酒店预订进度、周边酒店调查、OTA 发布的旅游趋势等信息判断本酒店各细分市场、各房型的剩余非限制性需求,结合现有库存供应,向收益团队提出价格建议,由总经理最终决定价格。在本次假期中,基本房型价格从 708 元最终升至 1068 元,并最终达到前两天 96% 以上出租率。

2. 超订管理

(1) 实行担保取消政策。在假期最旺的第一天和第二天,需提供首晚担保,提前 3 天方可免费取消,否则非不可抗力的情况下担保费用不退。

(2) 由于酒店位置距市中心远,周围无同档次酒店,所以换酒店的成本较高。预订部需要提前 3 天开始洗房,即提前给客人打电话、确认行程及到店时间、备注特殊需求。若有要取消行程的,及时在系统作取消处理。若有疑似倒房预订,经书面联系、取得部门负责人同意后,可作取消处理。

(3) 到店当天预订部汇报联系不上、不确认的订单情况,进行动态超订。酒店同于航班,由于预订周期非常短,所以即使在下午或者晚上,都可能有客人预订。晚上 6 时后,前厅同事根据到店情况、不确认情况,控制满房。例如,晚上 6 时,预抵还剩 5 位客人,其中 2 位一直联系不上,根据过往的经验,爽约率为 50%,考虑超订 1 间。

3. 存量管理

(1) M 酒店有先进的收益管理系统,各个房型的存量会根据过去的表现和目前的预订进度进行自动优化。两天内由于房态变化大,预订部手动控制系统。入住当天,由前厅总控入住房型、升级。

(2) 存量优化:大多数客人一般会选择预订基础房型,所以如果完全按照每种房型的存量来卖,很有可能出现高价的房型卖不完,而低价的房型又不能卖,导致收入损失。所以除了稀少且一定会卖出的套房严格按库存卖之外,其他如行政山景房和行政湖景房经测试,一般不会全部售出,特别是缺乏卖点的行政山景房更难卖出。因此,酒店会对山景房和湖景房进行超订,并选择其中高等级会员、VIP 客人升级到相应景观的行政客房中,实现收入和顾客满意度的双赢。房型超订间数以不超过可升级房间数为原则。

案例思考:

1. M 酒店在定价前如何进行需求分析?主要考虑了哪些需求影响因素?
2. M 酒店将基本房型价格从 708 元调整至 1068 元,促使这一动态定价的原因有哪些?
3. M 酒店的"担保取消政策"对超订策略有何影响?
4. 在假期的前两天,M 酒店入住率达 96%,是否有机会做到更高的入住率?应采取哪些措施?

参考文献

[1] BELOBABA P P. Application of a probabilistic decision model to airline seat inventory control[J]. Operations Research,1989,37:183-197.

[2] CACHON G P. Supply Chain Coordination with Contracts[J]. Handbooks in Operations Research and Management Science,2003,11:227-339.

[3] CROSS R G. Launching the Revenue RocketHow Revenue Management Can Work for Your Business[J]. Cornell Hospitality Quarterly,1997,38(2):32-43.

[4] GALLEGO G,KOU S G,PHILLIPS R. Revenue Management of Callable Products[J]. Management Science,2008,54(3):550-564.

[5] KIMES S E. Yield management:A tool for capacity-considered service firms[J]. Journal of Operations Management,1989,8(4):348-363.

[6] LITTLEWOOD K. Forecasting and control of passenger bookings[C]. AGIFORS Symposium Proc 12,Nathanya,Israel,1972:95-128.

[7] 程元军,罗利. 多维产能收益管理问题研究框架[J]. 软科学,2010,24(11):42-45,48.

[8] 丁宁. 服务管理[M]. 3版. 北京:清华大学出版社,北京交通大学出版社,2018.

[9] 方新. 报童型供应链的时间管理与协调研究[M]. 北京:科学出版社,2018.

[10] 冯俊,张运来. 服务管理学[M]. 北京:科学出版社,2010.

[11] 李丹. 可召回制度浅析[J]. 现代经济信息,2020(2):61,173.

[12] 刘帆泼. 铁路客运票额动态分配研究[D]. 成都:西南交通大学,2018.

[13] 李金林,王民. 航空客运收入管理中的超额预订问题研究现状与前景[J]. 北京理工大学学报(社会科学版),2007,9(2):36-39.

[14] 李金林,雷俊丽,冉伦,等. 航空收益管理柔性舱位控制机制的研究现状与展望[J]. 北京理工大学学报,2012,32(4):331-347.

[15] 蔺雷,吴贵生. 服务管理[M]. 北京:清华大学出版社,2008.

[16] 罗利,萧柏春. 收入管理理论的研究现状及发展前景[J]. 管理科学学报,2004(5):75-83.

[17] 殷芳义. 基于客户决策的航空公司舱位控制研究[D]. 上海:上海工程技术大学,2020.

[18] 殷玉成. 航空客运收益管理中的存量控制方法研究[D]. 哈尔滨:哈尔滨工业大学,2006.

[19] 周晶,杨慧. 收益管理方法与应用[M]. 北京:科学出版社,2009.

[20] 张淑君. 服务管理[M]. 2版. 北京:中国市场出版社,2016.

[21] 周艳,朱金福. "可召回制度":一种新的航空客运收益管理方法[J]. 中国民用航空,2005(7):31-32.

第 6 章

服务人员排班计划与调度

视频 6-1

> **学习目标**
>
> ❋ **掌握** 服务人员排班计划与调度的基本概念；服务人员排班建模方法。
> ❋ **熟悉** 使用求解器对服务人员排班计划与调度问题进行求解。
> ❋ **了解** 服务业中典型排班场景、排班需求和研究前沿。

导入案例

A 医院急诊医生的排班问题

A 医院急诊部向广大市民提供一周 7 天 24 小时不间断的急诊服务。传统上，该急诊部门采用三班倒的医护人员排班方式，包括日班（7:30—15:30）、晚班（15:30—22:30）和夜班（22:30 至第二天 7:30）。各班次的医生人数安排分别为 4 名、4 名和 2 名，共 10 名医生。图 6-1 展示了 A 医院急诊部 2018 年日均患者到达的时间（每小时）分布。可以发现，急诊患者每小时的到达人数在一天内高度波动，早上 8 时左右和晚上 9 时左右出现双高峰，其到达率是普通时段的 2 倍左右，是夜间低谷期的 6 倍左右。然而在传统的三班倒排班模式下，日班和晚班时段医生的人员安排均维持在 4 人，仅为夜间人数的 2 倍。这就容易导致在高峰时段 A 医院的急诊部门出现拥堵现象，急诊患者长时间的等待容易引起患者病情恶化，可能会威胁到患者的生命安全；而在其他非高峰时间（如下午 1 时前后）则可能会出现医生空闲，导致一定的社会资源浪费。

医生资源是关键的医疗资源，在传统的三班倒模式下，如果通过增加医生数量来缓解高峰时段急诊部的拥堵势必带来更高的成本，也会使得普通时段的资源浪费更为严重。因此，该急诊部难以通过简单地增加资源来改善当前的困境。

案例思考：考虑到医疗资源的高成本和稀缺性，医院的管理人员可以通过什么样的排班方式（如调整工作班次、工作时长等）有效地利用现有资源来应对患者的需求波动？

本章概要

服务人员排班通过调整服务人员的工作和休息时间来满足顾客的服务需求，对服务系统的性能指标有直接影响，是服务运营管理中最重要的决策之一。本章将系统地分析服务人员排班计划与调度问题，阐述服务人员排班的基本理念，介绍并区分排班目标、服务人员类型、排班决策类型等基本概念；重点学习服务人员排班研究与实践中三个主要的问题类

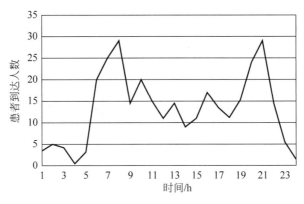

图 6-1　急诊患者日均每小时到达人数

型,包括日排班计划、周期性休息计划和周期性多班次排班计划;并介绍三类典型的排班场景,包括医护人员排班、呼叫中心排班和机组排班,重点分析不同排班场景中的典型特征和特殊要求,加深读者对服务人员排班计划与调度问题的理解。

6.1　服务人员排班的基本概念

本节将首先介绍服务人员排班问题中的基本概念,从服务人员排班的目标、服务人员类型、服务人员排班决策和要素等方面对相关概念进行系统阐述,为后续章节中服务人员排班问题的建模分析奠定基础。

6.1.1　服务人员排班的目标

服务人员排班本质上是一个服务能力与服务需求匹配的过程,排班人员面向实际的服务需求,通过安排适当的服务能力,为顾客提供良好的服务。例如,医院急诊部门安排急诊的值班医护为紧急患者提供 24 小时不间断的急诊服务;银行部门安排柜员在工作时间为顾客提供较为复杂的个人或公司业务服务。尽管不同的服务内容和性质会导致截然不同的服务排班计划,但所有的服务人员排班计划均要考虑两方面的目标及其之间的权衡,即降低服务成本与提升服务水平。表 6-1 展示了服务成本和服务水平两方面的常用排班目标。

表 6-1　常用的服务人员排班目标

指标类型	服务成本	服务水平
常用指标	正常工作成本 加班成本 培训成本	平均等待时间 在一定时效内的需求满足率 顾客流失率

1. 服务成本

服务成本是为了满足服务需求所安排的服务人员的人力及其相关成本。毫无疑问,数量多、能力强的服务人员会有效提升服务水平,但也会造成高昂的运营成本。在典型的服务行业中,服务人员成本占企业总体运营成本的 40% 以上,客服中心的人员成本更是高达

70%。因此,在满足顾客的服务需求的前提下,如何最大限度地降低人员相关成本是服务人员排班问题中最重要的目标。在服务人员排班成本中,三类常用的人员成本包括服务人员正常工作成本、加班成本和培训成本。在不同的排班问题中,依据具体的问题类型和排班时间跨度,排班人员会考虑选择不同的成本及其组合。

服务人员正常工作成本是服务系统购买员工服务能力和劳动时间所付出的成本。该项成本由服务人员的数量、类型直接决定,是服务系统的核心运营成本之一,在企业的成本支出中占比较大。增加员工数量在增加服务系统的服务能力的同时会直接带来人员成本的增加。因此,服务人员排班通常以满足一定水平的服务需求为基准进行服务人员配置,此外也会考虑雇用兼职员工、鼓励员工加班等形式来满足顾客需求,同时避免相对固定的人员薪资支出。例如,麦当劳等快餐店以全职员工为主,辅以雇用兼职员工,来满足高峰时期的用餐需求。

加班成本是服务系统为服务人员正常工作时间外的加班时间所支付的成本。由于部分非标准服务的服务时间具有一定的随机性,加班在服务系统中是常见的现象,如手术室护士经常需要加班协助医生完成患者手术。一般而言,鼓励员工加班、支付加班成本是服务系统应对需求高度波动的"低成本"手段之一。但过多的加班可能导致员工疲惫倦怠,影响员工的工作满意度,降低服务水平。

培训成本是服务系统为提升服务人员的能力开展相关培训所付出的成本。对于部分技能要求较高的服务行业,岗前培训是服务人员上岗的必要要求,因此需要在服务成本中予以考虑。例如,在航空服务业中,为了安全操作某一类型的飞机,机组人员和空乘人员在上岗前需要受到规范的培训,以保证航空服务的安全和质量。与人员成本和加班成本相比,培训成本是更长期的成本投入(与更长期的决策相关),在日常的排班问题中,大部分服务系统更加关注人员成本、加班成本等更为直接的成本项。

服务成本也包括服务过程中企业所投入的其他相关资源与成本。例如,服务场地的租金、客服中心的电话及网络投入、快递服务的车辆购置,以及雇用与解雇员工的成本等。但这些成本影响的是服务系统中长期的运营管理决策,与短期的服务人员排班与调度并不直接相关,因此,在一般的服务人员排班调度决策时不予考虑。

2. 服务水平

服务水平是指服务系统满足顾客服务需求的能力,它是服务系统的核心竞争力,是改善客户体验、提升顾客感知服务质量和满意度的关键。因此管理者一般非常关注如何通过改善运营管理决策来提高服务水平,这些决策包括但不限于服务系统雇用员工的人数和类型、动态定价、服务员工的排班等。需要说明的是,服务人员排班中考虑的服务水平并不涉及服务人员个体的技术水平,如医生的技术与经验、航班机组的服务规范性等,而是侧重于服务系统的整体运营水平,包括顾客的平均等待时间、服务需求的响应时效等性能指标。在服务人员排班的实践和研究中,基于排队论的量化指标常被用于衡量服务水平,一般常用的量化指标有平均等待时间、在一定响应时间内的需求满足率以及顾客流失率等。

平均等待时间是顾客从进入服务系统到接受服务所花费的时间,它是最常用的服务水平量化指标之一。顾客的平均等待时间与顾客的到达率和系统服务能力相关,系统中的服务人员越多,其服务能力越强,顾客的平均等待时间越短。在经典的排队模型中,如 $M/M/1$、$M/M/c$、$M/G/1$ 模型等,顾客的平均等待时间可以直接使用公式计算得出。相关的研究常以最小化顾客平均等待时间或顾客等待成本（一般与等待时间成正比）为目标，进行服务人员的排班规划。

在一定时效内的需求满足率是指顾客在一定的时效内接受到服务的概率。相较于平均等待时间，该指标更关注顾客等待时间的分布，要求绝大部分的顾客可以在承诺等待时间内接受服务。例如，在呼叫中心排班研究中，常用的服务水平标准有"95%的顾客的呼入电话可以在30秒内得到应答"；在救护车急救服务中，类似的服务水平标准有"85%的急救需求应在10分钟内得到响应"。关注服务水平满足率的研究常以与目标满足率的差值最小化为目标，进行服务人员的排班规划。

顾客流失率是指顾客因为等待队列容量不足或等待时间太长而离开服务系统的顾客人数占总顾客人数的比率。顾客的流失一方面会造成服务系统直接的利润损失；另一方面会导致顾客满意度的下降，可能会造成顾客彻底流失。顾客流失的成本通常难以估计，但可以通过对流失率设置上限约束来对服务人员的排班调度进行决策。

3. 服务成本与服务水平的权衡

在服务人员排班问题中，降低服务成本和提升服务水平往往是两个相互冲突的目标。一个典型的服务人员排班问题需要权衡这两个指标。其中，一种方式是排班人员依据排班问题的具体特征，以其中一个指标为目标，如成本最小化或服务水平最大化，并对其他指标进行约束限制。例如，在急诊部门医护排班的过程中，患者的生命安全和医疗服务质量是最为核心的要求。管理人员通常以各类患者在一定时效内的需求满足率为约束，以服务人员成本最小化为目标，对急诊的医生和护士人员进行排班，以保证急诊服务的及时性。另一种方式是对两个指标进行加权求和，得到服务人员排班问题的总目标。例如，在银行柜台的排班过程中，排班管理人员可选择以最小化服务人员成本和顾客等待成本（与顾客等待时间成正比）的总成本为目标，通过对两方面成本的权重调整，来平衡服务过程中的成本支出与服务质量。

从优化的角度来看，服务成本和服务水平是服务人员排班中必须考虑的两个方面，在不同的服务背景下，两者可能占据着不同的主次位置，需要根据问题的特征选择优化的目标和约束。但实际的排班调度不仅是这两个方面，还需要考虑许多人的因素，如不同服务人员加班时间的权衡、夜班时间的权衡等。

6.1.2 服务人员的主要类型

在现代服务业中，服务业务的完成往往需要多类型服务人员的协作。例如，医疗服务需要医生、医技、护士等不同类型的服务人员；餐饮服务需要前厅的服务人员和后厨的厨师以及其他服务员的密切配合。不同的服务行业依据其业务需求可细分出很多类型的服务人员，共同协作为顾客提供服务。本节内容并不关注各服务行业中由于功能性而划分的服务人员类型，主要讨论更为一般的服务人员类型划分方式，如全职与兼职、服务能力等级等。

全职服务人员是指在工作时间专门担任某种职务的人，如全职客服、全职护工等，一般为服务团队中的核心力量。与全职人员相比，兼职服务人员是指在闲余时间本职工作之外兼任某种职务的人，利用个人的空闲时间灵活安排时长较短的工作。如表6-2所示，全职服务人员和兼职服务人员在各方面有显著的差异，具有一定的互补性。因此，兼职服务人员广泛存在于各类不同的服务行业中,如咖啡店/快餐店兼职服务员、兼职客服人员等,聘任这类人员是服务系统用于应对服务需求剧烈波动的重要手段。在大量的服务行业中,如餐饮业、零售业等,顾客的服务需求具有显著地随着时间高度波动的特征,因此对服务人员的需求也随之波动。如果服务系统全部雇用全职服务人员以应对高峰时段的顾客需求,必将导致巨大的成本负担,也会造成服务人力资源在闲时的巨大浪费。在高峰时段灵活雇用兼职服务人员就成了一种更加经济的选择,通过合理的全职与兼职人员的数量搭配,服务系统可以使用较低的总成本来保证更高的服务质量。需要注意的是,兼职人员在服务的能力、熟练度、忠诚度等方面可能不如全职人员,一定程度上会影响实际服务的效率或质量。因此,需要合理配置全职与兼职人员的数量,以保证服务水平。

表 6-2 全职服务人员与兼职服务人员的差异

项　　目	全职服务人员	兼职服务人员
工作时间	长,固定	短,灵活
雇佣成本	高	低
服务质量	相对较高	相对较低
雇佣灵活度	低	高

服务能力等级是依照服务人员可提供服务的差异对服务人员进行的等级划分,由于顾客服务需求在服务内容、难度等多个维度上存在差别,可能需要不同能力级别的服务员工来处理。如医生的级别分为医师、主治医师和主任医师等,主任医师有丰富的经验,可以治疗各种疑难杂症,普通医师则更适合治疗常见疾病;在呼叫中心,依据可以处理的客户服务需求,接线员也包含资深接线员、多语种接线员等能力等级较高的服务人员。一般而言,高能力等级的服务员工的雇佣成本较高,但可以兼容提供几乎所有类型的服务;低能力等级的服务人员的雇佣成本较低,但难以提供较为复杂的服务。因此,依据顾客的需求,服务系统在排班中要考虑不同服务能力等级的服务人员搭配,以较低的成本来满足顾客不同类型的服务需求。

总之,除服务人员的角色差异外,一般意义上的服务人员类型划分主要考虑服务人员在服务成本和服务能力方面的差异。面向高度波动的服务需求(时间和内容),精细化的服务运作管理可以使得服务系统以更低的成本更合理地安排各种类型的服务人员,来为顾客提供质量更好的服务。

6.1.3　服务人员的排班决策与主要考虑要素

服务人员的排班决策就是为每个服务人员安排具体的工作时间与工作内容,依据排班决策时间粒度与决策本身粒度来划分,服务人员排班决策有着不同的分类。由于排班决策时间和内容的差异,不同类型的排班决策需要考虑不同的限制性因素,因此本节将简要介绍不同的服务人员排班决策类型及其考虑要素,为后续服务人员排班问题建模奠定基础。

视频 6-2

依据排班决策的时间粒度来区分,服务人员排班决策可以分为日排班计划决策、周期性休息计划决策和周期性多班次排班计划决策。

(1) 日排班计划决策关注一天之内的服务人员工作安排,包括工作班次的确定、各班次服务人员安排等。根据不同的行业特征,服务人员的工作班次安排具有一定的常用模式,例如,急诊部门医护人员的工作安排一般为"三班倒"或"两班倒",银行柜员一天则只有一个工作班次。在确定工作班次安排的基础上,日排班计划决策还需要考虑将服务人员安排到不同的工作班次以应对一天之内的服务需求。在日排班计划决策中,各班次的顾客服务需求是重要的考虑要素,合理的排班计划应能通过合理的班次设置和人员安排来有效满足顾客的服务需求。

(2) 周期性休息计划即安排服务人员在一段时间内的工作时间与休息时间,其一般以天为最小时间单位,具有周期性的特征。最为典型的休息计划为"做五休二",以一周为计划周期,员工周一至周五工作,周末休息,如此循环往复。但服务行业较为特殊,部分服务行业在周末休息日的需求更为旺盛,因此服务行业的休息计划安排需要考虑行业本身的需求特征,对服务人员的休息日和工作日进行灵活安排。在周期性休息计划决策中,工作人员的休息时间要求和顾客的服务需求是重要的考虑因素。合理的休息计划安排应能兼顾服务人员最低休息时间和服务人员数量需求等约束限制,更为细致的休息计划也会考虑服务人员连续工作天数等因素,以提升相关计划的人性化程度。

(3) 周期性多班次排班计划就是对服务人员进行周期性的工作班次与休息安排,使得整个排班计划可以滚动地循环进行。在一定程度上可以认为是将日排班计划决策和周期性休息计划决策结合考虑。周期性多班次排班计划一般关注服务人员的个人层级,详细地规划了每个服务人员在周期内的工作安排,具有很高的可执行性。因此,周期性多班次排班计划中的考虑要素众多,包括班次层级的顾客服务需求、服务人员的人性化工作要求等,使得周期性多班次排班计划的制订难度较大。

依据排班决策的粒度来区分,服务人员排班决策可以分为服务人数的决策和服务人员的决策。服务人数决策确定各工作日/班次所需的服务人员数量;服务人员决策更为细致,要具体确定各工作日/班次需要哪几位服务人员。在不同的时间粒度下,服务人数决策和服务人员决策均可能存在,但一般而言,服务人员数量决策的考虑要素较粗,仅考虑安排合理数量的服务人员以满足顾客的服务需求,不涉及服务人员的连续工作时间、最低休息时间、工作负荷等更为细致的限制要素。

总之,不同的行业类型和服务性质会导致不同的人员排班计划,管理人员在排班过程中考虑的排班目的、人员类型、决策类型、限制性因素等都存在差异。本节内容简要介绍了在复杂多变的问题背景下服务人员排班的不同目的、所考虑的不同服务人员类型和不同的决策类型等关键要素,以帮助理解并区分服务人员排班中的基本概念。在接下来的三节中,将详细介绍日排班计划、周期性休息计划和周期性多班次排班计划,进一步阐述相关概念并介绍经典的排班计划模型。

6.2 日排班计划

6.2.1 日排班计划概述

日排班计划通过确定工作班次、分配各班次工作人数来满足一天之内变动的服务需求,常见的日排班计划问题有呼叫中心接线员排班、收费站收费员排班等。在传统的日排班计划问题中,工作班次的设置较为固定。例如,较为常用的班次模式是"两班倒"和"三班倒",

"两班倒"是把一天 24h 分为两个 12h,分为白班和夜班两个班次;"三班倒"则是把一天 24h 分为 3 个 8h,分为白班、晚班和夜班三个班次。在班次设置基础上,排班人员需要给不同的班次安排不同数量的员工,以满足服务需求。通常,白天的服务需求量较大,需要安排较多的服务人员;夜晚的服务需求量较少,仅需安排少量的值班人员。

经典的"两班倒"和"三班倒"模式是一种时间粒度较粗的班次设置方法。但实际中的需求高度波动,例如,餐饮服务的高峰集中在中午 11 时至下午 2 时和下午 5 时至晚上 8 时,其余时间需求量很低;急诊需求的高峰集中在下午 5 时至晚上 10 时,白天需求量平稳、凌晨需求量很低。这样的需求波动会导致排班安排困难:如果班次人数按照服务高峰进行安排,则会在低谷时段造成医护人员闲置浪费;如果换班时间发生在服务高峰期间,则会严重影响服务的质量。为了解决这些问题,可以考虑更为灵活的班次设计和排班方式。下文将对相关的班次模式和排班方法进行介绍。

6.2.2 班次模式

班次模式是指服务班次的设置方式,"两班倒"和"三班倒"是最传统的班次模式。这种班次模式的优点在于工作班次和工作时长固定,服务人员的接受度高,应用范围广。但这种经典的班次模式应对需求波动的能力较弱,不利于服务水平与服务成本的权衡,因此,在实践和研究中出现了多种新型的班次模式。依据其灵活度来区分,这些班次模式可以被分为确定性班次和灵活性班次。

1. 确定性班次

确定性班次是指设置固定的班次模式。12h 的两班倒工作制和 8h 的三班倒工作制是确定性班次,并且各班次工作时间之间没有重叠。因此,这类班次模式也被称为无重叠班次。无重叠班次的规律简单、社会接受度高,适用于需求波动相对较小的情况,排班人员可以通过服务人员数量的变化来应对不同班次的需求波动,但难以处理班次内出现需求剧烈波动的情况。例如,高速公路在白天高峰时间所有收费闸口全开,在夜晚则减少收费员的数量,仅开放少量闸口。

在确定性班次中,当不同班次工作时间出现重叠时被称为重叠班次。相较于无重叠班次,重叠班次的设计更为复杂,排班人员通过重叠时间段的设计来满足需求的波动或特殊的工作要求。例如,餐厅服务员可以采取全职与兼职相配合的排班方式,全职员工服务整个营业时间,同时在就餐高峰期设置高峰班次聘请兼职员工以应对高峰时期的需求剧增。此外,部分医院急诊部门设置有"握手班次",两个班次的医护人员有 1h 的重叠时间以便交流患者的信息,保证医疗服务的连续性。

与无重叠班次模式相比,重叠班次通过更加灵活的班次设置增强了服务人员安排的灵活性,可以更加有效地处理需求波动,但这种方式也可能带来其他隐藏成本。首先,高峰班次等短时段班次一般需要聘请兼职人员,但流动性较强的兼职人员不利于服务水平的稳定;其次,相较于无重叠班次,重叠班次的工作时间可能不规律,与社会普通的工作时间存在较大差异,从而可能为工作人员带来更多的不便。

2. 灵活性班次

灵活性班次是指无预先确定服务班次的班次模式,由排班人员在排班过程中,根据需求的波动规律或预测情况灵活地确定各班次的开始时间和持续时长,从而制定出完整的班次安排与排班计划。通过对开始时间和持续时长(或起止时间)的灵活安排,排班人员获得了班次设置的高度自由。相应地,通过固定工作时长或开始时间,排班人员也可以设计半灵活的工作班次,通过调整班次开始时间或工作时长来制订班次计划。灵活性班次的使用使得管理人员可以更好地处理需求波动,并获得最大的服务人员利用率。例如,在本章引导案例中,为了解决急诊患者到达高度波动的问题,排班人员可以考虑依据到达高峰来调整急诊医生的上下班时间和工作时长,如将部分日班医生的工作时间提早至 6 时,或将部分夜班医生的工作时间提早至 9 时等。

同时,过度的灵活性也会严重影响排班计划的可执行度,增加服务人员的疲劳程度,导致服务人员的满意度降低。因此,在设计灵活性班次时需考虑服务人员的偏好与上下班的交通时间与成本,需要设定最短的工作时长等,否则灵活性班次的使用会对服务人员的正常生活造成干扰。

6.2.3 日排班计划方法

服务人员的日排班计划通常基于排班人员的经验确定工作班次并指派服务人员,因此排班的效果依赖于排班人员的个人能力和经验。为了避免排班对人工经验的依赖,服务系统管理人员可以采用整数规划进行排班优化。整数规划是最常用的数学规划方法之一,决策变量是整数的线性规划模型称为整数规划。针对具体的排班问题,建立相应的整数规划模型可以有效求解最优的排班计划。本小节将以确定性班次为例,介绍整数规划方法在日排班计划中的运用。

  【例 6-1】 便利店日排班计划

考虑一家位于市区的便利店,该便利店的营业时间是从早上 10 时至晚上 9 时。如表 6-3 所示,该便利店有五个工作班次,每个班次有不同的员工成本。由于到店顾客的到达率随着时间的变化而变化,因此在不同的时段,便利店的服务人员需求也随时间发生变化。表 6-4 展示了便利店在营业时间内每小时的服务人员需求数量。应如何安排服务人员使得服务的总成本最低?

表 6-3 便利店工作班次

工作班次	工作时间	工作时长/h	员工成本/元
1	10:00—17:00	7	250
2	14:00—21:00	7	300
3	13:00—18:00	5	150
4	10:00—14:00	4	100
5	17:00—21:00	4	100

表 6-4 便利店营业时间内服务人员需求数量

时间段	10:00—11:00	11:00—12:00	12:00—13:00	13:00—14:00	14:00—15:00
人员需求	4	4	6	8	7

续表

时间段	15:00—16:00	16:00—17:00	17:00—18:00	18:00—19:00	19:00—20:00
人员需求	6	6	8	8	7
时间段	20:00—21:00	—	—	—	—
人员需求	6	—	—	—	—

解 基于上述信息,排班人员可以建立如下的整数规划模型对便利店排班计划进行求解。

首先,令 $x=(x_1,x_2,x_3,x_4,x_5)^T$ 为各班次的服务人员数量,是该模型的决策变量。基于上述的变量定义,建立该服务人员排班的整数规划模型如下:

$$\min(250x_1+300x_2+150x_3+100x_4+100x_5)$$

$$\text{s.t.} \begin{cases} x_1+x_4 \geqslant 6 \\ x_1+x_3+x_4 \geqslant 8 \\ x_1+x_2+x_3 \geqslant 7 \\ x_2+x_3+x_5 \geqslant 8 \\ x_2+x_5 \geqslant 8 \\ x_1,x_2,x_3,x_4,x_5 \in \mathbb{N} \end{cases}$$

该模型的目标为最小化员工使用成本,模型约束为各时段安排的服务人员数量应不小于便利店的服务人员需求量,且各班次服务人员安排数量为正整数。该整数规划问题可以利用 Excel 中的求解器来进行求解,最优的服务人员排班方式为(0,0,7,6,8),因此该便利店更适合聘用工作时间较短的兼职员工。

例 6-1 介绍了一种经典的排班方法,该模型求解了满足需求的成本最低的排班计划。在这一类模型中,服务人员需求的估计是高质量排班方案的关键,而该数值的估计往往依赖于排班人员的主观判断,受排班人员经验的影响。整体而言,这种经典的排班方法对服务水平的考虑比较粗犷,求解的排班计划不能保证顾客的等待时间或服务水平满足率等。因此,需要进一步考虑顾客的到达时间分布与服务时间分布,考虑服务水平约束,制订更精细的排班计划。

6.3 周期性休息计划

6.3.1 周期性休息计划概述

周期性休息计划是指当服务企业的运营时间与服务人员的工作时间不匹配时,排班人员需要合理地安排服务人员的工作时间和休息时间,使得计划的服务能力既能满足顾客的服务需求,又能满足服务人员的休息需求。与日排班计划不同,休息计划的时间跨度长,往往以天为最小的时间单位,并且具有周而复始的周期性特征。在日常生活中,最常见的休息计划为"做五休二"的模式,以一周为计划周期,周一至周五工作,周末休息,并循环往复。然而,与一般的行业不同,服务行业的工作时间更加灵活,如医院急诊部门和部分呼叫中心需要 7×24h 连续运转;对于部分服务类型,周末和公共节假日等传统的休息时间的需求更加旺盛，如餐饮业和娱乐服务业等。

因此，如何权衡长计划周期内的需求波动，在满足服务人员休息需求的前提下，制订出合理的休息计划，是排班问题中常见的问题。此外，周期性特征使得休息计划在制订时不仅需要考虑单个周期内的服务人员工作与休息时间安排，还需要考虑不同周期之间的衔接以保证各周期工作域休息计划的一致性，保持稳定的工作与休息节奏。这为休息计划的制订带来了更复杂的计划约束。

休息计划的制订与决策过程一般分为两个步骤，首先需要确定不同时间工作或休息的员工的人数，然后再将具体的人员指派到不同的工作日期。在指派具体的服务人员时，一般存在几类较为特殊的约束，如一周内的工作天数约束、最长连续工作天数等。这些约束体现了服务系统的人文关怀，保障了服务人员的基本权益，是休息计划中必不可少的约束类型。本节将首先介绍这些约束。

1. 休息时间约束

休息时间约束规定了服务人员在一段时间内必须享有的休息时间，排班计划应在不违反休息时间约束的前提下进行人员安排。一种典型的休息时间约束为一个计划周期内应保证的休息天数，例如，一周之内必须休息两天。令向量 $x=(x_1,x_2,x_3,x_4,x_5,x_6,x_7)$ 为休息计划的决策变量，当 $x_i=1$ 时，该员工在第 i 天工作；当 $x_i=0$ 时，该员工在第 i 天休息。因此，一周之内必须休息两天的约束可被表示为

$$x_1+x_2+x_3+x_4+x_5+x_6+x_7 \leqslant 5$$

另一种典型的休息时间约束为在连续 k 周的计划周期内应保证 1 个周末的双休，例如，每两周应保证服务人员能至少享受 1 个完整的周末。类似地，令向量 $x=(x_1,x_2,\cdots,x_{14})$ 为休息计划的决策变量，此时，每两周应保证服务人员能享受 1 个完整的周末可表示为

$$\max\{x_6+x_7,x_{13}+x_{14}\}=2$$

2. 连续工作时间约束

连续工作时间约束规定了服务人员可以接受的最长连续工作时间。连续工作会导致服务人员的疲劳累积，因此过长的连续工作时间会导致服务人员的倦怠，从而可能会影响服务水平。常用的连续工作时间约束有一周的连续工作时间不超过 5 天等。与休息时间约束不同，连续工作时间约束需要考虑不同计划周期之间的衔接。令 $x=(x_1,x_2,x_3,x_4,x_5,x_6,x_7)$ 为一周内休息计划的决策变量，则最长连续工作 5 天的约束如下所示：

$$x_1+x_2+x_3+x_4+x_5+x_6 \leqslant 5$$
$$x_2+x_3+x_4+x_5+x_6+x_7 \leqslant 5$$
$$x_1+x_3+x_4+x_5+x_6+x_7 \leqslant 5$$
$$x_1+x_2+x_4+x_5+x_6+x_7 \leqslant 5$$
$$x_1+x_2+x_3+x_5+x_6+x_7 \leqslant 5$$
$$x_1+x_2+x_3+x_4+x_6+x_7 \leqslant 5$$
$$x_1+x_2+x_3+x_4+x_5+x_7 \leqslant 5$$

这 7 项约束表示每一天及其之前的 5 天，每一位员工的工作时间都不能超过 5 天。其中，后 5 项约束考虑了服务人员跨周期的连续工作时间，展示了不同周期之间如何有效地衔接。

6.3.2 周期性休息计划的排班方法

整数规划同样也是解决休息计划的最常用方法,但如 6.3.1 节所述,休息计划的制订中包含了更多特别的约束,这就对整数规划的建模过程提出了更高的要求。在较为简单的情境中,如休息模式较为简单的休息计划,我们可以继续使用 6.2 节中介绍的排班方法求解休息计划。但当休息模式较为复杂,包含难以处理的约束时,需要使用不同的整数规划模型对休息计划进行求解。

【例 6-2】 客服人员休息计划-1

假设一个客户服务中心在一周各天内的服务人员需求如表 6-5 所示。

表 6-5 一周内各天的客服人员需求数量

项 目	星期一	星期二	星期三	星期四	星期五	星期六	星期日
天数 j	1	2	3	4	5	6	7
需求量	3	5	5	5	7	7	3

每个服务人员一周工作 5 天为顾客提供服务,连续休息 2 天,在这种工作模式下,最少需要多少服务人员才能满足顾客实际的服务需求?

解 这一问题中服务人员的休息模式明确,即做五休二,全部服务人员均连续休息两天。假设决策变量 x_i 为从第 i 天开始休息的服务人员的数量,$x=(x_1,x_2,x_3,x_4,x_5,x_6,x_7)^T$ 为对应不同休息时间的服务人员数量。该服务人员安排的整数规划模型如下所示:

目标函数为安排的服务人员总数最小:

$$\min(x_1+x_2+x_3+x_4+x_5+x_6+x_7)$$

分别安排在周一到周日工作的服务人员需满足需求:

$$\text{s.t.} \begin{cases} x_2+x_3+x_4+x_5+x_6 \geqslant 3 \\ x_3+x_4+x_5+x_6+x_7 \geqslant 5 \\ x_1+x_4+x_5+x_6+x_7 \geqslant 5 \\ x_1+x_2+x_5+x_6+x_7 \geqslant 5 \\ x_1+x_2+x_3+x_6+x_7 \geqslant 7 \\ x_1+x_2+x_3+x_4+x_7 \geqslant 7 \\ x_1+x_2+x_3+x_4+x_5 \geqslant 3 \end{cases}$$

该模型以最小化服务人员数量为目标,以满足一周内各天服务人员数量需求为约束。求解该模型可以得到各类休息模式对应的服务人员数量的安排,从而确定了对应服务人员一周的工作日与休息日安排计划。对于该模型可以直接调用 Excel 中的求解器进行求解。

当服务人员休息模式的约束减弱时,如放松一周必须连续休息 2 天的限制,可能存在的休息日安排方式会指数级增加。此时,例 6-2 中的整数规划模型不再适用,服务人员休息计划制订需要新的整数规划模型。

【例 6-3】 客服人员休息计划-2

假设一个客户服务中心在一周各天内服务人员需求情况如表 6-5 所示。服务人员在一周之内最多连续工作 5 天,最少休息 1 天,在这种工作模式下,最少需要多少服务人员才能满足顾客实际的服务需求?

解 满足本题中的休息时间约束的方式有很多种,穷举所有的休息模式并不是一种聪明的选择。当排班人员关注的排班时间增加为 2 周或 1 个月时,可能存在的休息模式会进一步增加。因此,本例题中的休息计划制订需要新的整数规划模型。

令 I 为所有可安排的服务人员集合,服务人员 i 隶属集合 I。不失一般性,本例中假设集合 I 的规模较大,即 $|I|$ 较大,可以满足表 6-5 中的服务需求。令 J 为待排班天数的集合,集合 $J=\{1,2,3,4,5,6,7\}$。

令 x_{ij} 和 y_i 为模型的决策变量,其中 $i\in I, j\in J$。

$x_{ij}=1$ 代表服务人员 i 被安排在第 j 天工作,$x_{ij}=0$ 代表服务人员 i 在第 j 天休息。

$y_i=1$ 代表服务人员 i 在此次排班中被安排,$y_i=0$ 代表服务人员 i 在此次排班中未被使用。

D_j 为第 j 天的服务人员需求。

M 为一个足够大的整数。

目标函数为安排的服务人员总数最小:

$$\min \sum_{i\in I} y_i$$

约束如下:

保证每一位服务人员至少休息 1 天:

$$x_{i1}+x_{i2}+x_{i3}+x_{i4}+x_{i5}+x_{i6}+x_{i7}\leqslant 6, \quad \forall i\in I$$

保证每一位服务人员连续工作时间不超过 5 天:

$$x_{i2}+x_{i3}+x_{i4}+x_{i5}+x_{i6}+x_{i7}\leqslant 5, \quad \forall i\in I$$
$$x_{i1}+x_{i3}+x_{i4}+x_{i5}+x_{i6}+x_{i7}\leqslant 5, \quad \forall i\in I$$
$$x_{i1}+x_{i2}+x_{i4}+x_{i5}+x_{i6}+x_{i7}\leqslant 5, \quad \forall i\in I$$
$$x_{i1}+x_{i2}+x_{i3}+x_{i5}+x_{i6}+x_{i7}\leqslant 5, \quad \forall i\in I$$
$$x_{i1}+x_{i2}+x_{i3}+x_{i4}+x_{i6}+x_{i7}\leqslant 5, \quad \forall i\in I$$
$$x_{i1}+x_{i2}+x_{i3}+x_{i4}+x_{i5}+x_{i7}\leqslant 5, \quad \forall i\in I$$
$$x_{i1}+x_{i2}+x_{i3}+x_{i4}+x_{i5}+x_{i6}\leqslant 5, \quad \forall i\in I$$

保证安排在每一天工作的服务人员总数能满足需求:

$$\sum_{i\in I} x_{ij}\geqslant D_j, \quad \forall j\in J$$

保证安排的服务人员可以参与排班:

$$\sum_{j\in J} x_{ij}\leqslant My_i, \quad \forall i\in I$$

$$x_{ij}\in\{0,1\}, \quad \forall i\in I, \ j\in J$$
$$y_i\in\{0,1\}, \quad \forall i\in I$$

综上,该 0-1 整数规划模型以最小化安排人数为目标,依次考虑了最长连续工作时间约束、休息天数约束、服务人数需求约束等主要约束,和服务人员参与约束、0-1 变量约束等其他约束。通过求解该模型可以得到满足要求的最少客服人员的数量,同时也可得到相关服务人员的排班与休息日安排计划。与例 6-2 中的整数规划模型相比,本模型允许更为灵活的休息模式,但同时模型的求解复杂度更高。在小规模的问题中,本模型依然可以调用 Excel 中的求解器进行求解。

6.4 周期性多班次排班计划

周期性多班次排班计划是日排班计划与休息计划的结合,它既确定了服务人员在一个排班周期内何时工作、何时休息,也确定了服务人员在一天之内的具体工作班次,是实际排班中最常见的排班计划之一,具有很高的可执行性。一般而言,周期性多班次排班计划常见于服务时间较长,需要多班次接力的服务场景,如呼叫中心、急诊部门等。周期性休息计划则可被视为周期性多班次排班计划的一个特例,即每日仅有一个工作班次的周期性单班次排班计划。与周期性排班计划(包括周期性休息计划和周期性多班次排班计划)相对应,实际中也存在非周期性排班计划。这类排班计划仅考虑单个排班周期内的服务需求与相关约束,无须考虑相邻周期之间的衔接,比周期性排班计划更为简单。

周期性多班次排班计划的制订和决策过程与休息计划类似,首先需要确定不同工作日、工作班次的员工人数,然后再将具体的人员指派到每一个工作班次。计划制订的考虑要素及约束往往是日排班计划与休息计划约束的结合,如一天内工作班次约束、一周内工作天数约束、最长连续工作天数约束、最长连续特定班次(夜班)约束等。

整数规划也是解决周期性多班次排班计划的常用方法。与例 6-3 中的休息计划相比,周期性多班次排班需要在整数规划模型中增加更细粒度的班次层级的变量与约束,以刻画服务人员在不同工作日与班次间的分配。这进一步增加了建模的复杂度与求解的难度。

【例 6-4】 呼叫中心周期性多班次排班计划

假设一个呼叫中心为顾客提供售后服务业务,该呼叫中心的服务时间从早上 8 时至晚上 10 时,分为两个班次。早班次的时间从早上 8 时至下午 4 时,晚班次的时间从下午 4 时至晚上 10 时。一周之内各班次的接线员需求量如表 6-6 所示。一个接线员一天只能工作 1 个班次,一周最多工作 5 天,且最多只能连续工作 3 个晚班次,排班人员应该如何以一周为最小周期进行周期性排班并安排最少的服务人员来满足顾客的服务需求?

表 6-6 各班次接线员需求

项目	星期一		星期二		星期三		星期四		星期五		星期六		星期日	
班次	1	2	1	2	1	2	1	2	1	2	1	2	1	2
需求人数	10	14	8	12	8	14	8	12	8	14	14	10	14	10

解 本例将建立周期性排班的整数规划模型以解决呼叫中心周期性排班计划问题。

令 I 为所有可安排的服务人员集合,服务人员 i 隶属集合 I。不失一般性,假设集合规模 $|I|$ 较大,可以满足服务需求。令 $J=\{1,2,3,4,5,6,7\}$ 为待排班天数的集合,$K=\{1,2\}$ 为班次的集合,其中 1 代表白班,2 代表晚班。

令 x_{ijk} 和 y_i 为模型的决策变量，其中 $i\in I,j\in J,k\in K$。$x_{ijk}=1$ 代表服务人员 i 被安排在第 j 天第 k 个班次工作，$x_{ijk}=0$ 代表服务人员 i 在第 j 天第 k 个班次不工作。$y_i=1$ 代表服务人员 i 在此次排班中被使用，$y_i=0$ 代表服务人员 i 在此次排班中未被使用。此外，令 D_{jk} 为第 j 天第 k 个班次的服务人员需求，M 为一个足够大的整数。

在上述的参数设置下，呼叫中心周期性排班计划的整数规划模型可建立如下：

模型目标：本模型以最小化呼叫中心客服人员数量为目标，即安排的服务人员总数最小，即

$$\min \sum_{i\in I} y_i$$

约束如下：

单日内工作班次约束：任意客服人员 i 在同一工作日 j 内不得工作超过一个班次，即

$$\sum_{k\in K} x_{ijk} \leqslant 1, \quad \forall i\in I, j\in J$$

总工作时间约束：本例中任意客服人员 i 在一周内的工作总时间不得超过 5 天，即

$$\sum_{j\in J}\sum_{k\in K} x_{ijk} \leqslant 5, \quad \forall i\in I$$

连续晚班约束：本例中客服人员最多只能连续工作 3 个晚班，即任意客服人员 i 在任意的连续 4 个晚班中工作安排不得超过 3 次，注意当 $j\leqslant 3$ 时，$j-3\leqslant 0$，其中 $j-3$ 是指上一周期尾巴上的日期，这些日期等同于 $j+7-3$，如 $j=2,j-3=-1$，此时 j 为周二，三天之前为周六，即 $j+7-3=6$。约束如下：

$$\sum_{l=j-3}^{j} x_{il2} \leqslant 3, \quad \forall i\in I, j=4,5,6,7$$

$$\sum_{l=j+7-3}^{j} x_{il2} \leqslant 3, \quad \forall i\in I, j=1,2,3$$

客服人员需求约束：第 j 天第 k 班次所安排的服务人员数量之和不低于需求 D_{jk}，即

$$\sum_{i\in I} x_{ijk} \geqslant D_{jk}, \quad \forall j\in J, k\in K$$

客服人员参与约束：未被安排的客服人员不能为顾客提供服务，即当 $y_i=0$ 时，对于任意的天数 j 班次 k，x_{ijk} 只能为 0。该约束的数学表达需要借助大的整数 M，如下所示：

$$\sum_{j\in J}\sum_{k\in K} x_{ijk} \leqslant My_i, \quad \forall i\in I$$

其他约束：该模型中的决策变量为 0-1 变量，即

$$x_{ijk}\in\{0,1\}, \quad \forall i\in I, j\in J, k\in K$$

$$y_i\in\{0,1\}, \quad \forall i\in I$$

综上，该模型以最小化服务人员数量为目标，依次考虑了服务人员一天只能服务一个班次、一周最多工作 5 天、最长连续工作 3 个晚班、各班次服务人员数量满足需求等主要约束。通过求解该模型，可以获得最少的服务人员数量，及其对应的周期性排班计划。除使用 Cplex、Gurobi 等商业求解软件外，遗传算法等启发式算法也可用于求解规模较大的周期性多班次排班问题。

值得说明的是，例 6-4 中的模型未考虑不同服务人员的工作负荷均衡，在求解的排班计划中，部分服务人员一周工作 5 天，部分服务人员可能一周只需工作 3 天，产生不公平的现

象。周期性多班次排班计划中可以考虑更多的人性化、个性化的排班目标与约束。例如,模型可引入工作负荷均衡约束,使得所有服务人员的工作时长基本相同;模型也可考虑服务人员班次偏好,将班次偏好的违背成本加入模型目标,在最小化服务成本的同时尽量满足服务人员的班次偏好。这些目标与约束体现了以人为本的管理精神,可以有效提升服务人员的工作满意度,增加服务人员的企业忠诚度和工作积极性,改善企业的服务质量。然而,这些约束与目标的引入将会进一步增加模型的复杂性,因此本节不再继续深入介绍。

从日排班计划、周期性休息计划到周期性多班次排班计划,本章介绍了整数规划方法在服务人员排班计划中的应用。作为排班计划中最常用的方法之一,使用整数规划可以对大部分排班问题进行建模,商业求解软件的发展也使得中小规模的排班问题求解不再困难。本章的例题及模型给定了各班次服务人员的需求作为模型的输入。这些数值在实际问题中并不容易得到,错误的需求估计会导致服务能力不足或服务能力过剩,不利于服务系统的稳定运营。因此,结合排队论或仿真模型等方法,在规划模型中更加细致地考虑服务人员排班计划对服务系统实际表现的影响是一个重要的发展方向。

6.5 典型排班场景介绍

本章 6.2 节至 6.4 节从一般的排班问题出发介绍了排班计划中的常用模型与方法。但在实际中,排班问题的场景复杂多变。在不同的行业中,服务人员排班的主要目的、考虑要素、排班约束等方面均存在显著的不同。本节将以呼叫中心排班、医护人员排班和机组排班这三种典型场景为例,介绍不同排班问题的背景及特点。这三种排班的场景也是实际中较为复杂的场景,了解这些排班场景及问题特色也有助于进一步加深对排班问题的理解。

6.5.1 呼叫中心排班

呼叫中心(call center)也叫客户服务中心,是一种基于计算机电话集成系统技术的综合信息服务系统。随着世界第三产业和网络通信基础设施的发展,呼叫中心成了服务行业的主流沟通方式,其广泛运用于电信、金融、航空、旅游、保险、电力、交通、市政、税务、商业、娱乐等行业,在当今世界排名前 500 强的大型企业中,90% 以上都利用呼叫中心系统为其服务。某种程度上说,呼叫中心架起了企业与客户之间的桥梁。在服务业发达的英美等西方国家,呼叫中心的产业十分发达,在英国和美国呼叫中心的就业人口一度占到全部劳动力人口的 3%。我国的呼叫中心产业发展也十分迅速,近年来呼叫中心企业数量和从业人员均保持高速增长。

呼叫中心运营企业的核心竞争力来源于服务质量,表现在两个方面:一是话务员(又称座席人员)解决问题的能力,二是呼叫响应速度。更多数量的话务员可以提升顾客的呼叫响应速度,提升服务水平,但会增加企业的运营成本。人力成本已经成为呼叫中心运营成本中占比最高的单项成本,因此,如何权衡人力成本和服务质量是呼叫中心运营管理的关键。由于呼叫中心的顾客到达在一天之内随着时间高度波动,因此如何优化现有的话务员排班(座席人员排班)以保证既定的服务水平就成了关键的问题。

呼叫中心最有代表性的性能评价指标是其服务水平的定义,即有 $a\%$ 的电话在 b 秒内被接听。令某一呼叫中心顾客等待时间的随机变量为 W,则该服务水平可被表示为 $P\{W\leqslant$

$b\}\geqslant a\%$。这种服务水平的定义已经是呼叫中心行业的标准之一。一般而言,行业内最低的要求是80%的电话在20s内被接听。在一定的模型假设下,排队模型(如$M/M/c$、$M/M/c/k$模型等)可被用于分析呼叫中心系统的服务水平,或基于给定的服务水平,计算出各时段满足服务水平要求的最小话务员数量。在此基础上,本章例6-1中使用的集合覆盖模型是制订话务员排班计划最常用的模型之一。

在呼叫中心的排班计划中,多技能话务人员排班是另一类具有特色的问题。随着呼叫中心产业的发展,大型多技能呼叫中心越来越多。在此类呼叫中心中,顾客需求有不同的类型,部分话务员拥有某一种技能,专职处理某一种需求;部分话务员则拥有不同的技能,可以处理多种顾客呼入。例如,部分话务员仅提供普通话服务,部分话务员可提供普通话、英语、日语等多种语言服务。一般而言,多技能话务员的工资要高于普通话务员。因此,在多技能呼叫中心的运营管理中,面对多类顾客需求的随机到达,在保证呼叫中心服务水平的前提下,如何考虑话务员的技能进行排班十分重要。

随着网络技术的发展和科学管理的日渐精细,呼叫中心的工作模式、管理理念等正在发生深刻的变化。在国内,网络电商的兴起带来了更为频繁的在线文字交流,消费者在购物App内与商家的客服人员采用文字交谈是一种更为流行的客户交流模式。越来越先进的AI语音机器人也在行业中被广泛接纳以提供格式化的语音咨询服务。而在传统的呼叫中心行业,顾客的不耐烦、重拨等行为特征也成为呼叫中心排班计划需要考虑的重点。因此,作为一种经典的服务行业,呼叫中心正在适应新的发展变化,更先进的技术和更精细的管理将为这个行业带来新的增长点,也将给话务员排班等经典问题带来新的挑战。

6.5.2 医护人员排班

在现代服务行业中,医院是一个高度复杂的服务系统。医护人员是其中最为核心的服务资源之一,且具有高度的稀缺性。因此,如何利用有限的医护人力资源为患者提供高质量的医疗服务就成为医院运作管理中的重要问题。医护人员排班是医疗人力资源利用的重要决策之一,由于医院内部不同部门的功能职责、运营逻辑存在不同,因此医院的医护人员排班问题具有高度的多样性。其中,急诊医护人员排班、住院医师排班、手术室护士排班等问题具有各自的特点,是医护人员排班研究中的热点问题。

医院急诊部门是处理突发疾病、意外创伤以及其他紧急状况的部门,一周7天24h不间断地为患者提供医疗服务。对于危重急诊患者而言,抢救的时效性直接决定了其医疗服务的质量与结果,所以患者的等待时间(危重患者的抢救等待时间)是急诊排班中重要的系统性能指标。在一定的模型假设下,排队模型(如$M/M/c$等经典模型)常被用于分析急诊患者的等待时间。部分排班模型以最小化各类患者的平均等待时间为目标,对有限的医护人员进行排班。此外,服务水平的概念也被用于急诊排班。为了保障急诊医疗服务的质量,各国政府为急诊响应制定了类似的服务水平指标。例如,中国香港政府规定100%的一级危重患者应在30s内开始抢救;95%的二级患者应在15min内见到医生等。在排班模型中,服务水平的规定常被用作排班计划的约束,排班人员应在满足服务水平约束的条件下最小化医护人员的数量。

住院医师排班是医护人员排班中的一类特色问题。住院医师是初级的医生职称,其工作职责是在上级医生的指导下完成基本医疗工作,包括收治病人、记录病程、开医嘱、进行某些临床操作等。在我国,住院医师在晋升之前必须接受一定年限的轮转培训,在不同的科室学习常规诊疗知识,为下一阶段成为专科医生做好准备。因此,住院医师的排班是一种长时间跨度的排班问题,排班计划需要兼顾各科室的医生需求以及住院医师的轮转培训要求。这一要求使得住院医师排班与其他排班问题不同,具有自己的特色。

医护人员排班问题中还存在其他特色问题,如手术室护士排班问题。在我国,除重大手术外,一间手术室一般安排两位护士(洗手护士和台下护士),协助医生完成手术的准备、操作和清理等工作。由于不同的手术类型要求的技能不同,手术室护士能够负责的手术类型和级别也有所不同。面对每日不同的手术需求,手术室护士排班主要关注合理的人员班次设置以满足手术的实际需求。但由于每日手术量和手术时长难以预先确定,手术室护士排班方案的灵活性和预见性差,护士时常出现高强度加班等情况,无法兼顾工作与生活的平衡,这也导致手术室护士成为医院里离职率最高的工作岗位之一。因此,不同于传统服务人员排班问题——以顾客为中心定义相关的系统性能评价指标,手术室护士排班问题中需要考虑医护人员的满意度。

当下,世界各国的医疗人力资源依旧紧缺,医护人员的工作负荷普遍较重。因此,除患者等待时间、患者服务水平等传统的质量指标之外,医护人员满意度、工作时间偏好、职业倦怠等行为因素也逐渐成为医护人员排班时需要考虑的因素,这是医疗服务行业的研究特色之一。

6.5.3 机组排班

机组排班一般指航空机组排班,是指航空公司安排机组人员服务不同的航班班次,以满足航空公司的飞行计划需求。机组人力资源是航空公司的核心资源,在大部分航空公司中,人力成本是仅次于燃油成本的第二大成本项目。因此,机组人员排班是航空公司日常管理中最为重要的运营决策之一,显著影响公司的运营成本和效率。

机组排班问题一般分为两个子问题:机组配对问题(crew pairing problem)和机组人员指派问题(crew assignment problem)。机组配对,也称飞机任务排班,是在满足各类航空规则和需求的前提下,将航空公司的现有运力合理分配以覆盖公司的所有航班。机组人员指派则是把机组人员合理地安排到已经组成的航班配对上,以满足所有航班配对的人力、技能等要求。

由于航空运营的高安全标准,民航总局和航空公司对机组排班有着各种规则和限制,使得机组排班问题具有高度的复杂性。首先,在机组配对问题中,因为飞机在非基地的机场停留有较高的费用,所以机组配对需要将不同的航班任务组成一个环线(航班环或航班串),使飞机从基地起飞,最后回到基地。其次,在机组人员指派问题中,飞行资格、飞行时间、人员休假、排班公平性、负荷均衡等因素也会影响机组成员的指派决定,使得约束条件复杂,具有非线性的特征。此外,不同的航空公司对机组人员指派的细则具有不同的要求,因此,机组排班问题还具有一定的特异性,难以使用通用的模型或系统进行决策优化。

航空公司对高效率运营的需求催生出航空机组排班系统的商业市场,美国 SABRE 公司是该领域的先入者与领先者,开发了成熟的航空管理 IT 系统。早在 1997 年,我国的南方航空公司就与美国世博公司合作,引入了"航空公司运行控制系统",采用数学优化模型进行机组排班,提升了排班的效率以及排班方案的经济性。但由于中美两国民航管理的政策与规则不同,基于美国航空产业开发的系统并不完全适用于中国市场。在强大的需求推动下,我国的各大航空公司和商业优化公司也在积极开发更能满足中国需求的航空管理系统。

本节简要介绍了呼叫中心排班、医护人员排班和机组排班这三种典型的排班问题，作为经典排班问题的补充，这三类排班问题反映了服务人员排班研究在近些年的发展。首先，服务质量的指标更加多元化。在呼叫中心排班、急诊中心排班等问题中，大量研究使用排队模型等理论分析了服务水平、顾客等待时间等重要的服务质量指标，反映了这些服务对时效性的要求。其次，在各类人员排班问题中，服务人员的满意度成为更加重要的考量因素，服务人员工作时长的限制、服务人员之间的公平性、工作负荷均衡等约束条件受到了越来越多的重视。但这些服务质量指标和服务人员满意度约束往往具有非线性等复杂的特征，对排班计划的建模与求解提出了更高的要求。

6.6 本章小结

服务人员排班的本质是服务能力供应与顾客动态需求的匹配过程。由于服务能力具有不可储存的特性，服务能力的供应要通过对服务人员的合理安排实现，这就产生了服务人员排班计划与调度的需求。本章从服务人员排班的目的、服务人员种类、服务人员排班决策类型等基础概念出发，系统地阐述了"为什么排班""安排谁""如何排班"等问题。在此基础上介绍了三类经典的服务人员排班问题及其建模分析方法。最后，面向更为复杂的实际问题背景和更新的服务排班要求，介绍了呼叫中心排班等三种典型的排班场景及其问题特征，使读者增加对实际服务排班问题的认知。

本章习题

1. 考虑一家位于市区的便利店，该便利店的营业时间从早上6时至晚上11时，共计17h。如表6-7所示，该便利店有早、中、晚三个工作班次，每人每天工作8~9h，中间吃饭休息1h。

表6-7 便利店工作班次

工作班次	工作时段1	工作时段2	休息时间
1	6:00—11:00	12:00—14:00	11:00—12:00
2	10:00—13:00	14:00—20:00	13:00—14:00
3	14:00—19:00	20:00—23:00	19:00—20:00

顾客到店的到达率随着时间的变化而变化，在不同的时段，便利店的服务人员需求也随时间发生变化。表6-8展示了便利店在营业时间内每小时的服务人员需求数量。

表6-8 便利店营业时间内服务人员需求数量

时段	1	2	3	4	5	6	7	8	9
需求	2	2	4	5	4	3	5	5	4
时段	10	11	12	13	14	15	16	17	—
需求	3	2	4	4	5	4	3	2	—

(1) 建立整数规划模型求解满足顾客需求的最少员工数量。

(2) 如果在 11:00—14:00 和 17:00—20:00 可以安排两个兼职工作班次,且兼职人员的成本为全职员工的 1/2,试建立整数规划模型求解满足顾客需求最少的员工数量。

(3) 延伸题:如果允许在任意时段安排 3 个时长为 3h 的兼职班次,此时满足顾客需求最少的员工数量为多少?对应的兼职班次应安排在什么时间段?

2. 灵活性排班:考虑例 6-1 中的便利店排班计划,新的排班方案中各工作班次的工作时长保持不变,但排班人员可以灵活地安排各班次的起始工作时间,员工的雇佣成本为每小时 50 元。该便利店各时段的员工需求与例 6-1 一致。试求最优的排班方案与最优的人员成本。

3. 考虑一家客服公司一周 7 天均为顾客提供所需的咨询服务,该公司目前有 12 名员工。在一周之内,顾客对于客服人员的需求如表 6-9 所示。

表 6-9 一周内每天的客服人员数量需求

日期	星期一	星期二	星期三	星期四	星期五	星期六	星期日
需求	3	5	7	5	5	7	3

该公司规定员工每周工作时间不得超过 5 天,最长连续工作时间不得超过 6 天,并且在四周内,每个员工应至少享受两个完整的周末(即周末双休)。试建立该公司员工休息日安排计划的整数规划模型。

4. 考虑一个以周为单位,服务人员在一周内连续工作 5 天的周期性多班次排班计划。从周一至周日,服务人员的需求向量为 (5,6,7,8,7,7,6)。在员工成本方面,能够享受周末双休的员工成本为 1,能够享受一天周末的员工成本为 2,一天周末也不能享受的成本为 4。试求解员工的周期性多班次排班计划,以最小化员工的雇佣成本。

5. 考虑一家面向国际客户的呼叫中心,该呼叫中心面向全球客户全天候地提供中文和英语的售后服务。呼叫中心采用三班倒的班次设置,早班从 8:00 至 16:00,晚班从 16:00 至 24:00,夜班从 0:00 至次日 8:00,一周之内各班次各语种的客服人员需求数量如表 6-10 所示。

表 6-10 各班次客服人员需求

日期	星期一			星期二			星期三			星期四			星期五			星期六			星期日		
班次	早	晚	夜	早	晚	夜	早	晚	夜	早	晚	夜	早	晚	夜	早	晚	夜	早	晚	夜
中文	5	7	1	6	7	1	6	8	1	5	8	1	6	7	1	7	9	2	7	9	1
英文	2	4	7	2	5	8	3	4	8	2	4	7	3	5	8	4	6	9	4	6	8

该呼叫中心各班次和各类型员工的雇佣成本如表 6-11 所示。

表 6-11 客服人员成本

类型	班次		
	早班	晚班	夜班
中文	8	8	12
英文	10	10	16
双语	16	16	30

此外,该公司规定客服人员在一周内最多工作 6 天,最长连续工作时间为 5 天;一周内最多夜班数量为 4 天,最长连续夜班数量为 3 天;在 4 周内每位员工至少能享受两个完整的周末。请制订以 4 周为一个周期的排班计划,并制定客服人员组合方案,以最小的成本来满足客户的需求。如果公司同时考虑同类型员工的工作负荷(总班次数量和夜班班次数量)应尽量均衡,排班管理人员该如何处理?(本习题仅需建模,不用求解)

6.(延伸题)机组配对问题是机组排班中重要的子问题之一。所谓机组配对就是将所有待飞行的航班组成航班环或航班串,其中,航班环是指航班串的起点和终点都是基地。表 6-12 示出了某航空公司的航班计划,共 10 个航班,服务 A、B、C、D 4 个城市,其中 A 是航空公司的基地。每段航班有不同的成本,与飞行距离、时间等因素相关,且航班飞抵基地以外的城市停留也需要一项固定成本 w。

表 6-12 航班计划

航班号	出发城市	到达城市	出发时间	到达时间	航班成本
0	A	B	6:00	7:30	c_0
1	A	C	7:00	9:00	c_1
2	A	D	7:00	8:00	c_2
3	B	C	8:10	9:00	c_3
4	C	B	10:00	11:00	c_4
5	B	A	11:20	13:00	c_5
6	D	B	9:00	10:30	c_6
7	B	A	16:30	18:10	c_7
8	A	B	14:00	15:30	c_8
9	B	A	17:00	18:40	c_9

问题:
(1)根据航班计划找出所有的航班环,及其相应的成本。(提示:可利用航线网络图)
(2)建立整数规划模型求解成本最低的航班安排方案,以满足所有的航班需求。(提示:选择最优的航班组合。仅需建模,不用求解)

案例分析

A 医院住院部护士排班

视频 6-3

A 医院住院部具有业务科室 30 多个,各类型/级别护士 500 多名,为了给住院患者提供安全、连续、专业的护理服务,住院部的护士排班需要统筹考虑护理岗位、护士级别、护理班次等多类因素及其关联关系,基于患者的实际护理需求,对全部护理人员进行合理的安排。

1. 护士级别、护理岗位与护理班次

在我国,根据护理人员的卫生专业技术级别,护理人员的等级可以分为护士、护师、主管护师、副主任护师、主任护师五个级别,本案例中分别用 $T_1 \sim T_5$ 表示。高级别的护理人员具有更加全面的专业知识和更丰富的工作经验,可以承担低级别护士的工作,但具有较高的聘用成本;低级别的护理人员则因为相关能力缺乏,难以越级承担高级别护理人员的工作,如果越级可能影响医院的护理质量,因而不被允许。但相较于高级别护理人员,其聘用成本较低。对应于级别 $T_1 \sim T_5$，本案例分别用 $c_1 \sim c_5$ 表示各级别护士的聘用成本。

根据不同的工作职责划分，一般的住院部门又设置有多种护士岗位。本案例考虑五种护士岗位的设置，分别为护士长、主班护士、责任护士、夜班护士和普通护士。其中，护士长是科室或病区的领导者，管理科室内的全体护士并统筹科室的日常护理工作；主班护士负责患者的入院接待、信息录入等工作；责任护士以"患者为中心"，从患者入院起为患者提供全流程的护理服务，直至患者出院；夜班护士主要负责夜间护理工作；普通护士则对责任护士、夜班护士进行辅助，开展简单的日常护理工作。

护理班次也分为多种类型，一般根据住院部各科室和护理需求的特征来确定。目前，住院部最常见的护理班次为三班倒，即早班、日班和夜班。在此基础上，本案例额外考虑分段班，即护士工作时间分为两个或多个不连续时段的班次。分段班的时间设置主要面向护理需求的高峰时期，通过增加护理人手来起到"削峰"的作用。因此，本案例考虑早班、日班、夜班和分段班四种班次。

在实际排班中，不同护士级别、护理岗位和护理班次之间有着一定的对应关系和要求，这增加了多级别、多岗位护士的排班难度。例如，每种护理岗位都有最低的护士级别要求，只有不低于该级别的护士才有资格负责该护理岗位。护理岗位和护理班次之间也有一定的对应关系，部分岗位仅要求 8h 在岗，部分岗位则要求 24h 连续在岗。护士级别、护理岗位和护理班次之间的对应关系如表 6-13 所示。

表 6-13 护士级别、护理岗位、护理班次对应关系

岗位类型	最低级别	护理班次			
		早班	日班	夜班	分段班
护士长	T_3		√		
主班护士	T_3		√		
责任护士	T_2		√		
夜班护士	T_1	√	√	√	
普通护士	T_1		√		√

2. 排班要求及考虑要素

护士排班的最终要求是通过合理的人力安排来高效地满足患者的护理需求，保证患者和护理人员均有较高的满意度。为了实现这一总目标，排班人员需要考虑护理成本、护理需求、行业规则和护理人员偏好等多方面因素，并做出合理的权衡。

护理成本是在排班周期内所有护士的雇佣成本，该成本与护理人员的数量和级别相关。我国的公立医院需要自负盈亏，因此医院的管理者具有强烈的动机，希望通过更低的护理成本来满足患者的护理需求。

护理需求是每天各班次各岗位护理人员的需求数量。一般而言，护士长、主班护士等岗位的需求数量较为稳定，在日班中安排一位护士长和主班护士即可。责任护士、夜班护士等护理人员的数量需求取决于住院患者数量或床位数量，一位护理人员能够掌管的患者或床位在一定的数量区间内。在住院患者数量给定的情况下，排班人员可根据相关数据确定每天的护理人员需求。

行业规则是在一般的护士排班中需要遵守或参考的规则，这些规则可能源自国家的劳

动法规,例如,护理人员一周的工作时间一般不超过 5 天。此外,由于护理工作本身的特点,也存在其他行业规则,例如,夜班后必须连续休息 2 天等。本案例将在护士人员排班中考虑相关规则,并将其作为硬约束。

护理人员偏好是单个护理人员对工作班次和岗位的偏好。在制定护理人员排班方案过程中满足护士的个人需求和偏好有利于提升护士的工作积极性和满意度,进而提升护理效率和质量。然而,不同级别、不同年龄护士的个人偏好可能相差甚远,如何最大限度地照顾不同护士的个性化偏好是护士排班问题中的重要挑战之一。

3. 非周期性护士排班建模

本案例将建立多级别和多岗位的护士排班数学规划模型,以求解最优的护士排班方案。具体地,模型中的参数和其含义如表 6-14 所示。

表 6-14 模型主要参数和其含义

参　　数	含　　义
I	待排班护士集合,$I=\{1,2,\cdots,n\}$,表示共有 n 名护士参与排班
J	排班天数集合,$J=\{1,2,\cdots,m\}$,表示排班周期共有 m 天
K	班次集合,$K=\{1,2,3,4\}$,分别表示早班、日班、夜班、分段班
S	护士级别集合,$S=\{1,2,3,4,5\}$,从低至高分别表示 5 种等级
G	岗位集合,$G=\{1,2,3,4,5\}$,从低到高分别表示普通护士至护士长级别
y_{is}	若护士 i 的等级为 s 或更高,则 $y_{is}=1$,否则为 0
z_{gs}	若岗位 g 要求最低 s 级护士,则 $z_{gs}=1$,否则为 0

另外,该模型的决策变量为 x_{ijkg},$x_{ijkg}=1$ 表示护士 i 在第 j 天执行第 k 班次的 g 岗位,且 $y_{is}=z_{gs}=1$;反之 $x_{ijkg}=0$。基于上述参数设置与定义,本护士排班模型的约束和目标如下:

1) 模型约束

(1) 护理需求约束:该约束是指每天安排的各等级的护士对不同班次不同护理岗位的覆盖。令 P_j 为第 j 天的病人数量,n_{kg} 表示第 k 班次岗位 g 的护士能负责的最大病人数量,定义 $d_{jkg}=\lceil P_j/n_{kg} \rceil$ 为第 j 天第 k 班次对岗位 g 护士的需求,则模型的护理需求约束如下所示:

$$\sum_{i \in I} x_{ijkg} \geqslant d_{jkg}, \quad \forall j \in J, \ g \in G, \ k \in K$$

(2) 每日最大工作班次约束:任意护士 i 在一天内最多执行一个班次,即

$$\sum_{g \in G} \sum_{k \in K} x_{ijkg} \leqslant 1, \quad \forall i \in I, \ j \in J$$

(3) 最长连续工作天数约束:任意护士 i 在排班周期内最多只能连续工作 $h_{\max}$ 天,即

$$\sum_{j=r}^{r+h_{\max}} \sum_{g \in G} \sum_{k \in K} x_{ijkg} \leqslant h_{\max}, \quad \forall i \in I, \ r \in \{1,2,\cdots,m-h_{\max}\}$$

(4) 夜班后最少休息天数约束:任意护士 i 在执行夜班后至少休息一天,该约束的表达可拆分为两个子约束,分别为

$$\sum_{g \in G} x_{i(j-1)3g} + \sum_{g \in G} \sum_{k \in K} x_{ijkg} - \sum_{g \in G} \sum_{k \in K} x_{i(j+1)kg} \leqslant 1, \quad \forall i \in I, j \in \{2,3,\cdots,m-1\}$$

$$\sum_{g \in G} x_{i(j-1)3g} + \sum_{g \in G} \sum_{k \in K} x_{ijkg} + \sum_{g \in G} \sum_{k \in K} x_{i(j+1)kg} \geq 2, \quad \forall i \in I, \quad j \in \{2,3,\cdots,m-1\}$$

这两个子约束分别排除掉了夜班后第一天工作和夜班后两天均工作的情况，因此表达了夜班后休息一天的约束。

2）模型目标

本模型将考虑护理成本、护士人员偏好等目标，通过加权构造考虑客观成本和护士主观成本的综合成本，并以最小化综合成本为模型整体的排班目标。其中，护士主观成本包括个性化的班次偏好和更为共性的工作负荷均衡等偏好。

（1）护理成本：每位护士执行任意班次的任意岗位时均会产生一个成本，不同级别的护士执行不同的班次和岗位均可能产生不同的成本。本模型只关注护士级别带来的成本差异，从低至高，五级护士对应着五级不同的日均成本 $c_1 \sim c_5$。令 o_{is} 表示护士与其等级的对应关系，当 $o_{is}=1$ 时，护士 i 为 s 等级，否则为 0。因此护士 i 的护理成本 C_i 如下所示：

$$C_i = \sum_{j \in J} \sum_{k \in K} \sum_{s \in S} o_{is} c_s x_{ijkg}$$

（2）班次偏好成本：不同的护士有不同的班次偏好，令 $b_{ik}=\{0,1,2,3\}$ 表示护士 i 对班次 k 从低到高的偏好程度，定义 $2^{b_{ik}}-1$ 为护士 i 执行班次 k 的偏好成本，T_i 表示护士 i 在排班周期内的偏好总成本，则

$$T_i = \sum_{j \in J} \sum_{k \in K} (2^{b_{ik}} - 1) \cdot x_{ijkg}, \quad \forall i \in I$$

（3）避免单班成本：护士排班应尽量避免出现连续三天中首尾休息中间上班的情况，令 P_i^1 表示护士 i 的单班成本，则

$$P_i^1 = \sum_{j=2}^{m-1} \max \Big\{0, \sum_{g \in G} \sum_{k \in K} (-x_{i(j-1)kg} + x_{ijkg} - x_{i(j+1)kg}) \Big\}, \quad \forall i \in I$$

（4）避免单休成本：护士排班应尽量避免出现连续三天中首尾上班中间单休一天的情况，令 P_i^2 表示护士 i 的单休成本，则

$$P_i^2 = \sum_{j=2}^{m-1} \max \Big\{0, \sum_{g \in G} \sum_{k \in K} (x_{i(j-1)kg} - x_{ijkg} + x_{i(j+1)kg}) - 1 \Big\}, \quad \forall i \in I$$

（5）周末工作成本：护士的休息时间最好安排在周末，因此周末工作会带来一定的成本，令 P_i^3 表示护士 i 的周末不休息的成本，则

$$P_i^3 = \sum_{w=1}^{\lfloor w/7 \rfloor} \max \Big\{0, \sum_{j=7w-1}^{7w} \sum_{g \in G} \sum_{k \in K} x_{ijkg} - 1 \Big\}, \quad \forall i \in I$$

基于上述的分析定义，本案例中的优化目标即最小化包括护理成本、护士偏好成本等多类成本在内的综合成本，该目标函数最终如下所示：

$$\min \Big\{ \sum_{i \in I} (C_i + T_i + P_i^1 + P_i^2 + P_i^3) \Big\}$$

大规模的多级别多岗位护士排班问题非常复杂，是一个 NP 难问题，难以直接使用商用求解软件进行优化求解。遗传算法、禁忌搜索、演化算法等启发式算法是求解此类模型的常用算法，得到广泛的运用与关注。本案例不介绍具体的求解算法，感兴趣的读者可以进一步搜索相关文献。

4. 案例分析

实际中，医院住院部门不同科室之间的运营相对独立，由各科室护士长根据经验对该科

室内部的护理人员进行排班。本案例以某三甲医院胃肠科住院部为例,对单一周期内的护士进行排班。该胃肠科总计有 18 名护士,这些护士的等级分布如表 6-15 所示。

表 6-15 胃肠科护理人员信息

科室	护士总数	T_1	T_2	T_3	T_4	T_5
胃肠科	18	5	6	5	1	1

在排班周期内,护士长根据预测的患者需求、护士需求以及自身排班经验手工编制人员排班方案,一般排班周期为 4 周(即 28 天)。胃肠科在排班周期内的护士总需求如表 6-16 所示,表中的数值依次为排班周期内"工作日/周末"的护理人员需求。该需求可由历史数据和等待入院患者名单分析得出。

表 6-16 排班周期内不同岗位不同班次的护士总需求

岗 位	早 班	日 班	夜 班	分 段 班
普通护士		62/12		22/8
夜班护士	20/8	20/8	20/8	
责任护士		100/16		
主班护士		20/8		
护士长		20/0		

由于我国公立医院的病床利用率较高,在统一排班周期内患者对于护士的需求相对比较平稳,因为本案例将排班周期的护士总需求直接分解为患者每日对于各岗位各班次的护士需求,具体如表 6-17 所示。由于护士人数的不可分割性,表 6-17 中的护士人数需求均进行了向上取整处理。

表 6-17 胃肠科每天不同岗位不同班次的护士总需求

岗 位	早 班	日 班	夜 班	分 段 班
普通护士		3/2		1/1
夜班护士	1/11	1/1	1/1	
责任护士		5/2		
主班护士		1/0		
护士长		20/0		

此外,经过调研发现,胃肠科的护理人员对最长连续工作天数的偏好为 5 天,夜班后最少休息天数为 1 天。将相关数据代入本案例所建立的整数规划模型中,使用演化算法求解优化的护士排班方案,并将优化方案与护士长的历史手工排班方案进行对比。结果显示演化算法的优化解明显优于手工排班解,在不同的参数设置下,算法关于护理成本的优化率均值为 10% 左右,偏好成本优化率均值为 60% 左右,总成本优化率均值为 50% 左右。这一案例表明,建立合理的模型对服务人员排班问题进行优化求解可以显著改善服务管理的运营水平。但针对实际中复杂的问题,如何处理其复杂的问题特征并进行建模和求解,依然是目前正在研究中的科学难题。

资料来源:李加加.基于演化算法的多级别多岗位护士排班问题研究[D].武汉:华中科技大学,2017.

案例思考:

1. 案例中的模型目标考虑了哪些方面的目标?体现了排班人员哪些方面的考虑?

2. 与周期性多班次排班的例题相比,引入多级别的护士对排班模型中的变量设置和约束设置带来了什么样的影响?

3. 在住院护士排班中,管理者不需要考虑患者等待的问题。如果在急诊的排班管理中患者的等待时间是重要的考核标准,在排班模型中如何引入对患者等待时间的考虑?

参考文献

[1] PINEDO M. Planning and scheduling in manufacturing and services[M]. New York:Springer,2005.
[2] ÖZDER E H,ÖZCAN E,EREN T. A systematic literature review for personnel scheduling problems[J]. International Journal of Information Technology & Decision Making,2020,19(6):1695-1735.
[3] VAN DEN BERGH J,BELIEN J,DE BRUECKER P,et al. Personnel scheduling:A literature review[J]. European Journal of Operational Research,2013,226(3):367-385.
[4] BAKER K R. Workforce allocation in cyclical scheduling problems:A survey[J]. Journal of the Operational Research Society,1976,27(1):155-167.
[5] 白雪,罗利,李蓉梅.医院管理中手术排程研究现状及发展前景[J].管理评论,2011,23(1):121-128.
[6] 李加加.基于演化算法的多级别多岗位护士排班问题研究[D].武汉:华中科技大学,2017.
[7] 刘强,谢晓岚,刘冉,等.面向动态时变需求的急诊科医生排班研究[J].工业工程与管理,2015,20(6):122-129.
[8] 曾凤华.护士周排班算法研究及其系统实现[D].广州:华南理工大学,2018.

第 7 章

顾客预约与调度管理

视频 7-1

> **学习目标**
>
> ❊ **掌握** 预约管理、实时调度的定义与关系；预约管理问题的常见目标和决策内容；实时调度的应用场景及对应的顾客优先级调度排序策略。
>
> ❊ **熟悉** 影响预约管理决策的内外部因素；如何使用实时调度策略确定顾客的服务优先级。
>
> ❊ **了解** 常见预约管理问题模型建立与求解的方法。

导入案例

D 医院门诊预约系统的初次实践

为有效改善目前医院线下排队挂号人数过多的情况，D 医院门诊部最近上线了一套门诊预约系统对患者进行预约安排，以合理有序地安排患者就医，减少患者在医院的平均等待时间，平滑就医需求，提高医院的服务水平。

对 D 医院门诊部而言，需要设计合适的预约时间间隔：如果间隔时间过短，则当前时间段患者未结束就诊而下一时间段的患者已经到达开始等待；若间隔时间过长，则会造成医生空闲的现象。通过对门诊历史数据的分析，门诊部将预约时间间隔设置为 10min，每位医生每 10min 预约一位患者。因此，预约患者只需在其预约时间前到达即可，无须像以前一样排长队等候叫号。

预约患者的就医流程描述如下：患者在既定的预约时间前到达，如果医生空闲，则直接到诊室就诊（初诊）；如果医生忙，则加入等待队列；就诊后，部分患者可能直接离开医院或在缴费取药后离开，部分患者则可能需要进一步地验血验尿、图像检查等，领取检验报告后返回同一诊室复诊，复诊结束后再缴费取药，而后离开医院。

D 医院开通门诊预约系统的初衷是美好的：平滑患者的就医需求，减少患者的等待时间，改善门诊部的拥堵现象。但系统实际上线运行一段时间后，管理层发现效果并不理想：门诊部的拥挤情况仍然很严重，患者之间的纠纷也经常发生，在这种环境下，患者的就医体验满意度和医生的工作效率并没有得到明显提升。D 医院通过调研发现，导致门诊部拥挤的原因是多方面的，首先，由于预约患者到达时间的不确定性，存在患者早到、迟到的情况，无法达到原来医院一个时间段一位患者的预期设计，形成排队队列；其次，初复诊患者就诊顺序没有明确规定,复诊患者的不断无序插入造成初诊患者的不满,甚至投诉,导致原预约患者无法及时完成就诊;最后,放射科医护人员人手不足,导致检查等待队列较长。为了解决以上问题,D医院管理层打算组建专家团队重新设计更为合理的门诊预约流程。

案例思考:查找相关资料,画出门诊预约患者的就诊流程图,并结合流程图分析避免D医院门诊部拥挤与纠纷的关键点在哪里。专家团队可以通过哪些方法和手段,如哪些预约规则与实时调度规则,来改善D医院门诊部目前的这种状况?

本章概要

顾客的预约管理与实时调度对服务需求的匹配、服务的效率、服务系统的效益都有重要的影响。本章主要介绍服务管理中的顾客预约与调度管理内容,从顾客的预约管理与实时调度两方面进行阐述。在顾客预约管理一节,详细介绍了预约管理的目标、战略、战术和运营三个层面的调度决策内容和影响预约管理的因素,最后列举了预约管理问题的优化方法。在实时调度管理一节,具体讲解了无预约、仅预约、预约和非预约并存三种典型场景,并在每种场景下结合顾客的守时到达程度介绍了不同的顾客服务优先策略。

7.1 顾客预约管理

顾客需求不紧急且服务时间较长的服务业通常采用预约的方式来平滑顾客需求的到达,以平衡服务人员的工作负荷、减少顾客等待时间,更好地匹配服务需求和能力。顾客可以通过预约系统提前预订某一天某一个时段的某种服务(如门诊就诊、餐厅就餐等),如果预约成功,顾客就可以按照预约时间到达服务场所(排队)接受服务。因此,预约管理从本质上讲是一个优化问题,考虑诸多随机影响因素,如随机的顾客到达时间、随机的服务时间等,通过优化顾客的预约时间或预约规则,达到工作负荷均衡、提高顾客满意度等目标。到目前为止,顾客的预约与调度管理主要以医疗服务为应用背景,因此,本章的顾客是指以患者为主要代表的顾客。本节将依次对该优化问题中的目标、决策、影响因素和解决方法等部分进行具体介绍。

7.1.1 预约管理目标

预约管理问题主要涉及顾客、服务管理者、服务人员三个利益相关群体,每个群体关注的目标不尽相同。在预约管理问题中,主要有以下六个目标:

1. 最小化顾客等待时间/成本

顾客与管理者会非常关注顾客等待时间这一目标。如前所述,等待时间是排队管理中最重要的目标。对于一个受顾客欢迎的服务系统来说,有效的排队管理能够减少顾客平均等待时间,这有助于提高顾客满意度,进而会吸引更多的顾客。首先,顾客在单位时间内的等待成本一般随着等待时间的增加而单调递增,如同一位顾客等待第3个10min的等待成本远高于其第1个10min的等待成本,但为了便于建立数学模型并求解,顾客在单位时间内的等待成本通常假设是固定不变的;其次,顾客单位时间的等待成本与顾客类型相关,高优先级顾客的顾客单位等待成本高于低优先级顾客;最后,有些紧急需求,如病情危重的患者,其等待过久造成的后果非常严重,因此一般不采用等待成本来衡量,而是对其等待时间设置上限(最长等待时间),不同紧急程度的患者其等待时间上限不同。因此,需根据服务的特征合理假设等待成本与等待时间的关系。

2. 最小化服务台闲置时间/成本

管理者通常会关注服务台(服务人员)的闲置时间/成本这一目标。闲置时间(idle time)是指服务台不进行服务,同时也没有顾客在等候队列的总时间,通常可以用正常工作时长减去这个时间段内顾客服务时间的总和表示。对于服务管理者来说,服务台的闲置就是资源浪费,尤其是作为"瓶颈"资源的服务台资源闲置会直接影响整个服务系统的产出。管理者希望尽可能地缩短服务台的闲置时间,同时也能节省因闲置而浪费的成本。

3. 最小化服务台加班时间/成本

服务人员和管理者会关注最小化服务台加班时间这一目标。加班时间(overtime)是指最后一名顾客服务完成时间与计划服务结束时间的正差。服务人员一般希望尽可能不加班或减少加班时间;因为服务系统需要承担额外的加班费用,服务管理者同样希望减少不必要加班。这些不必要的加班包括但不限于顾客预约安排不合理导致的加班,如顾客预约安排前松后紧,导致前期服务台闲置,而后期服务台加班。

4. 最大化服务的顾客人数

管理者也会关注最大化服务的顾客人数这一目标。在相同服务资源的情况下,管理者一般希望能服务更多数量的顾客。因此,服务过的顾客人数可以作为系统收益的替代指标之一。这个目标与最小化顾客等待时间、服务台加班时间存在一定的冲突或矛盾,在相同时间长度内,随着服务的顾客人数增多,顾客等待时间或服务台加班时间呈上升趋势。

5. 最小化流失的顾客数

管理者也会关注流失的顾客数这一目标。顾客流失一般包括主动流失和被动流失两种,主动流失一般是因为等待队列过长、等待时间过长或无法及时获得预期的服务时顾客选择离开;被动流失则是服务系统因当前排队队列过长或顾客需求不在服务范围而拒绝顾客。管理者希望尽量减少流失的顾客数,这与"最大化服务的顾客数"目标较为一致,当顾客人数保持不变时,服务系统最大化服务的顾客人数与最小化流失的顾客数目标是一致的,可以保留其中一个。

6. 最大化服务系统的利润

营利组织的管理者通常关心最大化服务系统利润这一目标,这一目标是服务获取的收益减去各种成本,这些成本可能是实际发生的显性成本如加班成本,也可能是像顾客等待、流失这样为了优化而引入的隐性成本,显性成本的成本系数相对容易确定,而隐性成本的成本系数一般需要作一些合理的假设。

除以上几个最常见的目标外,顾客预约与调度管理问题还会关注一些其他目标,如预约安排与顾客偏好的匹配程度、在系统中的顾客总人数、超过最长等待时间的人数等;非营利组织可能还会关注公平性问题;当顾客需要多次服务时,还需要考虑服务的连续性和服务人员的一致性。

顾客、服务管理者、服务人员三个利益主体的目标不尽相同,且同一利益主体的多个目标也可能存在矛盾,如最小化顾客等待时间会导致服务台闲置时间增加、服务的顾客人数减少,最大化服务系统的利润可能会导致顾客排队时间变长、服务台加班时间变长。因此,顾客预约与调度管理的优化一般存在多目标之间的权衡问题,可以刻画为多目标优化问题。

7.1.2 预约管理决策

从广义上说,预约管理可以分为三个层面:战略层、战术层和运营层。战略层的预约管理包括顾客预约方式、非预约顾客的接收方式、服务台资源配置和管理决策方式;战术层面的预约管理也是狭义的预约管理,指的是预约规则,包括预约时间间隔与每个时间段可预约人数等;运营层的预约管理是指实时调度决策,包括等待队列中顾客的服务顺序(叫号顺序)决策和顾客指派给服务台(多个服务台时)的决策。

预约调度决策框架如图 7-1 所示。

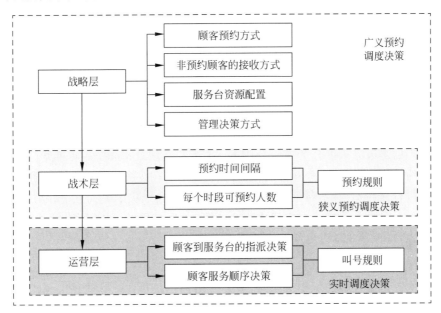

图 7-1　预约调度决策框架

1. 战略层的预约管理决策

这一部分主要介绍战略层的预约管理决策,包括顾客预约方式、非预约顾客的接收方式、服务台资源配置和管理决策方式。

1)顾客预约方式

顾客的预约方式可以分为当日预约、提前预约和混合预约方式三类。

当日预约又称开放预约(open access),这种方式下,服务系统将能力全部开放给当日预约顾客,顾客在服务当天进行预约,其预约日期与服务日期为同一天。当日预约方式的优点为顾客爽约率与取消率较低;缺点为当日需求的波动容易造成服务台的闲置浪费或过度拥挤,难以达到通过预约平滑需求的目的。

提前预约方式下,服务系统将能力全部开放给提前预约的顾客,顾客提前进行预约,其预约日期早于服务日期,两者之间间隔越长,顾客取消或爽约的可能性越大,顾客的取消或爽约会造成服务台的闲置浪费。因此，提前预约方式的优点为提前获取顾客服务需求，可以有效平滑工作负荷；缺点为顾客存在一定的概率会取消预约或爽约。

混合预约方式下，服务系统同时接受提前预约和当日预约，这种混合预约方式可以有效避免前两种预约方式的缺点，能够平滑需求或工作负荷，减少服务台的闲置。

2）非预约顾客（walk-ins）的接收方式

非预约顾客是指没有预约就来到系统寻求服务的顾客，可以分为紧急非预约顾客和普通非预约顾客两类。紧急非预约顾客，如急诊患者，由于病情危重，需要尽快进行诊断治疗，因此，这类需求需要尽快接收并获得服务；普通非预约顾客的优先级一般比较低，当其到达服务系统时，管理人员会根据已经预约的顾客人数进行评估，来决定是否接收该服务请求。接收适量的非预约顾客有利于减轻预约顾客爽约的负面影响，同时可以有效提高服务系统的利用率。但当接收的非预约顾客较多时，会带来预约顾客与非预约顾客的服务排序问题，如果预约顾客绝对优先，会造成非预约顾客等待时间过长。

3）服务台资源配置

服务台是一个广义的概念，如在医疗服务场景中，它可以包括诊室、医生、检查资源等。服务台资源配置是指服务系统应配置多少服务台来满足顾客的需求，若配置的服务台过多，会导致服务台闲置浪费；而若配置的服务台过少，则会导致顾客等待时间过长，使得服务质量与服务系统利润降低。

4）管理决策方式

预约管理的决策方式可分为离线（offline）决策和在线（online）决策两类。离线决策是指在所有预约请求到达后（服务开始前）进行预约安排；在线决策是指在每个预约请求到达后都会立即进行预约安排，不断更新当前的预约安排。离线决策模式下很容易建模优化，研究中更为常见；在线决策模式在实践中更为常见，如医院中的门诊预约、检查预约等，都是在线决策模式，这种模式可以更快地响应顾客需求。

2. 战术层的预约管理决策

战术层的预约管理指的是预约规则，主要包括两类决策：一类是每次预约 1 位顾客时的预约时间间隔（appointment interval）；另一类是预约时段固定时的每个预约时段可预约人数，又称"时间槽大小"（block size）。为了执行这些预约规则，表 7-1 展示了预约时间间隔示例，表 7-2 展示了时间槽大小的例子。顾客收到的信息包括预约日期、预约时间段以及预约号，以及按预约时间前来、不能按预约时段前来时应及时取消预约、晚于预约时段到达时可能按非预约顾客安排服务等提示。

表 7-1 预约时间间隔示例

序　号	预 约 日 期	预 约 时 段	可预约人数/人
1	3月1日	8:00—8:10	1
2	3月1日	8:10—8:20	1
3	3月1日	8:20—8:40	1
4	3月1日	8:40—9:00	1
⋮	⋮	⋮	⋮

表 7-2 时间槽大小示例

序号	预约日期	预约时段	可预约人数/人
1	3月1日	8:00—8:30	4
2	3月1日	8:30—9:00	2
3	3月1日	9:00—9:30	2
4	3月1日	9:30—10:00	2
⋮	⋮	⋮	⋮

1) 预约时间间隔

一般可以将工作时间划分成多个时段,在每个时段内可以安排一定数量的顾客,也可能每个时段安排一位顾客。这里的预约时间间隔是针对每次预约 1 位顾客时的时间间隔,定义为前后两个预约时段开始时间的间隔。目前,根据预约时间间隔在不同时间的变化情况主要分为四种模式:圆顶形(dome shape)、平顶形(plateau-dome shape)、增长形(increasing structure)和锯齿形(zigzag),如图 7-2 所示。圆顶形是指在正常工作时间内,预约时间间隔由短变长,然后由长变短,这是普遍认为的适用于单服务台预约的最优时间间隔;平顶形是指中间部分的预约时间间隔长度都相同,而两端预约时间间隔较短,从而形成一个平台;增长形是指随着预约人数的增加,预约时间间隔越来越长,多适用于服务中断率较高的情况;锯齿形是指预约时间间隔长度交替地增加与降低,常用于多服务台提供相同服务时的预约情况。

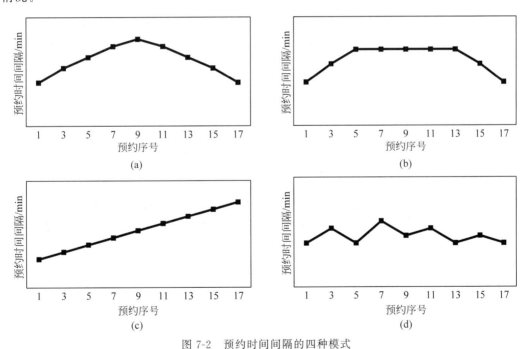

图 7-2 预约时间间隔的四种模式
(a) 圆顶形;(b) 平顶形;(c) 增长形;(d) 锯齿形

2) 每个时间段内可预约人数

这一决策中,需要将可用工作时间等分为多个时间段,确定每个时间段内的可预约人数。确定时间槽的大小主要有以下四种规则:单人时间槽(individual block)规则、Bailey 规则、多人时间槽（multiple block）规则和可变时间槽（variable block）规则，这几种预约规则都假设每个预约时段长度固定且相同。

单人时间槽规则是在每个预约时段只预约1名顾客，即给每个顾客一个单独的时间段，如图7-3所示。

Bailey规则是Bailey在1952年提出的，是对单人时间槽规则的改进。如图7-4所示，在第一个预约时段内可预约两名顾客，最后一个预约时段不可预约，其他中间的时间段内可预约1名顾客。Bailey规则的目的是保持在场顾客的余量。如果第一个时间段只提供给1名顾客预约，那么当这名顾客爽约或迟到时，会导致服务台资源浪费、后期顾客等待时间延长。为了规避顾客不确定行为的风险，Bailey规则允许两名顾客预约到第一个时间段，相应地，其他顾客均提前一个时间段，最后一个时间段不提供预约。

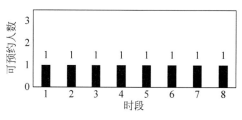

图7-3　单人时间槽规则

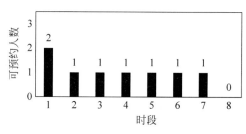

图7-4　Bailey规则

多人时间槽规则是将相同数量的多名顾客安排在各个预约时段中，如图7-5所示。当顾客总量为 $n \times m$ 人时，如果将服务时间划分成 n 个预约时段，那么每个预约时段可预约 m 人（$m > 1$）。

可变时间槽规则是将不同数量的多名顾客安排在各个预约时段中，如图7-6所示。可变时间槽规则比多人时间槽规则更加灵活，可以通过前期安排较多的顾客来减少顾客爽约带来的负面影响，但如果时间槽太大，则顾客的等待时间和系统的加班时间都会增加。

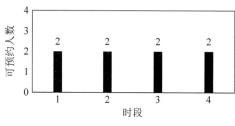

图7-5　多人时间槽规则

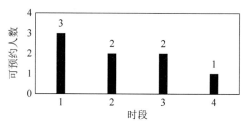

图7-6　可变时间槽规则

3. 运营层的预约管理决策

运营层的预约管理决策又称实时调度决策。当顾客按预约到达服务点接受服务且存在等待队列时，管理者需要确定顾客服务的优先级顺序，当存在多个服务台时，还需要做出将顾客指派给哪个服务台的指派决策。

1）顾客服务的优先级顺序决策

在顾客服务现场，当等候队列中存在多位顾客时，应确定顾客服务的优先级顺序。需要根据各种规则来选择服务的顾客和服务顺序,常用的决策方式主要是按照规则来进行排序,如按照顾客到达顺序、按照顾客预约号的顺序、按照服务时间长短顺序等。

2) 顾客分配给服务台的指派决策

当存在多个服务台时,一般在预约时只指定顾客的预约时间,而不会具体指定哪一个服务台。当顾客按预约到达服务点接受服务时,需要实时决策将顾客指派给哪个服务台。一般先确定顾客服务的优先级顺序,当出现空闲服务台时,将队列最前端的顾客指派到空闲服务台进行服务。

7.1.3 预约管理的影响因素

预约管理问题之所以复杂,主要原因是受人的行为因素和随机因素的影响较多。人的行为因素包括顾客的不守时、爽约、取消预约与顾客偏好等行为;而随机因素包括随机的服务时间、随机的非预约顾客到达、服务人员迟到、服务被打断等。这些因素都会对预约调度决策产生影响。

1. 顾客不守时到达

顾客不守时到达是指顾客无法按照预约时间到达服务现场,包括顾客早到和迟到。由于顾客一般都有希望更早接受服务的心理,往往倾向于早到,而由于恶劣天气、交通拥堵等不可避免的情况,部分顾客也可能迟到。历史数据表明,2013年1月至2016年5月上海市某三甲医院内分泌科室患者不守时时间的概率分布如图7-7所示(共计65.8万条患者就诊数据)。图中横坐标为0代表预约时间,横坐标为负数的是早到患者的到达时间,为正数的是迟到患者的到达时间。拟合正态分布的均值和标准差分别为$-5\min$和$40\min$,也就是说,患者整体倾向于早到。从图中可以看出,门诊患者早到和迟到的现象都很普遍。

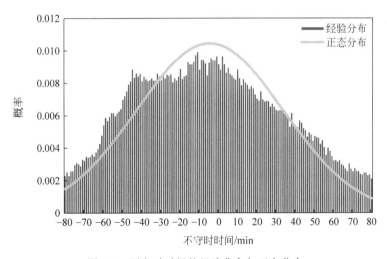

图 7-7 不守时时间的经验分布与正态分布

顾客的不守时使得预约管理变得更加困难。顾客早到会加剧服务系统的拥挤程度,而迟到会增加服务台的空闲和加班。如何安排不守时顾客的服务顺序是服务管理者面临的一个重要问题。如果预约号为$k+1$的顾客已经到达服务系统,当服务台空闲时,应该服务预约号为k的顾客,而预约号为k的顾客尚未到达时,管理者需决定服务台是直接开始服务

早到的顾客 $k+1$，还是等待预约号为 k 的顾客？这个问题被称为"等待-抢占困境"（wait-preempt dilemma）。直接服务顾客 $k+1$，在一定程度上鼓励了顾客的早到行为，会导致更多的顾客选择早到；而等待预约号为 k 的顾客，则会导致服务台空闲。由于不守时行为直接影响了顾客预约系统的性能，因此通过实际数据分析不守时时间分布，然后考虑不守时情况对顾客预约策略进行优化，当顾客到达服务现场时，需要考虑顾客不守时行为进行实时决策。

2. 爽约或取消预约

预约顾客通常会因为工作繁忙、其他重要或紧急的事情等原因取消预约，甚至爽约。取消预约与爽约的区别在于管理者是否提前得知预约顾客无法按预约时间前来。顾客取消预约时，管理者至少提前一天获知顾客无法按预约时间前来；而顾客爽约时，管理者只有在预约时间过后才知道顾客爽约。如果顾客能够提前足够久的时间取消预约，那么管理者可以安排新的预约顾客进来；如果顾客取消得太晚，或直接爽约，将会给预约管理带来较大困难。较多的爽约会增加服务台闲置的可能，造成资源的浪费。历史数据表明，2013 年 1 月至 2016 年 5 月上海市某三甲医院内分泌科室患者的爽约率为 20%～30%，高峰时段可达到 40%。在新型冠状病毒感染疫情流行期间，患者爽约率大幅增加，根据纽约市曼哈顿、皇后和布鲁克林 3 个行政区 6 个门诊诊所所有门诊检查的数据，在纽约市首例病例确诊前，2020 年 2 月 3 日到 3 月 2 日门诊检查的爽约率平均为 17.9%，而疫情大流行后，4 月 1 日到 4 月 28 日门诊检查的爽约率上升到了 49.9%。因此患者的爽约行为不可忽视。

从服务管理角度，应对爽约的策略主要有两大类：超订策略和当日预约策略。超订策略的关键在于确定超订人数以及相应的时间安排，以尽量减少爽约造成的资源浪费。如果超订量太小，可能还是无法避免爽约带来的资源浪费；如果超订量太大，可能会因为服务能力有限而拒绝部分预约顾客，如果不允许拒绝，则会增加加班成本。因此，一个好的超订策略应该最小化服务台闲置的期望机会成本和拒绝预约顾客的期望成本。当日预约策略一般只允许顾客提前预约当天或者几小时内的时段，预约提前期较短，从而可以降低爽约率，但当日预约可能会出现顾客预约需求过多或过少的情况，无法有效平滑服务系统的负荷。

3. 顾客偏好

顾客的偏好也会影响预约调度的决策。一部分顾客通常偏好特定的时间和特定的服务人员，这些偏好因人而异，并且可能会随着时间改变。如果考虑顾客的偏好，可能会影响顾客的等待时间、服务台的闲置时间和加班时间。

4. 随机服务时间

服务时间是指顾客在服务台接收服务的总时长。当服务台是机器或设备时，服务时间相对固定，如为癌症患者放射治疗的直线加速器，每次放射时间 5min。当服务台是人时，服务时间难免会有波动，比如手术时长，即使是同一主刀医生针对同一病种的患者，其手术时长也会因病情而异；又如餐厅用餐时长，不同顾客、不同就餐时段，甚至顾客的座位、心情都会影响用餐时长。因此，服务时间是固定的还是随机的，需要看具体的服务类型，并不能一概而论。固定的服务时间下，预约管理决策相对容易。但随机的服务时间会很大程度影响预约管理决策。

5. 非预约顾客随机到达

非预约顾客的随机到达会影响当前预约顾客的服务顺序。历史数据表明，2013年1月至2016年5月上海市某三甲医院内分泌科室预约患者（AP）和现场患者（WP）的到达量统计如图 7-8 所示，可以看到非预约的现场患者数量占到了很大的比重，其随机到达情况不可被忽视。

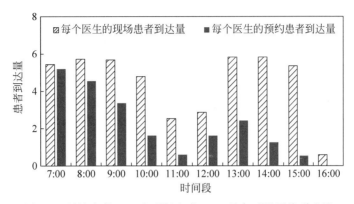

图 7-8　预约患者（AP）和现场患者（WP）的各时段平均到达量

非预约顾客又可分为紧急和常规两种，紧急非预约顾客的优先级通常会高于预约顾客，采取"插队"的方式排在等候队列的第一位，其他预约顾客的服务顺序依次顺延一位。常规非预约顾客的优先级通常会低于预约顾客，但如果绝对低于预约顾客，也会导致非预约顾客等待时间过长，满意度降低。因此考虑非预约顾客的随机到达也是实时调度的重要内容。

6. 服务人员迟到

当顾客按照预约时间前来服务系统时，服务人员的迟到会造成顾客等待时间的增加。如在门诊、手术等场景中，医生有时会因为查房、紧急会议或其他突发情况迟到。由于顾客服务时间的随机性，会进一步导致预约时间较晚的顾客等待时间进一步增加，这会导致顾客满意度降低。在实际中，当顾客累积的队列越来越长时，服务人员会通过加快服务速度的方式减少顾客排队队列长度和等待时间。

7. 服务被打断

当有紧急事件发生时，服务可能会被打断（interruption），分为非抢占式（non-preemptive）打断（如服务人员接电话、服务机器紧急故障等）和抢占式（preemptive）打断（如紧急患者插入等）。抢占式打断又可以分为抢占重启（preemptive-repeat）和抢占继续（preemptive-resume）。抢占重启是指服务被中断后，需要从头开始服务；抢占继续是指当服务台再次可用时，服务从它被中断的地方继续。

7.1.4　预约决策模型与优化方法

预约决策问题与大多数的优化问题一样，需要建立优化模型求解。下面通过一个简单的例子介绍预约决策问题优化方法。

【例 7-1】

为了减少患者等待时间,平滑医生工作负荷,医院门诊一般采用预约的方式来安排患者的就诊。某内分泌科每次开放一个或两个诊室给患者预约,服务一位门诊患者约 10min,考虑患者的爽约行为和不守时行为,从实际数据中得出爽约率 $P_{ns}=0.2$,用常用的对数正态分布去估计服务时间的分布,均值和标准差分别设为 $\mu_s=1$ 和 $\sigma_s=0.5$。患者等待成本系数设为 1,服务台加班成本系数设为 $c^O=15$。

以患者等待和服务台加班成本加权和最小化为目标,分别考虑爽约和不爽约,针对一个诊室开放和两个诊室开放两种情况,得到四种情况下的预约调度时间间隔,即前后两位顾客之间的预约时间间隔,如图 7-9 所示。其中,m 为服务台个数,纵轴的单位是 min,AS-P 为考虑守时行为的预约时间间隔,AS-U 为不守时行为的预约时间间隔。从图中可以看出:

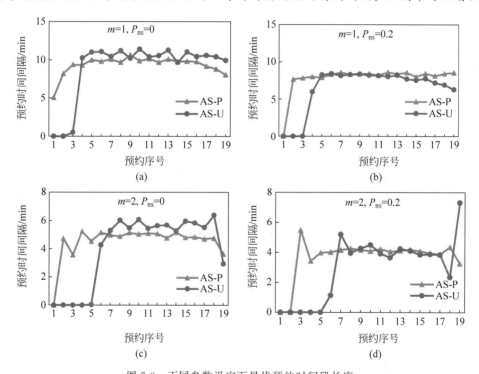

图 7-9 不同参数设定下最优预约时间段长度

(a) 单服务台且不爽约;(b) 单服务台且爽约;(c) 两个服务台且不爽约;(d) 两个服务台且爽约

(1) 单服务台且不爽约。在单服务台且不考虑爽约的情况下,守时系统的预约调度 AS-P 呈现圆顶形,即中间的预约时间间隔较长,前后两端的间隔较短。在考虑不守时后,为了降低患者不守时带来的负面影响,AS-U 在预约初期会比 AS-P 预约更多的患者,存在超订的情况($N_1=3$),即在第一个时段预约了 3 位患者。超订的好处在于能够让系统尽快填充,避免系统空闲。

(2) 单服务台且爽约。考虑爽约时,AS-P 和 AS-U 的结构与不考虑爽约时类似,为了降低爽约造成的服务台空闲,AS-P 和 AS-U 的预约时段长度都有所缩短,从而让患者到达更紧密。特别地,AS-P 此时也需要在预约初期进行超订,以减少爽约带来的空闲;AS-U

与第一种情况相比,在第一个时段预约了更多的患者($N_1=4$)。

(3) 两个服务台且不爽约。与第一种情况不同,考虑多服务台后,AS-P 的形状更接近于锯齿形而不是圆顶形,锯齿形意味着时段长度接替增加和降低;AS-U 也呈现锯齿形,并且在第一个时段依然比 AS-P 预约更多的患者。在多服务台情况下,第一个时段更需要进行超订以减少患者不守时带来的服务台空闲。

(4) 两个服务台且爽约。这种情况下,AS-P 和 AS-U 呈现锯齿形。与第二种情况类似,爽约造成了更短的预约时间间隔;与第三种情况相比,爽约促使 AS-P 在第一个时段预约更多的患者,但爽约对 AS-U 的第一个时段影响较小。这一结果意味着,比起爽约,不守时会对第一个时段的预约量产生更大的影响。对于 AS-U 而言,无论系统是单服务台还是多服务台,AS-U 总在第一个时段预约足够多的患者去降低不守时带来的服务台空闲时间,这样的机制也能够减少爽约带来的空闲。但是对于 AS-P 而言,不考虑爽约时,AS-P 根据服务台数量为第一个时段安排患者,比如第一种情况中 $N_1=1$,第三种情况中 $N_1=2$。但是在考虑爽约后,AS-P 需要为第一个时段预约更多的患者去减少空闲。

由上述的分析可知,预约调度的结构受到多种参数的影响,包括服务台数量、是否考虑患者爽约和不守时等。根据以上分析主要得到以下结论:

(1) 预约调度的形状与服务台数量相关,比如单服务台下形状为圆顶形,而两个服务台下为锯齿形。圆顶形意味着预约初期和末期的患者比起中间时段到达更紧密,锯齿形则意味着患者预约时间间隔接替增加和降低,以平衡服务台空闲和患者等待。

(2) 预约时段的长度容易受到爽约的影响,即当患者存在明显的爽约行为时,需设置紧凑的预约时段去减少服务台空闲。

(3) 患者不守时因素主要影响第一个时段的预约量,为减轻不守时带来的负面影响,通常第一个时段需要预约较多的患者。

因此,管理者在设计预约调度策略时,要充分考虑这些参数,并采用合适的方法进行优化。

7.2 实时调度管理

上一节顾客预约管理解决了如何为顾客安排预约或预约规则如何设定的问题,本节解决当顾客到达服务场所后,如何确定服务顺序的问题。一个服务系统可能有预约规定或要求,也可能没有。当服务系统存在预约时,顾客可以按规则提前预约;当服务系统对预约没有强制要求时,顾客可以预约也可以直接到达现场;对于没有预约的服务系统,顾客直接到达现场。当顾客到达服务现场后,由于存在预约顾客不守时或爽约、非预约顾客随机到达、服务时间波动等随机影响因素,管理人员需要决定顾客的服务顺序或叫号顺序,这属于实时调度的内容。

7.2.1 实时调度场景

从有无预约的角度,可以将服务场景分为三类:①无预约要求;②必须预约或仅预约;③预约和非预约并存。下面将具体介绍这三种典型应用场景下的实时调度问题。

1. 无预约服务系统中的实时调度

在无预约的服务系统中进行实时调度相对比较容易，可以根据顾客优先级是否相同分为两类考虑。

(1) 顾客的优先级相同，典型的场景有餐厅、银行、商场收银等。在这种情况下，到达时间是顾客之间唯一的区别，因此"先到先服务"是最公平有效的服务顺序。可以采用排队叫号系统来确保"先到先服务"的实施。对于多服务台的场景，可以将顾客排成一队，或采用叫号系统规范排队。

(2) 顾客的优先级不同，典型的场景有急诊患者就诊、不同优先级旅客的值机与安检等。顾客的优先级可以表现为等待权重不同，如不同等级的急诊患者紧急状况不同，经济舱和头等舱旅客的优先级不同，实际中，一般按照最高优先级顾客优先服务、同等优先级先到先服务的方式来确定顾客的服务顺序。

2. 仅预约服务系统中的实时调度

在必须预约的服务系统中，顾客只有先预约才能被服务，服务系统会拒绝所有现场到达的非预约顾客。典型的场景有热门景点、博物馆以及新型冠状病毒感染疫情之后的医院门诊服务等。

仅预约情况下的实时调度难点主要在于三个方面：①服务时间随机；②到达时间随机，顾客可能会爽约或不守时到达；③顾客可能是异质的，等待权重不同。如果没有随机性和顾客优先级的差别，最优实时调度策略（服务顺序）就是预约顺序。对于存在随机性和顾客优先级差别的情况，将在7.2.2节中分类讨论实时调度策略。

3. 预约和非预约并存服务系统中的实时调度

预约顾客与非预约顾客并存的场景在现实中最为常见。典型的场景有：

(1) 餐厅　提前订座的顾客和现场到达的顾客；

(2) 普通门诊　预约患者和现场挂号患者；

(3) 放射科　预约的门诊患者和非预约的住院患者、急诊患者；

(4) 手术室　预约的择期手术和非预约的急诊手术。

预约与非预约并存情况下的实时调度较仅预约情况又多了一个难点：非预约顾客的随机到达。因此，探究这种情况下的实时调度策略是一个更为复杂的问题，将在7.2.2节中具体讨论。

7.2.2　实时调度优化方法

7.2.1节介绍了实时调度的三类场景，其中第一类无预约情况的实时调度相对较容易，因此本节主要讨论仅预约情况、预约与非预约并存情况的优化方法。

1. 仅预约服务系统的实时调度优化

对于仅预约情况，可以根据实际到达时间与预约时间是否一致，分为顾客守时到达和不守时到达，下面分别讨论两种情况下顾客的实时调度策略，即顾客排序策略。

1) 守时到达

如果顾客均守时到达，且顾客的等待权重相同、服务时间独立同分布，则最优排序策略为 AO(appointment order)策略,即按预约时间排序,预约在较早时段的先服务。

如果顾客均守时到达,但顾客之间的等待权重不同、服务时间随机,则有以下几种常用的启发式排序策略:

(1) 服务时间方差最小优先(ordering by variance,OV);
(2) 服务时间均值最小优先(ordering by mean,OM);
(3) 服务时间变异系数最小优先(ordering by coefficient of variation,OCV);
(4) 服务时间标准差与等待成本系数比值最小优先(ordering by the standard deviation to penalty cost ratio,OSP);
(5) 服务时间方差与等待成本系数比值最小优先(ordering by the variance to penalty cost ratio,OVP)。

令 μ_i 表示顾客 i 的服务时间均值,σ_i 表示顾客 i 的服务时间标准差,p_i 表示顾客 i 的每单位等待时间成本,即服务开始时间晚于顾客到达时间时,每单位延迟时间产生的惩罚成本,则以上五种启发式策略的排序依据如表 7-3 所示。

表 7-3 启发式策略的排序依据

启发式策略	排序依据
OV	如果 $\sigma_i^2 \leqslant \sigma_j^2$,则优先安排顾客 i,其次安排顾客 j
OM	如果 $\mu_i \leqslant \mu_j$,则优先安排顾客 i,其次安排顾客 j
OCV	如果 $\sigma_i/\mu_i \leqslant \sigma_j/\mu_j$,则优先安排顾客 i,其次安排顾客 j
OSP	如果 $\sigma_i/p_i \leqslant \sigma_j/p_j$,则优先安排顾客 i,其次安排顾客 j
OVP	如果 $\sigma_i^2/p_i \leqslant \sigma_j^2/p_j$,则优先安排顾客 i,其次安排顾客 j

当等待成本系数相同时,现有的理论研究已经证明了定理 7-1。以手术预约与排程问题为例,OV 策略的直觉解释是方差小的手术时长波动小,对后继手术开始时间的影响会比较小。

定理 7-1 当只有两位顾客,且等待成本系数相同时,OV 策略是最小化等待时间与闲置时间加权和的最优策略。

当等待成本系数不相同时,OSP 策略和 OVP 策略皆优于 OV 策略。当问题更复杂具体时,还可以将问题建模成随机规划模型,并提出求解算法。下面通过一个例子来说明上述五种启发式策略的应用方法。

【例 7-2】

某日,某医院其中一个手术间被预约了三台手术,但是三台手术的紧急程度不同,手术患者每等待 1min 分别产生 10、5 和 10 的成本。这三台手术预计的平均时长分别为 150min、60min 和 90min,标准差分别为 30min、25min 和 20min。所有患者均能守时到达手术室。按照上述五种策略,应该如何安排手术的顺序?

解 OV 策略:
$$\sigma_1^2 = 900, \quad \sigma_2^2 = 625, \quad \sigma_3^2 = 400, \quad \sigma_3^2 \leqslant \sigma_2^2 \leqslant \sigma_1^2$$

按照 OV 策略,应首先安排手术 3,其次手术 2,最后手术 1。

OM 策略：
$$\mu_1 = 150, \quad \mu_2 = 60, \quad \mu_3 = 90, \quad \mu_2 \leqslant \mu_3 \leqslant \mu_1$$
按照 OM 策略，应首先安排手术 2，其次手术 3，最后手术 1。

OCV 策略：
$$\frac{\sigma_1}{\mu_1} = \frac{1}{5}, \quad \frac{\sigma_2}{\mu_2} = \frac{5}{12}, \quad \frac{\sigma_3}{\mu_3} = \frac{2}{9}, \quad \frac{\sigma_1}{\mu_1} \leqslant \frac{\sigma_3}{\mu_3} \leqslant \frac{\sigma_2}{\mu_2}$$
按照 OCV 策略，应首先安排手术 1，其次手术 3，最后手术 2。

OSP 策略：
$$\frac{\sigma_1}{p_1} = 3, \quad \frac{\sigma_2}{p_2} = 5, \quad \frac{\sigma_3}{p_3} = 2, \quad \frac{\sigma_3}{p_3} \leqslant \frac{\sigma_1}{p_1} \leqslant \frac{\sigma_2}{p_2}$$
按照 OSP 策略，应首先安排手术 3，其次手术 1，最后手术 2。

OVP 策略：
$$\frac{\sigma_1^2}{p_1} = 90, \quad \frac{\sigma_2^2}{p_2} = 125, \quad \frac{\sigma_3^2}{p_3} = 40, \quad \frac{\sigma_3^2}{p_3} \leqslant \frac{\sigma_1^2}{p_1} \leqslant \frac{\sigma_2^2}{p_2}$$
按照 OVP 策略，应首先安排手术 3，其次手术 1，最后手术 2。

2）不守时到达

如果顾客不按照预约时间守时到达，常用的两种排序方式为：

（1）AO 策略，即按预约时间排序，预约在较早时段的先服务；

（2）FCFS 策略，即按到达时间排序，先到先服务。

但是这两种策略在实际应用中均存在一定的问题。

AO 策略虽然保证了预约顺序，但会从整体上降低顾客满意度和资源利用率。具体地，会产生以下问题：①当有顾客迟到时，如果严格按照预约顺序，不服务预约号靠后但已经到达的顾客，会造成服务台的空闲和加班，浪费资源；②某些预约号靠后的早到顾客需等到预约号靠前的迟到顾客服务结束后才能得到服务，导致顾客等待时间增加；③预约靠前的顾客虽然迟到，但还是能及时获得服务，甚至不用等待，这样是间接鼓励患者迟到，会导致迟到现象越发严重。

FCFS 策略虽然可以减少服务台的空闲和加班，提高资源的利用率，但完全忽略了预约时间，间接鼓励了顾客的不守时到达，顾客不再遵守预约时间，导致预约系统形同虚设。

为了尽可能避免 AO 策略和 FCFS 策略存在的问题，现有研究从鼓励守时、惩罚迟到顾客等角度提出了以下几种常见的启发式排序策略。

（1）LAR 策略。

取预约时间和实际到达时间的较大值（larger of appointment time and real arrival time，LAR）策略对顾客按 LAR 指标排序，依次进行服务。定义 A_i 和 R_i 分别为顾客 i 的预约时间和实际到达时间，则顾客 i 的 LAR 指标为

$$LAR_i = A_i \vee R_i = \max\{A_i, R_i\}$$

LAR 策略中，对具有不守时行为的顾客等待时间进行了重新定义。当存在不守时行为时，顾客等待时间不再是服务开始时间减去到达时间，等待时间应该从到达时间和预约时间两者最大值开始算起。如果顾客迟到了，实际到达时间晚于预约时间，则按照实际到达时间

来算,即顾客需要承担迟到的后果;如果顾客提前到了,实际到达时间早于预约时间,则按照预约时间来算,即顾客早到也是无效的。

现有的理论研究可以证明存在以下性质。

性质 7-1 基于线性的成本结构和非必要不空闲的准则,存在最优的实时调度策略,当有空闲服务台且队列不为空时,应优先服务队列中 LAR 指标最小的顾客。

其中,线性成本结构是指目标成本是多项成本(包括等待时间、加班时间等)的线性加权和;非必要不空闲准则是指队列不为空时,当一个服务台完成某个顾客服务时,应立刻开始为队列中的某个新的顾客进行服务。

LAR 指标就是顾客预约时间和实际到达时间的最大值,也是不守时行为下顾客等待时间的有效度量。性质 7-1 反映了基于 LAR 指标的先到先服务规则。在这种规则下,早到和迟到都不如按预约时间到达,这样可以有效地保证顾客到达时间不会过分偏离预约时间,起到鼓励顾客守时到达的效果。

(2) 推迟程度与迟到时长成正比策略。

如果不对迟到顾客实施惩罚,则等于间接鼓励了顾客迟到,严重影响预约系统的运行效率。较为直观的一种策略是推迟迟到顾客的服务开始时间,并使推迟程度与迟到时长成正比,推迟程度可以以服务顾客数计,也可以以时长计:

① 顾客每迟到 m(单位: min,下同),在实际到达后,需要多等待 1 个人;

② 顾客每迟到 1min,在实际到达后,需要多等待 k。

其中 m 和 k 均为大于 0 的系数,可根据实际场景调整,为方便实际运作,可设为整数。

(3) 迟到顾客置于一定人数之后的策略。

另一种惩罚迟到者的策略是把迟到顾客置于一定人数之后:在顾客实际到达后,需要多等待 n 人。其中最为严格的方式是将迟到顾客直接置于队尾:一旦迟到预约即失效,并将迟到顾客排到当前队列的最后面,也就是把迟到顾客当作现场到达的非预约顾客,且优先级绝对低于预约顾客。这种策略常见于餐厅排队取号的"过号重排"。

(4) 按不守时程度分类策略(一)。

根据顾客的不守时程度,可以通过设定一定的阈值将顾客分为四类:

① 迟到(late): 在预约时间后到达;

② 准时(on-time): 在预约时间前 $m \in [0, a)$min 到达;

③ 稍早(early): 在预约时间前 $m \in [a, b)$min 到达;

④ 非常早(very-early): 在预约时间前 $m \in [b, +\infty)$min 到达。

对四类顾客采用混合的鼓励策略,对于早到顾客,越接近守时的顾客优先级越高,将优先得到服务,而迟到顾客的优先级最低,即四类顾客的优先级由高到低分别是:准时、稍早、非常早、迟到。

如果队列中没有准时、稍早和非常早的顾客,该策略将根据最早截止时间(earliest due date,EDD)策略安排迟到的顾客。同时,在以下任一种情况下可以安排稍早和非常早的顾客:①离预约时间少于或等于 a;②下一个预约时间槽为空;③安排在下一个预约时段的顾客已经提前结束了服务;④下一个预约时段安排的顾客爽约率超过设定的阈值。该策略的具体流程如图 7-10 所示。

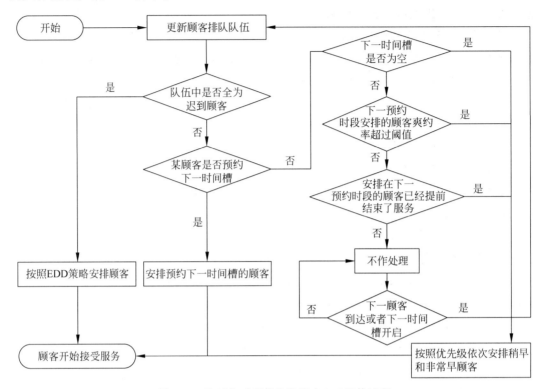

图 7-10　按不守时程度分类策略(一)具体流程

这种分类的混合策略间接惩罚了早到和迟到的顾客,鼓励了顾客守时到达,使系统运行更加平稳。

(5) 按不守时程度分类策略(二)

另一种分类策略是基于另一种现实中常见的预约规则:顾客只是被分配到了一个序号,而不是被预约到某个精确的时段,服务系统会根据服务时间、爽约率等情况给出一个建议到达时间。根据实时叫号情况和建议到达时间,可以将顾客分为三类:

C1:实际到达时未过号;

C2:实际到达时已过号,但尚在建议到达时间内;

C3:实际到达时已过号,且错过建议到达时间。

根据顾客分类,可以采用三种排序策略安排顾客的服务顺序。

排序策略 1:如图 7-11 所示,首先将 C2 和 C3 中的顾客分配到一个队列(C2/C3 队列)中,并将 C1 中的顾客放入 C1 队列中。C1 队列的顾客按预约顺序进行服务,C2/C3 队列的顾客则根据他们的实际到达时间重新安排,即 FCFS 策略。服务台先按顺序为 C1 队列中的两位顾客提供服务,然后为 C2/C3 队列中的一位顾客提供服务。如此循环重复,直到两个队列中的所有顾客都得到服务。如果其中一个队列为空,则服务台为另一个队列中的顾客提供服务。

排序策略 2:如图 7-12 所示,首先将 C1 和 C2 中的顾客分配到一个队列(C1/C2 队列)中,C3 的顾客另形成一个队列(C3 队列)。C1/C2 队列中的所有顾客(不论 C1 和 C2)均按

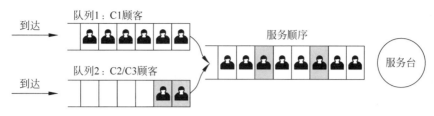

图 7-11　排序策略 1 的队列

预约时间进行排序，C3 队列中的顾客按实际到达时间重新进行排序。服务台先为 C1/C2 队列中的三位顾客提供服务，然后为 C3 队列中的一位顾客提供服务，如此循环重复，直到其中一个队列为空。

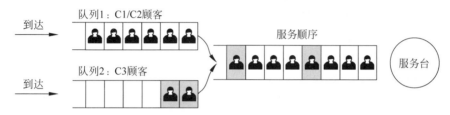

图 7-12　排序策略 2 的队列

排序策略 3：如图 7-13 所示，首先将 C1、C2 和 C3 的顾客分别组成相应的队列 C1、C2 和 C3。C1 队列的顾客按预约顺序服务，C2 队列和 C3 队列的顾客按实际到达时间重新排序。服务台先为 C1 队列中的一位顾客提供服务，随后为 C2 队列中的两位顾客和 C3 队列中的一位顾客提供服务。当任意队列为空时，服务台按指定顺序为其他队列中的下一个可用顾客提供服务。如此循环重复，直到所有顾客都得到服务。

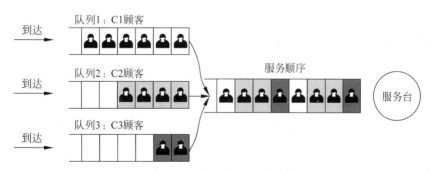

图 7-13　排序策略 3 的队列

对于排序策略 1，服务台服务两个 C1 队列的顾客后才能服务一个 C2/C3 队列的顾客，可能会导致 C2/C3 队列的顾客等待时间过长，尤其是排在后面的顾客。

对于排序策略 2，C2 队列的顾客和 C1 队列的顾客具有相同的优先级，这样可以鼓励顾客按照建议到达时间守时到达（不必过早）。但可能会导致 C3 队列的顾客等待时间过长。

对于排序策略 3，三类顾客具有不同的优先级，由高到低分别是 C1、C2 和 C3。该策略会引导顾客同时注意他们分配到的序号和建议到达时间，如分配到较早序号的顾客可能会比建议到达时间到得早。

视频 7-2

2. 预约与非预约并存情况

当服务系统同时存在预约顾客和非预约顾客时,通常会存在两类患者的混合排序问题,如果不对两类患者区分优先级,则会导致现场队列混乱,服务系统效率低下。常见的优先级策略有以下五种。这五种策略均基于非必要不空闲的准则,即在每一个实时调度决策时刻,观测队列中现有的顾客,首先安排优先级最高的一类顾客,若无此类顾客,则安排优先级次高顾客,从而保证服务台不空闲。

1) 预约顾客绝对优先策略

多数的服务系统会执行预约系统绝对优先的调度策略,即当服务台空闲时,只要有预约顾客在队列里,就服务预约顾客。这一策略操作方便,但是却让非预约顾客的满意度受损,尤其是在高峰时期,队列中始终有预约顾客,那么非预约顾客始终处于队尾,等待时间过长。

2) 紧急非预约顾客优先策略

当系统中存在紧急非预约顾客(如急诊患者)时,需要优先服务紧急非预约顾客,其次服务预约顾客,最后服务常规非预约顾客。

3) 考虑截止时间的优先级策略

如果在第2)种策略上继续扩展,那么非预约顾客的紧急程度可以用截止时间(due time)表示,截止时间越近,优先级越高。可以设置固定优先级的调度策略:首先,服务超过截止时间的非预约顾客;其次,服务预约顾客;最后,服务未超过截止时间的非预约顾客。

4) 考虑已等人数的优先级策略

为了规避第1)种策略中非预约顾客不断让位于预约顾客而导致等待时间过长的问题,可以为非预约顾客设定等候人数上限 m,若非预约顾客到达后已等待 m 人,则其处于最高优先级,首先,对其进行服务;其次,再服务预约顾客;最后,服务等待少于 m 人的非预约顾客。在这种策略下,非预约顾客到达后最多等待 m 人,这样的等待是有"盼头"的,因此在一定程度上提高了非预约顾客的满意度。

5) 为预约顾客许诺等待时间策略

顾客的紧急程度还可以通过等待时间阈值(waiting time target, WTT)来反映。WTT表示顾客可以忍受或者服务系统许诺给顾客的最长等待时间。在这种策略下,服务台首先考虑等待时间超过了WTT的预约顾客,其次考虑非预约顾客,最后考虑等待时间未超过WTT的预约顾客。WTT在一定程度上体现了服务系统对预约顾客的重视程度,较小的WTT表示更重视预约顾客,而较大的WTT会间接提高非预约顾客的优先级。这种策略通过适当延迟预约顾客的服务开始时间,减少了非预约顾客过长的等待时间,从而更好地平衡了两类顾客的满意度。

以上五种优先级策略总结如表7-4所示。

表 7-4 预约顾客与非预约顾客并存时的优先级策略

策　　略	优先级大小
预约顾客绝对优先策略	预约顾客≥非预约顾客
紧急非预约顾客优先策略	紧急非预约顾客≥预约顾客≥常规非预约顾客
考虑截止时间的优先级策略	超过或即将超过截止时间的非预约顾客≥预约顾客≥未超过截止时间的非预约顾客

续表

策　略	优先级大小
考虑已等人数的优先级策略	已等待 m 人的非预约顾客≥预约顾客≥等待少于 m 人的非预约顾客
为预约顾客许诺等待时间策略	等待时间超过 WTT 的预约顾客≥非预约顾客≥等待时间未超过 WTT 的预约顾客

7.3　本章小结

当服务需求超过服务供给能力时，会产生排队等待的现象。较长的排队等待时间会影响顾客的满意度。其中，为顾客提供预约可以有效地调节服务需求，由此产生了预约调度问题。作为一类优化问题，本章首先介绍了预约调度中不同利益相关群体的目标；其次，从战略、战术和运营三个层面介绍了顾客预约管理的架构，其中重点介绍了战术层面的预约规则，如何设定预约时间间隔和每个时段可预约人数；预约调度又会受到预约顾客的不守时、爽约、取消预约等因素的影响，这些现实的因素增加了问题的复杂性；最后列举了预约调度问题常用的解决方法。

实时调度用于确定在实际服务过程中顾客的服务顺序，优化等待线设计。在允许预约的场景下，实时调度是预约调度的下层问题。实时调度包括无预约、仅预约，以及预约和非预约并存三类场景。对于无预约场景，通常采用"先到先服务"策略，同时考虑顾客优先级，便可确定服务顺序；对于仅预约场景，需要考虑顾客是否能够按预约时间守时到达，本章针对守时和不守时两种情况分别介绍了五种实时调度策略；对于预约顾客和非预约顾客并存的场景，介绍了五种常见的优先级策略以更好地区分两类顾客的优先级，优化实时调度决策。

本章习题

1. 理解本章提到的"四种预约时间间隔模式"：圆顶形、平顶形、增长形和锯齿形。试举出每种模式在实际生活中的具体应用情景。

2. 结合具体行业场景，如医院，解释图 7-1 中的预约调度决策框架，即战略、战术和运营三个层面中需要决策优化的调度内容。

3. 课后阅读其他文献资料，了解其他适用于求解预约调度问题的模型方法有哪些，具体是如何建模的。

4. 阐述实时调度和预约调度两者之间的异同。

5. 观察麦当劳和医院处理顾客排队问题的不同调度策略，分析其策略选择的原因。结合自己的生活经验，你觉得可以分别采取哪些调度措施优化顾客的排队问题？

6. 当顾客在银行或者医院排队等候时，在什么情况下先到先服务的规则是不公平的？

7. 在实时调度的预约与非预约并存场景下，理解常见的五种混合排序优先级策略，说明这五种策略各自的优缺点，以及每种策略各自适用的具体实际情景。

案例分析

某三甲医院核磁共振检查的预约调度仿真优化

图像检查目前是医生诊疗患者、确认病情的重要方式，其中核磁共振成像（magnetic resonance imaging，MRI）检查是关键的图像设备之一。对某三甲医院 MRI 科进行实地调研发现，目前该医院 MRI 科有两台 MRI 检查设备，工作时间 7:00—17:00，每个时间槽只能预约一位患者，现行每天的预约安排如图 7-14 所示。

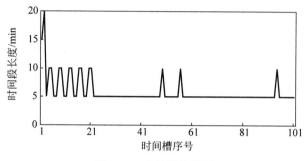

图 7-14　现行预约规则

MRI 设备购置成本高，具有成像细节丰富、图像清晰、对人体无辐射等优点，因此日常需求量很大。通过检索收集该医院放射科信息系统数据库某年从 10 月至 11 月 3000 余条历史数据，分析得出该医院 MRI 检查每日的检查量与预约量的对比情况如图 7-15 所示，患者 MRI 检查时间的提前、推迟情况统计结果如表 7-5 所示。图像检查时间经验概率分布如表 7-6 所示。由图表信息可知，MRI 科目前的预约规则不尽合理，绝大多数情况下，每日的预约量小于实际检查量，现行规定的时间段数显然不能满足目前的需求；不合理的时间段长度导致检查不能准时进行，有 98% 的患者检查提前或推迟，而检查提前易造成较多的设备空闲时间，检查推迟又会让患者等待。该医院希望能对 MRI 科现行的预约规则进行优化，探究合适的时间段数量和时间段长度，以及各时间段内预约的患者数量，以协调供需，减少设备空闲时间和患者等待时间。不考虑患者的爽约和取消预约行为。

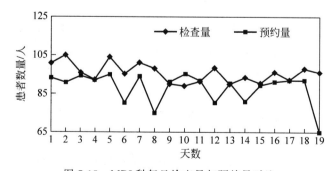

图 7-15　MRI 科每日检查量与预约量对比

表 7-5 MRI 检查提前和推迟时间统计

检查提前时间/min	比例/%	提前时间平均值/min	检查推迟时间/min	比例/%	推迟时间平均值/min
1~60	21	18	1~60	64	24
61~180	4	99	61~120	4	80
181~480	4	314	121~300	1	166

表 7-6 图像检查时间经验概率分布

检查时间/min	频数	频率	检查时间/min	频数	频率
4	40	0.0137	23	17	0.0058
5	67	0.0230	24	21	0.0072
6	100	0.0343	25	13	0.0045
7	112	0.0385	26	12	0.0041
8	197	0.0677	27	7	0.0024
9	232	0.0797	28	9	0.0031
10	324	0.1113	29	9	0.0031
11	327	0.1123	30	6	0.0021
12	269	0.0924	31	11	0.0038
13	225	0.0773	32	6	0.0021
14	200	0.0687	33	7	0.0024
15	158	0.0543	34	8	0.0027
16	124	0.0426	35	3	0.0010
17	111	0.0381	36	4	0.0014
18	88	0.0302	37	5	0.0017
19	71	0.0244	38	2	0.0007
20	55	0.0189	39	2	0.0007
21	38	0.0130	40	2	0.0007
22	30	0.0103			

1. MRI 检查预约规则仿真模型

该医院的 MRI 检查流程如图 7-16 所示:所有非急诊患者必须去预约中心进行登记,预约中心人员根据预约系统安排患者的预约时间,患者拿到预约单并在预约时间到达 MRI 科,等待检查,检查完毕即可离开。

为简化仿真模型,本案例采用如下假设:

(1) MRI 检查有两台完全相同的设备,一次只能检查一位患者。工作时间为 7:00—17:00,工作时不会发生故障。

(2) 要进行检查的患者须提前预约,依据 FCFS 规则来安排患者的检查顺序。

(3) 每个时间槽长度相同,但安排的患者数量可以不同,且患者的检查时间长度可用历史数据的经验分布近似。

(4) 患者在其被安排的时间段的起始时刻准时到达,且爽约率(no-show rate)为 0。

2. MRI 检查预约优化规则设计

目前该医院 MRI 科现行预约规则如图 7-14 所示,在此基础上本案例探讨三种新的预约规则:

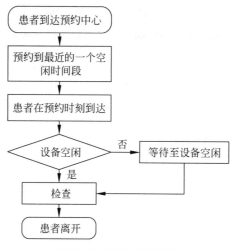

图 7-16　MRI 检查流程

规则 1：各时间段长度相同，各时间段安排相同数量的患者。采用枚举法求解各时间段安排的患者数量。

规则 2：各时间段长度相同，首尾各三个时间段患者数量不同，其他时间段的患者数量相同。采用精英选择遗传算法求解各时间段安排的患者数量。

规则 3：各时间段长度相同，各时间段可安排不同数量的患者。同样采用精英选择遗传算法求解。

由于检查时间的随机性，当某位患者 k 到达但无空闲的设备时，便会产生等待时间 W_k；当某台设备出现空闲但无患者到达时，便会出现空闲时间，第 k 位患者就诊后产生的空闲时间记为 I_k；当最后一位患者的检查完成时刻大于 MRI 科工作时间时，便产生了加班时间 O，如图 7-17 所示。可以采用仿真模拟 MRI 科 T 天的运行情况，目标值为所有患者等待时间成本、医生加班时间成本和设备空闲时间成本之和在 T 天内的平均值最小化，即 $\left(\alpha \sum_{k=1}^{K} W_k + \sum_{k=1}^{K} I_k + \beta O\right)/T$，其中 α、β 为时间成本系数。基础数据设置：α 为 0.2，β 为 0.4，设备数量为两台。

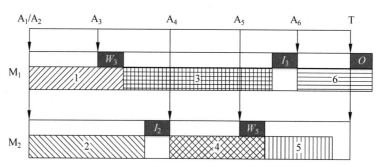

图 7-17　多服务台运作流程

3. 仿真优化结果

通过基础算例的仿真模拟，可得规则 1 的时间段长度为 13min 时，对应的最优值最小，即患者等待时间成本、医生加班时间成本和设备空闲时间成本之和最小，因此优化的时间段长度为 13min。同理可得规则 2 和规则 3 优化的时间段长度分别为 13min 和 10min。现行规则与三种新规则最优的仿真结果对比见表 7-7。

表 7-7　四种预约规则仿真结果比较

预约规则	预约量/个	最优值/个	等待时间/min	加班时间/min	空闲时间/min
现行规则	100	963	4314	77	70
规则 1	92	249	942	19	53
规则 2	90	235	842	9	64
规则 3	87	215	524	8	107

由表 7-7 可知，三种新的规则均优于现行规则，即所建立的仿真模型是有效的。优化的三种规则极大缩短了患者的等待时间，同时一定程度上也减少了设备空闲时间和医生加班时间。另外，在三种新的规则中，规则 3 的策略最好，其次是规则 2 和规则 1，现行规则效果最差。基于优化的时间段长度，可得三种规则的最优策略，即每个时间段预约的患者数量，见表 7-8 和表 7-9。

表 7-8　规则 1 和规则 2 对应的各时间段患者数量

预约时刻	规则 1	规则 2	预约时刻	规则 1	规则 2	预约时刻	规则 1	规则 2	预约时刻	规则 1	规则 2
7:00	2	2	9:36	2	2	12:12	2	2	14:35	2	2
7:13	2	2	9:49	2	2	12:25	2	2	14:48	2	2
7:26	2	2	10:02	2	2	12:38	2	2	15:01	2	2
7:39	2	2	10:15	2	2	12:51	2	2	15:14	2	2
7:52	2	2	10:28	2	2	13:04	2	2	15:27	2	2
8:05	2	2	10:41	2	2	13:17	2	2	15:40	2	2
8:18	2	2	10:54	2	2	13:30	2	2	15:53	2	2
8:31	2	2	11:07	2	2	13:43	2	2	16:06	2	2
8:44	2	2	11:20	2	2	13:56	2	2	16:19	2	1
8:57	2	2	11:33	2	2	14:09	2	2	16:32	2	2
9:10	2	2	11:46	2	2	14:22	2	2	16:45	2	1
9:23	2	2	11:59	2	2						

表 7-9　规则 3 对应的各时间段患者数量

预约时刻	规则 3	预约时刻	规则 3	预约时刻	规则 3	预约时刻	规则 3	预约时刻	规则 3
7:00	3	9:00	2	11:00	1	13:00	2	15:00	2
7:10	1	9:10	1	11:10	2	13:10	1	15:10	2
7:20	1	9:20	2	11:20	1	13:20	2	15:20	1
7:30	2	9:30	1	11:30	2	13:30	2	15:30	1
7:40	1	9:40	1	11:40	2	13:40	1	15:40	1
7:50	2	9:50	1	11:50	1	13:50	2	15:50	3
8:00	1	10:00	1	12:00	2	14:00	1	16:00	1
8:10	2	10:10	2	12:10	2	14:10	1	16:10	1
8:20	1	10:20	2	12:20	1	14:20	2	16:20	1
8:30	1	10:30	1	12:30	2	14:30	2	16:30	1
8:40	2	10:40	1	12:40	1	14:40	1	16:40	2
8:50	2	10:50	2	12:50	1	14:50	1	16:50	1

4. 案例总结

本案例对上海某三甲医院放射科 MRI 检查流程进行实地调研，通过搜集实际数据进行统计分析发现其存在的问题，基于离散事件仿真方法建立 MRI 分时段检查预约模型，用 MRI 检查时间的经验分布作为输入参数，以缩短患者等待时间、医生加班时间和设备空闲时间为目标，在现行预约规则基础上设计了三种新的预约规则，运用遗传算法求解得出三种规则各时间段安排的最优预约患者数量。结果表明三种新的预约规则均优于现行规则，可极大缩短患者等待时间、医生加班时间和设备空闲时间，显著提高 MRI 科的工作效率。

本案例的研究是基于医院 MRI 检查的实际数据，采用的离散事件仿真方法和遗传算法等可适用于其他类型的图像检查如 CT，也适用于大多数医院，得出的优化规则将为图像科预约中心医护人员解决患者预约调度的问题。

资料来源：潘兴薇, 耿娜. 面向核磁共振检查的预约调度仿真优化研究[J]. 工业工程与管理, 2016, 21(6): 17-23.

案例思考：

1. 结合本章内容分析：在本案例中，预约调度目标是什么？预约调度决策具体属于哪个层面的内容？考虑了哪些影响因素？

2. 在实际情况中，MRI 科检查的患者可以分为两类：一类是提前预约的门诊患者（outpatients），另一类是住院患者（inpatients），前者仍按照先预约先服务的策略进行 MRI 检查，后者的 MRI 检查需求也需尽快满足。在这种情况下应采取怎样的调度策略确定两类患者的检查先后顺序？

3. 进一步放宽本案例的假设条件，考虑提前预约患者的不守时到达和爽约行为，应该如何对该预约调度问题进行建模？这给你带来了怎样的研究启示？

参考文献

[1] CAYIRLI T, VERAL E. Outpatient scheduling in health care: A review of literature[J]. Production and Operations Management, 2003, 12(4): 519-549.

[2] GUPTA D, DENTON B. Appointment scheduling in health care: Challenges and opportunities[J]. IIE Transactions, 2008, 40(9): 800-819.

[3] AHMADI-JAVID A, JALALI Z, KLASSEN K J. Outpatient appointment systems in healthcare: A review of optimization studies[J]. European Journal of Operational Research, 2017, 258(1): 3-34.

[4] 罗利, 石应康. 医疗服务资源调度优化理论、方法及应用[M]. 北京：科学出版社, 2014.

[5] 张淑君. 服务管理[M]. 2 版. 北京：中国市场出版社, 2016.

[6] 谢礼珊, 彭家敏, 关新华. 服务管理[M]. 北京：清华大学出版社, 2016.

[7] BAILEY N T J. A study of queues and appointment systems in hospital outpatient departments, with special reference to waiting times[J]. Journal of the Royal Statistical Society, 1952, 14(2): 185-199.

[8] MAK H Y, RONG Y, ZHANG J. Sequencing Appointments for Service Systems Using Inventory Approximations[J]. Manufacturing & Service Operations Management, 2014, 16(2): 251-262.

[9] DENTON B, VIAPIANO J, VOGL A. Optimization of surgery sequencing and scheduling decisions under uncertainty[J]. Health care management science, 2007, 10(1): 13-24.

[10] CHEN P S, HONG I H, HOU Y, et al. Healthcare scheduling policies in a sequence-number based appointment system for outpatients' arrivals: Early, on time, or late? [J]. Computers & Industrial

Engineering,2019,130:298-308.

[11] GUPTA D. Surgical suites' operations management[J]. Production and Operations Management,2007,16(6):689-700.

[12] LI J,KONG N,XIE X. Stochastic Modeling and Analytics in Healthcare Delivery Systems[M]. New Jersey:World Scientific,2017.

[13] PAN X,GENG N,XIE X,et al. Managing appointments with waiting time targets and random walk-ins[J]. Omega,2020,95:102062.

[14] 潘兴薇,耿娜. 面向核磁共振检查的预约调度仿真优化研究[J]. 工业工程与管理,2016,21(6):17-23.

[15] DOSHI A H,KIHIRA S,MAHMOUDI K,et al. Impact of COVID-19 social distancing regulations on outpatient diagnostic imaging volumes and no-show rates[J]. Clinical Imaging,2021,76:65-69.

第 8 章

服务质量管理

视频 8-1

> **学习目标**
> ❋ **掌握** 服务质量的定义、构成要素以及基本特性。
> ❋ **熟悉** 运用可感知服务质量模型和服务质量差距模型对实际问题进行分析。
> ❋ **了解** 服务质量测量方法、工具和 SERVQUAL 方法。

 导入案例

中国移动福建公司:"满意100"的成效与困局

中国移动通信集团福建有限公司于 1999 年正式挂牌成立,是中国移动有限公司的全资子公司,下辖 9 个市分公司,61 个县(市)分公司。现在,中国移动福建公司已建成覆盖范围广、业务品种多、通信质量高的综合通信网络,成为经营移动通信业务、IP 电话及互联网服务的专业化移动通信运营公司。

中国移动福建公司主要个人产品有三大系列:全球通、动感地带、神州行,并为广大个人用户提供诸如来电显示、彩铃、彩信等各类基础语音服务和增值业务。在企业服务方面,公司根据管理、技术和服务等方面的实际需要,为企业提供基础通信、生产管理、营销服务、移动办公等方面的移动信息化整体解决方案,实现了以客户为中心的信息化服务。

自 2008 年以来,中国移动福建公司响应总公司号召,开展了"金牌服务、满意 100"的主题活动,不断提升服务质量和客户服务满意度,其中"满意 100"主题服务包括图 8-1 所示的九个要素:传承、特色、创新、态度、责任、诚信、先进、标准、能力。

自开展"满分 100"服务活动以来,中国移动福建公司当年的满意度调查中客户服务质量评价分数达到了 90 分以上。然而,虽然客户服务满意度短期达到了一个较高水平,但几年之后服务水平又开始呈现下滑的趋势。2012 年中国移动福建公司针对全省的在网普通用户与 VIP 用户进行客户服务满意度问卷调查,调查结果显示客户服务质量评价分数跌落到了 84.73,其中咨询投诉这一项的得分仅为 75.18。

事后该公司对服务质量水平下滑的原因做了分析,认为主要有以下几个方面:一是客户对原有服务模式已经不满,客户服务满意度长期较低,客户服务模式急需转型;二是客户服务工作已经由"发展期"过渡到"精耕期";三是前台和后台的协调配合存在问题;四是客户服务人员压力较大,营业厅业务种类太多、更新较快,营业员的记忆压力过大,很难消化吸收；五是全业务竞争环境下,对有效提升客户满意度提出了很高要求；六是传统满意度评估调查结果滞后且难以聚焦到具体问题,存在着客户感知无法量化等问题；七是服务执行力差,服务传递结构过长,造成信息衰减严重。

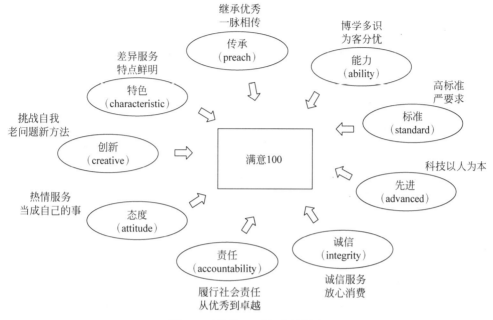

图 8-1 "满分 100"包含的要素

进入新发展阶段以来,我国正大力推进服务业的高质量发展,这依赖于服务业全方位的创新。然而目前国内几大电信运营商正遭遇产品同质化程度高等问题,如何在当前市场竞争白热化的局面下赢得客户满意度对于每一家电信运营公司来说至关重要,中国移动福建公司的"满分 100"行动遇到了"瓶颈",亟须采取新的服务质量管理方法来实现破局。

资料来源:秦瑞."四位一体"的客户服务质量管理体系研究——基于中国移动福建公司的案例分析[D].厦门:厦门大学,2013.

案例思考:中国移动福建公司开展服务质量管理运用了什么样的方法？遇到了怎样的困难？如何解决中国移动福建公司遇到的问题,提高服务质量？学习本章内容之后试着分析以上问题。

本章概要

随着我国市场经济的发展,传统企业通过单方面提高产品质量的方式进行差异化竞争的空间逐渐缩小,消费者对于产品的个性化要求明显上升,企业纷纷将竞争的重点转向提供高附加值的配套服务。同时,服务业迎来了蓬勃发展,如何为顾客提供高质量服务成了企业关心的问题。本章聚焦服务质量管理理论,首先给出服务质量管理的概念框架,介绍服务质量的概况并引入服务质量管理模型和评价方法,最后给出服务质量管理策略。

8.1 服务质量概述

在介绍服务质量管理理论之前我们需要先了解服务质量是什么,本节将从服务质量的研究概况入手,介绍服务质量的定义、构成要素以及服务质量的特性。

8.1.1 服务质量的研究概况

对于服务质量的研究始于 20 世纪 70 年代后期,服务质量管理研究继承了有形产品质量管理的理论和方法(如全面质量管理、戴明质量管理、6σ 管理等),早期的研究集中于服务营销领域,后来逐渐扩展到人力资源、服务作业等其他领域。格鲁诺斯于 1982 年最早对服务质量管理提出了"可感知服务质量理论",它包括顾客感知服务质量(perceived service quality,PSQ)的概念和可感知服务质量模型两部分内容,这一理论后来成为服务质量管理领域的理论基础。

1985 年,服务营销学家帕拉苏拉曼(A. Parasuraman)、齐塞尔(Valarie A. Zeithaml)和贝利(Leonard L. Berry)(以下简称 PZB 组合)在格鲁诺斯的可感知服务质量理论基础上提出了服务质量差距模型,可用于发现服务质量出现问题的环节和原因,以便有针对性地选取差距弥合措施,从而对服务质量进行改进和提升。为进一步发现各种差距的产生原因,PZB 组合于 1990 年在该模型基础上,从组织行为学的角度分析考虑了组织结构问题,指出了导致各项差距产生的一系列组织结构缺陷。

为了对服务质量进行量化评价,PZB 组合于 1988 年提出 SERVQUAL 评价方法,该方法以服务质量构成的五个要素为基础,设计了包含 22 个问题的评价量表。SERVQUAL 评价方法后来成为影响力最广的服务质量评价方法,广泛应用于物流、航空、医疗等领域,其后许多研究都以该方法为基础进行改进。

PZB 提出的 SERVQUAL 评价方法是基于美国传统服务业,在其他国家或其他服务行业运用存在一定的局限性。为了得到更适用的评价模型,美国学者 Cronin 和 Taylor 于 1992 年提出了 SERVPERF 评价方法(service performance),即绩效感知服务质量量度方法,它直接测量顾客对服务者所提供服务表现的实际感知,而与服务期望没有关系。

国内对于服务质量的研究起步较晚,始于 20 世纪 90 年代,且大量研究基于服务质量差距模型以及 SERVQUAL 评价方法,从方法上说创新性较少。也有一些学者从其他角度着手研究,如中山大学的朱沆、汪纯孝等从企业管理人员的角度将服务质量划分为技术、感情、关系和环境质量;燕山大学的关晓光、姚辉提出用质量利润法(return on quality,ROQ)改进服务质量,并运用财务指标衡量服务质量改进的效果。

近年来,随着信息技术飞速发展,企业、消费者的行为模式发生了部分变化,也出现了针对信息领域的服务质量研究。如对技术成熟度(technology readiness,TR)的研究,即人们接受新技术的倾向,消费者和员工接受新技术的倾向会直接影响企业基于技术的服务系统的实际效果。还有对 e 服务质量(e-service quality,e-SQ)的研究,在传统服务质量差距模型的基础上,学者们提出了针对 e 服务质量的服务质量测量模型。

8.1.2 服务质量的定义

在介绍服务质量的定义之前首先应对质量的概念有所了解。在质量管理的研究历史上,不同学者对质量的认识各有不同,其中以两种基本的质量观为代表——克劳士比的符合性质量观以及朱兰的适用性质量观,前者认为质量就是产品符合规定要求的程度,这里的要求指的是硬性的规范或标准；而后者认为质量是满足顾客需求的程度，强调质量对顾客需求的"适用性"。国际标准化组织将不同的质量概念加以总结提出了广义的质量概念，ISO 8402—1994 中明确表明质量是"反映实体满足明确或隐含需要能力的特性总和"。随后又在 ISO 9001：2015 中将质量的定义修正为"客体的一组固有特性满足要求的程度"，这里的要求包括明示的、通常隐含的或必须履行的需求或期望。

相较于有形产品的质量，由于服务所具有的多重复杂属性，以及消费者对服务质量的感知不仅取决于服务的结果还与服务过程密切相关，所以服务质量的概念比较难以界定，学术界至今仍存在不少争论。服务质量的概念首先由列维特（Levit）于 1972 年提出，他将服务质量定义为"服务的结果符合所设定的质量标准的程度"。随后许多学者对服务质量定义提出了不同的见解。格鲁诺斯于 1982 年提出了顾客感知服务质量（perceived service quality，PSQ）的概念，他将顾客感知服务质量定义为顾客期望（expectation）的服务质量与体验（perceived performance）的服务质量之间的比较。

对于服务质量的定义还有很多，例如《服务质量评价通则》（GB/T 36733—2018）将服务质量定义为"组织能够满足规定、约定以及顾客需求的特性的程度"，即服务提供者能多大程度上满足现行标准或消费者需求。总而言之，对于服务质量的概念并无统一的定论，但企业应注意不要将定义局限在一个方面，而是要和顾客对于服务质量的理解相吻合，以实现良好的服务质量管理活动。

8.1.3 服务质量的构成要素

对于服务质量的构成要素，主要有两种主流学派观点，第一种是以格鲁诺斯的可感知服务质量模型为代表的北欧学派观点，第二种则源自 PZB 组合在研究 SERVQUAL 评价方法时所提出的五要素美国学派观点。下面将对两种学派观点分别进行阐述。

1. 北欧学派观点

根据格鲁诺斯的可感知服务质量模型，感知服务质量由顾客期望质量与实际体验到的服务质量之间的比较形成。顾客实际体验到的质量则由技术质量和功能质量两个部分共同构成的企业形象所生成，上述几个部分的具体关系如图 8-2 所示。下面着重介绍技术质量和功能质量两个关键部分。

1）技术质量

技术质量（technical quality）又称结果质量（outcome quality），是顾客在服务过程中所得到的结果，即消费者在服务过程中的"所得"，常常以有形的方式存在。例如，餐厅提供的食物、酒店提供的床铺与卫生用品、航空公司提供的飞机座位等。技术质量回答了消费者在服务过程中"得到了什么"（what）的问题，通常它可以由消费者以一种客观的方式来衡量，就像产品的任何技术维度一样。技术质量是消费者的服务感知质量重要的组成部分，但是由于服务是在与消费者互动的过程中产生的，技术质量并不能代表消费者感知到的总服务质量。

2）功能质量

功能质量（functional quality）又称过程质量（process quality）、职能质量，消费者在接收服务的过程中对服务质量的感知不光会受到技术质量的影响，还会受到技术质量在功能上

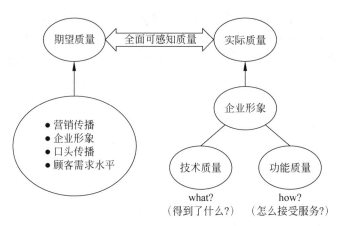

图 8-2 服务质量构成

资料来源：克里斯蒂·格鲁诺斯.服务市场营销管理[M].上海：复旦大学出版社,1998.

的转移方式的影响，即消费者接受服务的方式及其在服务生产和消费过程中的体验。如服务人员在服务过程中的行为、态度、穿着等细节会显著地影响消费者的服务体验，这就是服务质量另一个重要的构成部分——功能质量。功能质量回答了消费者"怎么接受服务"（how）的问题，显然，它不能像技术质量那样被客观地评价，事实上功能质量是以一种非常主观的方式被顾客感知的。

2. 美国学派观点

为了研究消费者评价服务质量的决定要素，1985 年 PZB 组合通过对包括机械维修、零售业、银行、电信服务、证券服务、信用卡服务等服务行业进行充分调查研究后提出了 10 个决定服务质量的要素，即可靠性、响应性、能力、易接近性、礼貌、沟通、可信性、安全性、理解、有形性。1988 年他们又将这 10 个要素进行了合并，并按照重要性由高到低进行了排列，最后将服务质量要素确定为可靠性、响应性、保证性、移情性和有形性 5 个要素。

1）可靠性

可靠性（reliability）是指服务企业准确可靠地执行所承诺服务的能力。可靠性是所有要素中最为重要的，它意味着企业可以按照其承诺以相同的方式、无差错地准时完成服务。例如，准确地出账、快递或外卖无损坏按时送达。顾客喜欢能够守信的企业，反之，如果企业无法完成其服务承诺，较高的期望服务质量与较低的实际服务质量将会使得顾客感知到的服务质量降低，结果就是顾客非常失望而使企业遭受损失。

2）响应性

响应性（responsiveness）是指服务人员帮助顾客和及时提供服务的意愿。它强调服务企业在顾客出现询问、投诉或要求时能够快速响应顾客并提供及时有效的服务或补救，即将顾客利益置于首位。在服务过程中，时效性对于顾客而言非常重要，长时间无意义地等待将会使得顾客对服务质量的感知产生不利影响，因而企业需要快速处理顾客要求。例如，立即邮寄交易单、快速回复客户电话等。

3）保证性

保证性（assurance）是指服务企业员工所具有的知识、礼节以及获得顾客信任的能力。保证性表现为员工完成任务的能力、对消费者的礼貌和尊敬、与消费者有效地沟通、将消费者最关心的事放在心上等,员工对自身能力表现出信心将会加强顾客对企业的信任感和安全感,这对于某些存在高风险的服务如医疗、证券、保险等尤为重要。

4) 移情性

移情性(empathy)是指服务企业设身处地为顾客着想并对其给予特别的关注和个性化服务。移情性强调要使顾客感受到企业对他的重视和关注,使每个顾客感受到自己是特殊和独一无二的,它表现为企业对消费者人性化的关怀和细致入微的个性化服务。例如,海底捞的员工常能迅速察觉到顾客的隐形需求并及时提供人性化的服务,如给长头发的女士提供橡皮筋、给用手机的顾客提供手机袋等。

5) 有形性

有形性(tangibles)是指服务机构所提供的有形设施、设备、环境、员工着装等。有形的环境条件是服务人员对消费者更细致照顾和关心的有形体现,虽然服务过程本身是无形的,但是顾客特别是新顾客很可能会把对服务质量的感知延伸到对服务所提供的有形物品上。例如,干净整洁的服务环境将会使顾客身心舒畅,糟糕的卫生可能会使顾客敬而远之。

8.1.4 服务质量特性

服务具有有形产品所不具有的特征,正是这些特征决定了服务质量与产品质量的不同。总体来说,服务质量具有以下特性。

(1) 服务质量具有很强的差异性。与标准化的产品不同,服务的传递过程主要由服务人员完成,服务质量很大程度上取决于服务人员的个人素质、技术能力、服务态度等,与此同时,即使是同一名服务人员,在不同时间、不同地点提供的服务质量也是有所差异的,这是人作为复杂个体具备的差异性所必然导致的。另外,顾客的爱好、性格、素质、心情的不同也会很大程度上影响对服务质量的感知,同一名服务人员提供同一水平的服务,但是在不同顾客那里感知到的服务质量往往是有所不同的,这是服务质量具备差异性的另一个方面。

(2) 服务质量是一种"主观质量"。由于服务过程有顾客的参与,顾客是服务质量感知的主体,因而服务质量受到顾客自身爱好、性格、素质、心情等因素的影响,具有很强的主观性,即使是同一顾客,在不同时间段所需求和感知的服务质量也是存在差异的,因而服务质量是一种"主观质量"。企业在设计服务过程和提供服务时必须考虑到顾客的因素,不能忽视服务接收者的主观体验。

(3) 服务质量在服务企业与顾客交易的真实瞬间实现。与有形产品相比,服务生产和消费的同时进行决定了顾客会参与服务的生产过程,服务质量是在顾客与服务人员的互动过程中形成的,这一点是服务质量与有形产品质量一个很大的区别。对于大多数服务行业来说,只有顾客的积极参与和紧密配合,服务才能顺利进行。如果没有人来就餐,餐厅就无法营业;如果病人不配合检查,再好的医生也无法做出正确的诊断,所以顾客是否积极配合对服务质量有显著的影响。如果顾客不能正确表达自己的需求或及时主动反馈体验,服务过程就可能失败。

(4) 服务质量取决于过程质量。正如前文所述,服务质量由技术质量(结果质量)和功能质量(过程质量)两个部分构成,技术质量和功能质量是企业形象的基础。传统的有形产品更强调使用的结果即技术质量,而服务过程由于顾客的参与更加强调过程质量的重要性,顾客在进行服务消费时不光需要良好的服务结果,服务消费过程本身对顾客的影响也是巨大的,顾客对服务过程的敏感性要求服务企业必须既保证服务结果也重视服务传递过程,两者相辅相成,任何一个部分的疏忽都会导致严重后果。

8.2 服务质量管理模型

基于对服务质量的概述,我们可以知道服务质量实际上是顾客感知到的质量。但服务质量难以测量,且与顾客个人偏好有关。顾客实际所接受的服务不能完全决定感知服务质量的好坏,顾客对服务质量的满意度往往取决于服务期望与服务感知之间的比较。

对此,有学者提出了服务质量管理模型,主要包括北欧学派格鲁诺斯提出的"可感知服务质量模型"和美国学派帕拉苏拉曼等提出的"服务质量差距模型"。

8.2.1 可感知服务质量模型

1982年,格鲁诺斯将服务质量分为技术质量和功能质量,并在此基础上提出"顾客感知服务质量模型",他认为服务质量是顾客感知的质量,并将顾客感知服务质量定义为顾客预期服务(expected service,ES)质量与体验的服务(perceived service,PS)质量之间的比较。当感知到的服务水平高于期望时,服务被认为具有特别的质量,即充满惊喜的;当实际感知没有达到期望水平时,服务质量是不可接受的;当期望与感知一致时,服务质量是令人满意的。如图8-3所示,顾客感知服务质量还受到口碑、个人需要以及过去经历的影响。

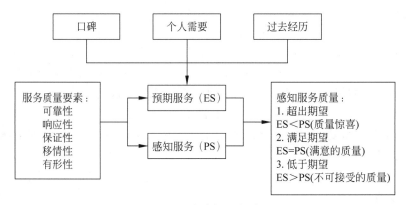

图 8-3 顾客感知服务质量

资料来源:PARASURAMAN A,ZEITHAML V A,BERRY L L. A conceptual model of service quality and its implications for future research[J]. Journal of Marketing,1985,49(4):41-50.

8.2.2 服务质量差距模型

20世纪80年代中期到90年代初,PZB组合对顾客感知服务质量进行了更为深入的研究,将顾客对服务质量要素的预期与实际感知之间的差异相比较,从而将服务质量概念化。基于对服务质量要素具有可靠性、响应性、保证性、移情性和有形性五方面特点的认识,他们在1985年提出了服务质量差距模型(gaps in service quality),用于分析导致各类服务质量问题的根源,并提出了消除这些差距的策略。

从图 8-4 中可以看出,服务质量差距模型中一共有五个方面的差距,分别为认知差距(差距一)、标准差距(差距二)、传递差距(差距三)、沟通差距(差距四)以及服务差距(差距五)。其中服务差距是指顾客对服务的预期与实际交付的服务感知之间的差距。顾客的满意度取决于服务传递相关过程的前四个差距最小化。所以,欲减小服务差距,就必须减小其余四个差距。

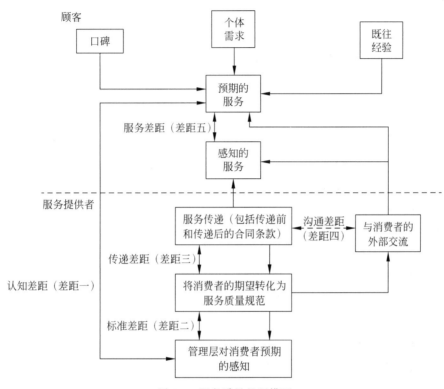

图 8-4 服务质量差距模型

资料来源:PARASURAMAN A, ZEITHAML V A, BERRY L L. A Conceptual Model of Service Quality and its Implication for Future Research (SERVQUAL)[J]. Journal of Marketing, 1985, 49: 41-50.

1. 管理者对消费者期望的认知差距

认知差距是指服务提供商对顾客期望的感知与顾客真实期望之间的差值。导致这一差距的原因是管理者并不知道消费者的真正需求是什么,这可能是因为:服务组织缺乏对市场需求的调研;对市场调研和消费需求分析的方法不正确,管理者从中得到的信息不准确;管理者对信息的理解不准确;组织内部机构重叠,组织层次过多,阻碍或改变了消费需求信息的传递。

认知差距的经典案例:20 世纪 70 年代,百事可乐崛起并抢占了可口可乐的市场份额,对此可口可乐公司推出了味道更好的新口味可乐,却纷纷遭遇抵制,因为在消费者心中可口可乐代表着美国精神,改变口味就是背叛美国精神,口味反而不是购买的主要动机。

为了弥合这一差距,可采取如下对策:明确研究对象和目标,重视市场调研;改进市场调研方法,充分挖掘数据;以市场为导向,加强管理者对消费者需求的了解;注重管理者和一线员工的信息沟通渠道建设,加强面对面沟通;注重消费者反馈管理,减少组织层级,缩短与消费者的距离。

2. 服务质量规范设计的标准差距

标准差距是指服务提供商对顾客期望的感知与其建立的服务质量标准之间的差距。换而言之,管理者没有构造一个能满足消费者期望的服务质量目标并将这些目标转换成切实可行的服务标准。导致这一差距的原因可能是:管理者对服务质量重视程度不够,管理人员往往更注重生产力、成本的缩减或其他短期利益;资源的限制,有限的资源难以满足多种多样的服务需求;服务组织缺乏清晰的服务质量管理目标,传统企业通常设置财务和成长性方面的目标而忽略服务质量的目标;对服务质量作不适当保证,对可行性缺乏了解;服务组织任务的标准化程度不够。

标准差距的经典案例:戴尔公司曾是世界上排名第一的计算机系统公司、计算机产品和服务的首要供应商,它的直销运营模式享誉世界,赢得了客户的信赖。但是它的售后却不尽如人意,戴尔电脑的售后技术支持服务程序比较复杂,缺乏灵活性,服务制度供给严重过剩。对电脑所有者的严格身份核实和多重语音认证,技术员独立工作(四次电话服务,四名技术人员需要重复叙述相同问题),多次邮件信息通知,烦琐的质量鉴定程序和退换货手续,数页的服务质量评价电子表格等,这些使人看起来售后服务管理十分严格、非常规范,事实上却严重影响了服务的效率和质量。

为了弥合这一差距,可采取如下对策:确保管理者重视的质量与顾客定义的质量一致;推进标准化理念,建立沟通和强化顾客导向的服务标准;明确服务质量管理的目标;制定服务规范时充分听取一线员工的意见,服务规范不能太细致,要有柔性;评价绩效并定期反馈,对达标的管理者和员工予以奖励。

3. 服务传递的差距

传递差距被称为服务绩效差距或一致性差距,是服务提供者制定的服务质量标准与实际提供的服务之间的差异。也就是说,实际服务过程中员工的行为不符合质量标准,未能达到管理者制定的服务规范的要求。引起这一差距的原因可能有许多,如缺乏团队合作,缺乏对员工的训练导致员工与岗位不匹配和技术能力与岗位不匹配,工作设计和考核体系不合理,标准太复杂或太苛刻,从而导致员工无法胜任;角色冲突,标准与现有的企业文化发生冲突,或员工对标准有不同意见;管理和监督不力,服务生产管理混乱;技术和系统没有按照标准为工作提供便利,缺乏技术设备支持。另外,服务质量的具体标准有时是相互冲突的,这也会影响按标准提供服务。如快速的服务与仔细周到的服务常常是两个冲突的质量标准。

传递差距的经典案例:雷石东(Redstone)家族的国家娱乐公司(National Amusements Inc.,NAI)董事长萨姆纳·雷石东(Sumner Redstone)是一个掌控欲很强的人,他在任职期间曾解雇多位威胁到他地位的CEO。更严重的是,他儿子进入公司后,他也不予以授权,儿子多次挑战权威,最终也被开除出公司董事会。2007年八十多岁的萨姆纳还在掌权,由于过分集权,实际服务与标准服务之间产生了传递差距,问题逐渐暴露,因此如今NAI的名气已远不如当年。

为了弥合这一差距,可采取如下对策:明确员工角色,确保所有员工理解其工作并能很好地使顾客满意;改革管理机制,完善组织机构和公平监督考核体系,标准制定应有员工参与，减少角色冲突；加强培训，提高员工的专业素质和沟通水平；更新相应的技术、设备和设施，提高服务水平；建立工作小团队，使员工融洽地工作，并给予一定的激励。

4. 市场信息沟通的差距

沟通差距是企业对外宣传承诺的服务质量与实际的服务质量之间的差异。当企业对外宣传服务质量时，就是做出相应的服务承诺。一旦沟通差距过大，必然会引起消费者的不信任。引起这一差距的原因可分为两类：一类是服务组织的信息传播体系和组织经营管理体系之间缺乏充分和有效的协调，各部门之间任务和预期不一致且缺乏沟通；另一类是在广告宣传和其他市场传播中，对市场调研不充分，对一线服务人员不了解，导致对顾客需求过于夸大其词或承诺过多。消费者对服务的期望常常受公司广告和营销宣传的影响，而在对外沟通中企业可能会给出过度的承诺，但又没有与一线的服务人员很好地沟通。

沟通差距的经典案例：味千（中国）控股有限公司是中国快速休闲餐厅最大的连锁经营商之一，旗下的"味千拉面"在中国拥有590家分店，在其广告宣传中承诺汤原料都是采用日本的先进生产工艺和专业的设备熬制而成的，所有原料都通过受控的严格来料验收程序控制，其价格为20～100元一碗不等，广泛的宣传语"一碗汤的钙含量为牛奶的4倍、普通肉类的数十倍"在消费者心目中留下了"具有高营养"的印象。但经实验室监测，其实际上采用的却是"骨泥浓缩汤料"，并非纯猪骨熬制；而且送检样品被证实稀释了36倍，每碗汤钙含量宣传为1600mg，实际为48.5mg，熬制时间也没有达到宣传的20多小时，属于虚假宣传。对此，味千方面表示：味千汤底的钙含量是由于浓缩未还原的计算方式错误导致，对此已经做了修改。

为了弥合这一差距，可采取如下对策：建立一套有效的机制，提高组织内部的水平沟通能力，使部门之间、人员之间紧密联系，相互协作；广告要切实具体，不盲目承诺，加强对市场信息传播的计划和监管，管理者要负责监督信息传播，及时纠正不当的宣传行为，减少负面影响；对于不同顾客不同地区不同时间不同服务人员应提供同样的服务；区分并解释服务中的不可控因素导致的服务质量差距；把握大部分消费者的心理预期，提供相应的大众服务，并针对高需求的顾客提供高价格的专属服务，并做好标准制定和解释工作。

5. 服务质量感知差距

服务差距是消费者期望的服务与实际得到的服务感知之间的差异。上述的差距一（认知差距）、差距二（标准差距）、差距三（传递差距）、差距四（沟通差距）中的任何一个都将导致差距五（服务差距）的出现，换而言之，差距五（服务差距）是前四个差距的函数：

$$服务差距 = f(认知差距，标准差距，传递差距，沟通差距)$$

这一差距非常重要，如果消费者的感知或经历的服务低于他的期望，将会导致消极影响，如消极的质量评价，口碑不佳会对公司形象产生消极影响，甚至导致公司丧失业务。如果消费者接受的服务高于其预期，将会产生积极的影响，促进公司的发展。

要弥合这一差距，就要对上述四个差距进行弥合。服务质量差异分析模型是一种直接有效的服务质量管理工具，它可以发现服务质量出现问题的环节和原因，以便有针对性地选取差距消除措施，进行服务质量改进和提升，更好地贴近消费者的期望。

1993年，PZB组合对差距模型进行了修正，将顾客期望分为理想期望和适当期望，其间的差距便是顾客容忍区间。在此基础上，原差距模型中的差距五被分解为：①理想期望与感知之间的感知优异差距;②适当期望与感知差距之间的适当差距。另外,PZB组合还将顾客期望影响因素分为可控因素(如服务承诺)和不可控因素(如顾客的自我认知和经历)。

8.3 服务质量测量方法

前两节介绍了服务质量的定义、要素以及服务质量管理模型,这几个部分构成了服务质量管理的概念框架,但光有概念模型不足以解决实际的服务质量管理问题,为了更好地管理和改善服务质量,我们还需要知道如何量化服务质量。本节将介绍测量服务质量的几种经典方法,为服务质量的进一步改进和管理提供参考依据。

8.3.1 服务质量测量方法概述

在管理中我们常进行各种各样的考核,考核的目的不是为了惩罚,而是为了改变现状,实现质量的提高。管理者欲使团队水平不断提高,就必须了解问题的症结所在,对其进行治理。人们常说"如果你不衡量,就无法管理"。对于服务质量改进同样如此,首先得对服务质量的优劣进行界定,例如:什么算是好的服务?什么是不好的服务?顾客是如何感知服务质量的?对于管理者而言,需要了解以下几方面问题:服务质量体现在哪些方面?测量服务质量的指标体系是如何构成的?如何能够准确、有效地获得顾客对服务质量的真实评价?如何利用评价所得的结果进行服务改进工作,从而提高服务质量?

服务质量的测量是服务企业对顾客感知服务质量的调研、测算和认定。由于服务具有无形性、异质性、易逝性、不可分离性等特点,因此服务质量的测量与有形产品相比要复杂许多。另外,顾客感知服务质量具有极强的主观性,也具有极强的差异性,它是由许多无形因素决定的,这无疑又给服务质量的测定增加了难度。为准确地衡量服务质量,对服务质量的测量应该是针对多个指标的综合评价。

针对服务质量的测量,众多学者和服务业从业者探索了多种方法,通常分为软性测量方法和硬性测量方法两大类,其中硬性测量通常是指针对服务企业的运营流程或结果的评价。软性测量方法则主要有企业服务质量调查、目标顾客群体访谈等,软性测量工具则主要依赖服务质量(service quality,SERVQUAL)量表、服务绩效(service performance,SERVPERF)量表等。

SERVQUAL测量方法由PZB组合于1988年提出,其核心是利用测量服务质量五要素的22个题项来量化服务质量。后来,基于改进SERVQUAL方法的目的,美国学者又提出了SERVPERF方法。下面将详细介绍这两种方法。

8.3.2 SERVQUAL与SERVPERF测量方法

1. SERVQUAL方法

SERVQUAL量表建立在服务质量五个要素的基础上,通过对顾客服务预期(应当怎样)与顾客服务体验(实际怎样)之间的比较分析(期望差距分析)来衡量。SERVQUAL由两部分组成:一部分是顾客对特定服务行业中优秀公司的期望,包含22个项目;另一部分是用来量度消费者对被评价公司的感知,也包含22个项目。表8-1所示为SERVQUAL量表中顾客对特定服务行业中优秀公司的期望部分。由于在评价服务质量时,不同的服务要素和指标重要性不同,故根据是否对各指标设定权重,将服务质量计算公式分为不计权重和计权重两种。不计权重的计算公式将每项服务的实际得分减去期望得分,即可得到每项的差值,再对22个差距进行求和,得到五个要素的整体差值。具体的计算公式为

$$SQ = \sum_{i=1}^{22}(P_i - E_i) \tag{8-1}$$

式中：SQ——SEEVQUAL 模式中的总的感知服务质量;

P_i——对第 i 个问题顾客实际感受的得分;

E_i——对第 i 个问题顾客期望感受的得分。

计权重的感知服务质量计算公式如下：

$$SQ = \sum_{j=1}^{R} W_j \sum_{i=1}^{r} w_{ji}(P_i - E_i) \tag{8-2}$$

式中：SQ——总体的感知服务质量;

W_j 和 w_{ji}——维度和评价指标权重,其中 w_{ji} 表示第 i 个服务评价指标在第 j 个维度中的权重;

R——量表总的维度数;

r——该维度内含有的服务评价指标数;

P_i——对第 i 个问题顾客实际感受的得分;

E_i——对第 i 个问题顾客期望感受的得分。

SERVQUAL 的评价方法有三种结果：

当 SQ=0 时,表明顾客的感知(P_i)和期望(E_i)是一致的,服务质量令顾客满意。

当 SQ<0 时,表明顾客的感知(P_i)小于期望(E_i),服务质量不能令顾客满意,绝对值|SQ|越大说明对服务质量改进的要求越迫切。

当 SQ>0 时,如果顾客的感知比期望高出很多,表明产生了过高的服务质量,这可能会导致过高的服务成本,直接影响企业的利润水平;如果顾客的感知只比期望略高,表明既满足了顾客的期望又不会影响盈利水平,这才是企业应该追寻的目标。

表 8-1 SERVQUAL 量表部分题项

服务质量的维度	题 项
有形性	1. 优秀的公司会有现代化设备
	2. 优秀的公司的有形设备很有吸引力
	3. 优秀的公司员工外表很整洁
	4. 优秀的公司提供的服务相关资料(如公司手册)看上去很吸引人
可靠性	5. 优秀的公司向顾客承诺的事情能及时完成
	6. 当顾客遇到问题时,优秀的公司会表现出解决问题的诚意并提供帮助
	7. 优秀的公司在第一时间提供正确的服务
	8. 优秀的公司在做出承诺后如约提供服务
	9. 优秀的公司保持零差错记录
响应性	10. 在操作前,优秀的公司的员工将正式告知顾客
	11. 优秀的公司的员工及时为顾客提供服务
	12. 优秀的公司的员工总是愿意帮助顾客
	13. 优秀的公司的员工从不因忙碌而拒绝顾客的要求

续表

服务质量的维度	题项
保证性	14. 优秀的公司的员工行为给顾客以信心
	15. 优秀的公司的员工一向对顾客彬彬有礼
	16. 顾客在优秀的公司中进行交易时感到安全
	17. 优秀的公司的员工具备回答顾客问题的专业知识
移情性	18. 优秀的公司关怀每位顾客
	19. 优秀的公司在安排工作时间时,考虑方便所有顾客
	20. 优秀的公司会促使员工为不同顾客提供个性化关怀
	21. 优秀的公司的员工了解顾客的特殊需求
	22. 优秀的公司优先考虑顾客的利益

注:问卷采用7分制,7表示完全同意,1表示完全不同意,中间分数表明不同的程度。问卷中的问题随机排列。

资料来源:詹姆斯·A. 菲茨西蒙斯,莫娜·J. 菲茨西蒙斯. 服务管理运作战略与信息技术[M]. 张金成,范秀成,杨坤,译. 北京:机械工业出版社,2013.

自从SERVQUAL评价方法诞生后,争议就一直不断,有学者质疑其对不同行业的适用性并质疑其可靠性和合理性;有学者认为它容易误导受访者。然而,目前绝大多数服务质量评价研究仍采用这五个要素(即表8-1所示的五个维度)。由于SERVQUAL起源于美国且在传统服务业背景下提出,因此在其他国家或其他服务行业运用存在一定的局限性。不同服务行业的服务质量评价维度可能不是固定的5个,评测指标也可能不是22个,在具体运用SERVQUAL模型和量表时,需要根据行业的特征进行适当的修正。

下面将以一些典型的服务行业为例,简单介绍设计SERVQUAL量表时应如何结合具体行业特征进行合理改编。

对于以汽车维修行业为代表的低劳动密集度、高顾客交互及定制程度的服务作坊类行业,应考虑其在具有一般服务业的无形性、差异性、易消失性、不可储存性等特点的同时,所拥有的复杂性与专业性等特点。以汽车4S店为例,其具备以下特点:①复杂性,汽车的售后服务过程是一个涉及多环节的复杂程序,任何过程出现失误,都可能会影响最终服务质量;②专业性,汽车售后服务业专业化程度较高,各服务环节都是根据汽车生产厂家所设定的服务标准执行,具有标准化和专业化的特点;③整体性,汽车4S店的售后服务质量评价是整体性评价,除了评价其人员、设备等显性服务,还要评价服务文化等隐性服务。根据原始的SERVQUAL量表,结合4S店售后服务的实际情况和特点,得到适合4S服务质量测评的SERVQUAL量表,该量表包括6个维度和27个评测指标,其中增加了一个专业规范性维度以更适应4S店的实际情况,具体维度及指标见表8-2。

表8-2 用于汽车4S店售后服务的SERVQUAL量表

服务质量的维度	题项
有形性	1. 维修场地干净、整洁
	2. 休息室干净舒适、设备齐全
	3. 拥有现代化的维修设备
	4. 服务人员穿着整齐得体、精神饱满
可靠性	5. 零部件质量可靠
	6. 能在承诺时间内完成服务

续表

服务质量的维度	题　　项
可靠性	7. 4S店诚信可靠,履行服务承诺 8. 顾客有困难,给予关心和帮助
响应性	9. 能够提供及时服务 10. 服务顾问准确告知服务所需时间 11. 零部件供应及时,不缺货 12. 维修结束,及时通知取车 13. 取车过程顺利,无须等待 14. 能及时处理投诉,给予满意答案
保证性	15. 服务人员态度友好 16. 服务顾问具有专业知识,能够解答顾客疑惑 17. 维修人员具有较高的专业技能,能快速解决故障 18. 服务人员值得信赖
移情性	19. 服务时间、地点便利顾客 20. 为顾客提供个性化服务 21. 服务时,维修人员就汽车保养知识积极与顾客互动 22. 4S店重视关怀顾客,提供附加服务,组织车友会等
专业规范性	23. 服务前,服务顾问向顾客详细解释服务项目和费用 24. 服务过程透明、操作规范无误 25. 修车和交车时保持车辆整洁 26. 交费时,工作人员向顾客详细解释收费情况 27. 4S店拥有良好的后续跟踪和回访记录

资料来源:单洁锋. 基于SERVQUAL的汽车4S店售后服务质量评价体系实证研究[D].无锡:江南大学,2012.

再以航空业为例,由于客运航空业的特殊性,其服务质量必须具备安全性、准时性、经济性、舒适性等特点。其中,安全性是指旅客能够安全地乘坐航班到达目的地,这是航空公司服务质量的根本要求;准时性是指航空服务应在时间上满足顾客需求,如准时起飞降落、快捷办理登机手续、行李提取方便迅速等;经济性是指顾客所支付的航空服务费用是否经济合理;舒适性是顾客在航空服务过程中所感受到的舒适程度,包括机舱宽敞舒适、环境干净整洁以及餐品丰富可口等。设计量表时应考虑到以上特征。

总而言之,在设计具体行业所对应的SERVQUAL量表时应充分考虑到该行业的特点,结合专家咨询法等定性方法仔细衡量、筛选各指标,对原有的标准量表进行维度与题项的改编与增减。

2. SERVPERF方法

为了改进SERVQUAL评价方法存在的一些局限,美国学者Cronin和Taylor于1992年提出了SERVPERF评价方法,即绩效感知服务质量量度方法。SERVPERF评价方法与SERVQUAL评价方法一样,采用5个维度和22个问卷指标,但它摒弃了SERVQUAL所采用的差异比较法,只是利用一个变量(绩效感知)来量度顾客感知服务质量,直接测量顾客对服务者所提供服务表现的实际感知,而与服务期望没有关系。虽然SERVPERF的创新不大,但与SERVQUAL相比更加简单实用,曾被成功用于餐饮等服务的质量评价。

图8-5示出了SERVQUAL量表与SERVPERF量表的结构比较,与SERVQUAL相

比,SERVPERF 评价方法的优势如下:一是经学者们证明 SERVPERF 方法具有更高的可信度和效度;二是 SERVPERF 方法操作更简单方便。

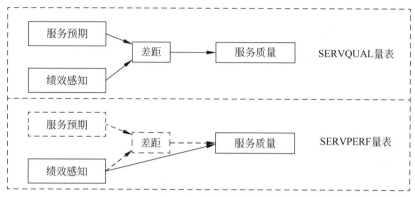

图 8-5　SERVQUAL 量表与 SERVPERF 量表比较

注:虚线表示与服务预期、差距无关。

8.4　服务质量管理策略

对于服务企业而言,要想熟练掌握服务质量管理模型和服务质量测量方法等技术,在拥有了客观的评判标准和具体的管理手段的基础上,还应该拓宽服务质量管理策略,在保证服务质量管理技术标准化的前提下,追求服务管理策略的个性化,具体的服务质量管理策略如下。

(1) 树立全员服务质量意识,明确服务人员的质量职责。服务企业自身从上到下都应该树立良好的服务意识,找准自己角色的定位,具体为:增强换位思考的服务意识,真正从客户需求的角度出发,只有把客户的需求当作自己的需求,才能为客户提供高质量的服务。增强热情服务意识,作为服务的提供者,其员工应做到"笑脸相迎",遇到问题不敷衍、不推诿,遇到难题不后退,主动为客户发现问题及解决问题。增强细节服务意识,客户是异质的,所以服务也不应该千篇一律。不同客户有着不同的细节特征,服务人员应注重于此,明白细节体现关怀、细节体现水平、细节体现质量的道理。

(2) 严格服务流程,加强服务质量管理的标准化、规范化。内部服务意识淡薄、流程混乱,不同服务人员提供的服务质量参差不齐,导致顾客评价可能与实际不符,也是直接导致客户流失的重要因素。相同的服务,大多有类似的服务内容,因此企业本身要严格服务流程,制定标准作业程序(standard operating procedure,SOP)来保证对顾客的一视同仁,并按照统一的标准提供服务。在此基础上,可以提供一些可供顾客选择的差异化服务。应制订相应的培养方向和培养计划,明确公平的上升渠道,建立绩效评优机制,以不断提升服务人员的服务能力。注重服务感知评价,挖掘服务短板,同时了解内部的资源和能力,以探寻可操作、有针对性的提升举措。

(3) 重视顾客的服务质量需求,提高服务人员的素质。服务人员直接与客户接触,服务人员素质的高低直接影响企业在顾客心中的地位。所以,企业应当格外重视提高服务人员的素质,培养不断改进的优化意识。专业性强的服务人员必须取得相应资质,专业性弱的服务人员也应有岗前培训。服务人员不仅应有过硬的服务专业素质,还应有良好的沟通素质、责任意识、创新意识、团队意识、反思意识等。优秀的服务人员应当做到:任何工作从礼貌问候开始;任何服务从微笑开始;任何语言都要使用文明用语;任何时候都不要说不知道,遇到问题多向团队请教;不断提高自己的服务能力,在做好常规服务的基础上,多加思考,看看能否再有增值服务,能否对常规服务有所改善。善于观察客户的一言一行,及时做出正确的回应。

8.5 本章小结

本章主要介绍了服务质量管理的相关内容。8.1 节介绍了服务质量的研究概况、定义、构成要素以及特性。服务质量最为人们所熟知的一种定义是格鲁诺斯提出的顾客感知服务质量,即顾客期望服务质量与体验的服务质量之间的比较。服务质量的构成则主要有以格鲁诺斯为代表的北欧学派和以 PZB 为代表的美国学派两类观点,北欧学派认为技术质量、功能质量两个部分构成服务质量,美国学派则认为服务质量的构成要素包括可靠性、响应性、保证性、移情性和有形性。服务具有有形产品所不具有的特征,因而服务质量也具有独有的特征。

8.2 节介绍了两种服务质量管理模型。在对质量的不同认识基础上,北欧学派的格鲁诺斯提出了可感知服务质量模型,把感知服务质量定义为顾客期望服务质量与体验的服务质量之间的比较;美国学派 PZB 组合则提出了服务质量差距分析模型,专门用于分析导致各类服务质量问题的根源,模型包含认知差距、标准差距、传递差距、沟通差距以及服务差距五个差距。

8.3 节介绍了服务质量测量方法中的主要工具 SERVQUAL 量表和 SERVPERF 量表。SERVQUAL 量表是最经典的服务质量测量工具,其核心是利用测量服务质量五要素的 22 个题项来量化服务质量,但在运用时必须针对具体行业进行相应改编。SERVPERF 量表是 SERVQUAL 量表的改进,它具有更高的可信度和效度,操作也更简单方便。

8.4 节介绍了服务企业如何从自身出发,做好服务质量管理的策略,主要包括树立全员服务质量意识、加强服务质量的规范化管理、提高服务人员素质等。

本章习题

1. 服务质量的内涵是什么?服务质量与产品质量有什么异同?
2. 简述技术质量、功能质量之间的关系,它们是如何影响顾客感知服务质量的?
3. 试列举一个生活中常见的服务过程来体现服务质量的五大要素。
4. 组建小组,调研某个服务企业,用服务差距模型对其服务质量进行分析并提出对策。
5. 为什么说服务的测量是困难的?
6. SERVQUAL 量表诞生的背景是什么?引起了哪些争议?有什么作用?
7. 查阅相关资料,了解知名质量管理大师的主要观点,探讨其质量思想在服务质量管理领域的应用。

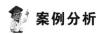 **案例分析**

海底捞的服务质量管理

四川海底捞餐饮股份有限公司创建于1994年,是一家主营川味火锅并融汇各地方特色火锅的大型跨省直营餐饮品牌火锅店。经过多年深耕市场和顾客检验,海底捞成功地打造出具有高信誉度且服务一流的优质火锅品牌,其秉承诚信经营的理念,在提供安全、美味食品基础上,还为广大消费者提供非常贴心的服务。比如,当顾客过生日的时候去海底捞,员工们总会为其送上祝福;甚至在顾客喝饮料的时候,员工能保证顾客的杯子里永远装满饮料。

作为近年来餐饮界的"网红",海底捞始终奉行"服务至上,顾客至上"的经营理念,并且以服务差异化战略为指导,以创新为核心,改变了传统餐饮界标准化、单一化的服务,提倡个性化的特色服务,将用心服务作为基本理念,严格把控各方面的服务质量,以实现顾客的高满意度,进而形成竞争优势。

1. 服务差异化

海底捞的服务不仅仅体现于某一个细微或单一的环节,而且形成了从顾客进门到就餐结束离开的一套完整的高质量服务体系。

(1) 无微不至的服务。从顾客进门开始,海底捞便开始提供无微不至的服务。每一家海底捞门店都有专门的泊车服务生主动代客泊车,为等待就餐的顾客提供免费美甲、美鞋、护手等服务,同时提供免费饮料、零食和水果。就餐时,服务员会为留有长发的顾客提供橡皮筋,戴眼镜的顾客可以得到擦镜布,放在桌上的手机会被小塑料袋套上以防油污。餐后,服务员会送上口香糖,顾客出门时沿途遇见的服务员都会向其微笑道别。海底捞的服务特别周到,甚至在洗漱台前都会有专人服务,包括开水龙头、挤洗手液、递纸巾等。这些服务都极大地提高了顾客的满意度和顾客感知服务质量,因为海底捞的服务人员往往能够提前知道并实现顾客的需求,这正是服务质量管理中高移情性的体现。

(2) 令顾客惊喜的服务态度。海底捞始终从顾客体验出发,创新性地为顾客提供愉悦的就餐服务。门店全部的个性化服务都来自服务员的创意,这些充满温度的个性化服务也真正让顾客的每一次用餐都难以忘怀。海底捞的服务员不是被动地解决顾客的问题,而是努力对顾客的需要、期望和态度进行充分了解,把对顾客的关怀纳入自己的工作中,发挥主动性提供个性化的服务。海底捞服务的目标不仅是让顾客满意,还要让顾客感知超乎预期的满意。海底捞并没有规定员工微笑时该露几颗牙齿,但强调员工脸上的微笑要发自内心。正是这种一切以顾客为中心的个性化服务给顾客留下了深刻的印象,并且使海底捞与其他火锅品牌在服务上拉开了极大的差距。

(3) 良好的食品质量与用餐环境。海底捞建立了一套严格的标准化食品卫生体系,保证其每种菜品、底料的制作符合国家标准并配有权威部门的合格检验报告书。此外,各门店还建立了菜品24小时留样制度,以备出现食品卫生安全问题时查验和追溯。同时,海底捞还推行菜品制作标准化工程,制作后堂所有菜品的《技术标准操作手册》和技术标准化操作示范光盘,并且将后堂操作透明化,将后堂食品制作情况在就餐大厅实时播放。在就餐环境方面,海底捞提供了整洁的就餐环境,海底捞的门店时刻注意保持地面和卫生间的整洁无异味,同时其环境以"西式化""时尚化"为风格,受到了广大消费者的喜爱。海底捞通过营造时尚、卫生、整洁的就餐环境,也提高了消费者的就餐满意度。

2. 人性化的员工管理制度

海底捞之所以能够让消费者和员工都满意,很大程度上源自它对员工的人性化管理,这为整个餐饮行业乃至其他服务行业都树立了提高员工忠诚度和消费者忠诚度的榜样。海底捞让每一位员工都体会到充分的公平与尊重,让每一位员工都感到自己不是一名员工,而是海底捞大家庭的成员,这使得员工能真正地融入企业中,用心做服务。服务人员作为服务的直接提供者对顾客感知的服务质量至关重要,正是培养了这样全心全意为企业和顾客服务的好员工,才使得海底捞的服务质量有了保证。

为了充分发挥员工的主观能动性,海底捞建立了海底捞大学对员工实施有特色的培训,致力于推动企业战略发展、培育具有实战能力的后备人才。针对门店不同岗位人员,海底捞开设有专项培训班,涉及有针对性的课程,并将线下培训延伸到线上,实现员工随时随地灵活学习,大幅提高了员工的素养和服务能力。

晋升体系非常成熟,在海底捞的员工只要够努力、有才能,就有机会成为经理、店长乃至高管。海底捞会给员工明确的晋升方向——管理线、技术线、后勤线三条晋升路径让不同岗位的员工都有机会晋升。进入海底捞的普通员工分为多个等级,薪水随级别浮动。这种晋升制度让大部分员工感受到公平和满意,同时也提高了员工服务的积极性。

团队管理以人为本。由于海底捞的管理人员几乎都是从最基层一步步升上来的,这种晋升制度有利于管理阶层换位思考,也更有利于企业内部关系融洽,使得各部门能有机结合,有助于工作协调。

管理制度十分灵活,海底捞给予员工充分授权。从门店经理到服务人员都有其岗位范围内决定权,例如服务员有权决定给客人加一道菜或免去一道菜的费用,只要事后口头说明即可。授权的基础源于两个方面,一是基于招聘的严格把关和对员工的信任;二是用严密的监督奖惩机制防止员工以权谋私。灵活的授权赋予了员工及时解决现场服务问题的权力,减少了沟通环节,提高了服务补救的效率,自然提高了服务质量。

绩效考核简单明了。海底捞舍弃了传统的KPI指标(比如,杯子里的水不能低于多少、客人戴眼镜一定要给眼镜布,否则扣分等),考核店长或区域经理的标准只有两个:顾客满意度和员工工作积极性。海底捞在考核上舍弃利润这一最常见的关键指标,因为在海底捞管理层看来利润是客户满意和员工满意的结果,两者都满意了利润自然会来,利润考核会分散管理层的注意力,影响公司向健康良好的方向发展。

3. 充分了解顾客需求

提高服务质量很重要的一点就是要通过各种方法了解顾客的真实需求,让自身的服务无限接近甚至超过真实需求。海底捞为了增强顾客与企业之间的信息交流,有效了解顾客需求,为顾客提供良好的服务,采取了以下措施:

(1) 开发移动信息平台。海底捞开发的App"Hi,海底捞"不仅提供了排号、订餐、外卖等基础功能,同时具备游戏、社交、娱乐等功能,极大地满足了顾客就餐过程中的娱乐需求。同时,App还能记录会员不同的口味和喜好,持续地积累相关数据并进行分析,从中了解客户的餐饮习惯,从而有利于公司捕捉顾客的消费心理、进行精准营销,最终实现个性化服务。

（2）建立投诉系统。投诉作为顾客向服务企业进行质量反馈最直接的方式，关系到企业的服务补救和后续的服务质量改善，为此海底捞设立了多渠道的投诉系统。为了方便接收顾客的投诉信息，海底捞开通了三个投诉渠道：一是在官网上挂出投诉信箱；二是开放24小时在线的客服电话；三是在海底捞App和公众号设立24小时在线客服。多渠道的投诉系统不仅方便了顾客随时随地进行服务反馈，并且使得海底捞能够在保持时效性的前提下切实解决顾客的烦恼，提高自身的服务水平和服务质量。

案例思考：
1. 试分析服务质量管理五大要素在海底捞的服务质量管理中的体现。
2. 运用服务质量差距模型谈一谈海底捞是如何缩小服务传递过程中的几大差距的。

参考文献

[1] 沈培培.服务质量概述[J].现代经济信息,2012(15)：53.

[2] 中国标准化研究院,等.质量管理体系：基础和术语：GB/T 19000—2016/ISO 9000—2015[S].北京：中国标准出版社,2018.

[3] 马媛媛,肖念.西方服务质量研究综述[J].商业时代,2007(15)：26-27.

[4] 高锋,肖诗顺.服务质量评价理论研究综述[J].商业时代,2009(6)：16-17.

[5] 徐金灿,马谋超,陈毅文.服务质量的研究综述[J].心理科学进展,2002(2)：233-239.

[6] 洪志生,苏强,霍佳震.服务质量管理研究的回顾与现状探析[J].管理评论,2012,24(7)：12.

[7] 朱沆,汪纯孝,岑成德,等.服务质量属性的实证研究[J].商业研究,1999(6)：82-85.

[8] 关晓光,姚辉.质量利润法（ROQ）在改进服务质量中的应用研究[J].管理工程学报,2003(1)：13-16.

[9] 李应军,唐慧,杨洁.旅游服务质量与管理[M].武汉：华中科技大学出版社,2019.

[10] 李彬,孙怡.酒店服务质量管理[M].北京：旅游教育出版社,2017.

[11] 计国君.服务科学与服务管理[M].厦门：厦门大学出版社,2015.

[12] 李雷.服务管理[M].杭州：浙江大学出版社,2020.

[13] 詹姆斯·A.菲茨西蒙斯,莫娜·J.菲茨西蒙斯.服务管理：运作、战略与信息技术[M].北京：机械工业出版社,2013.

[14] 丁宁.服务管理[M].北京：清华大学出版社,北京交通大学出版社,2018.

[15] 张淑君.服务管理[M].北京：中国市场出版社,2016.

[16] 李实,王艳菲.服务质量的特性及其内涵[J].经济管理,1994(8)：3.

[17] PARASURAMAN A,ZEITHAML V A,BERRY L L. A Conceptual Model of Service Quality and Its Implications for Future Research[J]. Journal of Marketing,1985,49(4)：41-50.

[18] Gronroos C. A Service Quality Model and its Marketing Implications [J]. European Journal of Marketing,1993,18(4)：36-44.

[19] CRONIN J J,TAYLOR S A. Measuring Service Quality-A Reexamination And Extension [J]. Journal of Marketing,1992,56(3)：55-68.

[20] ELSA L,REID R A. Walk-through audit provides focus for service improvements for Hong Kong law firm[J]. Journal of Service Theory and Practice,2000,10(1)：32-46.

[21] 赵汝芹.服务质量测量方法及其应用研究[D].大连：大连海事大学,2007.

第9章 典型服务行业的服务管理

学习目标

❋ **掌握** 典型服务行业的管理问题。
❋ **熟悉** 典型服务行业的特征。
❋ **了解** 典型服务行业的发展历程。

本章概要

服务业涵盖的领域十分广泛,与国民生活息息相关。本章选取四个具有代表性的现代服务业——航空业、酒店业、医疗健康业及物流业,对其发展历程作简要介绍,探讨不同服务行业的共性与特性,分析不同服务行业面临的管理问题。

9.1 航空业的服务管理

视频 9-1

20世纪20年代以前,航空业只是一个单一的行业,而后随着制造技术的不断进步以及各个领域航空活动的不断开展,航空业逐渐演变成三个联系紧密却又相对独立的行业,即航空制造业、军事航空业以及民用航空业。民用航空(以下简称民航)是航空业服务管理发展轨迹的忠实记录者,见证了服务管理的发展,因此,本节主要以民用航空业为主分析航空业的服务管理问题。

9.1.1 我国航空业的发展

飞行自古以来就是人类最美好的夙愿之一,从"嫦娥奔月""飞毯"到达·芬奇设计的扑翼机都反映了人类对跨越山河、升空飞行的渴望。但受制于科学技术的落后,人们对飞行的探索长时间都处于无尽的幻想和盲目的冒险阶段。直至20世纪初期,空气动力学等相关理论开始建立,航空技术初步达到使用化,飞机的研发和试验逐渐变成有科学技术指导和严密组织的工业门类。自此,航空业的发展走上了真正的科学道路。

我国的民航事业是从无到有、从小到大逐渐发展起来的,大致经历了4个时期,即初创时期、调整时期、改革发展时期与新发展时期。

1. 初创时期

初创时期(1949—1957年)：1949年11月9日，中国航空公司与中央航空公司的员工发动起义，从香港驾驶12架飞机回归，加上国民党遗留在大陆的17架飞机，共同构成新中国民航事业初期的飞行工具主体。"一五"期间，我国陆续更新了机型，重点建设了首都机场、天津张贵庄机场等基础设施。

2. 调整时期

调整时期(1957—1978年)：这一时期的前几年，受"大跃进"的影响，民航事业遭遇了较大的冲击和挫折。但从1961年开始，民航系统贯彻落实了中央的新方针，使民航事业重新走上正轨。1965年，国内航线增加到40条以上，航线重点布局也从东南沿海及腹地转向西南、西北地区。1971年后，中国民航陆续从苏联、美国购入新客机，将工作重点放在开辟远程国际航线上。至1975年，中国民航企业开始扭亏为盈，摆脱了长期亏损、依靠国家补贴的被动局面。

3. 改革发展时期

改革发展时期(1978—1988年)：十一届三中全会后，中国民航事业进入改革和发展的新时期。1980年，中国民航确立了以企业来经营管理的方针，在管理体制方面进行了改革。首先，航总局不再由空军代管，成为国务院的直属局，不再直接经营航空业务，主要进行行政管理；其次，在原有管理局的基础上，组建了6家国家骨干航空公司，支持各地、各部门创办新的航空公司，改变独家经营局面。在这一时期，民航事业的机群更新、机场建设、适航管理、航线布局等方面取得了很大的成绩，开创了民航发展的新局面。

4. 新发展时期

新发展时期(1988年至今)：随着民航体制改革的进行，中国社会经济的高速发展，中国逐渐成为世界民航大国。党的十六大以后，中国进入全面建设快速增长时期，加入WTO，全方位扩大对外开放，使民航进入了高速发展时期。

"十五"期间，民航业面对着更加复杂多变的国际国内市场环境。"非典"疫情、"9.11"恐怖事件和航油价格大幅上涨给民航业的发展带来了极大的挑战。但我国航空业迎难而上，克服了一系列困难，提高了大型航空公司和机场的国际地位，基本确定了航空大国的地位。

"十一五"期间，民航业服务能力快速提高，具备了先进的安全理念和水平、较为雄厚的物质技术基础和基本完善的管理体制机制，行业发展站在了新的起点，国际影响力逐步增强，为长远可持续发展奠定了重要基础。

"十二五"期间，民航业发展规模增长较快，保障能力逐步提升。这期间，我国通用航空作业总量、在册航空器、通航企业年均增长率分别为14.8%、17.2%、17.9%，2015年分别达到77.9万h、2235架和281家。同时，国务院、民航局和中共中央军委总参谋部等单位相继出台了一系列规划和规定，不断优化民航业的发展环境。如《关于促进民航业发展的若干意见》的推出，旨在进一步促进通用航空规模化发展，培育新的经济增长点；民航局与中共中央军委总参谋部修订了《低空空域分类标准》，进一步理顺了军民航职责，有序推进了低空空域改革的进程。航空运输在综合交通体系中的战略地位不断提升，较好地服务了经济和社会的发展，为建设民航强国奠定了坚实的基础。

"十三五"期间，国内外形势呈现新趋势、新特点，给民航业的发展环境和任务要求带来了新的改变,建设民航强国进入关键时期。一方面,全球经济贸易增长乏力,保护主义抬头,民航运输面临更加激烈的、全球范围的竞争和博弈;另一方面,我国居民收入和生活水平不断提高,个性化、消费化逐渐成为主流,对航空运输服务产品创新和结构优化提出了更高的要求。

时至今日,航空业凭借速度快、不受地形限制、舒适安全的优势,在长途客运、精密仪器以及鲜活易腐货物的运输中占据着一定的市场份额。我国 2020 年全社会营业性客运量运输方式构成见图 9-1。但航空运输也存在成本高、受天气影响大,对货物的体积和重量有要求等的劣势,与铁路、公路等运输方式相比,无论是客运还是货运仍存在较大的差距。我国 2020 年全社会营业性货运量运输方式构成见图 9-2。

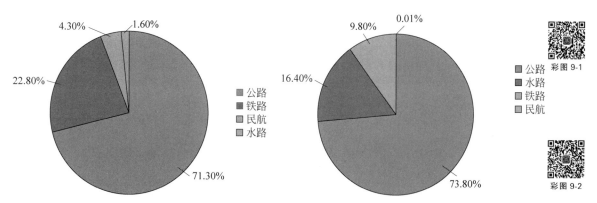

图 9-1　2020 年全社会营业性客运量运输方式构成
数据来源:交通运输部官网。

图 9-2　2020 年全社会营业性货运量运输方式构成
数据来源:交通运输部官网。

此外,2020 年,新型冠状病毒感染疫情给民航业造成了巨大的冲击,2020 年民航业完成运输总周转量 798.50 亿 t·km,比 2019 年下降 38.3%;国内航线完成运输总周转量 587.67 亿 t·km,比 2019 年下降 29.2%。我国 2016—2020 年民航运输总周转量见图 9-3。

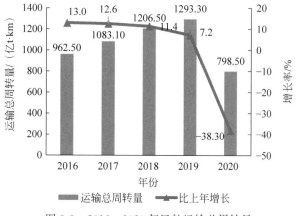

图 9-3　2016—2020 年民航运输总周转量
数据来源:中国民航局。

这其中,民航业的旅客周转量、旅客运输量受影响最大。2020 年民航业完成旅客周转量 6311.28 亿人·千米,比 2019 年下降 46.1%;国内航线完成旅客周转量 5868.87 亿人·

千米,比2019年下降31.1%。我国2016—2020年民航旅客周转量见图9-4。

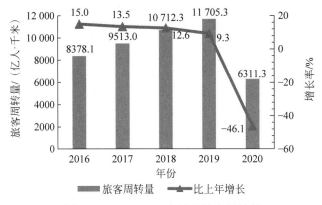

图9-4　2016—2020年民航旅客周转量
数据来源：中国民航局。

2020年,民航业完成旅客运输量41 777.82万人·次,比2019年下降36.7%；国内航线完成旅客运输量40 821.30万人·次,比2019年下降30.3%。我国2016—2020年民航旅客运输量见图9-5。

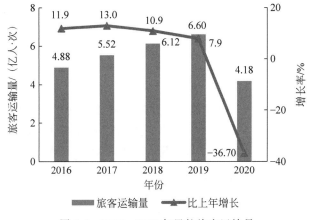

图9-5　2016—2020年民航旅客运输量
数据来源：中国民航局。

新型冠状病毒感染疫情发生以来,中国民航业明确了"保安全运输、保应急运输、保风险可控、保精细施策"的防控工作要求,通过准确把握疫情形势变化、科学决策、安全发展,成为全球恢复最快、运行最好的航空市场。

9.1.2　航空业服务的特征

民用航空作为航空业的一部分,指的是利用各类航空器从事除军事性质外的所有航空活动,包括两个组成部分,即商业航空与通用航空。其中,商业航空主要进行经营性客货运输的航空活动,也被称为航空运输,与铁路运输、公路运输等共同构成了立体交通运输体系,是交通运输的重要组成部分。此外,航空业也是公共服务业,为社会生产服务,为消费者服务,属于第三产业,具备明显的服务业特征。因此,本节将航空业视为交通运输的一种形式,同时也将航空产品视为服务产品的一种形式,从两个方面阐述其特征。

1. 作为运输方式的特征

截至 2020 年,我国共有定期航班航线 5581 条,国内航线 4686 条,见表 9-1。我国的航空运输从无到有,现在已经发展成为交通运输系统的重要组成部分,对贸易、旅游、国际交流以及国民经济的发展做出了巨大贡献。

表 9-1　2020 年我国定期航班航线条数及里程

指　　标	数　　量
航线条数	5581 条
国内航线	4686 条
国际航线	895 条
按重复距离计算的航线里程	1357.72 万 km
国内航线	925.92 万 km
国际航线	431.8 万 km

数据来源:中国民航局。

航空运输具有速度快、不受地形限制、舒适安全的优势,在长途客运、精密仪器以及鲜活易腐货物的运输中有明显的优势。同时,航空运输具有成本高、受天气影响大,对货物的体积和重量有一定要求等劣势。要做好航空业的服务管理,就需要对航空运输的特征有清楚的认识,其主要特征可以概括如下:

1)速度快,成本高

速度快是航空运输的最显著特征,运输距离越长,航空运输所能节约的时间就越多,航空运输在 1000km 以上的距离有明显的优势。目前,在跨洋或远距离的国际客运中,航空运输几乎是现代化交通运输的唯一选择,利用航空运输节省的时间所创造的机会和经济价值难以估量。

航空运输属于资金和技术密集型行业,投入大,营运成本高。一方面,相较于其他运输方式,航空运输需要依赖政府的航管体系和机场体系运作,政府要在宏观上进行政策管理和大规模的基础建设投资,从相关设施设备到飞机投入的资金都很高,例如购买一架波音 747 飞机需要 1.5 亿美元,大致相当于建造一个年产 3 万辆汽车的工厂;另一方面,航空运输企业的经营成本也很高,例如飞机飞行需要消耗大量的燃油,对劳动力的素质要求高,人力成本明显高于其他行业。

2)舒适安全,灵活性高

喷气式飞机在一万米以上的高空飞行,不受低空气流的影响,飞行平稳。同时,飞机机舱内设置有餐饮娱乐设施,具备高素养的空乘服务人员,能为顾客提供高质量、个性化、舒适程度高的服务。随着航空技术的发展,航空运输的安全性大大提高,一架飞机从设计、生产再到投入运营,需要遵守严格的程序、经历苛刻的检验来确保达到安全指标,以满足适航法规要求。因此,航空运输是目前最安全的交通运输方式之一。

航空运输由飞机在空中完成运输任务,不受地面条件的限制,灵活性高。只要两地间有机场和必备的通信导航设备就能开辟航线,飞机可以按班期飞行,也可以根据客货流量大小和流向需要调整航线和机型。此外,航空运输还可以完成抢险救灾、医疗救援、后勤支援等紧急任务,具备准军事性。

3) 国际化程度高

一方面,航空运输能够将顾客、货物随时从世界上任何一个地方方便快捷地运送到另一个地方,促进国际客货运发展。航空运输从诞生开始就具有国际化的特点,随着我国对外贸易的迅速增长,旅游业的蓬勃发展和国际交流的不断增加,将进一步加强其国际化程度。

另一方面,国际航空运输企业间有着较为紧密的依存关系,国内外企业间通过开展联运、相互代理、代码共享等方式开拓市场并减少经营成本,组成航空联盟。如北欧航空、泰国国际航空、加拿大航空、德国汉莎航空、美国联合航空五家来自不同国家和地区的航空公司成立了世界上第一家全球性航空公司联盟——星空联盟(Star Alliance)。从1997年成立至今,已拥有28家正式成员,覆盖192个国家和地区以及1330个机场。值得一提的是,中国国际航空公司在2017年加入了星空联盟,成为它的第17位成员。

2. 作为服务产品的特征

航空业作为服务产品的一种形式,与有形产品的生产制造过程有着本质的区别,具备明显的特征,具体见表9-2。

表 9-2 产品制造与航空服务的区别

特 征	有形产品制造	航 空 服 务
产品	有形的、耐久的	无形的、不耐久
产出储存	可以储存	不可储存
顾客接触	顾客不参与生产过程	顾客自始至终参与
质量可控性	质量易于量度	质量难以量度
所有权转移	涉及所有权的转移	不涉及所有权转移
核心价值	核心价值在工厂中产生	核心价值在服务的交互过程中实现

1) 航空服务的无形性

航空服务同其他服务类似,其产出是一种无法被预先看见、嗅到、感觉、触摸的特殊消费品。当顾客购买航空服务时,获得的产品是在空间上的位移,服务过程中不产生新的实物形态的物质,这是航空业服务的基本特征。因此,航空服务不改变劳动对象的属性和形态,确保顾客的人身安全是航空服务的基本要求,也是其首要责任。

此外,航空服务不涉及所有权的转移,顾客不会获得任何有价值事物的所有权。当乘坐飞机从一个地方到另一个地方,到达目的地后,顾客所拥有的只是手中的机票和登机卡,随着航程的结束,权利也随之消失,顾客无法再要求乘坐一次飞机。

2) 航空服务的生产与消费同时进行

在其他物资生产部门中,生产与消费在位置和时间上都是可分离的。例如电视机可以在某地的工厂生产,随后运输到世界各地的批发商和零售商处,在许多不同的地方被消费。而航空服务的生产与消费过程中不存在时间与空间上的分离,服务人员为顾客提供服务时,顾客也正在消费服务,服务的生产过程和消费过程是同时同地进行的。这就意味着,当飞机起飞时,航空服务的运输生产过程就开始了,顾客也同时开始消费他们购买的产品,即实现自身的位移。因此,航空服务的生产与消费是不可分离地结合在一起的。

由于航空服务的无形性以及生产与消费的同时进行,使得航空服务产品无法像有形产品那样被储存起来以备将来出售或消费。因此,航空服务的产品无法进行调拨、储存和累积,如果飞机起飞时还有空座位,那么该座位的销售额就不再具备任何意义,这也意味着,航空业的服务管理必须要解决由于服务产品不可储存所造成的产品供求不平衡问题。

3）航空服务的异质性

首先,在航空服务中,服务的构成成分及其质量水平经常变化,难以统一界定,造成了航空服务的异质性,航空服务的异质性受服务提供者、顾客以及环境因素的共同影响。在航空服务中,空乘、地勤等服务提供者扮演着主动的角色,不可能夜以继日地重复相同的动作,他们可能会受到自身情绪的影响,动作有意无意地变形。比如,两班航空机组人员做相同的动作,执行同样的任务,但情绪不同,其服务可能会有天壤之别。其次,不同于工厂中产品与使用者、消费者的完全隔离,在航空服务中,顾客自始至终是参与其中的,顾客的情绪或个人状态会影响他们对服务的感受,即使保持同一种服务规范,不同顾客的不同个性也会导致不同的服务结果。此外,环境等外部因素会影响顾客对航空服务的感受,如在航行中遭遇的气流、颠簸等,这些因素往往是服务提供商难以控制的。

4）航空服务的供需特征

航空服务的供给波动较小。一方面,航空业是典型的资本密集型行业,前期所需基础设施投资额巨大,航空服务供给能力高度依赖于政府的航管体系和机场体系运作。政府对航线分配、票价指定、安全管理等方面有着直接的细节管理,所受限制多,其供给能力一旦确定后,在短期内难以调整。另一方面,航空业提供的产品是无形的、不可存储的,一般产品可以通过仓储实现生产与销售的调节,但航空服务无法通过仓储来调节其供给能力。

航空服务的需求具有多变性、不确定性。多变性指的是顾客对航空服务的需求受时间和季节的影响而有较大差异。比如,商务旅客对当日最早和最晚的航班需求较高,以衔接商务工作的时间;而休闲游客在时间需求上差异不明显,主要受季节、旅游淡旺季的影响。不确定性指的是旅客可能因为临时情况取消航班,或者没有事先订座直接赶到机场要求乘机等,造成对航空运输服务需求的高度不确定。

通常,为减少需求不确定性所带来的损失,航空公司会采取超售的方式,即使得旅客的预订座位数超过飞机所能提供的实际座位数。航空公司旅客超售是减少座位虚耗、提高客座利用率的重要手段,如何制定超售策略,涉及航空公司的收益管理问题,是重要的航空业服务管理问题。

9.1.3 航空业的服务管理问题

航空业的服务管理是以服务为导向的管理行为,是指导航空业在服务竞争中的决策和管理行为的管理原则。航空服务的特征和行业属性决定了其属于高资本投入、低定制的服务工厂,需要高度关注资本决策,管理好需求与供给的关系,避免高峰和低谷,同时做好顾客、地面服务管理,及时进行服务补救。本小节将围绕以上问题展开分析。

1. 航空服务中的供需管理问题

航空服务的需求具有多变性、不确定性,而航空服务的供给难以及时地做出反应。因此,航空企业如何在需求上升时有足够的供应能力来满足顾客,当需求下降时,又不积压过多的供应能力以避免浪费。换句话说,航空服务需要找到需求与供给能力之间的平衡。

当出现需求不足时,航空公司需要努力推出更出色的服务产品,在需求不足时吸引顾客。首先,航空服务定价的核心在于针对不同的乘客提供不同的价格。比如,对时间敏感、价格不敏感的商务旅客收高价;对价格敏感、时间不敏感的休闲旅客收低价,使用差别定价以刺激更多的需求。其次,许多航空公司都推出了常旅客计划,即让旅客在航空公司积累里程,当里程达到一定程度后获得相应的优惠,如国航的"凤凰知音"、川航的"金熊猫计划"。常旅客计划是一种增加需求的非价格手段,通过对经常乘坐航班的旅客给予奖励,以保持固定的顾客群体,创造品牌忠诚度,提高竞争力。再次,航空公司可以考虑进行促销、提供优惠、广告宣传等方式来吸引顾客。最后,航空公司也可以调整供给方式,在淡季将飞机出租以分散运力。

当出现需求过多,供给能力不足的情况时,航空公司可以考虑扩大产能和转移需求。一方面,航空公司可以在需求高峰时扩展现有能力,如租用飞机、共享登机口、改变航班座位等,波音777机型在几个小时内就能被划分为多个不同等级的座位,以满足不同细分市场的需求。同时,航空公司也可以交叉培训员工,使他们既能售票也能从事值机工作,需要时还可以帮助搬运行李,让员工能适应不同的工作任务,从而提高整个系统的效率。另一方面,航空公司还可以在运营层面控制需求,转移需求,比如引导顾客避开需求高峰,利用价格优惠、送礼品等活动激励休闲旅客避开高峰,在淡季出行。此外,常旅客计划也可以用来拉平需求波动,将可兑换免费机票所需里程的要求随淡旺季变化,将免费机票的使用者适当拓宽至会员亲属等,在一定程度上平衡淡旺季需求差异。

20世纪80年代,美洲航空公司(American Airlines)首先使用收益管理方法分离顾客,以提高座位利用率。当时,美国出台了《航空业放松管制法》,航空公司在新航线的开发、制定机票价格等方面有着非常大的自主权。这吸引了大量新航空公司进入市场,各种价格大战层出不穷,航空公司在价格战中损失惨重。而美洲航空公司通过调研发现,旅客可以被细分,有些顾客有能力也有意愿购买高价票,一味地追求低票价是毫无理性的。另一方面,不少航班在起飞之后仍有大量的空座,航班客座率较低,造成了资源的浪费,也降低了航空公司的收益。如果能够给空座设定较低的价格刺激出额外的需求,则既不影响高价旅客,还能大大增加航空公司的收益。因此,美洲航空公司结合顾客需求的特点,设计出了更低价格的远期产品,在给予乘客更低价格的同时,也对购买时间、退票、改签等做出了更多的限制。收益管理的应用,让美洲航空公司在价格战中顺利胜出,成功转型为全服务型航空公司,强调更优质的服务。在这之后,收益管理在各个航空公司的接受度和认可度大大提高,所起的作用也越来越重要,其在航空业得到了广泛的应用,随后又被逐渐应用到酒店、租车、旅游等诸多领域。

收益管理体现了需求与供给管理的结合,用以平衡价格、座位利用率、细分市场以及利润间的关系。总体来说,收益管理是一种谋求最大化收入的经营管理技术,其主要目的是在特定的时间,以合适的价格将产品卖给合适的顾客以获得最大的资金回报。航空服务的无形性以及生产与消费的同时进行,使得航空服务产品无法像有形产品那样被储存起来以备将来出售或消费,这意味着一旦某个航班起飞后,没有卖出去的座位的潜在收入就永远消失了。因此,对于航空公司来说,提供机票折扣以尽可能地使飞机坐满就变得至关重要,然而,如果把所有的座位都折扣出售,就不可能按全价卖出某些座位,谋求最大化利益。一趟航班的座位是固定的,这就需要通过收益管理以最大化盈利的方式分配航班的固定座位,匹配不同细分市场的潜在顾客,如商务旅客、休闲旅客。航空服务收益管理的内容主要包括对多种票价的管理和对座位存货的管理。

1) 多种票价的管理

市场需求是多层次的,不同消费者对票价有着不同的需求,这是实施多种票价管理的依据。比如不同收入层次的顾客有着不同的需求,不同出行目的的顾客也有着不同的需求,商务出行的顾客对时间敏感,而旅游、探亲访友的顾客对价格比较敏感。市场需求的差异性,使得航空公司有机会提供不同的产品和价格供顾客选择。

实施多种票价管理的关键在于对不同产品设置一定的条件,即在对市场需求准确预测的基础上,根据不同层次的需求而设置不同的产品与价格,并在购买不同票价产品时设置相应的条件限制。在航空服务中,实施多种票价的策略具体可以是:对不同航线的差别定价;对同一航线不同航班时刻的差别定价;对同航班同一时刻,不同舱位,单程、来回程的差别定价。此外,航空公司也可以按照不同旅客类型实施不同的差价管理,如师生、儿童、团体等优惠票价,表9-3所示为东方航空公司的多票价管理。

表9-3 东方航空公司的多票价产品(上海—洛杉矶)

舱位	舱位说明	往返票价①/元	限制条件			
			有效期	回程	改签费/元	退票费/元
F	头等舱全价	96 800	12个月	允许	—	100
P	头等舱折扣	70 800	12个月	允许	—	100
J	公务舱全价	67 650	12个月	允许	—	100
C	公务舱折扣	52 800	12个月	允许	—	100
D	公务舱折扣	44 660	12个月	允许	—	100
I	公务舱预售	30 000 起	6个月	不允许	不允许	2000
Y	经济舱全价	38 000	12个月	允许	—	100
B	经济舱折扣	28 700	12个月	允许	—	500
M	经济舱折扣	21 200	12个月	允许	—	500
E	经济舱折扣	18 600	12个月	允许	—	500
H	经济舱折扣	13 900	12个月	允许	—	500
K	经济舱折扣	11 000	3天~6个月	不允许	800	800
L	经济舱折扣	9900	5天~6个月	不允许	800	800
N	经济舱折扣	8300	5天~6个月	不允许	800	800
Z	经济舱折扣	7600 起	5天~6个月	不允许	800	800
R/S/V/T/G	经济舱折扣	促销使用	5天~6个月	不允许	800	800

注:①中实际价格可能会有所变化。

值得指出的是,多票价管理中的限制条件不是为了限制,而是为了促销。多种票价的出现,可以激励顾客早点儿购买廉价的机票,促进产品的销售,确保一定的客座率。但低廉的机票价对所有的顾客都有着较强的吸引力,为了避免高端旅客向低价机票涌入,航空公司必须设置某些限制条件,以确保收益。无论是设置多种票价还是限制条件,其共同目的都是最大化收益。

2）舱位控制管理

舱位控制管理，即确定每个航班中不同票价水平下可利用的座位数量以实现收益最大化，具体可分为超额预订、折扣舱位的管理。

超额预订指的是航空公司接受比实际航班座位数更多的订座，以期望座位虚耗和成本降低到最低水平。这是因为在现实中，个别旅客会因为退票、误机等各种情况，在预订座位以后不能按时登机，造成航班座位的闲置，资源的浪费。座位超额预订是把"双刃剑"，一方面，通常航班客座率达到100%的概率很小，如果飞机起飞前，确实有旅客没有出现，那么超额预订的意义就显现出来了，将给航空公司带来巨大的收益；另一方面，超额预订存在一定的风险，如果到达的旅客人数超过航班的实际座位数，订了票的旅客却登不了机，会对航空公司的声誉造成影响，且航空公司需要对无法登机的旅客进行补偿，从而会增加成本。

超额预订的具体数量需要根据各种数据进行综合分析，其关键在于超售的人数与实际座位的最佳结合点，取决于空座位的损失与不能登机旅客的比值。目前，各个航空公司的超售比例控制在2%~3%，且对实施超额预订的航班进行了限制，如独飞航班、当日最晚班通常不会超额预订。一般来说，由于超额预订造成旅客无法登机的情况较少，但一旦发生旅客无法登记的情况就需要采取补救措施，安抚旅客，将其安排到后续最早航班或免费办理退票，并给予一定的补偿。

折扣舱位的管理，即航空公司根据实际的销售情况，设立不同价格等级的舱位以达到最佳的收益。首先，根据以往航班旅客乘机数量的历史数据预测该航班的淡旺季，设立若干个舱位。比如，当航线管理人员发现近期最后两天的订座数量飙升时，就可以关闭所有的低价舱位，只开放高价舱位，以获得更多的收益。其次，无论对舱位的预测多么准确，更重要的是对航班的管理，包括申请状态的航段管理，重复航段的检查，离港前几天对座位申请的管理，不合理的航段匹配检查等。

收益管理的实施给航空业带来了巨大的效益，但同时也可能导致企业过度关心利益最大化，忽略了将服务作为长期竞争的核心优势。近年来，机票超售一度在社会上引起强烈的反应，而航空公司并没有采取及时迅速的善后处理，使事件进一步恶化。因此，当航空公司在采用收益管理平衡需求和供给的时候，不应当只考虑企业的运力安排，更重要的是从顾客利益的角度出发来考虑。

2. 航空服务中的顾客关系管理问题

顾客与服务提供者的接触是服务型企业的本质特征，这种接触的时间和程度在不同的产业间有着较大的差异，但不论哪种类型的接触，都是顾客与企业间的一系列互动关系。在航空服务中，既有航空公司员工与顾客的直接接触，也有服务设施与顾客的间接接触，而这一系列接触将使得航空公司与顾客建立某种关系，如果顾客对这种关系是满意的，那么他将会产生与企业建立长期关系的愿望。因此，在航空服务中，强调顾客关系管理是十分关键的，而其中最重要的就是针对常旅客的服务管理。

20世纪80年代，航空市场竞争激烈，票价大战如火如荼，低票价十分风靡。美洲航空公司这类大型航空公司的反应不如小航空公司灵活，因此客源纷纷流失到实行低票价的航空公司。但美洲航空公司在调研中发现，数量不多的公务旅客占据了整个旅客运输收入的大部分比例，他们以此为契机，推出了旅客销售计划，即经常乘坐本航空公司飞机的旅客可以积累飞行里程，当里程积累到一定数量时将得到相应的奖励，如升舱、免票、免费住宿等。

常旅客计划的推行给美洲航空公司带来了不菲的收益,提升了市场竞争力,全球的航空公司纷纷效仿。时至今日,常旅客计划已从简单的里程兑换发展到覆盖航空服务的方方面面,强调服务的优质化、个性化,四川航空公司的常旅客计划见表9-4。

表9-4　四川航空公司的常旅客计划(金熊猫会员)

服务类别		终身白金卡	白金卡	金卡	银卡
免费升舱机会		√①	√	√	无
优先值机(本人)		√	√	√	△②
公务舱休息室候机	本人	√	√	√	无
	携带同行人员	1名			无
	携带儿童(成渝昆京)	1名			
额外免费行李额(计重制)/kg		25		15	5
待支付机票保留服务		航班起飞前48h			无
付费客票免费改期		√	√	√	√
不正常航班优先保障		公务舱旅客待遇		原购票舱位等级优先安排待遇	无
里程有效期		长期		会员级别有效期内	3年

注:①列表中√表示提供该服务;②△表示条件允许的情况下可提供该服务。

常旅客的管理对航空业的服务管理具有重要意义。首先,常旅客服务管理在一定程度上避免了票价大战。在航空市场中,低票价是一些航空公司抢占市场份额、争夺旅客的常用手段,航空公司间的低票价竞争几乎是不可避免的,其结果往往是两败俱伤。常旅客服务管理则不同,其主要是用服务来开拓市场,在提供优质服务的基础上实施各种奖励,而不是以低价来吸引顾客,从而减少了市场销售的盲目性,避免了票价大战。其次,常旅客服务管理有助于识别最佳顾客,提供有针对性的服务。航空公司可以搜集常旅客的飞行距离、乘机次数、舱位等级等基本信息,也可以搜集他们的需求与偏好、工作与休息时间的大致安排,为有针对性的销售和服务提供方向。最后,常旅客服务管理转变了营销理念,降低了经营成本。旧市场营销理念虽然也强调"顾客就是上帝",但这更像是企业迫于无奈,为了抢占市场而不得不做出的某种优惠,顾客一直处于流动状态,哪里有优惠就往哪里跑。但常旅客服务管理始终以顾客的需求为原则,强调以优质的服务来满足顾客的需求,力争留住顾客。另外,开发新顾客在精力和财力上都需要更多的投入,留住一位老顾客的成本远低于开发一位新顾客的成本。常旅客的服务管理降低了航空公司的财力投入,也不需要承担更多的风险。

常旅客的服务管理对航空公司的重要性不言而喻,实施常旅客的服务管理通常包含三个方面。首先,建立常旅客的信息库,包括年龄、性别、职业等基本信息,也包括他们喜欢的服务类型、对食品的喜好以及忠诚度等详细的信息,掌握更多的常旅客信息才能为常旅客随时随地提供最佳的服务。其次,识别不同旅客的需求差异,既可以根据已有资料进行划分,根据不同职业、不同地域等识别不同的需求;也可以了解他们的需求是否有新的变化,掌握常旅客需求的动态变化。最后,实施有针对性的服务。旅客的满意度因人而异,必须根据不同的需求进行有的放矢的服务。

目前,部分航空公司在实施常旅客服务管理时还存在一些误区。只引进了常旅客销售的手段,没有看到隐藏在手段背后的理念,只是把它当作一种促销手段来吸引顾客,航空公司各部门间也没有紧密联系配合,服务质量不高。实施常旅客服务管理对航空企业具有非常重要的意义,只有用优质的服务来吸引顾客,培养顾客忠诚度,才能实现服务好今天的顾客,创造明天的市场营销。

3. 航空服务中的地面服务问题

地面服务包括排队办理登机手续、行李托运、安全检查等多个过程,涉及航空公司、机场、空管、油料、联检等多个部门,属于综合的服务保障系统。相较于地面服务,空中服务在封闭且独立的机舱环境中进行,服务程序规范固定,虽然旅客可能会把地面服务导致的不满情绪带入机舱中,但整体受外界影响较少,空中服务能够保持相对稳定的服务质量。而地面服务涉及面广,每一个部门、环节都可能给服务带来意想不到的困难,如地面旅客运输中,天气、机械故障导致的航班延误、取消问题,超额预订、空管流量控制和信息传递问题,以及调度、行李、夜间航班带来的旅客吃、住、行问题,所有方面都可能会影响顾客对地面服务的满意度。地面服务已经成为中国民航企业提高服务质量的"瓶颈",地面服务各环节顾客满意度见图9-6。

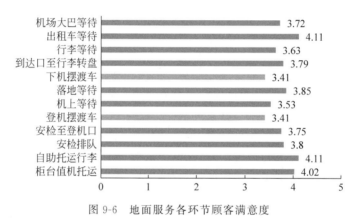

图 9-6 地面服务各环节顾客满意度

数据来源:GAPSE。

在地面服务过程中充满了等待,地面服务管理的主要任务就是排队与等待的管理。这是由于航空服务的生产必须经过很多程序和环节,而这些程序和环节都会产生排队与等待,如办理登机手续时的等待、托运行李时的等待,安全检查时的等待以及航班延误时的等待。其中又以航班延误时的等待最为常见,但这也是顾客最不希望发生的事件,因此引发的纠纷最多。所以,地面服务管理的核心问题在于如何管理必要时的排队与等待,尤其是面对不正常航班服务时的等待管理。

为了提升排队与等待管理的效率,首先,需要以顾客为中心进行服务流程设计,合理布局。有些机场的服务流程设计有待改进,比如为了管理工作的便利,把值机手续设置在一楼办理,安全检查在二楼办理,登机时又回到一楼,让顾客拖着行李来回奔波,这种不合理的布局会浪费顾客的时间,增加顾客的焦虑情绪。只有贯彻以顾客为中心的设计理念,提供充分的导向服务,才能让顾客一进入机场就能明白机场的布局,要做些什么才能进入服务。

其次,需要提升在各个环节的效率,采用新技术、新流程减少等待时间。如今,信息技术的广泛应用提供了各种加快速度的手段,缩短了顾客的等候时间。此外,也要注意了解顾客心理,减轻其不良感受。在等待中,如果顾客与服务人员发生接触,感到服务已经开始了,就会在心理上觉得等待的时间会短一些。当有顾客排长队等待登机时,服务人员可以及时上前询问手续是否齐备,是否需要托运行李。在候机大厅中,等待中的顾客更愿意看到服务人员紧张而有序地工作,而不是自己排着长队,在关闭的值机柜台前或安检通道中等待。因此,可以通过交叉培训,增加人员的灵活性,临时抽调其他工作人员到紧张的环节中支援,把与顾客无关的工作安排到顾客视线之外。

最后,要做好航班延误时的信息管理。当发生航班延误时,顾客最需要的就是弄清发生了什么,如果对旅客隐瞒真相,往往会成为旅客向服务人员发泄怨气,引发冲突的导火索。此外,航空公司、机场、空管都有信息渠道,有时各部门间的通报内容和效率也不尽相同,各有各的说法,常常相互矛盾,反而不利于与旅客沟通。因此,应该制定航班延误时的信息发布反馈流程和规范,使不正常航班的信息通报实现规范化、制度化;通过现代化手段,如航班动态系统,及时了解各方最新信息,将信息真实、准确地传达给旅客;与此同时,加强与签派、调度部门间的旅客信息反馈,以便各部门间根据可利用飞机情况做出合理的安排。

综上所述,地面服务是一项由各个服务提供者有机组合起来的系统工程,只有在战略层面制定以顾客为主的方案,不仅随时向员工传达,而且要保持不同组织间沟通交流,确保每一个服务环节都有利于顾客,才能使整个地面服务流程顺畅而高效。

4. 航空服务中的服务补救问题

在提供航空服务的过程中,难免会出现服务失败,引发顾客投诉、不满意等诸多问题。首先,在航空服务中包含大量的环节和诸多的细节,流程繁杂,无论是前文提到的收益管理、常旅客服务管理,还是地面服务管理均有失败的可能。其次,航空服务是互动的,参与服务的顾客是异质的、情绪化的,顾客自身的不当行为也会导致服务的失败。此外,航空服务也受各种不可控因素的影响,如天气、飞机故障等国内航空公司投诉类型及比例统计见表9-5。

表9-5 国内航空公司投诉类型及比例统计

投诉类型	投诉件数	比例/%
不正常航班服务	11 744	48.32
票务服务	5542	22.80
行李服务	2994	12.32
办理乘机手续与登机	1780	7.32
空中服务	549	2.26
超售	466	1.92
特殊旅客服务	91	0.37
货物	31	0.13
其他服务	1106	4.55
合计	24 303	100

数据来源:中国民航局运输司。

航空服务企业需要意识到服务失败的可能,并制订相应计划来应对和管理服务失败。不同于有形产品,航空服务是不可以重新生产的。比如旅客因航班延误,无法按时出行,无论是顾客还是服务提供者对此都是无能为力的。航空服务企业只能尽量给顾客从精神上和物质上予以一定补偿,并争取在以后避免类似事情的发生。

虽然服务失败意味着服务过程没有按照企业预计的方向前进,顾客也没能得到他们所期望的服务,但及时实施服务补救措施也能给企业带来一定的收益。首先,由于采取了服务补救措施,可能会弥补顾客服务感知中不好的地方,使顾客总的感知服务质量达到良好的状态,甚至能将原来不满意的顾客转变为忠诚顾客。其次,服务失败意味着在服务过程中存在问题,对相关问题进行收集整理,并加以修正,有利于企业发现流程或组织结构的弊端。顾客的不满、投诉,对于企业来说,是免费且非常有价值的信息来源,可以使企业有针对性地改进服务和设施,提升服务质量。

良好的服务补救策略需要从两个方面入手。首先,尽快解决问题、加强员工培训。一旦发生服务失误,服务人员必须迅速解决失误,避免失误的扩大升级;而且反应的时间越快,补偿顾客所需要的成本越少。这就要求企业定期对员工进行相关的培训,提高一线员工的服务补救技巧、权力和随机应变的能力。其次,航空服务企业在完成服务补救之后,还要主动地查找那些潜在的服务失误,形成有效的补救措施和制度,鼓励顾客投诉,督促员工积极接受并处理投诉,改进组织行为,提高服务水平。

9.2 酒店业的服务管理

9.2.1 酒店业的发展

酒店业是一个有着悠久历史的行业,在中国古代,酒店有另一个称谓——客栈。流传了近 700 年的《马可·波罗游记》中对中国古代客栈的繁荣景象曾有详细的记载。但具备复杂管理体系、丰富服务设施的现代酒店,即便在西方也不过只有百余年的历史,在中国则更短。

改革开放以来,中国人民的生活水平日益提高,消费水平和消费档次逐渐提升,第三产业的服务业、旅游业的比重也在飞速提高,从而带动了酒店业的快速发展和不断完善。进入 21 世纪以来,中国的酒店业蓬勃发展,行业处于高速增长的过程之中,行业的规模也在不断扩大,文化和旅游部的数据显示,截至 2018 年,我国星级酒店的规模已经约 1 万家,中国正在成为当之无愧的世界第一酒店大国。

2022 年,规模前十的酒店集团分别为锦江国际集团、华住酒店集团、首旅如家酒店集团、格林酒店集团、东呈集团、尚美生活集团、亚朵集团、德胧集团、逸柏酒店集团、凤悦酒店及度假村,这十家酒店集团的客房总数突破了 300 万间,达到了 3 278 540 间(见表 9-6),比 2021 年规模前 10 的酒店集团客房增长了 8.27%。2022 年,前十家酒店集团在连锁酒店市场中的占有率接近 70%,表明大型酒店集团在市场发展中的主导力量进一步得到增强。

表 9-6 2022 年我国规模前 10 的酒店集团

集团名称	客房数	门店数
锦江国际集团	1 043 705	10 694
华住酒店集团	753 216	7830
首旅如家酒店集团	475 124	5916
格林酒店集团	337 153	4659
东呈集团	192 210	2235
尚美生活集团	191 166	3979
亚朵集团	86 654	745

续表

集 团 名 称	客 房 数	门 店 数
德胧集团	78 093	466
逸柏酒店集团	65 287	1024
凤悦酒店及度假村	55 932	206

数据来源：《2022中国酒店集团及品牌发展报告》。

酒店业的高质量发展也是满足人民对美好生活向往的重要组成部分。中国的酒店业面临的问题已经从"有没有"向"好不好"转变，推动酒店业发展从以数量扩张为主到以服务质量提升为主至关重要。随着消费者对美好生活追求的不断提高和消费升级，人们对酒店的软硬件要求也提高了。近年来，客房空气质量不达标、床单清洗不及时、服务操作不规范等酒店业服务问题时有发生，这提醒我们，在酒店业服务管理方面还有很多事情要做。

1. 服务品质：仍有较大改善空间

住宿业的服务品质相对以前有了质的提升，但随着消费者对美好生活追求的不断提高和消费升级，他们对酒店和住宿设施的软硬件要求也提高了。每年涉及住宿机构的客房空气质量不达标、床单换洗不及时、毛巾酸碱值超标、服务操作不规范等问题时有发生。2017年9月的"床单门"，曝出部分高端酒店存在"床品未更换以及未彻底清洁浴缸、马桶圈、漱口杯"等问题。这些问题表明，在住宿机构服务质量的稳定性和管理水平提升方面还有较大改善空间，在服务质量和行业监管方面还有很多事情要做。

2. 品牌影响力：需与集团化水平同步提升

我国酒店的集团化水平提升很快，按照规模，2019年我国大陆已有锦江、华住、首旅如家、东呈、尚美、开元等十家酒店集团进入世界酒店集团前50强，其中锦江、华住、首旅如家进入前10强。我国住宿企业从模仿者到局部创新者，正在探索中国式创新，全面开启自主品牌发展的新时代。国内酒店品牌在国民心目中的认知度和影响力不断提升，也显示出我们对民族文化的自信。当然，鉴于这些酒店集团的国际化程度普遍还不高，品牌影响力和品牌价值还落后于规模的增长速度。

3. 安全：住宿业不可承受之痛

大多数旅游住宿设施集住宿、餐饮、休闲、娱乐等功能于一身，结构复杂，可燃物多，不同程度地存在消防安全隐患，一旦发生火灾，极易造成群死群伤的恶性事故。2017年2月25日，南昌海航白金汇酒店二楼发生火灾，事故造成10人死亡。2018年8月25日，哈尔滨北龙温泉休闲酒店发生火灾，共造成19人死亡、23人受伤。方兴未艾的共享住宿在火爆的同时，由于有限的管理和生产规范，普遍存在财产安全、房客人身安全及隐私保护不足等隐患。重庆、云南、贵州等地相继出现一些客人被偷拍、财物被盗和住宿提供者诚信失范方面的问题。随着互联网、大数据和人工智能等现代技术手段的广泛应用，在线旅行社（online travel agency，OTA）等互联网预订平台也不同程度地存在价值观、伦理道德、数据安全等方面问题。如2018年8月，华住酒店集团约5亿条数据、含2.4亿条开房信息被外泄。

2019年底至今，持续两年多的新型冠状病毒感染疫情属重大公共卫生事件、重大危机事件，防疫的首要手段就是人员隔离和限制流动，而旅游消费是以异地移动为前提来实现的。因此，这必然给旅游和住宿业带来巨大冲击。很多酒店业务几乎陷入停顿状态，现金流在短期内大幅减少,而房屋租金、人力费用、贷款利息等固定成本、管理费用、财务费用等没有减少,对公司现金流和持续运营造成巨大压力。东呈酒店集团反映,受到疫情影响,每家门店都在原有成本基础上加大了防疫物资和劳动力的投入,仅防疫物资投入一项,整个集团每间每晚就平均增加10元的额外晚间成本,劳动工作量的增加无法计算。新型冠状病毒感染疫情对我国及世界旅游住宿业产生了前所未有的冲击,引致住宿模式重构和消费行为变化,倒逼供给侧改革,探寻行业发展新思维、新动能和新模式。

疫情期间,大批酒店被政府征用,用于接待抗疫医疗队和其他抗疫工作人员,并作为隔离酒店接待隔离观察人员。酒店企业克服种种困难,为这些特殊顾客提供了良好的服务。《2022中国酒店集团及品牌发展报告》中的数据表明,2021年全国约有5%的酒店被征用为隔离酒店,客房总数约为70万间。其他未被征用但仍然处于营业中的酒店则全力投入疫情防控,严防死守、严格落实各项防疫管理措施,为广大旅游者构筑了坚实的健康防线。

9.2.2 酒店业服务的特征

在驾驶一艘巨轮扬帆远航前,我们首先需要了解和熟悉这艘巨轮的特点和性能。下面介绍酒店业服务的特征。

1. 酒店产品的无形性

实物商品的价值凝聚在一个具体的、确定的、看得见摸得着的实体形态的物品之中,实物商品的外观、价值、质量等特性都集中表现在这一实体形态的物品上。酒店的经营活动主要是生产和销售酒店产品,这些产品一般也称为酒店服务产品。酒店所提供的产品是一种无形的产品,它在空间和时间上都是分散的。因此,酒店产品是一种专为旅居顾客提供的无形产品,这是酒店产品最本质、最基本的特征。这一特征使得酒店业有别于生产实物产品的制造业,也有别于进行商品交换的商业,从而使酒店业具有自己独特的经营规律和业务特点。这就要求酒店要有适合旅客居住的环境氛围,同时,服务人员的形象、态度和标准规范的服务都成为酒店提供的产品的一部分。产品的无形和分散也导致酒店的各种服务功能之间带有很强的独立性和协调性,例如餐厅和客房独立运转却又密切联系,相互影响。酒店产品的无形性造成了单个旅客所消费的产品量具有不确定性和因旅客类型不同造成产品价值的可变性和随机性。

2. 酒店服务的时空特性

酒店产品的无形性使酒店服务受到空间和时间的影响,从而形成酒店服务独有的时空特性。对一般的实物产品而言,它不会随着空间上的移动和一定时间内的推移而改变其含有的价值。酒店服务的价值的产生依赖于固定的设施和空间,又具有很强的时间效用。

酒店的空间可以提供给旅客一个居住和用餐的场所和环境,这是酒店最重要的功能。酒店的各种服务只有在特定的空间内才具有使用价值。酒店的空间是固定的、不可移动的,所以酒店的服务也是固定的、不可移动的,这就决定了酒店只能将旅客请进来,才能为其提供服务。因此酒店的服务在一定程度上就是出租空间。酒店服务的空间特性要求酒店在经营和提供服务时需要充分考虑空间因素,如选址定位、酒店规模、空间科学布局等问题。

时间对于酒店的经营和收益至关重要。对于酒店来说,固定的空间和设施是巨大的沉没成本,而为每一人次的旅客提供服务的可变成本相对来说较低,因此提高酒店的入住率和周转率对于酒店的经营和获利至关重要。酒店服务在时间维度上体现出周期性和重复性的特征。所谓周期性即酒店服务的使用都有一个周而复始的过程,例如客房的一天。同时,酒店服务的无形性决定了酒店服务严重依赖于时间,具有不可储存性,如果在某一时间段内酒店的服务被闲置下来,没有被利用或者消费掉,那么酒店的服务的价值也会随之消失,这就是一种损失。因此要通过不同的营销手段和价格杠杆,去吸引和撬动客源,提高入住率,充分利用酒店服务的时空特性。

空间和时间的交织也会对酒店服务产生影响。不同的空间在相同的时间产生的收益是不同的,例如不同的房型;相同的空间在不同的时间产生的收益也是不同的,例如节假日和平日的房价不同。因此提高经营水平十分重要。

3. 酒店服务的综合协调性

酒店就像是一艘巨轮,酒店服务就是巨轮的各个零件,各个零件之间需要密切适配才能让巨轮运转,而酒店服务之间也需要很强的综合协调性。以旅客的需求为纽带,酒店的不同部门(如前台、客房、餐厅等)生产不同的服务产品,共同满足顾客的需求。酒店服务是一个整体,不同的服务分散在不同的空间之中最终汇聚在同一个整体(酒店本身)上去满足特定旅客的需求,这就是酒店服务的综合协调性。

酒店服务的综合性是由服务在空间上的分散性、不可凝聚性和多元性所造成的。酒店服务的综合性说明酒店服务不是由同一部门提供的,而是由多个部分提供的服务的综合体。从形式上看,酒店的各种服务是由前台、客房、餐厅等部门独立产生的,可以满足旅客的不同需求。正因为形式上的独立性,决定了酒店服务的综合性,有独立,才需要综合。旅客的消费不是单一的,而需要多个部门密切配合、密切支持,共同创造酒店服务的价值。

酒店服务的综合性带来了酒店服务的协调性。每个企业都需要业务之间的协调配合,酒店也不例外,体现在服务的衔接和组合的协调、提供的服务的一致性等方面。

4. 酒店服务的文化性

随着交通越来越便利,不同城市、不同国家之间的人员流动大大增加,这些人有着由于不同地域、民族、历史、政治制度等形成的不同语言、信仰、风俗习惯、禁忌、法规、礼仪等行为和认知习惯,文化的差异体现在酒店的各方面,包括酒店的旅客和酒店自身。

酒店服务的文化性是由酒店自身的各种特殊性质决定的。首先,最为重要的是酒店的服务对象是人,人是创造文化并享用文化的主体,因此酒店服务的文化性是人的文化性的延伸。现代旅客中,很大一部分人的目的是娱乐休闲旅行,那么体验多彩多样的异地文化就是他们的诉求之一,而酒店是他们体验异地文化的窗口之一。其次,如上所述,酒店产品的无形性要求酒店具有适宜旅客居住的环境氛围,而环境氛围中也蕴含着文化。酒店产品的无形性导致酒店产品中很大一部分无法以数量计算,酒店给旅客提供的环境文化、服务文化等附加的价值,能够给予旅客精神和心理上的满足和享受,从而为酒店带来更大的收益。相反,如果触碰到一些旅客的文化禁忌,也会带来严重的后果。最后,酒店一定处于某一特定的位置,这是由酒店服务的时空特性所决定的,因此酒店服务一定会带有这一地域特定的文化背景,这也是一种宝贵的资源。在生产力高速发展的今天,人民的生活水平进入了一个新时代,人民在不断提高物质生活质量的同时,也在不断地追求精神世界的更高层次和境界。酒店也需要适应这一变化,更好地满足人民的需求。

9.2.3 酒店业的服务管理问题

1. 客房价格策略

众所周知,价格由成本和利润构成。客房成本包括建筑和设备投资、人工费用、管理费用等直接费用,所得税、保险费等间接费用。影响酒店价格的因素有很多,包括酒店的地理位置、成本和利润、供求关系以及酒店经营的季节性等。

客房的价格根据接待的对象和时间不同分成不同的类型,它们一同构成酒店的客房价格体系。酒店的价格类型包括门市价、协议价、团队价、淡季价和旺季价等。它们面向不同的对象,例如,门市价面对的是没有预订的散客,协议价面对与酒店有合作关系的旅行社、航空公司等来源的旅客,团队价则面对团体旅客;对不同的时间,如淡季价和旺季价则是面对不同酒店经营季节。

平均房价可以反映出酒店房价的平均水平,也是评价一个酒店经营情况和经济效益的重要指标,有两个指标可以反映出酒店平均房价水平——平均房价和每间可售房平均收入。平均房价(average daily rate,ADR)是指酒店出租的客房的平均价格,即

$$ADR = \frac{客房总收入}{客房总间数 \times 营业天数}$$

每间可售房平均收入(revenue per-available room,RevPAR)是指酒店所有的客房的平均价格,即

$$RevPAR = \frac{客房总收入}{可售房间间数 \times 营业天数}$$

其中

$$可售房 = 酒店客户总数 - 酒店自用房 - 正在装修房 - 其他占用房$$

RevPAR 和 ADR 之间存在着一定的关系,即

$$RevPAR = ADR \times 客房出租率$$

RevPAR 更能反映酒店客房的盈利能力,是评价酒店经营状况的重要指标。

在酒店经营过程中出现了很多种客房定价方法:

(1)随行就市法。随行就市法就是根据行情和市场,以同档次的直接竞争对手的客房价格作为定价依据,制定自己酒店的客房价格的一种定价方法。

(2)千分之一法。千分之一法是以客房的建造和装修价格为依据的一种定价方法,即客房的价格定为客房造价成本的千分之一。千分之一法是酒店业在长期经营实践中总结出来的一种定价方法,可以用来指导酒店客房定价。

(3)收益管理法。上述两种方法都是传统的酒店客房定价方法,主要考虑成本、利润和竞争对手情况等。而收益管理法是根据对未来旅客的流量和酒店客房的余量,在不同的酒店经营季节和一天的不同时段,针对不同类型的客人,动态地调整客房的价格,目标是实现酒店收益最大化,它是一种更为有效的客房定价方法。

除上述三种方法外,还有很多客房定价方法,此处不再赘述。

定价方法是具体指导客房定价的方法,除此以外,酒店还应该有自己的价格策略,以取得长期发展。酒店价格策略有以下几种:

(1)高市价、高折扣策略。高市价可以维护酒店的高档次形象,而高折扣有利于提高酒

店的竞争力和客房利用率。同时,对不同居住次数的旅客实行不同的折扣,有利于形成客户黏性,吸引忠实客户。

（2）随行就市策略。大部分酒店都采取这一策略,即客房价格根据淡旺季的不同、时段的不同、客房预订情况的不同等而动态变化,以期达到最大的收益。这种策略的缺点在于价格波动较为频繁,会引起旅客的不满。

（3）相对稳定策略。这一策略与随行就市策略正好相反,采取相对稳定的价格,可以维护酒店在旅客心中的良好形象,维护其品牌价值,虽然在短期内可能使得酒店错过很多获利机会,但是从长远来看有利于酒店的发展。相对稳定并不是一成不变,根据市场的供需关系,酒店仍需适时调整自己的客房价格。

除了上述三种策略外,还有很多客房价格策略,此处不再赘述。

2. 预订管理问题

价格影响市场对酒店的需求,而这种影响是宏观上的。针对某一天的具体需求,预订管理是一种很好的管理办法。预订是指旅客提前对酒店客房的确认,它在酒店和旅客之间形成一种合同关系。酒店有义务为预订的旅客提供他希望得到的房间,而旅客也有义务按时入住酒店。

预订服务还可以通过减少等待时间和保证随时提供服务来使旅客受益。然而,当顾客未能履行其预订时,问题就出现了(这些顾客被称为"未出现者")。通常,顾客不会因其未履行预订而承担经济责任。但这样就会导致不受欢迎的行为,所有的未履行预订都会造成酒店出现空房,除非旅客事先通知取消预订。为了控制享受折扣价格的旅客未能出现的现象,酒店会要求不能履约的顾客在预约日的协议时间点之前删掉预订或是直接从顾客的信用卡中划走住一晚的费用。

针对由于未能履行预订而出现的空房问题,可以采用一种称为"超额预订"的策略。通过接受数量超过酒店可利用房间总数的预订,可以防范出现大量未履行预订的风险。然而,如果酒店接受太多的预订,就有可能出现已经预订房间的旅客无法入住酒店的风险。但是许多酒店会为那些因为超额预订而未能入住的旅客免费升级房间类型或者提供附近酒店相同档次的房间。一个好的超额预订策略应该既能最大限度地降低由服务设施空闲产生的机会成本,又能最大限度地降低由于未能提供预订服务而带来的成本。因此,采用超额预订策略需要对员工(如酒店的前台服务人员)进行培训,以应对那些未能获得预订服务的客人。

3. 互联网＋服务管理

互联网时代的来临和移动互联网的快速发展,使得各个传统行业都迫切需要一场变革,因此"互联网＋"的概念应运而生。可以说,"互联网＋"引领了一个时代,使得各行各业都在寻求与互联网的融合,形成新的商业模式和生态系统,诸如"互联网＋金融""互联网＋医疗",等等。

作为传统行业之一的酒店业也不例外,酒店业已经开始积极地寻求与互联网的融合。未进入互联网时代之前,酒店选址是影响酒店经营的重要因素。而互联网的快速发展,特别是移动互联网的发展,使得酒店经营进入了一个全新的时代,旅客流量与线下实体门店的关联性正在逐步减弱。当前酒店业主要面临两个困境：一方面是不断增加的酒店造成产能过剩；另一方面是酒店的服务产品同质化,限制酒店业的发展。

随着互联网时代的来临,各种社交媒体平台迅速崛起,微信、抖音、微博等App成为人们日常生活中必不可少的组成部分,人与人之间的交流可以跨越空间和时间的限制,即时通信和信息对等成为这个时代的重要特征。酒店业在互联网时代也表现出新的特征,直接上门的客户和协议单位的客户数量大幅减少,通过互联网渠道预订客房的客户越来越多。对此,酒店业也建立了会员体系、开发自己的App和微信小程序,尝试通过多种渠道进行直销,"去中介化"一直都是商家们追求的目标。

在互联网时代,仅靠成本和性价比几乎很难取胜,用户拥有更多的选择和比价渠道。酒店需要从个性和品质下手,个性为酒店带来用户黏性,品质为酒店带来议价能力。

在互联网时代,酒店除了信息化之外,还应该注重如何打造富有个性的用户体验,将其作为重中之重。传统酒店除酒店星级方面具有区分度以外,没有明显的个性特征。互联网时代的酒店要在产品和服务上进行创新,形成多元化、差异化的产品和服务,走出一条个性鲜明的发展之路。大数据和云计算让酒店可以对用户需求和兴趣偏好进行科学预测,从而提高用户的体验。比如,华住在1300多家门店推出门店自助入住服务,顾客可以通过终端机完成预订、选房、支付等整个流程,最后到前台取房卡和开具发票,实现酒店智慧化;阿里旅行未来酒店2.0方案中,"刷脸自助入住"接入公安部门、银联、PMS身份信息读取、护照扫描等和连接物联网系统,让去实体化运营的无人酒店成为可能。同时,VR、AR等新技术被运用到新兴酒店中,为提升客户体验服务。比如,如家全国首推VR虚拟实景旅行创意体验房,华侨城酒店集团深圳蓝溪精品酒店客房推出虚拟体验装备,为客户带来4D体验感受,为其体验虚拟现实旅行服务。AR技术、蛋壳机、互联技术展示产品、游戏体验、360度、智慧屏等,使打造智慧化体验式酒店成为可能。部分酒店利用机器人来提供个性化服务,在未来或成为常态。

在互联网时代,信息不对等的问题得到极大的改善。互联网上存在大量的信息,包括酒店展示的信息、用户对酒店的图片和文字评价、用户对酒店的体验的感受等,用户拥有更多的知情权,而任何一种即时通信渠道都有可能成为用户分享感受的途径。因此,品质成为酒店的建设根基。今天,人们可以拿出手机,在携程等App中搜索令人眼花缭乱的酒店,查看用户评论等。品质如果出现问题,互联网上的负面评价可以让一家企业在几天内崩溃。

同时,在微博、微信、论坛、评论版等平台随处可见网友使用某款产品的优点点评及缺点吐槽、功能需求点评、质量好坏与否点评、外形美观度点评、款式样式点评等信息,这些都构成了产品需求大数据。同时,消费者对企业服务及产品的简单表扬与批评变得更加客观真实,消费者的评价内容也更趋于专业化和理性化,发布的渠道也更加广泛。作为酒店行业企业,如果能对网上酒店行业的评论数据进行收集,建立网评大数据库,然后再利用分词、聚类、情感分析了解消费者的消费行为、价值取向、评论中体现的新消费需求和企业产品质量问题,以此来改进和创新产品,量化产品价值,制定合理的价格及提高服务质量,就可以获取更大的收益。

在互联网时代,酒店业面临错综复杂的机遇和挑战,在这样的环境中,准确把握"互联网+"的内涵,才能使自己立于不败之地。

9.3 医疗健康服务业的服务管理

9.3.1 医疗健康服务业的发展

1. 医疗健康服务业的发展现状

目前,健康中国建设全面推进,健康中国行动稳步实施,深化医改持续发力,疾病防治成效巩固拓展,医疗服务质量和水平继续提升,重点人群健康保障有效落实,居民健康水平得到进一步提高。

如图9-7所示,近年来我国医疗机构数量整体呈现增长趋势。2020年全国医疗卫生机构共有1 022 922个,其中医院35 394个,基层医疗卫生机构970 036个,专业公共卫生机构14 492个。与2019年比较,全国医疗卫生机构增加15 377个,其中医院增加1040个、基层医疗卫生机构增加15 646个、专业公共卫生机构减少1466个。2020年全国医院病床使用率为67.7%,同比下降1.6个百分点;社区卫生服务中心为42.8%,同比下降6.9个百分点;乡镇卫生院为50.4%,同比下降7.1个百分点。

图9-7 2014—2020年中国医疗机构数量统计

资料来源:中华人民共和国国家卫生健康委员会.2021年我国卫生健康事业发展统计公报[EB/OL].(2021-07-03)[2021-08-31]. http://www.nhc.gov.cn/guihuaxxs/s10743/202107/af8a9c98453c4d9593e07895ae0493c8.shtml.

根据卫生部统计数据,2011—2020年我国卫生总费用呈现连续上涨趋势,并且如图9-8所示,增速都保持在9%以上。其中,2020年全国卫生总费用相比2019年有所上涨,达72 306.4亿元,其中政府卫生支出21 998.3亿元(占30.4%)、社会卫生支出30 252.8亿元(占41.8%)、个人卫生支出20 055.3亿元(占27.7%)。人均卫生总费用5146.4元。近四年我国卫生总费用占GDP百分比稳步增长,这一比例在2017年为6.36%,2018年为6.43%,2019年为6.64%,2020年为7.12%。

然而,医疗支出与医疗服务绩效不匹配是很多国家正面临的一大挑战。2019年,美国医保开支增长4.0%,达到3.6万亿美元,如图9-9所示,人均高达10 948.5美元,但是美国

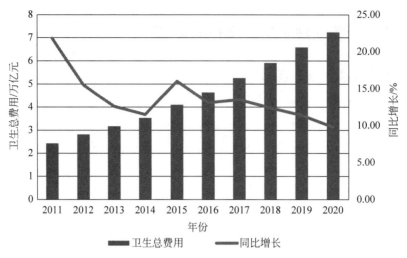

图 9-8　2011—2020 年中国卫生总费用情况

资料来源：中华人民共和国国家卫生健康委员会. 2021 年我国卫生健康事业发展统计公报[EB/OL]. (2021-07-03)[2021-08-31]. http://www.nhc.gov.cn/guihuaxxs/s10743/202107/af8a9c98453c4d9593e07895ae0493c8.shtml.

的卫生系统绩效在 11 个发达国家中排名倒数第一。WHO 总干事陈冯富珍博士指出，20%～40% 的卫生费用由于效率低下被浪费。

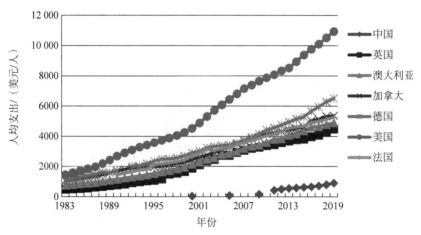

图 9-9　部分国家人均医疗费用支出对比

资料来源：Organization for Economic Cooperation and Development. Health spending[EB/OL]. (2021-07-03)[2021-08-31]. https://data.oecd.org/healthres/health-spending.htm.

人口老龄化、疾病谱变化、生态环境及生活方式变化等问题向我国医疗健康业发起一系列新挑战。一方面，有限的医疗卫生资源难以满足人们日益增长的医疗健康服务需求，例如，2020 年每千人口医疗卫生机构床位数仅 6.46 张。另一方面，医疗资源配置严重失衡，大量优质资源集中在大城市、大医院，加之患者不合理的就医选择，导致大医院优质卫生资源超负荷利用，而基层卫生资源严重浪费，以入院人数为例，2020 年三级医院入院人数 205 701.2 万人，二级医院入院人数 134 342.5 万人，一级医院入院人数仅为 22 965.2 万人。

习近平总书记在党的十九大报告中提出"实施健康中国战略"。同时，国家"十四五"规划为"全面推进健康中国建设"制定了详细的实施方案,重点强调技术赋能、数字健康的引领作用。我国在医疗健康领域的改革虽取得显著成就,但"数字健康"之路仍任重道远。从需求侧看,医疗健康需求呈现出不确定性、持久性、多样性等特点。《中国居民营养与慢性病状况报告(2020年)》显示,2019年我国因慢性病导致的死亡人数占总死亡人数的88.5%。2022年"两会"上,四川大学华西医院李为民院长认为目前我国慢病防控仍存在"三高三低"的问题,即发病率高、死亡率高、疾病负担高,知晓率低、早诊率低、全程的规范治疗率低,提出亟须依托互联网平台,构建线上线下协同的全程管理体系推动慢病防控。而且,慢性病呈现年轻化趋势,人民群众健康需求和品质要求越来越高,互联网医疗、智慧医疗等新型医疗服务需求旺盛。未来智库《2020年中国互联网医疗研究报告》显示疫情期间平安好医生平台的累计访问达11.1亿人次,互联网医疗产业规模约为7024亿元,未来发展空间巨大。从供给侧看,医疗健康服务体系结构性矛盾依然突出,短板和弱项明显。优质医疗资源总量不足,区域配置不均衡。中国卫生统计年鉴数据显示,2020年我国基层医疗卫生机构数量占医疗机构总数的94.8%,而床位数、卫生技术人员数仅占全国总量的18.1%和32.2%。此外,还存在医疗卫生机构设施设备智慧化水平不高、重点人群(老人、儿童等)医疗健康不足、预防-筛查-康复护理不连续等短板。由上可知,医疗健康资源供给的稀缺性与需求的普遍性同时存在,限制了"健康中国战略"中全民健康服务"公平可及"的实施,加剧了医疗服务中成本、质量和可及性的"铁三角"困境。为应对这一困境,哈佛大学商学院著名教授Michael Porter曾提出价值医疗的概念,旨以患者为中心,在单位健康投入内获得更高的健康收益。2016年,我国政府、世界银行、世界卫生组织联合发布"三方五家"医改报告——《深化中国医药卫生体制改革——建设基于价值的优质服务提供体系》,倡导从传统医疗服务转型为"以人为本的一体化服务"(people-centered integrated care,PCIC)的价值医疗。基于我国医疗健康供需矛盾,切实寻求以患者为中心的价值医疗,是实现健康中国战略的关键所在。

公立医疗机构的数字化转型及第三方互联网医疗平台的快速发展,形成数字医疗平台、共享医疗平台、移动医疗平台等平台型医疗模式,为解决上述传统医疗健康服务中的痛点问题和践行价值医疗提供了新视角。根据《2021中国互联网医院发展研究报告》,截至2020年年底,全国建设互联网医院累计1004家。第三方互联网医疗平台深耕垂直领域,向多元业务拓展,形成医药电商平台、挂号问诊平台、健康管理平台等不同类型的模式。互联网医疗、智慧医疗作为当前医疗健康领域运用的新模式,在打破医疗时空限制、提高可及性、节省就医成本、简化就医流程、提高患者满意度等方面成效显著。

2. 医疗健康服务业的发展趋势

1)与互联网深度融合

"互联网+"是把互联网的创新成果与经济社会各领域深度融合,推动技术进步、效率提升和组织变革,提升实体经济创新力和生产力,形成更广泛的、以互联网为基础设施和创新要素的经济社会发展新形态。在全球新一轮科技革命和产业变革中,互联网与各领域的融合发展具有广阔前景和无限潜力,已成为不可阻挡的时代潮流,对各国经济社会发展产生战略性和全局性的影响。近年来,中国在互联网技术、产业、应用以及跨界融合等方面取得了积极进展,已具备加快推进"互联网+"发展的坚实基础。

互联网技术对医疗健康领域的介入,从大方向上看符合社会发展需求。医疗服务与互联网的深度融合,将充实医疗健康服务的提供方式,提高医疗健康服务的可及性和透明度,丰富医疗相关信息的采集、分析和挖掘,从而降低医疗服务的不确定性,增加各类医疗服务的提供,减少信息不对称,提高社会效益,并促进政府和市场在医疗健康服务中作用的发挥。

互联网也将有助于推动我国医疗健康服务行业的升级改造,为"看病难、看病贵"的难题提供新的解决方案。在技术层面,可以用智能设备监测病情,用临床大数据对接研发药品。在效率层面,可以通过互联网改革服务流程,改善内部管理,优化资源配置。在组织层面,互联网可以丰富、创新服务提供模式,为整合、连续的医疗健康服务体系提供更多支持,为满足个性化、多元化的医疗健康服务需求提供更多帮助。

2）产业蓬勃发展

生命健康产业以满足人类不断提升的健康需求为主要目标,已经被联合国工业规划署确定为代表 21 世纪产业经济发展和社会进步的主要产业之一,其广阔发展前景受到世界各国的普遍关注。医疗服务业是健康产业的重要基础产业,许多国家和地区不仅大力发展医疗健康业服务,还积极推动医疗旅游业吸引国际患者。

在我国,医疗健康领域归属民生事业,占据较大比重的各级医疗机构都是事业单位编制。一直以来,各级部门对生命健康服务的经济属性认识不够,对基本医疗卫生服务和非基本医疗卫生服务定位不清、界限不明,导致有效供给严重不足、市场不活。而随着经济社会发展水平不断提高,人民群众个性化、多元化、高端化的医疗健康服务需求日益增长。世界卫生组织(WHO)研究显示,人均 GDP 达到 5000 美元以上,健康消费需求会加速增长。我国人均 GDP 已达到 8000 多美元,但与发达国家相比,健康消费支出占 GDP 比重较低,有巨大的发展空间,而且近年来生物医疗技术的创新突破,也为医疗健康服务产业的发展带来了新动力。

医疗健康服务业关联产业多,既可满足人民群众获得多层次医疗健康服务的迫切需求,又是新的经济增长点。当前我国经济增长筑底特征显现,国家提出要发挥新消费引领作用,加快形成新供给、新动力,培育经济增长新动能,健康消费可成为新消费重点领域之一。

3）医疗健康管理变革

从只面向入院患者的"治已病"到面向普通群体的"治未病"的转变是另一个重要趋势。现有的医疗运营管理仍然集中在面向入院患者的"治已病"阶段。向"治未病"转变,须提出面向公众的健康管理和预防患病的新方法,才能从源头上解决问题。进一步的研究包括如何通过优化饮食、锻炼时长来并结合个体特征和需求来建立个性化日常计划,从而预防如高血压、糖尿病等常见慢性病。面对医院运营管理变革后的全新模式,须从根本上把握医疗管理从人的经验管理到人的知识管理再到开放式智能化管理的变革,把握创新技术"升级迭代"和临床应用的节奏感,避免常规技术创新模式的边际效应递减,实现从产能拓展到技术拓展再到质量效益提升的转型。

同时,医院运营管理将在传统医院运营管理理论与方法的基础上,进一步实现多领域科学管理与应用的交叉融通,不断丰富和发展基于新模态管理实践的医院运营管理科学体系。经典管理科学理论、决策理论、创新管理理论、数理管理科学理论、博弈与信息理论等管理科学方法将会被深度运用。此外,在质量管理、卫生经济、效率管理等方面,将会和其他领域深度交融。具体而言,与金融和经济管理领域交融,优化医院运营经济运行模式,实现全功能付费方式、保险实时自动结算、一体化医疗金融保障等经济便民功能;与企业管理领域交融,引入时间成本管理、产业创新管理等新理念,提升医院运营效率;与系统工程科学交融,借鉴运用高可靠性系统质量和安全管理模型与方法,提升风险管理水准和应急决策效率,保障医疗安全;与运筹博弈和决策科学交融,在新技术变革中探索医院决策新机制,实现以数据为基础,以模型为手段,以复杂问题智能辅助决策为标志,医院管理由人治管理、制度管理向科学决策管理转型;与人文社会科学交融,探索建立人文医疗体系、缓和医疗安宁疗护体系,特别是在大数据及精准医学驱动下,充分挖掘当代社会学的治理机制,实现社会、医学与伦理运行的新机制,实现技术与管理、人文与伦理的协调发展。

随着市场经济的深入和医疗卫生制度的改革,医院运营管理工作直接关系到医院的生存、发展和稳定。立足医院高质量发展的新要求,制定完善的经营管理方案,将运营管理转化为价值创造,成为医院管理者的必修课。

9.3.2 医疗健康服务业服务的特征

医疗健康服务业具有需求的不确定性和动态性、供需信息的不对称性、服务效用的滞后性、高风险性和不易逆转性等基本特点,管理难度很大。其特征如下:

1. 不确定性

美国著名经济学家肯尼斯·J. 阿罗(Kenneth J. Arrow)的著作《不确定性和医疗保健的福利经济学》就是通过比较医疗服务市场和完全竞争市场来探讨医疗健康服务的特殊性所带来的影响。他指出,医疗健康服务的特殊性源于其普遍存在的不确定性。一方面,疾病的发生具有不确定性;另一方面,人一旦生病并进行治疗,治疗效果也存在不确定性。这两方面的不确定性,导致了医疗服务市场的特殊性。

2. 公共产品

公共产品或服务具有与私人产品或服务明显不同的三个特征:在消费上的非竞争性、在获益上的非排他性和在效用上的不可分割性。凡是可由消费者独自使用和享有,具有可分割性和使用上的排他性的产品均称为私人物品。介于二者之间的产品则称为准公共产品。医疗卫生领域中既有公共产品,如基本公共卫生服务,又有准公共产品,如基本医疗服务,也有私人产品,如大部分个性化的、差异化的健康服务和产品等。公共产品领域,市场失灵,私人资本不愿投入,一般通过政府直接举办机构予以提供;准公共产品,政府可通过直接举办的形式提供,也可重点补贴供方或弱势群体,从而更多地发挥市场机制作用;私人物品则主要由市场机制发挥决定性作用。

3. 信息不对称

医疗健康服务领域的专业性、技术性、不确定性极强,医疗卫生产品和服务的供给方总是处于信息优势,而广大患者处于信息弱势,患者的医疗健康服务需求在很大程度上取决于医生的建议。医生既提供诊断治疗服务,又很大程度上代理患者决定是否消费这种服务及相关用药,医生这种集买方、卖方于一体的代理角色,使得医疗费用的控制变得困难。医疗健康服务信息不对称的情况造成了特殊的供给引致需求的现象。而且由于患者之间存在个体差异,疾病无法标准化,以及治疗结果的不确定性,致使医疗产品存在非同质性,每一个医生提供的医疗健康服务和其他医生都有差别,有时即使同一治疗方案对不同病患也可能产生不同效果。这些都给医生带来了主导市场的力量,使医疗健康市场最接近于垄断竞争市场。

4. 重视社会效益

健康是人类生存和发展的最基本的条件。医疗健康服务的重要性在于,它直接关系到人的健康、家庭幸福与社会福祉。一个运行良好的医疗健康服务系统将有助于实现公平、社会稳定,并促进经济增长。倘若单纯遵循供需规律,医疗健康资源势必向城市较高消费能力区域集聚,农村和经济欠发达地区将缺少资源,因此,需要政府干预。在全球范围,大多数医疗健康服务机构都不以利润最大化为主要目标,而以承担社会职能、实现社会效益最大化为主要目标。在医疗卫生机构中,以非营利性机构为主体。

5. 需要政府与市场同时发挥重要作用

大多数发达国家和地区的医疗卫生系统属于"混合经济形式",政府在扮演指导角色的同时,市场机制也在发挥作用。英国和美国分别是国际上最典型的医疗卫生领域政府主导和市场主导的国家,但即便如此,也均在寻求政府和市场的融合。

英国实施的是国家卫生服务制度(national health service,NHS),属典型的全民医疗制度,医疗筹资主要源自政府预算。政府组织服务的提供尽管公平性较好,但由于效率低下带来沉重的财政负担。20 世纪 70 年代开始,引入"内部市场"理念,通过建立医疗服务购买者和提供者分开的体制,建立内部市场促进竞争,服务购买者从最初的"全科医生基金持有者"到"初级卫生保健信托",现在更换为"全科医生联盟"。

美国是典型的医疗服务市场化国家,医疗保障主要通过购买商业医疗保险来实现,70%以上的医院是私立医院。即便如此,仍有一部分政府办的"安全网"医院,几乎 90% 的老年人和贫穷者都由公立医院提供服务。在管理上,政府是卫生服务的监管者,美国政府对医院的监管主要体现在质量控制、医疗设施和服务项目控制、费用控制等方面。

由于医疗健康服务领域具有存在公共产品和准公共产品、信息不对称、垄断竞争等特点,完全靠市场机制将会带来市场失灵,政府要主动加强对医疗健康服务市场的干预。但是,完全由政府包办也会造成政府失灵,可能出现公共产品提供的短缺或过度,提供成本高于需要成本,从而造成社会资源的浪费,甚至出现寻租行为等情况。政府对医疗健康服务资源调控作用的发挥主要有几个方面:组织基本医疗卫生服务的供给;通过制订医疗健康服务发展中长期规划和区域规划,引导医疗健康服务资源的合理配置和使用;健全医疗保障制度;发挥法规、标准、监管及经济政策的调控作用,营造一个规范、公平的市场环境。

9.3.3 医疗健康服务业的服务管理问题

目前,我国患者为达到医疗服务效用最大化,往往更倾向于选择优质的医疗卫生资源,结果导致专门用于解决疑难杂症的大型综合医院被常见病占用,使得基层医院大量资源闲置。例如,2021 年我国三级医院的病床使用率为 85.3%,而一级医院仅为 52.1%。中国医疗卫生需求受到当下中国医保政策的误导,造成医疗服务的过度消费,出现"一病多医"和"小病大治"等较为普遍的医疗资源浪费的现象。国家也在政策层面鼓励分级诊疗,以实现病人病情和医疗机构等级,以及使用的医疗资源之间的匹配。

真正实现病人与医疗资源间更好地匹配,不仅需要国家政策的支持,还需要用科学的方法实现医疗资源的合理配置,使得每个级别的医院都有合理配套的医疗资源,让病人满意。病人病情与医疗机构、医疗资源间的匹配,不再是单体医院内部需要解决的问题,而是全社会医疗资源管理的问题。

医疗与健康服务业有别于其他行业,其需方、供方和支付方不得不在无限需求下提供大量传统治疗服务和在有限资源下实现较佳治疗效益之间做出艰难抉择。全社会以较低的医疗健康成本,实现较佳的医疗康复效果,正是全社会医疗资源管理追求的目标,这体现了以需方为中心的价值最大化和有限社会资源分配的公平化,符合行业科学管理和经济社会发展的客观规律。

1. 医疗健康服务流程设计

医疗服务流程关注病患医疗护理的过程管理和质量提升,确定医疗服务过程运作和控制的准则和方法,对医疗服务过程进行管理,以实现医疗服务过程策划的结果和持续改进。随着医疗市场改革的不断深入和发展,病人需求发生了变化。过去的医疗机构中科室布局以疾病为中心,整个服务缺乏科学性、合理性和系统性的医疗服务流程设计,严重降低医院运行效率,造成病人等待时间延长或不能得到及时救治。在医疗健康服务流程设计中,需要重点关注服务效率提高和患者体验优化。具体而言,提高效率包括缩短患者等候时间、减少排队次数、增加有效就诊时间、减少工作人员重复工作量、提高自助服务设备使用率、加快患者流动。优化体验包括缩短感知上的等候时间、保障自由选择的权利、保障知情权、优质的服务、对情绪的关怀。

2. 医疗健康服务设施选址与布局

在社区内合理规划、布局医疗网点是宏观调控的重要内容,可以使医疗机构的分布与群众的医疗需求相适应。开发医疗服务市场,绝不等于自由办医设点。当社会办医和设点行医出现失控趋势时,对医疗保健事业无益有害,假医、伪药时有出现,一些医疗点的高昂收费已引起群众的反感,各种形式的"联合体"成了增加群众和社会负担的媒介。为使医疗服务市场健康地发育成长,卫生行政机关必须强化监督、管理职能,运用法律和行政手段,进行合理的调整和控制,以制止失控现象,既减少因盲目设点办医造成的资源浪费,又尽量避免医疗市场开发和运行中的一些缺陷,逐步建立起计划调控与市场调节相结合的医疗市场新机制。

3. 医疗健康服务能力规划

医疗健康服务能力包括医疗健康服务工作者的医学理论水平和服务技能。医疗健康服务能力规划需要运用医疗健康服务管理体制充分协调总供给与总需求,科学合理地利用现有医疗健康资源,最大限度地满足医疗健康服务需求。只有完善医疗技术的管理,才能适应提高医疗质量的需要,才能使人的技术和仪器设备的潜力充分发挥出来,形成有效的医疗服务能力规划。

如果医院增添医护人员和医疗设备,就会增加投资或发生空闲从而造成浪费;如果减少服务人员和设备,则患者排队等待时间太长,会对患者带来不良的影响。因此,医疗服务管理人员要考虑如何在这两者之间取得平衡,以提高服务质量,降低服务成本。可以使用排队论来解决上述问题。在排队论中,患者和提供各式服务的医疗机构组成一个排队系统,称为随机服务系统(见图 9-10)。这些系统可以是具体的,也可以是抽象的。排队系统模型已广泛应用于各种医疗服务管理系统,如手术管理、输液管理、医技业务、分诊服务等。

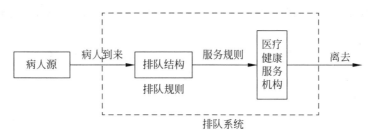

图 9-10　医疗服务排队系统

4. 医疗健康服务供需管理

医疗健康服务需求和供给随着市场经济的发展越来越受到重视,在医疗健康服务中,它们是相互联系、相互制约的。

医疗健康服务资源需求量的预测是医疗服务管理中的重要课题。医疗健康服务管理者只有通过对医疗健康服务资源需求量的预测,才能制定出符合实际的管理目标和医疗服务机构的发展目标。选择医疗健康服务资源需求量的预测方法时,应该注意预测方法要符合政策要求和计划工作的要求,并且测算方法要灵活,对不同的地区情况选择不同的方法,不能墨守成规。

医疗健康服务费用分析是通过医疗健康服务这一特殊的商品交换形式,分析其所消耗的经济资源的货币值。我国当前的医疗健康服务费用是不等价的,但对医疗健康服务费用的分析能够反映医疗健康服务的基本情况,为制定医疗发展规则或计划提供必要的数据。

5. 医疗健康服务资源调度

在有限经费条件下,如何更加有效率地利用有限的医疗健康服务资源为公民提供最优效率的医疗健康服务,已经成为各国政府和医疗健康服务机构迫切需要解决的问题。患者一进入医院,就要开始挂号、就诊到进行各种检查,病情严重的甚至还需要手术、住院,整个诊疗是一个动态、连续、复杂的过程,且不断涉及各种医疗健康服务资源的使用和调度问题。在就诊过程中,患者面对的环境高度不确定,医疗健康服务资源的调度缺乏科学性,导致门诊、医技、手术室和病床等关键医疗健康资源供需严重失衡。解决该问题的有效方法之一是进行有效的运作管理,优化关键医疗健康资源,提高医疗健康服务系统的运营效率。

6. 医疗健康服务质量

为取得良好的医疗健康服务,在医学科技进步的基础上,管理科学的发展使人们日益重视医疗健康服务质量的管理工作。医疗健康服务质量是对医疗健康服务满足患者健康需要的程度的量度,它是衡量医疗健康服务机构整体素质、医疗能力发展水平的一个重要标志。一方面医疗健康服务质量应包含"高"技术质量,另一方面又应包含亲情的对待,主要涉及医患之间关系方面的因素,比如医疗结构、医疗过程、医疗结果、医疗状态、患者满意度等,医疗健康服务质量是医疗健康机构全部工作所取得的医疗健康服务效果的集中表现。

许多学者对医疗服务质量进行了大量的研究,大体可以分为三种情况。一是标准化管理。建立各种技术实施性标准和质量评价标准,并推动执行。制定标准是艰巨而又细致的工作,并且工作量很大。标准都是为了保障医疗健康服务达到期望的最低标准。随着医学的进步,需要不断修订原有标准。

二是医疗健康服务质量的评价。近年来质量评价更侧重于方法的改进,从个别病案趋向于按病种群体病例,从直观判断趋向于按明确标准判断,从单纯医疗效果趋向于按效果、费用的综合判断,从利用一般统计学方法趋向于引用其他数学方法,从依靠个别负责人评价趋向于采用多数专家的同行评议方法。然而评价仅仅限于认识事物,认识问题是管理工作的开始,但尚未完成,仍需继续采取校正措施。

三是质量保证系统。它是由独立于医院之外的社会性质量监督机构、医院内领导层的委员会和专门的职能科室所组成的系统。质量保证系统的形成主要是管理科学的进步和医院管理的社会化,积累了大量实践经验;以及社会保障系统的逐步完善,也有助于这一系统的实施。

7. 医疗健康服务研究展望

单体医院医疗资源配置调度研究常使用的方法包括排队论、模拟仿真、回归分析等,若把各个医疗机构看成一个科室或者部门,全社会医疗资源看成一个整体,那么这些方法同样适用。但是,在实际操作过程中会受到政策、空间、费用等因素的影响难以实现全社会医疗资源的配置优化。这并不代表这些科学方法是无效的,而应该从全社会医疗资源管理的独特视角出发,在医疗健康大数据挖掘和分析下,融合收益管理、决策理论、数据挖掘、卫生经济学、循证医学、医学信息学等多学科理论、方法与工具,有针对性地选择一两个病种作为研究对象,以全社会资源管理为主线,以医疗健康大数据为驱动,站位于医疗健康服务体系中需方、供方、支付方和机构方多方角度,深入系统地开展智慧医疗健康服务体系中的全社会资源管理研究。因此未来可以从以下领域展开研究:

1) 医疗健康服务需求分析

传统的医疗服务对象主要为患者,更多的是单体医院内部的患者。需求的分析着眼于应用数据挖掘、统计建模、预测等技术,分析识别需求产生所对应的人口统计学特征、行为偏好、潜在风险因子及发展规律。研究过程中可立足于某一些特定的病种,从大的区域,而不是医院内部,针对选取的特定典型病种(如哮喘、慢阻肺等),结合个体实际数据(基因组学数据、生活行为习惯等),在医疗健康大数据分析(统计、数据挖掘、知识发现、机器学习等)的基础上,从大量数据中识别需求产生的显著因素与模式,从现有分散的结构化、半结构化、弱结构化甚至非结构化数据中进行模式匹配及行为规律预测,建立面向大数据驱动的某些疾病智能预警机制,为疾病的预防及个性化诊疗决策提供支持与参考。

2) 基于全程疗效/成本的供方个性化诊疗决策

如以呼吸系统疾病为切入点,综合运用数据挖掘、收益管理、卫生经济学与临床医学等多理论、多方法协同,研究呼吸系统疾病在诊断、治疗、康复不同环节的医疗健康决策支持体系。具体而言,对于呼吸系统疾病患者的诊疗,需要从诊断、治疗、康复各环节考虑全流程的决策优化问题。通过搜集患者的生理数据、接受不同诊疗方案的效果数据,运用大数据分析的手段来评估不同诊疗方案各个流程(诊断、治疗、康复)的效果(疗效/成本),通过决策优化制定出不同患者的个性化最优诊疗方式,构建全程的个性化诊疗决策支持体系。主要包括诊断决策优化、治疗决策优化、康复决策优化以及全程个性化诊疗决策支持体系构建。

3) 全社会医疗资源管理下的支付模式

如以呼吸系统疾病为切入点,基于医疗健康费用大数据分析的视角,深入分析呼吸系疾病诊疗康复不同环节上的医疗健康费用数据与治疗康复成本、医疗健康服务定价方面蕴含的价值,最终提出以实现高质量的治疗康复效果、科学核算医疗服务提供方为内涵的医疗健康需方价值最大化的新型医疗健康服务定价体系。主要内容如下:大数据驱动下的医疗健康支付费用数据挖掘和大数据驱动下的医疗健康打包支付费用定价分析。

4) 智慧医疗健康服务模式下的全社会资源配置优化

随着人们生活水平的提高和医疗健康意识的增强,人们从医疗消费观念逐步向健康消费观念深入发展,与此同时,随着计算机技术、通信技术的大发展,新的市场参与者如远程医疗网络平台、移动监测设备的提供商不断涌现,观念的转变和新市场参与者的出现引发了"在线"的新型医疗服务供应模式的参与。基于需求分类和预警预测以及诊疗决策支持体系的研究基础,综合运用医学地理学、收益管理、系统工程、卫生经济学与协同学等理论方法,进一步研究涵盖呼吸系统疾病诊疗及预防的全程医疗健康资源配置与优化问题。具体研究内容包括以下两个方面:医院内部多资源配置优化研究和基于智慧医疗健康的区域医疗资源配置研究。

9.4 物流业的服务管理

视频9-4

9.4.1 物流业的发展

改革开放40多年来,我国经济社会得到了巨大的发展,整体经济总量不断提高,综合经济实力日益增强。我国的短缺经济时代已经结束,经济发展进入结构性相对过剩阶段,经济增长已从供给约束为主转变为需求约束为主,经济持续快速增长带来的是大量商品、服务和信息流通的加速,从而也带来了对物流需求的成倍增长。

物流行业隶属服务行业,是世界经济增长最快的行业之一。1979年,物流行业正式进入我国。经过40多年的发展,数不胜数的物流企业崭露头角,为我国经济提供很大的支撑作用。得益于物联网、电子标签技术、区块链的不断发展以及国家对物流给予良好的政策支持,我国物流在物流智能化方面、基础设施设备方面与发达国家的差距不断缩小。社会物流总费用及与GDP的比率以及社会物流总额分别是刻画物流业发展的两个重要指标,如图9-11和图9-12所示。社会物流总费用与GDP的比值在稳步下降,一是因为物流畅通性提升,助力国内国际双循环。物流服务在协助产业链流程优化的基础上,更是在畅通国内大循环、促进国内国际双循环方面发挥了重要作用,助力物流成本稳中有降。二是物流与产业融合加速,协同一体化水平提升。近年来,工业、商贸企业采用供应链协同推进生产经营的理念明显提升,特别是疫情以来物流上下游协同合作的水平提升,物流业总收入与社会物流总费用的比率为72%,显示出专业物流服务的广度、密度、深度不断增加。同时,物流集成能力和一体化服务能力持续增强,进一步实现产业、企业间的协同发展,产业链资源整合、资源的优化配置加速推进。头部物流企业发挥引领带动作用,大力推进提供一体化供应链物流服务。

目前我国物流业的运行模式大致可分为两类,一类为企业内部物流,另一类为第三方物流。第三方物流是指为企业提供全部或部分物流服务的外部供应商,即专门从事物流服务的公司,是相对"第一方"发货人和"第二方"收货人而言的,它是由第三方物流企业来承担企

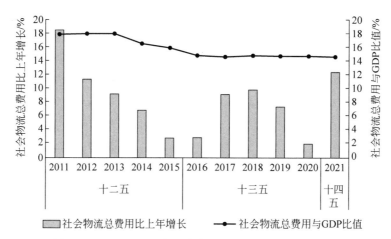

图 9-11 2011—2021 年社会物流总费用及与 GDP 的比值

数据来源：中国物流与采购联合会网站。

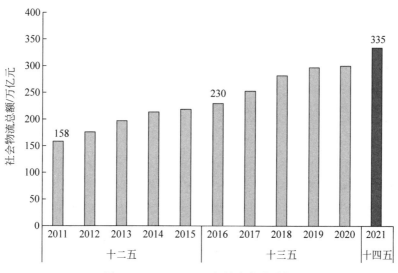

图 9-12 2011—2021 年社会物流总额

数据来源：中国物流与采购联合会网站。

业物流活动的一种物流形态。3PL（third-party logistics），即第三方物流既不属于第一方，也不属于第二方，而是通过与第一方或第二方的合作来提供专业化的物流服务，它不拥有商品，不参与商品的买卖，而是为客户提供以合同为约束、以结盟为基础的，系列化、个性化、信息化的物流代理服务。随着信息技术的发展和经济全球化趋势的加强，越来越多的产品在世界范围内流通、生产、销售和消费，物流活动日益庞大和复杂，而第一、第二方物流的组织和经营方式已不能完全满足社会需要；同时，为参与世界性竞争，企业必须确立核心竞争力，加强供应链管理，降低物流成本，把不属于核心业务的物流活动外包出去。于是，第三方物流应运而生。在我国，很多大型企业都建立了自己的物流管理系统。利用建立的内部物流系统，可以为客户提供更加完善的专业化服务。内部物流拥有针对性的网络覆盖，可以降低交易成本，提高品牌价值，为很多大型的商业企业所欢迎。例如很多烟草公司构建的现代物流配送体系,提高了配送的效率,降低了成本。虽然有些企业在自身内部物流体系的建设方面比较成功,但从整体来看,我国企业内部物流仅处于摸索阶段,还有很长的路要走。

在中国,物流行业属于第三产业,作为推动社会发展和国家经济增长的重要力量,其发展与创新离不开大数据技术,随着"中国制造 2025"和"工业 4.0"的提出,工业化与信息化的结合成为新趋势。如今,在后疫情时代,互联网消费群体不断加大,电子商务蓬勃发展。在此背景之下,智慧物流的蓬勃兴起成为不可抗拒的必然趋势。相较于传统的物流方式,智慧物流在物流管理、运输模式、运输动态更新等方面都表现出极大优势,其所具备的更加完善的运行模式,是传统物流方式所不能企及的。

近年来,中国社会总物流费用占年均 GDP 的 15% 左右,物流行业成为推动社会发展和国家经济增长的重要力量。但传统物流方式成本高,效率低,智慧物流作为一种世界新趋势,在解决传统问题的同时更兼具智能性和可靠性,成为中国物流行业改革与发展的必然方向。基于 2008 年国际商业机器公司(International Business Machines Corporation,IBM)提出的智慧地球概念,智慧物流理念首次出现在人们脑海。智慧物流理想体系应包含智慧作业技术和智慧数据底盘两部分,智慧作业技术根据各自在物流流程中的位置又分为仓库管理部分、干线监控部分、"最后一公里"部分及末端部分;大数据、物联网和人工智能等技术相配合组成智慧数据的底盘。

1. 智慧物流发展现状

从总体上看,近年来中国的社会物流服务能力有了很大的发展与改进,物流服务业发展保持平稳增长,但与美、德、法等物流效率较高的发达国家相比,中国物流服务业的相关政策体系还不够成熟,物流成本依然处于比较高的位置,物流总体竞争力和效率仍有上升空间。

1)中国智慧物流发展现状

随着中国信息技术手段的加速发展,无人仓等新型的技术在物流行业中得到了更为广泛的应用,智能技术成为促进行业发展的核心动力。中国已经出现许多拥有科学技术优势和发展资源优势的大型物流公司,这些大型公司作为智慧物流体系构建的主力军,积极发展尖端物流科技、创建信息化的物流平台、运用多种智能化和自动化的技术手段,在物流的各环节工作中积极开展信息化建设。但在中国物流产业取得卓越成就的同时,我们也不能忽视其物流产业中存在的问题。目前,中国智慧物流的发展仍处于初级阶段,政策制度尚不成熟,构建成本高、融资难度大、技术应用发展不平衡等问题仍然阻碍着智慧物流的全面推广和进一步完善。

自 2015 年政府报告中时任国务院总理李克强提出"互联网+"发展战略以来,中国就出台了一系列重要的发展政策,以助推"互联网+"发展战略的实施。此后,政府不断出台相关利好政策,以现代信息技术为标志的智慧物流成为物流业供给侧结构性改革的先行军,智慧物流发展体系的顶层设计初步形成,促进智慧物流向标准化、智能化以及集约化方向发展。

2)国外智慧物流发展现状

国外发达国家在智慧物流方面起步较早,其先进的技术和完善的政策可对中国智慧物流的发展和改革提供较大的启发作用。

美国作为世界上发达国家之一,拥有最为智能的物流系统,自 20 世纪 80 年代以后,美国出台了一系列相关政策,将监管重心放在了监管物流企业的标准化经营上。且美国格外注重物流各行业之间、国内和国际之间的规范化和标准化管理,以此形成规范的智能物流管理系统。

德国拥有完备的国内物流监管体系。在物流的建设方面,德国对类似承运车辆、搬运机械、射频技术等物流方面的硬件软件标准都做出了统一的规定,物品编码和数据采集处理标准的统一使得企业之间信息处理和交换的成本大大降低。众多策略均为信息技术的广泛应用指明了方向。

出于对重新改造国家制造业和高端制造业的产业升级的考虑,法国也积极加大智能制造和智慧物流的投入,大力引进智慧物流型人才,同时加速智能制造行业的发展,极大地促进了智慧物流和智慧制造发展的同步。法国于 2015 年发布了《法国物流 2025 战略计划》,该计划提出 6 个主题:劳动力、竞争和教育;物流在其区域或都市环境中的存在;物流技术创新;基础设施优化利用;监管协调与简化;由指导委员会监督物流检测。

2. 智慧物流发展趋势

(1)物流无界化。智慧物流除自身的体系外,还涉及生产、流通、消费等多个环节,甚至会有消费者亲身参与到产品的设计和生产过程中,在这种多元分散的情况下,小批量、定制化的物流将会是一个重要的环节,而智慧物流将会更多地出现在大众的视野中,渗透到当今社会方方面面。

(2)物流升级化。大数据、云计算等技术的应用使得物联网中的数据以指数级的速度增长,且呈全面化收集的态势,信息不对称的现象将会不断减少,以此形成全面覆盖的物联网络。在精准控制物流的同时,使得更多个性化的要求得以满足,使物流的效率和满意度都大幅提高,体现出智慧物流的价值。

(3)物流平台化。传统的物流依靠掌握更多的货运量和路线来进行调控,源头企业是一个供应链中的关键核心,但是随着智慧物流的新理念发展,供应链的关键核心开始转向更加先进、高效率的企业,平台化的发展到达了一个新高度,通过这个平台,智慧物流的体系可以发挥更大作用,提高效率。

(4)物流智能化。智慧物流将会发挥独有的特点和优势,推动物流产业的发展,深化产业链的各种需求,达到充分利用资源、大力提高效率,最终实现降能耗、智能包装等绿色目标,满足可持续发展的要求。

(5)物流短链化。物流的供应链越长,影响效率的无法控制的因素就会越多,导致风险的概率也会越大。传统的渠道模式需要适应变化,向短链化的方向发展,使之既能精确满足消费者的需求,又拥有更加灵活的体系。

9.4.2 物流业服务的特征

物流作为企业的第三利润来源,在经济发展中发挥着越来越重要的作用。服务是物流企业发展的强大动力,研究物流服务的特征将为物流企业实施创新活动提供理论依据。接下来将从一般服务创新的特点出发,结合物流服务的特点,系统地分析物流企业服务的特点。根据现代物流发展情况,将现代物流的主要服务特征归纳为以下几点:

(1)客户参与程度高。在一般服务企业中,客户消费与服务生产的同步导致客户参与度的提高,这意味着客户扮演着双重角色,既是公司外部服务的参与者,又是公司内部服务的影响者。同样地,在物流服务中,客户在购买物流服务的同时,也在实施其众多的定制化物流要求,如运输要求、仓储要求、货物包装要求等。此时的物流客户既是服务的外部需求者,也是服务的内部参与者,客户所提供的物流服务信息且与物流服务提供商的实时互动共同构成了整个服务过程。因此,物流业的服务特征之一就是客户参与物流服务过程的程度非常高。

(2) 物流服务的灵活性和敏捷响应。服务质量的多样化是服务产品不能像有形产品那样进行标准化生产的原因,也是一般服务企业没有固定生产线的原因,物流服务也是如此。物流服务商承担着尽可能降低制造生产企业库存和满足任务时间需求的责任,这需要物流服务企业做到敏捷响应并且建立更加灵活的物流体系,使物流配送中心能够根据消费者"多品种、小批量、多批次、短周期"的需求进行运行、实施和调整。

(3) 物流服务中的高度技术性。现代物流使用先进的技术、设备与管理方法为销售提供服务,生产、流通、销售规模越大,范围越广,物流技术、设备及管理越现代化。计算机技术、通信技术、机电一体化技术、语音识别技术等得到普遍应用。世界上最先进的物流系统运用全球卫星定位系统(Global Positioning System,GPS)、卫星通信(satellite communication technology)、射频识别装置(RFID)、准时制生产方式(just in time,JIT)、自动化存储(automated storage)、制造资源计划(MRPII)、企业资源计划(ERP)、计算机集成制造系统(CIMS)、机器人等技术方法,实现了自动化、机械化、无纸化和智能化的物流服务,如20世纪90年代中期,美国国防部(DOD)为在前南地区执行维和行动的多国部队提供的军事物流后勤系统就采用了这些技术,其技术之复杂与精尖堪称世界之最。

(4) 物流服务信息的共享。在电子商业时代,信息化是基本要求。对于物流企业来说,信息是决定企业生存的关键因素。物流企业必须建立信息化网络,与客户共享企业信息。通过与客户企业连接所形成的信息资源系统,基于供应链整合所形成的高效便捷的信息平台,可以帮助客户实时控制物流信息。

(5) 物流服务的系列化。现代物流强调物流服务功能的恰当定位与完善化、系列化。除传统的储存、运输、包装、流通加工等服务外,现代物流服务在外延上向上扩展至市场调查与预测、采购及订单处理,向下延伸至配送、物流咨询、物流方案的选择与规划、库存控制策略建议、货款回收与结算、教育培训等增值服务;在内涵上则提高了以上服务对决策的支持作用。

9.4.3 物流业的服务管理问题

中国已成为物流大国,但物流绩效并不理想,成本高、效率低、集约化水平不高、产业支撑度不足,诚信、标准、人才、安全、环保等"软实力"不强,尚不能满足现代物流国际竞争的需要。物流整体市场环境较为严峻,产业间联动发展空间巨大,物流企业经营压力持续加大,收入利润率低。地方保护、不正当竞争、诚信体系缺失等问题依然存在,资金短缺、人才短缺问题难以缓解,创新驱动的内生机制尚未建立。与此同时,国家支持物流业发展的诸多政策有待落实,相关问题还没有实质性改善。这些问题对我国物流服务业进一步发展提出了严峻挑战,以下重点列举物流业的一些服务管理问题。

1. 物流网络的配送中心选址问题

建设高效、绿色、可持续的城市物流系统是我国中长期发展战略的重要内容,特别是随着"碳达峰碳中和"目标的提出,我国对交通运输行业的能耗问题更加关注,而目前我国大城市物流配送中存在交通拥堵和物流能耗高等亟待解决的现实难题。基于此,从可持续城市物流体系视角出发,学界和业界都使用各种方法构建以总成本最小化为优化目标的物流配送网络布局与服务路径优化模型。

在超大型城市物流配送网络中,城市外围的铁路物流基地(一级节点)与其他城市之间通过铁路干线连接,负责来自城市外部货物的集结运输,实现超大型城市物流系统的"外集"功能。在铁路物流基地(一级节点)与城市物流中心(二级节点)之间通过小运转列车(铁路物流基地与周边物流中心之间灵活开行的短距离甩挂列车)进行物流运输,根据统筹安排将货物从一级节点配送到城内的多个二级节点;最后根据城市末端的配送网点(三级节点)需求,由城市核心功能区的城市物流中心(二级节点)通过卡车进行城市末端的物流配送服务,实现城市配送的"内配"功能。城市外集内配物流网络中的二级节点(城市物流中心)是外集内配模式的重要转运物流节点,该类型物流节点数量与布局对整个物流系统的效率有重要影响。因此,拟解决的重要科学问题是:①如何布局优化超大型城市中二级节点(城市物流中心);②一级节点(铁路物流基地)与二级节点(城市物流中心)之间的小运转列车的服务路径优化,即确定铁路小运转列车的物流节点路由顺序与开行频率。

上述问题可用一个两阶段的优化模型来描述:第一阶段,城市物流中心的布局优化及其分配问题,即确定最佳的城市物流中心的选址及其所服务的三级节点,以实现其总成本最小;第二阶段,根据第一阶段的布局优化方案,优化确定铁路物流基地(一级节点)与城市物流中心(二级节点)之间的小运转列车的服务路径,即优化确定小运转列车的路由问题,该问题本质上是一个基于需求可拆分的多车场车辆路径优化问题,如图 9-13 所示(其中 1 号小运转列车回到原出发的一级节点,2 号列车未回到原出发的一级节点)。

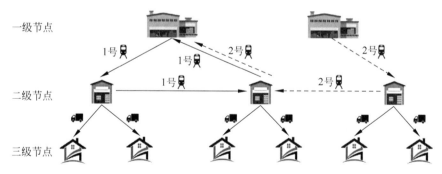

图 9-13 基于"外集内配"的城市物流网络

资料来源:张得志,张湘鹏,王润泽,等.基于两阶段的超大型城市物流网络选址与服务路径优化[J].铁道科学与工程学报,2023,20(4):1270-1279.

当建立好以上模型基础之后,再对模型进行一定的假设、参数和决策变量的设定说明,最后进行求解算法的设计,一般使用 Cplex 或 Gurobi 等数学优化求解器进行求解,最后得出优化模型的解,具体表现形式是物流服务节点的选址坐标,以及物流服务车辆的服务路径规划。以上是对物流业中目前学界和业界研究最多的设施选址以及路径规划问题作一个简单的分析思路讲解,不涉及具体复杂的数学模型构建和算法设计,对相关研究内容感兴趣的读者可以自行检索相关学术资料或案例进行更深入的了解和学习。

2. 逆向物流回收点布局优化

逆向物流是基于经济快速发展、资源节约等原因所催生的新兴产业,具有不可估量的经济潜力。逆向物流也因此逐渐进入人们的视野并最终成为重要的学科研究方向。但是管理制度落后、运营成本过高等因素使得很多逆向物流回收点都无法正常运营。所以逆向物流回收点应合理划分功能区,设计合理的内部功能区布局方案,不断降低回收点的日常运营成本,提高逆向物流回收点的回收及再利用效率,加速物品的回收和再利用,使回收点维持其运营并不断提高回收效率,最终实现保护环境和节约资源的美好目标。

3. 物流服务供应链的协同运作流程管理

物流服务供应链是物流外包的条件下产生的由物品供求双方(物流服务需求方)和(一个或多个)物流服务提供商所构成的以物流服务提供为目的的组织网链。由于物流服务供应链的运作涉及众多主权独立、地理分散的企业组织成员,企业之间的任务衔接与相互影响要求对各企业工作任务、所需资源、衔接过程的良好定义和合理安排,特别是各企业组织界面间的流程管理,对于物流服务供应链运行状态监控与跟踪、各企业间的协调与配合具有直接影响,业务流程管理的理念及工具可为物流服务供应链运作协同提供重要的理论与技术支持。

4. 生产-物流资源实时调度

随着产品定制需求的不断增加,企业订单也向多样化、小批量方向发展。顾客直接参与到产品的整个生命周期中,使得订单到达时间变得具有随机特征,大大增加了生产过程的不确定性,进而对车间生产-物流资源(生产资源和物流资源)的动态协同服务能力提出了更高的要求。在物联网和云制造(cloud manufacturing)等新的制造环境中,智能车间的任务由云平台下放,甚至由客户直接订购。当智能车间面临随机到达且具有不同交货期的订单时,传统的调度方法将难以应对这种新的制造场景。面向动态扰动,生产-物流资源如何基于实时信息敏捷地、自适应地提供协同服务,实现多资源协作和资源匹配优化,是智能车间调度系统需要解决的关键问题。针对以上问题,目前学界提出了一种基于群集一致性的生产-物流实时自适应调度方法。该实时调度方法包括两个部分:①基于智能车间群集系统的特征,构建了群集生产-物流资源任务一致性模型;②根据个性化订单特征,构建了基于一致性模型的任务松弛度指标的生产-物流服务组合的实时协同算法,实现了群集资源基于任务的按需自适应协同,达到了敏捷应对车间扰动的目的。

5. 众包物流服务质量

随着"懒人经济"的快速发展,我国物流同城业务规模不断扩大,并逐渐发展出了以"闪送"为代表的众包物流模式。众包物流是一种基于互联网平台的共享经济行为,将原本由专职配送员承担的物流配送工作外包给社会上的闲散大众,能够有效利用社会闲散资源,极大地提高物流配送效率,可以解决市场需求波动和终端配送资源短缺等"最后一公里"配送问题。目前,国内主流众包物流服务平台有闪送、京东到家、达达、点我达、人人快递等。然而众包物流在促进物流降本增效的同时,也因为众包物流服务行业规范与标准缺失、众包平台对自由快递员管控不足、接包方服务行为具有不确定性等产生了一系列的众包物流服务质量问题。此后,各个众包平台积极寻求质量改善措施,有的开始推行延时赔付服务,如饿了么、美团等众包外卖平台推出的"准时达Plus""准时宝"等。延时赔付服务可以有效地督促众包平台和接包方持续优化配送服务,降低配送延时的概率。因此,物流企业应该多创新,多推出类似于"准时宝"这种延时赔付服务,这将大大促进物流服务质量的提升以及顾客满意度的提升。

参考文献

[1] 辜英智,刘存绪,魏春霖.民航服务概论[M].成都:四川大学出版社,2017.
[2] 中国民用航空局.通用航空"十三五"发展规划[R].北京:中国民用航空局,2016.
[3] 交通运输部.2020年交通运输行业发展统计公报[R].北京:中华人民共和国交通运输部,2021.
[4] 中国民用航空局.2020年民航行业发展统计公报[R].北京:中国民用航空局,2021.
[5] 魏全斌.航空公司运营管理[M].北京:中国民航出版社,2017.
[6] 顾胜勤,徐岚.航空市场服务营销与管理[M].北京:中国民航出版社,2010.
[7] 张淑君.服务管理[M].北京:中国市场出版社,2016.
[8] 邹建新.民航企业服务管理与竞争[M].北京:中国民航出版社,2005.
[9] 李楠.中外智慧物流发展现状及未来趋势研究[J].物流工程与管理,2021,43(8):23-25.
[10] 罗纳德·H.巴罗.企业物流管理[M].北京:机械工业出版社,2002.
[11] 翁心刚.对我国物流业特征及创新发展的再思考[J].中国流通经济,2017,31(3):8-15,2.
[12] 于凤霞.共享经济趋势下物流业的发展与变革[J].新经济导刊,2018(9):67-70.
[13] MARASCO A. Third-party logistics: A literature review[J]. International Journal of Production Economics,2008,113(1):127-147.
[14] WINKELHAUS S,GROSSE E H. Logistics 4.0: a systematic review towards a new logistics system[J]. International Journal of Production Research,2020,58(1):18-43.
[15] ZHOU G H,PENG C,WANG X Q,et al. The Research on Characteristic of Service Innovation in Logistics Enterprise[C]. 2010 International Conference on Logistics Engineering and Intelligent Transportation Systems (LEITS),2010,4.
[16] 方可,梁丽,罗贤.大学生心理资本状况调查与统计分析[J].高教探索,2016(10):123-128.
[17] 刘洪雷,程伟.鱼骨图风险管理模式在改善急诊老年患者医疗纠纷中的应用[J].中国医院,2021,25(7):68-70.
[18] 杨贤,兰希,胡慧健,等.204例冠心病监护病房用药咨询的帕累托图分析[J].中国医院药学杂志,2021,41(17):1760-1763.
[19] 杜来红,陈桦,梁小微.机加工车间设施布置设计及优化[J].西安工业大学学报,2021,41(2):140-144.
[20] 周延,王一婷.控制图在测定食品中铅的应用[J].食品安全刊,2021(15):76-77.
[21] 张希雅.数字经济背景下的财务共享服务模式探析[J].中国集体经济,2021(28):134-136.
[22] 梁秋婷,李东洋,庞瑜妃,等.我国"共享护士"服务模式的发展现状与思考[J].中华现代护理杂志,2021,27(26):3632-3636.
[23] 郑联盛.共享经济:本质、机制、模式与风险[J].国际经济评论,2017(6):45-69,5.
[24] 刁卫东,赵洪进.共享经济的发展趋势研究[J].物流工程与管理,2016,38(10):106-107. DOI:10.3969/j.issn.1674-4993.2016.10.036.
[25] 国家信息中心分享经济研究中心.中国共享经济发展报告(2021)[R].信产部,2021:1-5.
[26] BENJAAFAR S,HU M. Introduction to the Special Issue on Sharing Economy and Innovative Marketplaces[J]. Manufacturing & Service Operations Management,2021,23(3):549-552.
[27] 罗剑玉,宋华,杨晓叶,等.竞争性绿色供应链中制造商提供绿色服务的信息共享研究[J/OL].中国管理科学:1-12. http://kns.cnki.net/kcms/detail/11.2835.G3.20210908.2044.005.html.

[28] 刘伟.酒店管理(Hotel Management)[M].2版.北京：中国人民大学出版社,2018.
[29] 杨宏浩.中国旅游住宿业发展报告2019[M].北京：旅游教育出版社,2019.
[30] 李勇.互联网＋酒店：传统酒店的战略转型、营销变革与管理重构[M].北京：人民邮电出版社,2016.
[31] 杨宏浩.中国旅游住宿业发展报告2019[R].北京：中国旅游研究院产业研究所,2019.
[32] 张得志,张湘鹏,王润泽,等.基于两阶段的超大型城市物流网络选址与服务路径优化[J].铁道科学与工程学报,2023,20(4):1270-1279.
[33] 中国饭店协会.2022中国酒店集团及品牌发展报告[Z].https://mp.weixin.qq.com/s/RzlkL35b4Nh4QdDMJe7PYw.
[34] 李毅斌,董千里,孙浩杰.基于流程管理的物流服务供应链运作协同研究[J].物流技术,2012,31(9):174-177.
[35] 邱慧,解瑞金,刘燕.基于SLP法的高校校园逆向物流回收点布局优化分析[J].物流技术,2022,41(4):32-39.
[36] 李文锋,杨文超,罗国富.基于群集一致性的生产-物流资源实时协同调度方法[J].计算机集成制造系统,2022,28(9):2953-2969.
[37] 孟秀丽,吴一凡,刘波.考虑延误险的多期众包物流服务质量优化[J/OL].中国管理科学:1-15[2023-09-01].DOI:10.16381/j.cnki.issn1003-207x.2021.1807.

第 10 章

新技术发展对服务管理的影响

视频 10-1

> **学习目标**
>
> ❋ **掌握** 新技术对服务模式与服务运作管理二者影响的区别。
> ❋ **熟悉** 新技术在服务管理中的应用；新技术对服务模式与服务运作管理的影响。
> ❋ **了解** 新技术的发展历程。

 导入案例

数字化赋能助达能集团零售降本增效

达能集团作为全球食品行业世界五百强领先品牌，在中国市场上，以脉动为代表的饮料产品年销售额超过百亿，市场覆盖广阔。集团期望看到更多真实的市场数据，复杂的线下渠道使得传统数据采集过程烦琐、漏洞频出，而更完善的陈列、促销等管理则有助于促进销量的增长，实现高效的渠道下沉和查漏补缺。

在国内市场人口红利不断减少的同时，达能集团也在不断寻找全新的技术和工具来实现线下生意的数字化，以助力效率的提升和成本的下降。众所周知，传统零售生意，对于国内错综复杂的线下渠道，人力巡检往往出现数据采集的烦琐以及访店效率的低下；执行标准靠人眼判断可能存在偏差，例如"完美门店""货架份额"等；终端执行指标（key performance indicator，KPI）较多，全部手工填写耗时，且数据不准确、不客观；而在费用方面，大量的市场渠道管理费用投入往往得不到效果，销量停滞不前。

达能集团期望看到更多的实时的市场数据，规避以往人工手段的种种弊端，让数据实时反馈现场渠道真实信息，并能得到及时的整改和建议传递。随着人工智能（artificial intelligence，AI）+大数据技术的日渐成熟，数字化、智能化、精细化的管理方式得到了达能集团的关注。ImageDT 图匠数据作为国内专注于零售与消费品行业的 AI 商业服务领导者，自主开发的"啄木鸟"——AI 图像识别智能货架洞察系统，利用计算机视觉和机器学习技术为达能提供渠道店铺核查的智能渠道管理，将渠道货架洞察转变成可用于改善店内执行战略的数据力量，完美解决达能关于销售渠道管理的问题。目前，国内大约有 400 万家实体商店，仅在渠道管理上至少存在 200 亿元的市场潜力，并相信随着 AI+大数据的不断成熟，将有越来越多的机会出现。

当下，中国的线下渠道结构正在发生变化，下沉市场成为各个品牌商的生意机会点。但受限于中国幅员辽阔的大环境，线下渠道管理显得错综复杂，盲点频频。AI＋大数据等技术则可以为线下渠道揭去这层面纱。

资料来源：中国连锁经营协会编撰的《2021生活服务业数字创新案例集》。

案例思考：快消品行业线下渠道复杂，尤其是下沉市场区域，传统人工巡检的数据采集烦琐，访店效率低，终端执行指标手工填写效率低，数据虚假，市场渠道费用投入失效。本案例通过人工智能图像识别手段很好地解决了这些问题。在此案例中运用到了哪些新技术？这些新技术对服务模式产生了怎样的影响？

本章概要

随着各种新技术的不断发展，服务的部分属性发生了变化，传统的服务模式逐渐被取代，新模式、新服务业态不断涌现，现代服务业的发展空间进一步拓宽。本章将在概述新技术发展的基础上，明确新技术在服务管理中的应用范围，探索新技术对服务模式、服务运作管理的影响。

10.1 新技术发展概述

新技术是指在一定时间和空间范围内第一次出现的技术，或者是在原有技术基础上经过改造使其在某方面有所突破或显著改善的技术。每个时代都有属于自己的新技术，这些新技术的出现推动社会不断向前发展。自18世纪60年代的第一次工业革命以来，每次工业革命都是一次新技术的全新应用。根据托马斯·K.麦格劳和布鲁兰德等的观点，三次工业革命的时期可划分如下：第一次工业革命(1760—1850年)以蒸汽机革命为特征；第二次工业革命(1850—1950年)以电力和石油技术革命为特征；第三次工业革命(1950年以来)以计算机革命为特征。三次工业革命引发了生活方式、社会结构的重大变革，引发了技术革命。技术革命就是指技术上具有广泛影响的根本性变革。纺织机的发明开启了近代第一次技术革命，蒸汽机的发明和创新把近代第一次技术革命与产业革命推向高潮。这次的技术革命形成以纺织业为先导、以蒸汽动力技术为主导的技术体系，这导致一种新的普适性技术规范的建立，使这场革命从纺织领域扩散到机械、冶金、运输等领域。第一次技术革命产生了蒸汽机技术，而蒸汽机提高热效率的需要又推动了热力学的发展，热力学成果诱发了内燃机的发明，并同电磁学、化学一起导致了第二次技术革命。第二次技术革命形成以电工技术为主导的、各种技术全面变革的新技术体系。电子管和飞机的发明，标志着第三次技术革命将形成以传输机为先导技术、控制机为主导的第三技术体系，这揭开了崭新的原子能时代、计算机时代和空间时代的序幕。蒸汽机的出现、电力的广泛应用、原子能和电子计算机的产生，是三次技术革命的重要标志。技术革命的成果在生产中的广泛应用，引发了工业革命，即生产力的技术方面和社会方面的全面根本性变革。工业革命与技术革命的关系并非单向的，而是双向的，工业革命对技术又会产生巨大的反作用。可以说，工业革命和技术革命是相辅相成、互相促进的，技术革命促进生产力飞速发展导致了工业革命，相反地，工业革命又促使技术革命的进一步发展。

第四次技术革命于20世纪70年代兴起，它以微电子技术、计算机技术、生物工程、新能源和新材料技术、激光技术、现代通信技术等为主要内容。第四次技术革命是智力型的技术革命，它延伸人脑的功能，扩大人的智力，把人从繁杂的脑力劳动中解放出来；第四次技术革命是群体式的技术革命，这次革命中的新技术是以群体形式出现的，并相应地形成了一批产业群；第四次技术革命是集约型的技术革命，这次技术革命的核心是发展高技术、知识和信息成为战略资源。纳米科学和纳米技术、生命科学和生物技术、信息科学和信息技术以及认知科学的迅猛发展，推动整个科技领域的革命性变革，这就是第五次技术革命。第五次技术革命的成果为数字时代和智能时代的到来奠定了基础，这些核心技术包括互联网、微处理器、大数据、云计算、超级计算机及量子计算机、区块链等。在这些基础上产生了现在的第六次技术革命，第六次技术革命是信息技术的革命，是以电子计算机技术为主导，高度综合现代高科技的多媒体技术基础上的更高阶段上的信息革命，这是一次信息综合处理手段的更进一步发展的革命。图10-1 所示为六次技术革命发展概括。

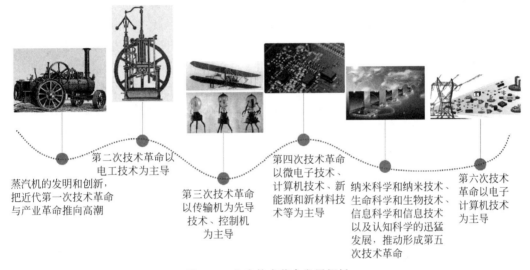

图 10-1　六次技术革命发展概括

随着信息技术、互联网、大数据、新材料、清洁能源的不断发展，世界已经进入智能化、信息化、数字化、绿色化的新技术革命时代。目前，国际公认并列入 21 世纪重点研究开发的新技术领域，包括信息技术、生物技术、新材料技术、新能源技术、空间技术和海洋开发技术等。这些新技术逐渐代替传统技术，并且广泛地运用到多个领域中，对人类的生产方式、生活方式、交通方式和休憩方式产生深远的影响。5G 的落地、物联网设备数量的爆发、边缘计算概念的提出，将促进制造效率提高、产品质量改善、产品成本和资源消耗降低，并将传统行业提升到智能行业的新阶段。从当前技术发展和应用前景来看，物联网在工业领域的供应链管理、生产过程工艺优化、产品设备监控管理、环保监测及能源管理、工业安全生产管理等方面都发挥了巨大作用，其帮助人类实现了工控系统、通信系统和信息化系统的智能化融合。人工智能和物联网的结合，使得机器间大规模协作成为可能。多智能体协同，将使物联网进一步智能化，并进一步强化智能系统的价值。比如，大规模智能交通灯调度，将实现动态实时调整；仓储机器人协作，将完成货物分拣的高效协作；无人驾驶车可以感知全局路况；群体无人机协同，将高效打通"最后一公里"配送，使超大规模的智能终端合作成为可能。云服务凭借其标准化、弹性化的优势，使得用户只需专注应用开发，无须关注基础设施及基础服务，可以说,云服务变得像电力和自来水一样无处不在,它还会成为数字经济时代的基础设施。

如今,在新技术的发展下,我们所处的时代已经变成了数字化、信息化、智能化的时代,在数字化时代必然会产生大量的数据。利用数据,服务企业实现了为恰当的顾客提供恰好的服务的功能,这实质上是通过数据中的信息去搜寻服务对象;而搜索引擎服务商尚未彻底解决的问题则可以认为是为服务对象搜索信息。大数据可能仍是解决这一问题的关键基础,不过在该场景下需要推荐的不再是商品和视频等,信息本身就是被推荐的目标。如果以信息为推荐目标,推荐模型和算法适用的服务领域则会大大拓展,因而就可以发掘出众多的服务创新机会。例如在医疗保健领域,2014年以来四川省针对大型医院"人满为患"、基层医疗机构"门可罗雀"的现象,从政策、能力、技术、人才、机制五个方面着力,全域推进分级诊疗制度,期望更正医患错配、促成医疗资源供需的优化匹配。但效果仍差强人意,医疗资源下沉不易,患者就医习惯的更改较难。究其原因,除高端医疗资源不足、基层医疗能力不够之外,在目前的医疗服务系统中,患者进入医院正式就医前对"导医"类信息的需求难以得到满足(如百度莆田事件是一个有力的例证)。市场期望医疗信息服务提供商能提供这样的服务:基于对合法医疗大数据的深度挖掘和学习,提供可信赖的专业医疗信息服务,为患者推荐合适的医院/医生以及其他进一步的服务。目前市场上已有诸如"360良医""搜狗明医""丁香医生""无码科技"等创业公司和相关服务产品在做这方面的努力。以此类推,中学生高考志愿填报、大学生考研、出国留学等教育就学信息服务,税务、会计、金融、投资等财务金融信息服务……在可预见的未来,市场上将存在众多的以广义的信息推荐为直接目标的信息服务需求。

在2020年4月20日的新闻发布会上,国家发展改革委首次官宣了备受市场瞩目的"新基建"的概念和内涵,较之前市场的猜测,范围更广,边界更清晰,具体包括信息基础设施、融合基础设施和创新基础设施。"信息基础设施"锚定的是新一代信息与通信技术,如人工智能、区块链、云计算和5G等,它们是数字经济时代的基础性创新;"融合基础设施"是新技术与传统基建的融合,用新技术去改造老基建;"创新基础设施"则是将焦点前移到技术生命周期的早期阶段,意在构造技术本身的孵化器,包括基础科学和基础研究。由此可见,这三个方面是一套完整的从基础研究,到创新和再创新,再到创新扩散的体系。这套体系是为第六次技术革命服务的,它将塑造一个数字化、信息化、智能化的新时代。

在这样一个信息化、数据化的时代,衍生出了一个新的领域——数据科学。数据科学是一个跨学科领域,它使用科学方法、流程、算法和系统从噪声、结构化和非结构化数据中提取知识和见解,并将这些知识和可操作见解应用于广泛的应用领域。数据科学与数据挖掘、机器学习和大数据有关。从图10-2所示的数据科学知识体系来看,其主要以统计学、机器学习、数据可视化以及领域知识为理论基础,主要研究内容包括数据科学基础理论、数据加工、数据计算、数据管理、数据分析和数据产品开发。

从数据科学角度看,服务管理决策在大数据环境下关注的焦点正在从传统服务流程转移到数据上,决策中各参与方的角色和信息流向更趋于多元和交互,这使服务管理决策范式呈现出大数据驱动的全景式特点,在信息情境、决策主体、理论假设、方法流程等决策要素上发生了深刻的转变。例如,以大数据为基础构建的服务决策模型对于理论假设的依赖大幅降低,与依靠经典理论假设建模求解的决策模型相比,引入大数据后的服务决策往往更加准确有效。以医院门诊管理中的需求分布拟合为例,根据门诊大数据分析可以得到患者的真

图 10-2 数据科学知识体系

资料来源：朝乐门. 数据科学理论与实践[M]. 北京：清华大学出版社，2019.

实门诊需求分布，以此为基础来构建患者需求管理和排队决策模型，比惯用的泊松分布假设准确、有效得多。此外，在服务管理中，数据科学和大数据的结合还能进一步激发对顾客行为的深刻洞察、企业运作风险预见和服务业务模式创新。

数据科学的出现为人们提供了一种有别于传统知识范式（数据-原理/知识-问题解决方案）的思路，即数据范式（数据-问题解决方案），在尚未从数据中提炼出原理/知识的前提下，用数据直接解决问题。数据范式强调的是在尚未将数据转换为知识的前提下，直接用数据解决现实世界中的问题。例如，沃尔玛将啤酒和纸尿布作组合营销之前尚要弄清楚顾客购买行为的内在原因，而亚马逊和网飞的算法在对顾客作推荐之前，则并不需要先总结出什么购买规律或消费原理，算法工程师和服务管理者在大多情形下也无法解释推荐的原因，从数据到推荐是直接的，不存在中间环节。在数据科学环境下，类似的数据范式在未来服务管理中可能会很常见，有时这类做法会冠以智能化决策、自动化决策等说法，实质上都是由大数据直接驱动的数据范式的应用。但是需要注意的是，在特定的服务领域，独立使用这种数据范式来解决问题可能不符合某些要求。例如某些国家规定，银行拒绝顾客的信用卡申请时必须给出法定范围内的解释，而能准确评估信用卡风险的数据科学算法的可解释性往往很弱。

随着新一轮技术创新浪潮的到来和数据科学环境下数据范式的出现，许多传统企业纷纷转变发展思路，寻求自我迭代。例如，德国空气压缩机制造商凯撒公司决定停止销售空气压缩机，改为免费提供，按空气压缩量向客户阶梯式收费，其采用的服务方式是让客户端所有空气压缩机联网，实现联动，并利用人工智能优化其运行状态，这样就可以节省60%的电量。凯撒公司扩大了市场份额，消费者也节约了电费。做出类似改变的还有传统的汽车公司，如福特汽车公司准备从汽车生产商变为汽车服务商。当然，技术带来的改变不只是模式的创新，还会促成新产业的诞生。蒸汽机催生了铁路产业；微处理器带来了信息技术产业的爆发；物联网、AI、5G、大数据和云计算等技术的发展和应用，也将会带领人类进入新的时代，其背后都是产业的变迁，这就是技术创新带来的"创造性突破"的力量。

10.2 新技术在服务业中的应用

市场由企业组成,公司企业的转变必定会带来整个市场的转变。近年来,随着传统企业的纷纷转型,新兴服务业市场日趋成熟。以前该市场主要是小众市场,并未得到人们过多的关注,但目前已经逐渐发展成为大众市场,并且与我们的日常生活息息相关。智能机器人收取快递、智能快递柜收取件、智能保温柜收取餐、线上直播展会、小程序直播、小程序在线授课、无人零售等,层出不穷的互联网新技术、新应用、新业态正在不断深刻地改变着人们的日常生产。而这些智能化无接触式的服务在加速融入我们的生产生活的同时,也将催生出新业态,促进产业数字化、企业线上转型的升级。在互联网金融的带动下,技术的外溢效应可进一步扩大。目前,"互联网+"概念已经逐渐从金融行业衍生到其他各类行业。在新技术演进的趋势下,企业服务的技术成本和交易成本将大大降低。这些新兴服务业将能够以更低的价格提供优质的服务,获得新的盈利空间和增长空间。在成本降低的情况下,服务将更加关注人性,服务的本质将会更加突出。同时客户群体也会越来越注重体验,无论是做网站,还是小程序、App、系统,抑或某产品服务的销售贯穿过程,都会越来越注重体验。

早在2015年3月初,时任国务院总理李克强就在政府工作报告中提出"互联网+"概念。互联网、大数据等新技术带来的智能互联网时代创造的是一个基于信息技术的服务时代。智能互联网不是创造和形成一个新的行业,而是渗透到传统行业中,和传统行业相结合,提升传统行业的服务能力,改变传统行业的推广和传播能力,令传统行业的功能更加强大。在传统的互联网发展过程中,类似新浪、搜狐、腾讯这样的互联网公司,它们的核心业务是和传统行业没有关系的。但是像阿里这样的互联网公司,它的核心业务就和传统行业紧密相关,可以推进传统行业的发展。它可帮助传统行业提高效率,解决支付,形成远程的业务销售。而如今智能互联网的远程医疗、移动支付、智能家居等业务,都和传统行业紧密相关,智能互联网逐渐渗透到各个服务领域,如图10-3所示。因此,本节主要介绍云计算与大数据、物联网与5G、区块链以及人工智能在服务业中的应用。

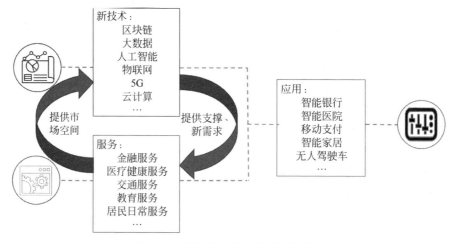

图10-3 新技术在服务管理中的应用

10.2.1 云计算与大数据

云计算(cloud computing)是分布式计算的一种,指的是通过网络"云"将巨大的数据计算处理程序分解成无数个小程序,然后,通过多部服务器组成的系统处理和分析这些小程序,将得到的结果返回给用户。云计算早期,简单地说,就是简单的分布式计算,解决任务分发,并进行计算结果的合并。因而,云计算又称网格计算。利用这项技术,可以在很短的时间(几秒钟)内完成对数以万计的数据的处理,从而实现强大的网络服务。

大数据是指无法在一定时间内用常规工具对内容进行抓取、管理和处理的数据集合。大数据技术是指从各种类型的数据中快速获得有价值信息的能力。大数据的总体架构包括三层:数据存储、数据处理和数据分析。先通过存储层将数据存储下来,然后根据数据需求和目标来建立相应的数据模型和数据分析指标体系,对数据进行分析产生价值。而中间的时效性又通过中间数据处理层提供的强大并行计算和分布式计算能力来完成。三者相互配合,让大数据产生最终价值。

云计算与大数据技术虽然属于不同层面,但都是IT领域关注的焦点。两者关系密切,相互结合,将极大提高企业收入,降低投资成本。从技术上看,大数据需要对海量数据进行分布式数据挖掘,但这无法用单台的计算机进行处理,它必须采用分布式架构,依托云计算的分布式处理、分布式数据库、云存储、虚拟化技术。从整体上看,大数据着眼于数据,关注实际业务,看重信息积淀,即数据存储能力。云计算着眼于计算,关注IT解决方案,提供IT基础架构,看重计算能力,即数据处理能力。没有大数据的信息积淀,云计算的计算能力再强大也难有用武之地;没有云计算的处理能力,大数据的信息积淀再丰富也终究不过是镜花水月。大数据根植于云计算。从本质上讲,大数据与云计算的关系是动与静的关系:数据是计算的对象,是静的概念;云计算则强调的是计算,这是动的概念。如果结合实际的应用,前者强调的是存储能力,后者看重的是计算能力。总之,云计算需要大数据,大数据也需要云计算,如图10-4所示。

云计算与大数据应用的着眼点在于"趋势"的判断。在大量数据中斟酌"领先指标",预测主流消费者的需求,调整进货周期和库存结构是大数据和云计算的应用之一。塞顿健康护理公司(Seton Healthcare)是采用IBM最新沃森技术医疗保健内容分析预测的首个客户,该技术允许企业找到大量病人相关的临床医疗信息,通过大数据处理与云计算,更好地分析病人的信息。在加拿大多伦多的一家医院,针对早产婴儿,每秒钟有超过3000次的数据读取。通过这些数据分析,医院能够提前知道哪些早产儿出现问题并且有针对性地采取措施,避免早产婴儿夭折。

云计算与大数据应用的着眼点在于个性需求的满足。一家领先的专业时装零售商,通过当地的百货商店、网络及其邮购目录业务为客户提供服务。公司希望向客户提供差异化服务,如何定位公司的差异化?他们通过在Twitter和Facebook上收集社交信息,更深入地理解化妆品的营销模式,随后他们认识到必须保留两类有价值的客户:高消费者和高影响者。希望通过接受免费化妆服务,让用户进行口碑宣传,这是交易数据与交互数据的完美结合,为业务挑战提供了解决方案。Informatica平台(全球领先的数据管理软件提供商)的技术帮助这家零售商用社交平台上的数据充实了客户主数据,使其业务服务更具目标性。

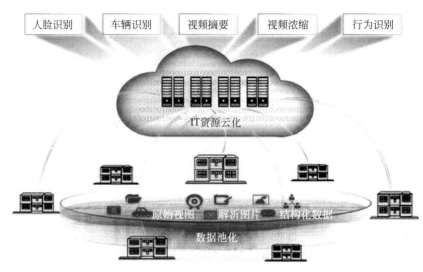

图 10-4　云计算与大数据

图片来源：浙敏电气网站。

10.2.2　物联网与 5G

物联网(Internet of Things,IoT)是指利用各种信息传感器、射频识别技术、全球定位系统、红外感应器、激光扫描器等装置与技术，实时采集任何需要监控、连接、互动的物体或过程，采集其声、光、热、电、力学、化学、生物、位置等各种需要的信息，通过各类可能的网络接入，实现物与物、物与人的泛在连接，实现对物品和过程的智能化感知、识别和管理。物联网是一个基于互联网、传统电信网等的信息承载体，它让所有能够被独立寻址的普通物理对象形成互联互通的网络。物联网的应用领域涉及方方面面，在家居、医疗健康、教育、金融与服务业、旅游业等与生活息息相关的领域的应用，从服务范围、服务方式到服务的质量等方面都有了极大的改进，大大地提高了人们的生活质量。

第五代移动通信技术(5th Generation Mobile Communication Technology,5G)作为一种新型移动通信网络，不仅要解决人与人通信的问题，为用户提供增强现实、虚拟现实、超高清视频、3D 等更加身临其境的极致业务体验，更要解决人与物、物与物通信问题，满足移动医疗、车联网、智能家居、工业控制、环境监测等物联网应用需求。最终，5G 将渗透到经济社会的各行业各领域，成为支撑经济社会数字化、网络化、智能化转型的关键新型基础设施。如今，5G 被广泛应用到工业、教育、能源、自动驾驶、医疗健康等领域。

毫无疑问，物联网技术是以互联网技术为基础及核心的，其信息交换和通信过程的完成也基于互联网技术。通信技术与物联网的关系紧密，物联网中海量终端连接、实时控制等技术离不开高速率的通信技术。5G 刺激物联网的发展，而物联网刺激大数据的发展。物联网是 5G 商用的前提和基础，发展 5G 的目的是给我们的生产和生活带来便利，而物联网就为 5G 提供了一个大展拳脚的舞台，在这个舞台上 5G 可以通过众多的物联网应用——智慧农业、智慧物流、智能家居、车联网、智慧城市等真正的落到实处，发挥出自己强大的作用。5G 和物联网是相辅相成的关系，两者相互作用，共同为人类社会的发展服务，5G 的实现不仅会给物联网带来深远的影响，也将极大推动我国经济的发展。

物联网与5G应用在路侧智能感知系统中可以起到推动车路协同技术发展的作用。路侧智能感知系统(以下简称智慧基站)主要包含多源感知(激光雷达、摄像机、毫米波雷达等)、AI边缘计算及5G/V2X路侧通信设备,通过在道路布设智慧基站,对路口和路段中交通参与者的动态信息进行采集,为具备5G/V2X通信设备的车辆提供信息服务。其中,智慧基站是车路协同中"智慧的路"的重要感知节点,它集道路信息感知、数据存储计算、信息中继传输功能于一体,采用多传感器融合感知,加上边缘计算和5G/V2X传输,实现人、车、路、云间信息的协同交互,降低端到端数据传输时延,缓解车载终端及路侧感知设施的计算与存储压力,解决自动驾驶超远视距和非视距信息感知难题。该系统具备交通环境感知、交通实时信息采集、交通事件监测预警、远程自检监测、交通信息服务、车辆预警、交通信号协同等特色功能。路侧智能感知系统的应用,推动了自动驾驶行业的发展,可以解决自动驾驶车辆感知、计算等方面需求,弥补单车智能存在的感知不足,实现人、车、路、云间信息的收集和共享。如图10-5所示,将5G、物联网赋能道路和车辆,实现了路侧智能感知的创新应用,推动了车路协同技术的发展。

图10-5 基于物联网与5G的车路协同技术

图片来源:多智时代网站。

10.2.3 区块链

区块链就是把加密数据(区块)按照时间顺序进行叠加(链)生成的永久、不可逆向修改的记录。这个链条被保存在所有的服务器中,只要整个系统中有一台服务器可以工作,整条区块链就是安全的。这些服务器在区块链系统中被称为节点,它们为整个区块链系统提供存储空间和算力支持。如果要修改区块链中的信息,必须征得半数以上节点的同意并修改所有节点中的信息,而这些节点通常掌握在不同的主体手中,因此篡改区块链中的信息是一件极其困难的事。相较于传统的网络,区块链具有两大核心特点:一是数据难以篡改;二是去中心化。基于这两个特点,区块链所记录的信息更加真实可靠,可以帮助解决人们互不信任的问题。从某种意义上说,区块链技术是互联网时代一种新的"信息传递"技术。区块链技术,简称BT(blockchain technology),也被称为分布式账本技术,交易记账由分布在不同地方的多个节点共同完成,而且每一个节点记录的是完整的账目,因此它们都可以参与监督交易合法性，同时也可以共同为其作证。区块链技术目前还处于早期阶段，大量项目尚未落地，但这波浪潮势不可挡，未来区块链技术可以应用到更多的场景中，如图10-6所示。

图10-6 区块链可以应用的领域

图片来源：什么是区块链，区块链的诞生，定义，核心技术，分类是什么？［EB/OL］.（2021-04-28）［2023-03-01］. https://zhuanlan.zhihu.com/p/144988285.

在广告监播应用场景中，广告主与广告承包商之间的不透明由来已久，监播数据无法查证、无法验证有效性，成为广告领域的一大痼疾。百度聚屏是行业领先的物联网程序化广告平台，百度区块链联合百度聚屏，通过给线下屏幕安装一个特别订制的软件包（software development kit，SDK），赋予屏幕一种特殊能力（百度独创的轻量级节点，light client verification，LCV）。百度超级链独创轻量级节点将区块链与物联网结合，提出了可信的区块链数据采集方式，安装了集成轻量级节点的特别订制的软件包后，线下广告屏幕就成了智能化的区块链节点，所有播放数据上链可查，降低了区块链接入成本。这让屏幕变成一个可信赖的数据生产者，基于区块链技术防篡改且可追溯的特性，将广告播放时间、次数等数据实时上传、存储、存证，并同步给平台、客户等，做到"端链连接"，消除人工干预，打破线下广告效果统计"黑盒"。在整个项目中数据采集过程无人工参与，广告终端直接上传数据到链上，无中间商经手数据，从而保障所拿到数据为真实、可信的源数据，从源头上杜绝数据造假，并多中心化记录。区块链节点、聚屏节点以及广告主节点都可以进行数据的计算和验证，防止单方篡改。广告主可申请成为区块链节点亲自参与数据收集过程，监督整个区块链网络的数据收集情况。数据存储和存证方面，百度区块链对接了全国百余家法院的电子证据平台，可提供广告素材数据的存储和司法相关的存证，保障数据可信。依托百度超级链，成功让线下屏幕实现了"类线上化"的效果，对广告数据进行精准的监测、统计与反馈，实现可追溯、真实可见。

10.2.4 人工智能

人工智能（artificial intelligence，AI）是指能够模拟人类智能活动的智能机器或智能系统，是计算机科学的一个分支，它企图了解智能的实质，并生产出一种新的能以与人类智能相似的方式做出反应的智能机器，该领域的研究包括机器人、语言识别、图像识别、自然语言处理和专家系统等。人工智能从诞生以来，理论和技术日益成熟，应用领域也不断扩大，可以设想,未来人工智能带来的科技产品将会是人类智慧的"容器"。人工智能可以对人的意识、思维的信息过程进行模拟。人工智能不是人的智能,但能像人那样思考,也可能超过人的智能。人工智能应用的范围很广,包括计算机科学、金融贸易、医药、诊断、重工业、运输、远程通信、在线和电话服务、法律、科学发现、玩具和游戏、音乐等诸多方面。

目前人工智能已经融入我们的生活,改变我们的生活方式、服务方式,满足我们进一步的生活需求。比如住宅小区智能系统,可以分为小区物业综合管理系统和家居智能管理系统两大部分。智能化物业管理与传统的物业管理在根本目的上没有区别,都是为业主、用户提供高效优质服务,创造物业最佳的综合效益。但由于管理对象层次不同,服务对象(业主)对物业的使用、要求等不同,二者在内容上必然会有所不同。智能物业由于采用了人工智能技术,能全面获取物业的环境、人流、业务、财务及设备运行状况等信息,有更加高效便捷的服务手段,所以在管理上更要科学规范、优质高效。可以把智能化物业管理看成在传统物业管理服务内容上的提升,这种提升也就是人工智能改变服务的体现。作为传统劳动密集型的行业,很多物业公司已经转型为新型服务类实体,通过借助人工智能的力量提升自身服务效率和质量。碧桂园服务是最早在社区场景布局 AI 应用的企业,研发投入及成果均处于行业领先水平,在近几年中科技研发投入 5 亿元左右,积极建设人才团队、研发核心技术。如图 10-7 所示,碧桂园的智慧服务就是云-边-端构成的 AI 全栈解决方案,可实现将云端的数据和决策通过边缘服务器与社区场景融合,从而让智能真正落地社区。该方案具有全场景、全智能、全集成、全链条四大优势,能有效提高物业管理效能和服务效率,为业主带来更好的服务体验。目前 AI 已成为碧桂园服务智能化升级的核心竞争力之一,行业内首个 AI 全栈解决方案已经在全国超 300 个社区落地,引领行业"AI+社区"趋势。谈及智能化升级的初衷,碧桂园服务执行董事、总经理李长江表示,传统物业服务是劳动密集型行业,要降低成本、提升效能,就必须通过信息化、智能化的手段来解决。但更重要的是,减员降本并非智能化升级的最终目的,而是通过科技节省基础劳动时间,实现更人性化、个性化的品质服务。

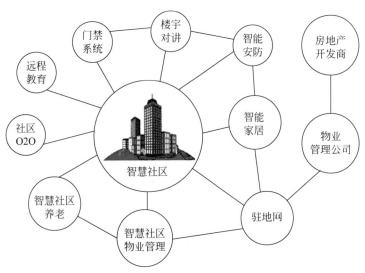

图 10-7 碧桂园智慧社区

图片来源:搜狐网。

10.3 新技术对服务模式的影响

随着各种新技术的不断发展,服务的部分属性发生了变化,服务变得触手可及、全方位、高效率、低成本的服务有了实现的可能性。服务业的产业结构、布局以及资源配置和组织方式受新技术的影响,传统的服务模式被取代,新模式、新服务业态不断涌现,现代服务业的发展空间进一步拓宽。

首先,移动通信、大数据、物联网、云计算等新一代信息技术得到发展和深入应用,越来越多的人、事、物、场景等被数据化,各类数据呈爆炸式地增长,社会进入一个"信息爆炸"的时代。同时,数据的价值也被深度挖掘,并被应用到信息获取、民生服务、智能决策等诸多方面,带来了全新的智能化服务模式。其次,新技术的出现使得企业更加经济方便地获取外部资源,改变了传统的分工协作体系,打破了产业边界,企业进一步朝着共享化、跨界化的模式发展。比如,滴滴等共享打车服务的出现,改变了传统的出租车服务模式,给顾客带来了新的出行服务模式。最后,对于生产制造企业来说,新技术使得产品的研发、制造、售后的边界变得越来越模糊,制造企业更加重视整个产品生命周期发展,逐渐从提供产品转向提供产品与服务,朝着制造业服务化的模式发展,实现服务化与智能化。

因此,本节主要以智能服务模式、共享服务模式以及服务型制造模式为例,介绍新技术影响下的新型服务模式。

10.3.1 智能服务模式

正如前文所提及的,新技术在服务业中有广泛的应用,在民生服务、公共管理、旅游业等领域出现了一大批新型服务模式。首先,大数据、物联网、云计算等技术推动了民生服务的信息化、智能化升级,智慧医疗、智慧教育模式的出现,大幅提升了社会的整体公共服务能力。其次,新技术的出现给公共管理和决策提供了新视角和新工具,智慧交通、智慧环保模式的出现,使公共管理和决策更加科学化、精准化。最后,新技术、社会生活水平的全面提高也推动了旅游产业的转型升级,智慧旅游通过电子门票、云平台等新型技术手段,让人们享受到了更好的旅游服务和旅游体验。

例如,深圳市罗湖区依托大数据、人工智能等新技术,推出了"反向办"政务服务新模式。以前,政府职能部门针对群众的一些重点和新增优惠政策、补贴,主要是依靠大范围的宣传。而这种传统模式的缺陷在于难以精准地传达到有需求的、符合政策的群众那里,申报率和落地率都不高,难以达到预期效果。其原因主要集中在三个方面:第一,政务服务事项大多具有时效性,而办事群众由于信息不对称经常错过申报时间,未能及时申报;第二,群众办事时,众多的服务事项分散在不同的部门,申报时间节点也都不一致,办事效率低,群众办事的体验感不强;第三,有些办事群众,特别是年级比较大的老年人不会使用线上申报,而政府职能部门又缺乏相关的帮助指导,导致这部分人群申请困难。

为了解决上述问题,深化政务服务改革,罗湖区政府从线上与线下两方面入手。一方面,通过罗湖区大数据平台收集全员人口数据,依托人工智能系统自动区分重点关爱人群,如独居老人、特困在学儿童等,并实现了多个部门间的数据资源共享。随后,线上对政府服务内容和办事群众信息进行自动匹配,精准定位服务人群,并及时通过短信等方式通知群众,确保群众第一时间获取可办服务提醒。另一方面,整合线下的政务服务资源提供上门帮办服务,由分管区领导牵头领办,落实主体责任,细化项目各阶段进展安排时间和人员分配,高效完成服务事项办理。为了跟进服务效果,罗湖区还创新使用 AI 语音机器人智能问询,进一步了解业务办理情况。目前,"反向办"服务模式已经可以办理两癌筛查、高龄津贴、就业津贴等多项福利类、津补类事项,涉及民政、卫生健康、教育、人力资源等多个领域,技术赋能为民生服务带来了高效和精准。

智能化服务模式多种多样,但无论是哪种智能服务,都需要依靠先进信息技术的支持,智能化地识别顾客的显性需求与隐形需求,力争在顾客提出需求之前响应,为顾客提供快速、健康、安全的服务。随着社会的进一步发展,智能化服务业的战略地位日渐突出,智能化服务将是未来服务业发展的重要方向,世界各国纷纷将智能化服务业纳入自身整体发展规划中,积极推进智能服务模式的发展。

首先,需要进一步拓展智能服务的市场。智能服务是涌现在市场上的新兴产品,而且智能服务往往需要用户具备一定的产品知识,为了促进消费,需要扩大智能服务产品的推广与宣传。比如,在智能银行、远程医疗服务中,很多步骤都需要用户在线上完成,需要验证、操作的流程较多,具备一定的门槛。另外,在推广与宣传的同时也可以挖掘顾客对智能服务产品的内在需求,对现有服务进行改进。

其次,建设智能服务技术体系。智能服务产业需要强大的技术力量支撑,其涉及的技术体系包括数字化建设、信息的传递、不同环节间的交流与合作等诸多阶段。因此,需要定位不同阶段的关键技术,掌握核心技术,提高创新能力,不断探索、拓宽服务创新的范围,建设完整的智能服务技术创新体系。

10.3.2 共享服务模式

现如今我们生活在共享经济时代,共享服务广泛分布于交通出行、住宿、知识技能、生活服务、医疗、办公及生产能力等领域,为我们日常生活提供了各种便利的服务。共享经济(sharing economy)又称合作经济,该概念最早于 1978 年在美国伊利诺伊大学教授琼·斯潘思和得克萨斯州立大学社会学教授马科斯·费尔逊的论文"Community Structure and Collaborative:A Routine Activity Approach"中提出。

共享经济等相关概念虽然早已出现,但很长一段时间内一直没有得到大规模应用,1999 年罗宾·蔡斯建立起的 Zipcar 共享租车服务被视为早期的共享经济成功案例,而普遍看法为共享经济真正流行的标志性事件是 2008 年 Airbnb(爱彼迎)的创立,在此之后诸如 Uber 等共享经济企业如雨后春笋般涌现,而共享经济也使得人们的生活发生了翻天覆地的改变。

根据国家信息中心分享经济研究中心发布的《中国共享经济发展报告(2021)》显示(见表 10-1),2020 年我国共享经济市场交易规模达到了 33 773 亿元,共享经济参与者人数达到了 8.3 亿人,其中服务提供者约为 8400 万人,第三方平台企业员工数约 631 万人。特别是由于新型冠状病毒感染疫情对于人民生产生活的影响,虽然交通出行、办公、住宿等领域受到了较大的波及交易额有所下降,但相应的涉及线上的知识技能和共享医疗等领域的发展速度呈现出了显著上升的趋势,基于互联网平台的共享经济对于稳就业保民生的作用不断凸显。

表 10-1　2017—2020 年我国共享经济发展概况

领域	共享经济市场交易额/亿元				2020 年同比增速/%
	2017 年	2018 年	2019 年	2020 年	
交通出行	2010	2478	2700	2276	−15.70
共享住宿	120	165	225	158	−29.80
知识技能	1382	2353	3063	4010	30.90
生活服务	12 924	15 894	17 300	16 175	−6.50
共享医疗	56	88	108	138	27.80
共享办公	110	206	227	168	−26.00
生产能力	4170	8236	9205	10 848	17.80
总计	20 772	29 420	32 828	33 773	2.90

数据来源：国家信息中心分享经济研究中心。

共享经济的发展得益于信息技术与互联网经济掀起的革命浪潮，尤其是近年来推进的"互联网＋"行动计划和"大众创业、万众创新"的发展理念，共享模式已成为许多企业创业的重要选择。以移动支付、物联网、5G、智能交互设备为代表的一系列信息技术使得共享经济的实现有了技术上的可能，依托互联网平台实现的共享经济模式打破了传统经济下人与人之间的壁垒，大大减少了点对点交易所需的时间与经济成本，平台背书的模式建立起陌生人之间的信任关系，移动支付使得交易更加安全便捷，位置共享实现了物理空间的连接，这一切都为共享经济提供了技术上的支持，使得其能够有机会改变人们的生活。

1. 狭义共享经济

随着各类共享经济的蓬勃发展，近年来学术界对共享经济的内涵也进行了各种各样的探索，但由于学科视角的不同以及各国不同的经济政策，学术界和实业界对共享经济的内涵有着不同的理解。

学者 Belk 于 2010 年提出 Sharing(共享)的概念，这是近年来首次对共享经济的内涵进行阐释，他认为"这是与赠与和交换有所不同的互动，强调资源的共有性，以及如何在群体中分配和使用资源"。后来不同的学者基于不同学科视角对共享经济给出了不同的定义，但总体来说，狭义的共享经济可以定义为"利用互联网等现代信息技术，以获得一定报酬为主要目的，基于陌生人且存在物品使用权暂时转移的一种商业模式"，通俗地说，就是个人将自己的闲置资源分享出来，通过平台等方式以一定的价格将该资源的使用权转让给他人。它具备五个基本要素：闲置资源、使用权、连接、信息以及流动性。其中闲置资源是第一要素，也是最关键的要素，它是资源拥有方和使用方实现资源共享的基础。狭义上的共享经济模式代表企业有滴滴出行、爱彼迎、美团等。

狭义上的共享经济其本质是依托互联网第三方信息技术平台的个体之间闲置资源的再利用。共享经济是信息技术发展到一定阶段后出现的新型经济形态，它通过整合各类分散资源、准确发现多样化需求，来实现供需双方的资源快速匹配，达到了资源的优化配置。共享经济强调以人为本和可持续发展的理念，崇尚最佳体验与物尽其用的新的消费观和发展观。

从服务管理的角度来看，共享经济区别于传统经济很重要的一点是市场服务供给端的参与主体为个体(以下简称产消者)，而第三方平台企业的职责仅在于连接供需双方，平台本身并不提供产品或服务。例如,滴滴出行作为线上打车的服务平台与 Uber 类似,都是通过线上平台匹配司机与乘客来实现运营,个人只需通过简单的注册培训即可成为滴滴平台上的司机,而滴滴更多提供的是司乘匹配、路线规划等技术支持。正是这一点导致了许多新问题:一是产消者提供的服务通常具有鲜明的个人特色,这与传统企业的标准化服务有着本质的区别;二是个体服务提供者缺乏传统企业员工接受的系统培训和监管,因而其服务质量与标准化服务存在明显差距;三是共享经济中的产消者服务内容灵活性更强,具有很大的不可控性。

但共享经济中产消者作为服务的提供方也具有独特的优势,共享经济强调的"人人参与"的理念使得其在价值创造活动中具有高度的自主性,并且产消者与消费者的互动相较于传统企业的"顾客至上"更趋于平等的人际互动,这在某些方面能够满足消费者的一些特殊价值诉求,如结识更多的朋友等。

在共享经济中,平台企业在服务交换活动中起到的作用更多的在于引导而非管理。平台的主要任务是整合闲置资源、调控产消者与消费者、设计匹配机制并驱动双方以实现价值共创,这与传统的企业主导式的服务管理也存在一定的区别。从某种意义上说,平台就是联系产消者与消费者之间的"中介",而平台在匹配服务互动双方的同时也起到了一定的监管作用。平台的决策主要涉及供给方及需求方(或两者)的定价决策、在运营层面上买卖双方的匹配决策,以及关于匹配容量、信息披露和支付方案的决策。平台企业靠收取交易费用来赚取利润,常见的是抽成(与交易价格成比例的费用)或订阅费(固定且依赖于交易价格的费用)的形式。

2. 广义共享经济

我们生活中常常接触的以共享单车、共享充电宝为代表的商业化共享项目本质上仍然属于传统经济体系下企业项目层面基于互联网技术的创新,资源共享的范围仍然以企业的商业资源为主,并未涉及个体之间闲置资源的共享互换,即存在较强的 B2C 特征,学术界对于这类模式是否属于共享经济仍存在很大的争议。

我国注重共享经济实践的政策方针,强调技术以及多样化资源参与的要素,除了个体人的住房、车等资源共享,我国还鼓励多样化的共享类型,如 B2C 的共享单车、B2B 的产能共享,在数字经济背景下也诞生了财务共享服务,还有应对医护资源短缺的"共享护士"服务模式以及信息共享服务等,这些都属于广义上的共享服务。如表 10-2 所示,按照供需层面划分主要可分为 C2C 模式、B2C 模式以及 B2B 模式(狭义共享服务模式)。

表 10-2　C2C 模式、B2C 模式以及 B2B 模式的特征分析

模　　式	代表企业	特　　征
C2C 模式	爱彼迎公司	(1) 个人与个人之间; (2) 供给方利用闲置的商品和时间创造收益; (3) 需求方不直接拥有物品的所有权,而是通过共享的方式使用物品,并为此付费
B2C 模式	共享单车	(1) 企业与个体之间; (2) 供给方企业将所有权转变成出售商品的使用权; (3) 需求方消费者不需要购买服务的所有权就能够使用该服务,范围广的选择满足了各个类型的需求

续表

模　式	代表企业	特　征
B2B模式	猪八戒网	(1) 企业既是供给方，又是需求方； (2) 供给需求双方闲置资源的共享与交换通过共享平台实现； (3) 可以减少供需双方的资本投入，使企业成本快速摊薄，进一步提高资源利用率

B2C模式主要以共享单车为例，这种模式很难全面考虑资源的闲置问题。B2C模式十分依赖资产，共享单车前期投入、中期运营和后期维护带来的成本是很惊人的，除制造成本之外还要考虑折损，悲观估计会因为折损以及运营成本而导致损失。平台需要加大资源的生产力度，随之而来的便是巨大的资金投入。

B2B模式主要以猪八戒网为例，由于需求方定价自主权过大，出现了商品和价格不匹配的定价问题，这些容易降低双方匹配的效率，再加上猪八戒网的需求发布都需要需求方提前将佣金打到猪八戒网的公共账户，结合目前互联网共享经济公司内部腐败频发的情况，资金安全也是不容忽视的问题。

综合来看，从广义上说，共享经济这一术语的含义相对其他代名词更加多样化，相关分析主要着重于探讨共享经济与传统经济交换形式的区别，强调个体人的广泛参与和闲置资产的利用。此外，也考量了共享经济对经济、社会、环境等方面的影响。具体而言，对这些内涵有以下三点总结：

一是在是否强调技术要素方面存在先后差异。一些早期的定义相对忽视技术使能要素，因而共享的形式和资源范围有一定的局限。例如，参与的个体往往局限在社区层面，范围相对较窄。而后续在纳入互联网技术平台要素之后，能够参与共享的群体则更加广泛，共享资源的范围也得到大大拓展。

二是在资源的共享范围方面存在差异性。具体而言，主要表现在是否包括B2C和B2B，除了个体人的闲置资源，一些学者还宽泛地将其他资源（如企业的资源）都纳入共享的范畴。

三是在是否突出服务要素方面存在差异性。一些学者所提出的内涵并不特指服务要素，将其视作一般性资源一概而论，重点关注物质资源的再利用。但是鉴于产品和服务的属性存在较大的差异，如服务的产生和价值的交付是同时发生的，也有一些学者将服务资源作为独立的要素加入对服务内涵的阐述中。

10.3.3　服务型制造模式

相较于智能服务模式、共享经济模式，服务型制造模式主要聚焦于制造业，指的是由生产型制造向服务型制造转型，通过制造向服务的拓展和服务向制造的渗透实现制造与服务的有机融合，改变了以往制造业高能耗、高污染、低附加值、低劳动效率的方式，是一种全新的制造模型，使得企业在为顾客创造最大价值的同时获取自身的利益。

在以往，制造业的目标是制作出高质量的物品，比如，对于一个汽车制造厂家来说，其目标是造出能顺利行驶、质量稳定的汽车。但在今天，产品的质量和性能正变得越来越相似，单就产品而言，汽车制造商的产品很难与其他竞争者的产品区别开；同时，现在的顾客不再仅仅需要一辆汽车,他们还想得到更多的服务。比如,购车前的金融、贷款服务,购车中的接待、个性化定制服务,购车后的使用、维护服务。越来越多的制造商不再只关注产品的生产环节,而是将目光投向了市场调研、产品销售、售后服务等多个领域,在服务环节所产生的价值越来越大。这让制造商越来越重视自身服务体系的完善,把企业的重心从生产转移到服务,进行产品的全生命周期管理。

以福建泉工股份有限公司为例,其作为国内领先的制砖一体化解决方案运营商,通过采用云技术、数据协议通信技术等新一代信息技术打造云服务平台,可以采集智能装备的运行数据和用户的使用习惯,实现在线监测、远程预警、故障诊断、升级等多种功能。配套全生命周期的服务,拉近了公司与客户的距离,也给该公司带来了新的利润增长点,平均故障解决时间由 15 天缩短为 8 天,整体售后服务效率提高了 40% 以上,售后维护成本节约 50% 以上。

此外,随着"工业 4.0"时代的到来,新技术的应用使得制造业不仅能实现工厂内全面互通互联、高效率、全流程的智能制造,还能依靠互联网连接供应商、客户等外部资源,将云制造落地。制造商的信息化提升,借助信息网络技术,不同环节间的企业能够实现更加流畅的配合,突破传统业务模式的限制。此外,大数据、移动通信技术的发展,使得制造商可以在分析客户数据的基础上挖掘其核心需求,为顾客提供定制化程度更高的产品,提升用户体验。

对于制造业来说,服务型制造的发展带动了制造业的高质量发展。首先,服务型制造模式的出现,要求制造企业不断增加对产品研发的投入,增强技术创新能力,创新商业模式,才能增加用户黏性,满足用户越来越高的专业化服务需求,推动了制造业向价值链中高端的攀升。其次,服务型制造给制造业带来了新的增长空间,提高了企业的附加价值和利润率。以往制造企业主要是从销售产品中获得收入,而服务型制造通过融合产品与服务,将一次性的收入转变为多次、可持续的服务性收入,让企业在为产品用户提供服务的过程中收获更多的现金流。全生命周期管理、信息增值等服务活动也能带来更多的高附加值服务活动,增加企业的营收。

发展服务型制造,给服务业创造了新的增长动力,提高了服务业的生产率。首先,服务型制造是基于制造业开发出的一种新的服务类型,涵盖产品研发设计、加工制造等诸多环节,包括了一系列高端的、高附加值的服务活动,给现代服务业带来了新的发展机遇,将会诞生更多的服务型制造模式。其次,服务型制造的特征在于采用大量的前沿、高新技术,创新投入大、研发强度高,是典型的技术密集和高附加值行业,提高了劳动生产率和全要素生产率。此外,服务型制造也意味着更多的服务化内容,相较于传统的制造业,有着更低的污染物和温室气体排放,对环境更加友好。

综上所述,传统制造业正逐渐向服务型制造模式转型,通过产品与服务融合,强调顾客的全程参与,提供生产性服务与服务性生产相结合的方式,不仅有效地整合了分散化、碎片化的制造资源,还实现了各环节的价值增值,提升了企业的核心竞争力。传统制造模式与服务型制造的区别主要体现在组织、运作以及价值实现等方面。

在组织模式方面,服务型制造企业的覆盖范围比传统的制造模式更加广泛,关注顾客、制造企业、服务企业等不同主体间的互通互联,高效利用和优化配置不同主体间的资源,打造兼具灵活性与稳定性的服务型制造组织网络。

在运作模式方面,服务型制造强调以顾客为中心。通过主动将顾客纳入产品制造和应用服务的过程中,为价值链上下游客户提供生产性服务和服务性生产。同时,依托大数据等新型技术手段,深度挖掘顾客需求,提供有针对性的产品和服务,实现柔性化、定制化生产和服务,提高顾客满意度。

在价值实现方面,传统的制造企业以产品的加工制造为中心,而服务型制造企业以服务为中心。服务型制造企业以产品作为载体和平台,在此基础上为顾客提供更丰富多元的服务、整体解决方案,不再只关注生产加工所带来的价值,而是关注产品全生命周期所带来的价值。在为顾客带来更多价值的同时,也让自身有了更多的收益。

综上所述,随着各种新技术的运用、互联网的发展,服务业的产业布局和结构、资源配置、组织方式等都深受影响,出现了越来越多的新型服务模式,服务变得更加触手可及、随处可见。未来,服务模式将朝着低成本、高效率、全流程、全方位的方向继续发展。

10.4 新技术对服务运作管理的影响

服务运作管理包含了提供服务前、服务进行中以及服务完成后多个阶段的多项内容,比如,服务前运作战略的制定、服务产品和服务提供系统的设计;服务进行中运作技术的选择、设施选址与设施布置、工作设计、服务质量控制、服务能力规划、服务过程的计划与控制等。相较于各种物质形态的有形产品,服务是无形的,服务的产出是顾客在购买前难以感知的。因此,针对服务的运作管理需要考虑服务的特殊性,这就导致了服务运作管理具有与制造业生产管理不同的特征。

首先,不同于制造业中以产品为中心进行组织运作,在服务业中主要是以人为中心进行服务组织运作。制造业的生产管理是以产品为中心展开的,其控制对象是生产进度、生产成本以及产品质量,服务运作管理的主要目标是制定独特的经营战略和运营策略来提高服务水平,使顾客真正的满意。其次,在服务业中,运作的过程是人与人的接触,具有很大的不确定性,服务人员和顾客的随机性都会影响服务运作的结果,难以预先制订周密的计划。最后,服务与服务提供系统两者的设计不可分离,在制造业中,同一种产品可以使用不同的生产系统制造,而在服务业中,不同的服务提供系统会产生不同的服务产品,需要同时设计服务和服务提供系统。

随着移动通信、物联网、云计算和人工智能等现代信息技术蓬勃发展,服务业的发展迎来了新的历史契机。在服务业中有机融合、集成这些新技术,探索新的服务业发展业态,提高服务业的运作管理水平,提升顾客满意度,对服务业的发展具有重要意义。考虑到服务运作管理的内涵比较宽泛,接下来,我们将以网约车和在线点评两种新业态为例,探索新技术对传统出租车行业服务运作管理的颠覆,以及新技术对服务口碑传播的影响。

10.4.1 网约车服务运作管理

在网约车出现以前,如果我们要使用出行服务,大多数时候只能在寒风或酷暑中等待可能有或可能没有的出租车。而现在,我们只需要使用滴滴这类打车软件,在不到 1min 的时间内系统就会匹配相应的车辆,之前是望眼欲穿的苦等,现在则是分秒可得。用户体验的提升离不开背后供需匹配效率的提升,当用户按下叫车键后的短时间内,系统后台已经完成了多轮筛选,即根据用户画像和用车需求,匹配位置合适的网约车,并根据实时的地理位置和运能情况确定运价。

中国互联网络信息中心的统计数据显示,如图10-8所示,截至2021年6月,我国的网约车用户规模已达3.97亿,网约车提供的运输服务已在顾客出行服务供给中发挥重要作用。在我国,政府一般会对出租车的数量进行控制,并执行较低的政府定价,受歧视性的进入和僵硬的数量管制双重影响,传统出租车在服务数量与服务质量方面存在明显的短板,网约车的出现打破了出租汽车行业特许经营的壁垒,有效缓解了出租车行业运输服务供给不足的态势,提高了居民出行的便捷程度,重塑了整个行业的运作管理。

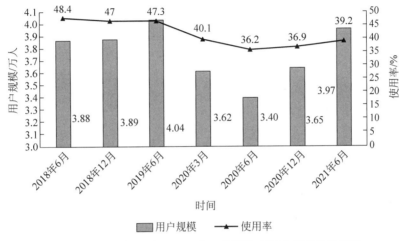

图10-8 2018年6月至2021年6月网约车用户规模及使用率

数据来源:中国互联网信息中心。

网约车依靠移动客户端、在线支付、实时交通地图、路线优化、需求预测与智能匹配等新技术,改变了传统出租车出行服务的运作管理模式。

首先,在出行服务前,传统的出租车采用巡游的方式,这种方式使得出租车与乘客相遇的时间和地点具有随机性,乘客很难有更多的选择;同时,出租车具有垄断性,乘客处于次要地位,即使遇到车辆后也存在需求信息的二次匹配,出租车拒载事件时有发生。而在网约车服务的过程中,乘客通过打车软件叫车,主导了约车意向的达成,而网约车数量多的优势也进一步增加了乘客约车成功的可能性。此外,对乘客与网约车驾驶员来说,订单的费用和里程都是公开透明的,增强了乘客与驾驶员的互信,有利于服务的达成。

其次,在服务过程中,网约车的服务范围、服务时间和计费规则都发生了变化。在服务范围方面,传统的出租车受制于司机经验、运输经营范围,只能在特定区域内提供服务,而网约车采用了实时交通地图等新技术,能够自动生成行车路线,可以在较大范围内提供载客运输服务,此外,网约车所提供的服务类型更加丰富,还可以提供代送鲜花、物品等载客运输以外的服务。在服务的时间方面,传统的出租车只能通过司机或乘客主观经验判断,而借助于数据分析技术,网约车能根据实时路况信息提供更加确定的服务时间预测,乘客也能知晓网约车前往约定地点的耗时,而传统出租车巡游与乘客搜寻匹配的耗时是随机的。在计费规则上,传统的出租车是乘客上车后打表计费,而网约车的计费是以车辆到达约定地点为准,能有效地督促乘客守时。

在接受服务后,网约车的支付与评价方式也发生了变化。在支付方面,传统出租车多是乘客到达目的地后实时地支付给司机车费,即要求到达与支付的绑定,而网约车只需要乘客在一定时间内对订单进行在线支付,实现了支付与到达的分离,提升了支付的便利性;在评价方式方面,乘客只能对传统出租车服务做出单次、独立的评价,其评价的影响效果也十分有限,而网约车采用了公开的服务评价体系,数据公开透明,所有人可见,网约车平台也能实时地根据司机的服务情况调整奖惩激励,有利于网约车驾驶员改进不足,提升服务水平。

10.4.2 电子口碑服务运作管理

服务的无形性、差异性等特点导致了服务质量难以被量化评估,过去,人们往往依赖传统的口碑(word of mouth,WOM)打破信息不对称,将口碑视为选择服务前的一种重要的参考信息。而互联网、社交媒体的发展,改变了人们传统的信息创造和获取方式,现代消费者可以通过电子媒介更加方便快捷地对服务进行信息交流,口碑也逐渐演化成电子口碑(electronic word of mouth,eWOM)。

如图 10-9 所示,电子口碑与传统口碑的区别主要体现在三个方面。首先,电子口碑的传播和影响范围更大,传统口碑通常仅局限于个体所熟悉的社会网络中,如家庭成员、同事、同学等,而电子口碑借助于互联网,可以传播到世界上的任何地方,任何人都可以查阅,可获取性强;其次,电子口碑的扩散速度更快,传统口碑的交流局限于相对狭隘的本地范围,扩散速度较慢,而电子口碑可以实时、快速地以病毒式扩散;最后,传统的人际间口碑交流是随机发生的,企业难以控制和利用,而电子口碑有较高的营销价值,精心策划的病毒营销能帮助企业在短时间内占领市场,特别是对于同质化严重的服务类商品,可以为企业增加独特的竞争优势。

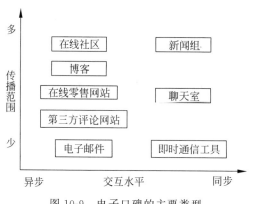

图 10-9 电子口碑的主要类型

电子口碑的影响力日益彰显,例如,请朋友小聚要上大众点评查看店铺评分,看电影前要查看豆瓣和论坛的影评。电子口碑已经成为人们发表言论的重要场所,也是人们获取、交流和共享信息的重要平台。相较于传统的实体购物,由于线上消费时消费者不能亲身体验,存在相当的不确定性和风险,只能依据网络提供的相关信息进行购买决策,包含消费者自身体验的商品属性和质量等丰富信息可降低商品信息的不确定性和购物风险,能够对消费者的在线购买起到辅助决策作用,并最终对商家的销售产生影响,相比大众媒介或商家提供的商品属性信息,用户更愿意相信普通消费者对商品的评价。

针对电子口碑的服务运作管理具有重要意义,现代的消费者越发重视其他人所接受服务后的反馈,也逐渐形成在选择服务前通过电子口碑筛选的消费习惯。电子口碑的出现,拓宽了服务运作管理的范围,服务企业在重视传统口碑营造的同时,也越来越重视电子口碑的打造。消费者发布产品购买、使用后的个人体验信息及产品评价,不但可以为商家提供产品或服务反馈,为其他商品购买者提供参考信息,而且也能够提高客户忠诚度,由于忠诚客户具有更高的购买意愿和网站黏性,相比非忠诚客户会给商家带来更多的销售量和利润,并能够为商家带来更多的正面口碑。

通常来说,商家可以采取一些措施鼓励消费者发布产品或服务的使用体验,丰富产品体验信息,增强产品的可接受性,促进消费者购买意愿的形成;同时,可以制订相应的客户忠诚计划,改善客户关系,提高客户忠诚度,为忠诚客户提供更优质的服务,不定期地提供相应商品优惠信息、发放电子购物券等。比如,京东、天猫、亚马逊等在线零售网站都内置有消费者社区,方便消费者对所购买商品发布评价,并采取鼓励措施激励消费者发布在线评论。具体来说,京东会对发布评论者奖励相应信用积分,而一定数量信用积分可按照比例兑换相应的电子购物券,根据累积消费额度的多少赋予客户对应的会员级别,高级别客户可以享受更多的商品优惠、更多的消费积分奖励等;天猫则会根据评论发布情况积累用户的信用评分;亚马逊对发布评论者的评论进行排名等。

综上所述,在线口碑已经成为商家的重要营销手段和消费者决策的重要影响因素,实施相应的服务运作管理,制订客户忠诚计划能够改善客户关系,提高客户忠诚度以及商家的销售量和利润。

10.5　本章小结

本章以数字化赋能助达能集团零售降本增效为引入案例,说明人工智能、大数据等新技术的发展提升了服务领域和价值,同时,新技术的发展也引领和改变了服务模式,但也对技术与服务管理的结合提出了更高的要求。通过梳理新技术发展的历程可以发现,从最开始的蒸汽时代到电子时代,再到如今的计算机时代,技术在不断发展,这些新技术逐渐代替传统技术,并且广泛地运用到城市的多个领域中,对人类的生产方式、生活方式、交通方式和休憩方式产生深远的影响。本章分别介绍了云计算与大数据、物联网与5G、区块链、人工智能在服务管理中的应用。然而,随着各种新技术的不断发展,服务的部分属性发生了变化,服务业的产业结构、布局以及资源配置和组织方式也受到了影响。因此,本章在探讨了新技术的发展和在服务管理中的应用之后,还探讨了新技术对服务模式以及服务运作管理的影响。

本章习题

1. 5G、云计算、大数据、人工智能和物联网等新技术与传统服务可以怎样进行融合创新?
2. 世界已经进入智能化、信息化、数字化、绿色化的新技术革命时代,新技术在管理中的应用除了本章中提到的领域,在其他领域有怎样的应用?
3. 共享模式与传统商业服务模式看待资产的方式有何不同?
4. 简述新技术对服务运作管理的影响。

案例分析

科技赋能 智慧适老——天津市打造银发智能服务平台和智慧康养社区

"十四五"期间,我国将从轻度老龄化迈入中度老龄化阶段。截至2020年11月,天津市60岁及以上人口占总人口比重已达21.66%,其中65岁及以上人口占比14.75%,老年抚养比达到20.56%。大多数老年人选择社区居家养老的方式,高龄化、空巢化、失能化、家庭小型化的叠加现象逐步蔓延,特别是新型冠状病毒感染疫情当下独居老人应急突发事件频发,基层社区工作人员短缺,信息化支撑能力不全,智能化服务手段缺失,很多老年人个性化的养老需求得不到满足。为了让科技更好地服务老年人,实现智慧养老、智慧适老,天津市委托科技企业围绕老年人在社区居家养老过程中安全保障、健康管理、随身监护、生活服务、情感关怀等场景,运用人工智能技术、物联感知技术与助老大数据充分融合,打造出立体化的综合养老服务体系。

(1) 以构建全方位立体化适老社会服务体系为宗旨,充分调研老年群体的高频需求,统筹联动社会服务资源,利用人工智能和大数据等前沿技术探索出了一条科技乐老之路,形成市级统一平台融合区级特色平台新模式,凝聚全市资源形成合力。例如,中新天津生态城在市级平台基础上,采用"1+2+6+N"体系架构,即1个AI银发智能服务平台,智能语音和大数据分析2项核心能力,提供主动关怀、健康管理、随身监护、生活服务、应急保障、AI热线6大服务,提供N个针对老年人需求的精细化应用。

(2) 用有限的社会资源投入形成老年群体的兜底保障。一是从关心老年人日常生活起居入手,搭建数据分析关爱体系,初步汇集独居老年人等重点关爱人群家庭日常用电、用水、用气的情况,通过建模分析,监测使用量突变情况进行预判,及时发布预警信息;二是从关心老年人健康状况入手,搭建物联网关爱体系,分级分类地为老年群体配备红外感应器、SOS按键、智能血压仪、智能手环、防摔倒检测器以及智能语音交互终端6类感知设备,实施全天候关爱保障;三是从关心老年人健康管理入手,通过智能语音呼叫系统定期给重点关爱人群拨打慰问电话,结合慢病管理系统的健康数据分析、用药情况分析、运动量分析、饮食习惯分析,及时掌握并确认老年人当前健康状况和生活情况,避免意外发生;四是构建应急保障联动机制,联动公安、交管、医院、急救中心、消防等多部门,当异常事件发生时按照不同的预警级别进行联动处置。

(3) 用大数据和人工智能提升老年人的幸福感和获得感。一是构建重点关爱群体信息资源中心。整合健康、生活、轨迹、消费、事件等7类40余项涉老数据,形成支撑平台常态化运行的专题数据库资源,重点关爱群体人员库、设备存储库、预警模型库、预警任务库、事件库、音频文件库、随访话术库和随访规则库等,为服务管理机构提供更精准的服务方向。二是用人工智能搭建重点关爱群体应用支撑体系,由AI能力支撑、领域知识模型以及数据服务模型三部分组成。AI能力支撑包含语音识别、语音合成、语义理解等;领域知识模型为平台五大服务方向提供所需知识体系,同时能够通过应用不断地积累沉淀,形成完善的涉老知识体系;构建所需的数据服务模型,为场景化的智慧应用提供业务支撑。三是通过人工智能支撑体系打造24小时居家陪伴语音终端,老年人可以通过简单的人机对话实现"紧急求救、生日祝福、疾病知识问答、用药提醒、戏曲文娱、智能导诊"等服务,切实解决老年人在运用智能设备方面的突出困难;打造智能外呼系统,通过对老年人群进行标签分类,可针对不同类型老年人进行外呼关怀随访。

天津 AI 银发智能服务平台不断完善技术和应用创新,成功探索出一条符合天津特色的重点关爱老年人服务之路。

资料来源:中华人民共和国国家发展和改革委员会网站。

案例思考:

1. AI 银发智能服务平台运用了哪些新技术去改变传统养老服务?这些新技术是如何影响服务模式的?

2. 这种智慧康养社区居家养老服务新模式在推广过程中存在什么挑战?

3. 天津 AI 银发智能服务平台探索出的智慧康养社区居家养老服务新模式给我们怎样的启示?

参考文献

[1] 许子明,田杨锋.云计算的发展历史及其应用[J].信息记录材料,2018,19(8):66-67.
[2] 刘陈,景兴红,董钢.浅谈物联网的技术特点及其广泛应用[J].科学咨询,2011(9):86.
[3] 陈国青,曾大军,卫强,等.大数据环境下的决策范式转变与使能创新[J].管理世界,2020(2):95-105.
[4] 朝乐门,邢春晓,张勇.数据科学研究的现状与趋势[J].计算机科学,2018,45(1):1-13.
[5] COOPER M. Meet VeriSM: Service Management for the Digital Age[J]. ITNow,2018,60(1):26-27.
[6] 宋建琦.信息化视角下企业预算管理与财务共享服务协同融合[J].财会通讯,2018(29):92-96.
[7] 戈志辉.共享革命[M].北京:中国发展出版社,2017.
[8] 汤天波,吴晓隽.共享经济:"互联网+"下的颠覆性经济模式[J].科学发展,2015(12):78-84.
[9] 张跃良.泉州推进装备业向服务型制造转型[N].中国工业报,2021-06-24(2).
[10] 程晓,邓顺国,文丹枫.服务经济崛起[M].北京:中国经济出版社,2018.
[11] 计国君.服务科学与服务管理[M].厦门:厦门大学出版社,2015.
[12] 丁宁.服务管理[M].北京:清华大学出版社,2018.
[13] 王雅姝.大数据背景下的企业管理创新与实践[M].北京:九州出版社,2018.